초판 발행 40주년 기념 전면 개정판

Harbinger의 새로운 자기계발 워크북

인지 행동 치료

당신의 기분과 삶을 조절하는 방법

생각과 감정

Matthew McKay · Martha Davis · Patrick Fanning 지음

장창민 · 최의헌 · 전수경 · 이숙현 공역

BOOK STAR

발행자 주

이 출판물은 다루는 주제와 관련하여 정확하고 권위 있는 정보를 제공하기 위해 제작되었습니다. 발행자는 심리적, 재정적, 법적 또는 다른 전문적인 서비스를 제공하는 것에 관여하지 않는다는 이해를 가지고 판매됩니다. 전문가의 도움이나 상담이 필요하다면, 자격이 있는 전문가의 서비스를 받아야 합니다.

캐나다에서는 Raincoat Books에 의해 배포됨.

인지 행동 치료

자신의 기분과 삶을 조절하는 방법

생각과 감정

이 책은 다음과 같은 문제를 해결하기 위한 인지 행동 기법 워크북입니다.
긴장 완화, 걱정 조절, 공황 다루기, 우울증 극복, 기분을 최고조로 만들기,
생각을 관찰하고 떠나보내기, 습관 바꾸기, 공포 극복, 문제 해결, 제한적인 생각 바꾸기,
스트레스 예방, 핵심 신념 검증, 분노 조절, 과거 치유, 마음챙김, 자기 연민

MATTHEW McKAY 박사,
MARTHA DAVIS 박사,
PATRICK FANNING

추천사

《Thought and Feelings(당신의 기분과 삶을 조절하는 방법, 번역서)》는 우리 모두가 읽어야 하는 자기계발서입니다. 이 업데이트 버전은 독자에게 어려운 감정에 대처하기 위한 많은 기술과 아이디어를 제공합니다. 명확하고, 실용적이며, 모든 장이 소중한 공헌입니다. 스스로 자신의 치료자가 되고 싶거나 지금 만나는 치료사와 더 효과적으로 일하고 싶다면, 반드시 이 책을 읽어야 합니다. 강력히 추천합니다."

—**Robert L. Leahy 박사,** 미국인지치료연구소 소장

"이 책은 가장 진보된 증거 기반 실습을 통해 독자를 심리적 자유와 목적 있는 삶으로 자연스럽게 안내하는 훌륭하고 포괄적인 워크북입니다. 만약 여러분이 변화에 대해 진지하게 생각하고 있거나 다른 사람들도 그렇게 하도록 돕고 싶다면, 이 《Thought and Feelings》는 매우 귀중한 자료가 될 것 입니다."

—**Scott Symington 박사,** 임상심리학자, 투 스크린 방식이 창시자, 《Freedom from Anxious Thoughts and Feelings》 저자

"존경받는 저자들이 독자들을 긍정적인 변화를 위한 여정을 안내하기 위해 편리하게 다운로드할 수 있는 자료들과 《Thought and Feelings》의 5번째 개정판을 제공합니다. 정보가 풍부하고 능숙하게 구성된 이 워크북은 정신건강 전문가들이 사용하기에 특히 유용한 자료입니다."

—**Thomas F. Cash 박사,** Old Dominion University 심리학 명예교수, 《The Body Image Workbook (바디이미지 수업, 번역서)》 저자

"이 훌륭한 책에서 설명하는 명확한 전략들은 여러분의 불안과 우울을 성공적으로 극복하는 데 도움을 줄 것입니다. 만약 여러분이 기분과 씨름하고 있다면, 저는 여러분이 오늘 《Thought and Feelings》를 읽기 시작하기를 강력 추천합니다. 여러분이 이 강력한 책을 더 열심히 읽을수록, 여러분은 더 기분이 좋아질 것입니다. 이 책은 그 정도로 간단합니다."

—**Jonas Horwitz 박사,** 심리학자 《How to Stop So Damn Depressed》 저자

"이 워크북은 여러분의 생각과 감정의 어려움을 조절할 수 있도록 여러분을 운전석에 앉혀 줍니다. 저자들은 이 인지적 접근을 여러분이 긴장을 풀도록 돕는 기술인 마음챙김, 자기 연민, 그리고 긍정적인 대처 기술과 짝지어줍니다. 저는 주저하지 않고 이 책을 권합니다. 《Thought and Feelings》는 광범위한 정신건강 요구를 위한 포괄적인 책입니다. 여러분은 문제를 정면에서 다루는 데에 도움이 될 조치 단계들을 얻을 수 있습니다."

—**Gina A. Biegel, LMFT 석사,** 심리치료사, 《The Stress Reduction Workbook for Teens》 저자, 십대를 위한 마음챙김을 토대로 한 스트레스 줄이기 프로그램(MBSR-T) 창시자

추천사(1~4판)

"다양한 심리적 문제의 치료를 위한 체계적인 전략으로 가득 차 있습니다. 환자뿐만 아니라 전문가들에도 읽기 쉽고 매우 유용합니다."

— **Aaron T. Beck,** 벡 인지행동치료연구소 소장

"탁월한 책입니다. 일반 독자들이나 치료사 모두에게 주저 없이 추천합니다. 이 책은 일시적 유행, 과대 광고, 또는 신비주의가 아니라, 과학적 자료에 의존한다는 점에서 다른 유사한 책들과 차별화됩니다."

— **Jacqueline B. Persons 박사,** 샌프란시스코 베이(Bay) 지역 인지치료 센터장, 캘리포니아 대학교 버클리 캠퍼스 심리학과 임상 교수

"훌륭한 자원, 참고 도구, 치료 매뉴얼, 치료 코치와 기술 개요"

— **Arthur Freeman, EdD,** ABPP, HSPP, 프리먼 인지치료연구소 소장, 인디애나주 포트 웨인 단기치료센터 임상 훈련 및 감독 책임자

"모든 자기계발 문헌 중에 가장 포괄적이고 경험적으로 건전한 지침서 중 하나입니다. 삶의 모든 주요 문제들을 다루고 있습니다."

— **Cory F. Newman 박사,** 인지치료센터 임상 지도자, 펜실베니아대학 정신의학부 심리학 부교수

"전문가들과 대중에게 이 훌륭한 워크북은 현명한 교사처럼 긍정적인 변화를 일으키는 데 도움을 줄 수 있습니다."

— **Thomas F. Cash 박사,** 버지니아주 노포크(Norfolk) 올드도미니언대학교 임상심리학 명예 교수

"보석 같은 책: 지지와 공감, 진부함은 짧고 실제적 응용력이 큼. 모든 인지 행동 치료사들이 필히 구매해야 하는 책입니다."

— **Thomas E. Ellis, PsyD, ABBP,** 웨스트 버지니아주, 헌팅턴(Huntington) 마샬대학교 심리학 교수

5번째 개정판을 발간하며

《Thought and Feelings(당신의 기분과 삶을 조절하는 방법)》의 초판은 1981년에 발간됐습니다. 초판은 일반 독자와 치료사가 모두 사용하는 인지 행동 치료를 소개하고, 12가지 구체적인 기법에 대한 간단한 단계별 지침을 제공했습니다.

세월이 흐르면서 우리는 이 책의 한계를 깨닫게 되었습니다. 우선, 일부 기법은 시간의 시험을 견디지 못했습니다. 이후의 연구에서는 일부 기법이 더 새롭고 강력한 개입보다 덜 효과적인 것으로 나타났습니다. 또한, 인지 행동 치료사들이 많은 장애를 치료하기 위해 다단계 프로토콜을 개발하고 있었지만, 초판에서는 우울증, 공황장애, 또는 분노와 같은 문제를 통합 치료 계획으로 연결하는 방법을 보여 주지 않았습니다.

《Thought and Feelings》의 개정판은 더 효과적인 방법론을 포함하고 현대 관행의 변화를 반영하여 개정되었으며, 기분을 바탕으로 한 문제에 대한 다단계 치료 계획을 제공합니다. 이러한 계획은 각 장애에 대한 일련의 관련 장과 기술을 보여 주기 위해 1장에 요약되어 있습니다. 이는 치료 중 인지 행동 치료가 수행되는 방식과 일치합니다. 이 책을 읽는 독자는 문제에 대처하는 데 있어 블록 역할을 하는 기술을 습득하기 위한 일련의 단계를 밟게 됩니다. 이번 개정판에서는 걱정 조절, 동원, 간략한 노출에 관한 장을 수정하고 자기 연민과 습관 반전에 관한 장을 새로 추가했습니다.

언제나 그렇듯이, 이 개정판에 대한 우리의 의도는 일반 독자와 전문 치료사가 모두 이 책을 사용하는 것입니다. 일반 독자는 각 치료 프로토콜에 진정한 자가 치료를 위한 도구를 제공하는 명확하고 다른 쉬운 단계가 있음을 알게 될 것입니다. 치료사들은 이 책이 고객에게 유용한 매뉴얼이며 가장 효과적인 치료 방법에 대한 자료가 될 수 있다는 것을 알게 될 것입니다.

이 책은 삶이 힘들기 때문에 쓰인 책입니다. 이에 대처하기 위해 우리 모두는 부모님, 가족, 친구, 선생님, 상사 그리고 다른 사람들로부터 무작위로 일련의 도구와 지침을 받았습니다. 이 중 일부는 도움이 되고 일부는 도움이 되지 않았습니다. 이 책은 작동하는 도구에 대한 것입니다. 그것은 여러분의 기분과 삶을 통제하기 위해 오래된 반응 패턴을 바꾸는 가이드입니다.

매튜 맥케이, 패트릭 패닝, 마사 데이비스

감사의 말

우리에게 인지 행동 기법을 처음 소개해 주신 선생님, 노먼 캐비어(Norman Cavior) 박사님께 감사드립니다. 그분은 지금도 우리에게 지혜와 영감을 주고 있습니다.

역자의 말

정서적 고통은 피할 수 없는 삶의 부분이다. 그래서 누구나 정서적 고통을 경험한다. 그것은 정상이다. 그러나 고통스러운 감정과 경험이 지속적으로 당신을 우울하고, 불안하고, 화나고, 걱정되고, 혼란스럽고, 좌절하고, 속상하고, 부끄럽게 한다면 도움이 필요하다는 신호이다. 문제가 무엇이든 간에 이제 당신의 생각과 감정을 더 나은 방향으로 변화시켜야 한다는 뜻이다. 그러나 이러한 사실을 안다고 해서 고통을 극복하고 변화할 수 있는 것이 아니다.

그래서 이 책 《Thought and Feelings: Taking Control of Your Moods and Your Life》을 소개하고 싶다. 이 책은 생각과 감정을 더 나은 방향으로 변화하고자 하는 당신에게 강력한 인지 치료 도구를 제공한다. 다섯 번째 개정판은 이전보다 더 효과적인 방법과 체계적인 치료 계획을 제공한다. 정신 치료 분야에서 인지 치료는 많이 소개되었기 때문에 임상 현장에서도 많이 사용되고 있는 치료 방법이다. 그러나 우리나라 현실에서 임상가가 유용하게 사용할 수 있는 서적은 의외로 부족하다. 대개 인지 치료를 단편적으로 소개하거나 프로그램화된 치료 방법이나 이를 응용한 몇 가지 치료 방법을 알려 주는 정도이기에 임상 현장에서는 이러한 내용을 기계적으로 사용하는 경우가 많다. 이러한 상황 이 책은 정신건강 문제에 대한 체계적이고 포괄적인 이해와 임상 현장에서 적용하고 사용하기에 쉽다는 점에서 가치가 있다. 또한, 인지 행동 치료(CBT)나 수용 전념 치료(ACT)에 기반을 둔 입증된 명확한 치료 매뉴얼을 제공하고 있다.

이 책은 생각과 감정을 변화시키는 전문적인 내용을 이해하기 쉽고 유용하게 사용할 수 있도록 워크북 형식으로 구성되어 있어서 일반 독자로부터 전문 치료사에 이르기까지 모두에게 도움이 되는 필독서가 될 것이다. 특히 정서적 고통에 대한 주요 문제인 걱정, 공황 발작, 우울증, 낮은 자존감, 분노를 포함한 정신건강 문제에 대해 섬세하게 설명하고 이를 극복하기 위한 12가지 증거 기반 기술을 제공하고 구체적인 치료 계획을 소개하기 때문에 활용하기에 편하다.

처음 이 책 번역을 결심했을 때, 이 책의 내용이 교육자로서 그리고 상담자로서 제 자신에게도 도움이 되었기 때문에 이제는 이 책을 가족이나 친구 그리고 소중한 내담자와 제자들에게 소개하고 싶어서 망설이지 않고 결정할 수 있었다. 이 책의 출간으로 많은 사람의 인생을 변화시키는 좋은 도구가 되길 소망한다.

2022년 8월

반포동 상담실에서

역자 대표 장창민

이 책의 사용법

이 책은 여러분이 변화를 위한 자기계발 단계로 실천할 수 있도록 워크북 형식으로 인지 행동 기술을 설명하고 있습니다. 치료사, 의사, 간호사, 사회복지사, 교사 및 관리자 등 도우미 직업에 종사하는 사람들은 이러한 기법 중 많은 부분이 개인 생활뿐만 아니라 고객, 환자, 학생 또는 직원들에게도 유용하다는 것을 알게 될 것입니다.

1장에서는 12가지 주요 문제의 목록과 각 문제에 대한 구체적인 단계별 치료 계획을 확인할 수 있습니다. 치료 계획에는 관련 장과 기술을 살펴보는 순서를 제공합니다. 1장의 끝부분에는 치료 계획표(Treature Planner Chart)가 있으며, 이 차트는 이러한 문제와 다른 몇 가지 문제를 처리하기 위해 어떤 장을 읽어야 하는지에 대한 개요를 제공합니다.

2, 3, 4장은 인지 행동 치료의 기초를 설명하고 있으므로 이 장들을 먼저 읽는 것이 도움이 됩니다. 여러분은 생각이 어떻게 감정에 영향을 미치는지 그리고 습관적인 부정적 사고가 어떻게 여러분의 기분에 영향을 미칠 수 있는지 배우게 됩니다. 또한, 불안, 우울증, 분노를 완화하기 위해 생각을 바꾸는 도구들을 발견하게 됩니다.

인지 행동 치료의 모든 이점은 시간이 지남에 따라 규칙적으로 연습해야만 실현될 수 있습니다. 직접적인 경험 없이 단순히 기술을 이해하는 것은 거의 가치가 없습니다. 다시 말해, 이것은 수동적인 독서를 위한 책이 아닙니다. 여러분은 운동을 하고, 워크시트를 작성하고, 여러분이 생각하고 행동하는 방법에 진정한 변화를 수행해야 합니다.

특정 기법을 연습하는 데 필요한 시간은 다양합니다. 각 새로운 기법을 개발하는 데 필요한 시간은 '숙달 시간' 섹션을 참조하면 됩니다. 규칙적인 연습이 성공적인 변화의 열쇠이므로 매일 연습해야 합니다. 일부 기법은 자동적으로 반응이 될 수 있도록 '과잉 학습'이 필요합니다. 책을 참고하지 않고도 언제 어디서나 필요한 기법을 사용할 수 있도록 하는 것이 목표입니다.

만약 여러분이 자기 훈련이 부족하거나 의욕이 강하지 않다고 느낀다면 다음 두 가지 방법을 시도해 보십시오.

1. 23장에 설명된 대로 다른 사람과 계약을 맺어 이 책의 관련 기법을 배우고 사용하려는 의지를 강화하십시오.
2. 치료 프로그램을 개발하고 모니터링을 하기 위해 인지 행동 치료사와 상담하고 도움을 받으십시오.

불안감에 대한 인지 행동 치료를 시작하기 전에 신체 검사를 철저히 받아야 합니다. 의사가 갑상샘 문제, 저혈당증, 승모판 탈출증 및 기타 심장 부정맥 문제를 배제하도록 하십시오. 이 책의 내용을 실행하는 동안 신체적 영향이 오래 지속된다면 의사와 상담하십시오.

목차

제1장

자신의 치료 계획 세우기

당신은 아마 기분이 좋지 않아서 이 책을 읽고 있을 것이다. 당신은 우울하고, 불안하고, 화나고, 걱정되고, 혼란스럽고, 좌절하고, 속상하고, 부끄러워하고 있을지도 모른다. 안타깝게도 이런 사례는 매우 많다. 고통스러운 감정과 경험으로 고군분투하는 과정에서 자신이 혼자가 아니고 평범하지 않다는 것을 기억하기 바란다. 이러한 정서적인 고통은 누구나 경험하고 있으며 정상적인 것이다.

통증이 너무 강하고 오래 지속되면, 그땐 뭔가 조치를 취해야 한다. 이 책을 읽음으로써 당신은 기분이 나아지는 중요한 첫걸음을 내딛게 된다.

기분이 나쁠때, 당신은 간단한 격려, 비현실적인 성공 이야기, 불필요한 이야기, 장황하고 모호한 이론을 듣고 헤쳐나갈 시간과 인내심이 없다.

따라서 우리는 이 책을 가능한 한 명확하고 간략하게 만들었다.

반면에 기분이 나쁠 때는 넓게 흩어져 있는 장소에서 문제에 대한 부분적인 해결책을 찾을 힘도 없게 된다. 따라서 이 책은 이러한 점을 고려하여 가능한 한 완성도를 높여 만들었다. 이 책의 기법을 익히는 데 필요한 모든 것이 논리적으로 단계별로 자세히 설명되어 있다.

만약 당신이 고통스럽다면 효과가 입증되지 않은 의심스러운 치료법에 낭비할 시간이 없다. 따라서 우리는 다양한 유형의 사람들을 대상으로 장기간에 걸쳐 잘 설계된 많은 연구에서 강력한 치료 효과가 있다고 증명된 기법만을 이 책에 포함하였다.

지난 30년 동안 불안감을 완화하고, 우울증을 해소하고, 분노를 가라앉히기 위해 많은 새로운 인지 행동 기법들이 개발되고 개선되었다. 이러한 기법 중에서 가장 좋은 사례들이 이 책에 제시되어 있다. 이러한 기법들은 당신에게 많은 도움을 줄 것이다. 인내심과 약간의 노력을 기울이면 곧 기분이 나아질 것이다.

왜 인지 행동 치료가 효과적인가?

많은 사람은 고통스러운 감정이 잊혀진 어린 시절의 경험에서 비롯되었고, 이러한 감정을 해소하는 유일한 방법은 길고 어려운 분석을 통해 무의식적인 기억과 연관성을 뿌리 뽑는 것이라고 믿는다.

우리의 먼 과거와 현재의 고통스러운 감정 사이에는 의심할 여지 없이 어떤 연관성이 있다. 그러나 현대의 인지 행동 치료사들은 훨씬 더 즉각적이고 접근하기 쉬운 감정의 원천인 현재의 사고방식을 발견했다. 대부분의 고통스러운 감정은 어떤 종류의 해석적 생각에 의해 즉각적으로 선행된다는 것이 계속해서 입증되었다.

예를 들면, 새로 알게 된 지인이 전화를 하겠다고 하고는 전화를 하지 않았다고 가정해 보자. 만일 당신이 "그는 역시 나를 좋아하지 않아"라고 해석한다면, 당신은 거절당했다는 것에 대해 슬픔을 느낄 것이다. 만일 당신의 생각이 "그가 교통사고를 당했을 거야"라고 생각한다면, 당신은 그가 무사한지 걱정될 것이다. 만약 "그가 전화하겠다고 고의적으로 거짓말을 했다"라고 생각했다면, 당신은 그의 거짓말에 분노를 느낄지도 모른다.

하나의 간단한 통찰력이 인지 행동 치료의 핵심을 형성한다. 생각을 바꾸면 감정을 바꿀 수 있다. 지난 30년 동안 수백 건의 연구를 통해 이 간단한 통찰력이 어떤 치료 기법보다 더 쉽고 빠르게 다양한 문제를 해결할 수 있다는 것이 입증되었다.

치료 계획 설계

이 책은 처음부터 끝까지 읽어야 하는 책은 아니다. 이 장은 문제를 평가하고 문제를 해결하기 위해 어떤 장을 진행할지 계획하는 데 도움이 된다.

12가지 주요 정서적 문제와 치료 계획이 아래에 요약되어 있다. 치료 계획은 가장 유용하거나 일반적인 기법부터 시작하여 보다 전문적인 개입으로 이어지는 명확한 순서를 따른다.

아래의 각 문제에 대해 특징적인 증상에 대해 논의하는 것으로 시작하다. 그런 다음 읽어야 할 관련된 장을 순서대로 나열한다. 각 섹션은 프로토콜 단계와 근거에 대한 간략한 설명으로 마무리된다.

이 책에서 다루는 모든 문제에 대한 개요를 보려면 이 장의 끝에 있는 치료 계획표(Treature Planner chart)를 참조하기 바란다. 아래에서 논의되는 각각의 문제에 대한 모든 처리 방법을 한눈에 알 수 있다.

걱정

걱정은 일반적인 불안장애의 주요 증상이다. 적어도 6개월 동안 과도하게 그렇지 않은 날보다 더 많은 날을 지나치게 걱정을 했다면 걱정에 관련한 문제가 있는 것이다. 심각하게 불안해하는 사람들은 걱정을 조절하기가 어렵고 전형적으로 다음과 같은 증상을 경험한다:

- 초조함
- 피로
- 집중의 어려움
- 과민성
- 근육 긴장
- 수면장애

다음 장을 순서대로 학습하여 걱정을 치료하세요.

제5장 이완(긴장 완화)

제6장 걱정 조절

제21장 문제 해결하기

5장 '이완(긴장 완화)'에서 시작하여 신호-억제 완화법을 실천하는 것을 강조한다. 6장 '걱정 조절'에서는 정확한 위험 평가, 걱정 노출, 걱정 행동 예방의 방법을 배우게 된다. 어떤 걱정은 대안을 찾음으로써 해결할 수 있기 때문에 21장 '문제 해결하기'는 새로운 답을 찾는 기술을 가르쳐 줄 것이므로 도움이 될 것이다. 만일 깊게 자리한 부정적인 믿음으로 인해 걱정이 지속된다면, 15장 '핵심 신념 점검하기'를 보라. 9장 '마음챙김'은 당신으로 하여금 지금 여기에 집중하도록 도움을 줄 것이고, 이는 또 걱정을 해소하는 데 도움을 줄 수 있고, 10장 '탈융합'은 당신이 걱정을 유발하는 생각에서 벗어나는 데 도움이 될 것이다.

공황장애

공황은 극심한 공포를 느끼는 상황을 뜻한다. 공황 발작이 발생하면 당신은 다음 증상 중 몇 가지를 강렬하게 느끼게 되고, 10분 이내에 최고조에 도달하게 된다.

- 심계항진과 심박수 증가
- 발한(땀)
- 떨림
- 호흡 곤란
- 질식감
- 흉부 통증
- 복통 또는 메스꺼움
- 어지럼증
- 통제력 상실의 두려움
- 죽음에 대한 두려움
- 무감각 또는 저린 느낌
- 오한 또는 상기되거나 홍조

다음 장을 순서대로 학습하여 공황장애를 치료하세요.

제7장 공황에 대처하기

7장 '공황에 대처하기'에 개괄적으로 설명된 모든 단계에 따라 당신은 호흡 조절 훈련을 숙달하고, 개연성 있는 양식을 사용하는 법을 배우고, 내부감각수용 둔감화를 연습해야 한다.

만일 당신이 광장공포증(안전한 곳으로부터 멀리 있는 것의 두려움)이나 공포증에 대한 두려움 때문에 심각한 회피가 발생하지 않았다면, 7장으로 충분할 것이다. 그러나 만일 당신이 회피성이거나 광장공포증을 느끼는 지점에 이르렀다면, 13장 '단기 노출'에서 설명된 것과 같이 두려움의 위계를 발달시킬 필요가 있을 것이고, 14장 '지속 노출'을 통해 점진적으로 자신을 두려움에 노출할 수 있다.

9장 '마음챙김'은 일시적이고 치명적이지 않은 현상으로 매순간 증상을 관찰하는 데 도움을 줄 것이다.

완벽주의

완벽주의와 싸울 때는 어떤 것도 충분하지 않다. 회색 그늘이 사라지고 흑백만 보게 된다. 주로 검은색으로 보게 된다. 당신은 자신의 가장 가혹한 비평가로서, 목표에 도달하지 못한 것에 대해 끊임없이 자신을 비난한다. 당신은 많은 시간 계산을 점검하고 또 점검하고, 글을 수정하거나 공예 프로젝트를 사포질하거나 광택을 낸다. 그러나 완벽을 위한 이러한 노력의 모든 것은 당신을 만족시키지 못한다. 이는 단지 당신이 실수를 하고 비난을 받는 것에 대해 더욱 불안하게 할 뿐이다.

다음 장을 순서대로 학습하여 완벽주의를 치료하세요.

제2장 자동적 사고(생각) 발견하기

제3장 제한된 사고(생각) 패턴 바꾸기

제4장 격한 사고(생각) 바꾸기

제6장 걱정 조절(걱정 행동 예방만)

제15장 핵심 신념 점검하기

2장, 3장, 4장을 시작으로 생각 일지를 사용하는 기술을 개발하라. 제한된 사고 패턴, 특히 양극화 사고, 재앙화, 과장, 당위 등에 주의를 기울인다. 4장에서 실수의 비참해 보이는 결과에 대한 격한 사고(감정을 촉발시키는 생각)에 맞서는 방법을 배울 것이다.

6장에서 걱정 행동 예방 프로그램은 실수나 비난에 대한 두려움에서 생겨나는 과도한 점검과 과로에 한계를 두는 것에 중요하다. 15장의 '핵심 신념 점검하기'는 완벽주의를 부채질할 수 있는 무가치함과 무능함에 대해 깊이 간직하고 있는 믿음을 확인하고 변화시킬 수 있는 도구들을 제공할 것이다.

15장까지 학습한 후에도 완벽주의에 심각한 문제가 있다면, 13장 '단기 노출'을 참조하여 두려운 실수의 위계를 개발한 다음, 위계의 각 단계에 대한 이미지를 통해 자신을 노출시킨다. 또한, 일련의 계획된 실험들 속에서 의도적으로 실수함으로써 실생활에서 실수에 노출시킬 필요가 있다(15장의 '6단계: 규칙을 점검한다' 참고).

강박사고

강박사고는 반복적 사고, 충동, 또는 당신의 의식을 침범하는 이미지들로 구성된다. 강박적 사고는 현재의 문제에 대한 일반적인 걱정이 아니라, 과도하고 불합리하며 시간이 많이 걸리는 불안하고 달갑지 않은 생각의 연속이다. 당신은 집착을 멈추려고 노력하지만, 생각은 곧 다시 시작된다. 강박적 사고는 가정, 학교, 직장에서의 정상적인 일상에 지장을 준다.

다음 장을 순서대로 학습하여 강박적 사고를 치료하세요.

제10장 탈융합

제14장 지속 노출

제6장 걱정 조절(걱정 행동 예방만)

강박사고의 프로토콜은 10장 '탈융합'으로 시작하는데, 이는 학습하기에 간단하고 쉽기 때문이다. 이 기법은 많은 원치 않는 생각들로부터 벗어나도록 해 줄 것이다. 그러나 더 강력한 전략을 필요로 하는, 보통 아주 높은 불안을 유발하는 몇 가지 생각이 있을 것이다. 14장 '지속 노출'은 강박사고로부터 파생되는 이미지를 스스로에게 쏟아붓는 방법과 그 힘을 빼앗는 방법을 보여 준다.

6장의 걱정 행동 예방 부분은 강박관념을 강화하는 확인이나 회피 행동을 중단하는 데 도움을 준다. 마지막으로, 18장 '자기 자비'는 긴급하거나 공격적인 강박사고를 누그러뜨릴 수 있는 선택적 과정이다.

공포증

공포증은 일반적으로 특정 공포증, 광장공포증, 사회적 공포증의 세 가지 주요 범주로 분류된다. 특정 공포증은 비행, 높은 곳, 동물, 주사, 피 등과 같은 것들에 대한 과도하거나 비합리적인 두려움이 포함된다. 당신은 가능한 한 두려움의 대상들을 피하게 된다. 만일 당신이 비행해야 하거나 높은 곳을 올라가거나 무서운 동물들에게 접근해야만 한다면, 이는 당신에게 극심한 불안, 아마도 전면적인 공황 발작을 초래한다. 특정 공포증은 위험 상황에서의 정상적인 주의를 넘어선 것이다. 이들은 당신의 관계, 일상생활, 학교 또는 직업 등을 심각하게 방해한다.

광장공포증은 공공장소에 대한 불안이나 회피이다. 광장공포증이 있는 사람들은 그들의 집과 같이 안전한 장소를 떠나기를 두려워한다. 그들은 탈출하기 어렵거나 당혹스러운 상황에 처하는 것을 원하지 않는다. 그들은 종종 도움을 받을 수 없는 곳에서 공황 발작이 일어나는 것에 대해 걱정한다. 광장 공포증이 있는 사람들은 일반적으로 집 밖에 혼자 있는 것, 사람들 속에 있는 것, 줄을 서서 기다리는 것, 다리를 건너는 것, 버스나 기차를 타고 여행하는 것을 두려워한다.

사회공포증은 낯선 사람들과 함께 있는 것에 대한 강력하고 지속적인 두려움이다. 사회공포증이 있으면 새로운 사람들을 만나고, 잘 모르는 이들과 상호작용하거나 낯선 사람들의 시선을 받아야 하는 상황을 피하려고 한다. 당신은 얼마나 불안해하는지를 보여 줌으로써 당신이 어색하게 행동하거나 스스로를 당혹스럽게 할까봐 두려워한다. 당신이 사회 상황에 처해야 할 때, 두려움이 과도하다는 것을 알면서도 매우 불안해 한다. 사회공포증은 심각하게 당신의 삶을 방해한다.

다음 장을 순서대로 학습하여 공포증을 치료하세요.

제7장 공황에 대처하기(광장공포증이 있을 경우만)

제5장 이완(긴장 완화) (휴식, 기분 전환)

제13장 단기 노출

광장공포증을 제외한 모든 공포증에 대한 기본 치료 프로토콜은 같다. 광장공포증은 치료되지 않은 공황장애로부터 보통 시작된다. 공황장애는 7장의 '공황에 대처하기'를 통해 먼저 해결되어야 한다. 그런 다음 일반 공포증 프로토콜을 계속 진행하면 된다.

일반 공포증 프로토콜을 사용하려면, 먼저 5장 '이완(긴장 완화)'을 학습하라. 그다음으로 13장 '단기 노출'을 사용하여 두려움 위계를 개발하고, 시각화를 이용하여 해당 상황에 자신을 노출시켜 본 후, 실제 상황에서 단기 노출을 연습한다.

만일 단기 노출이 공포증을 완전히 해결하지 못하면, 14장 '지속 노출'로 옮겨가라. 이는 장기간의 시각화 또는 실제 노출을 강조한다. 당신이 사회공포증에 대해 이 프로토콜을 사용하고 있다면, 새로운 사회적 상황을 다룰 구체적 계획을 개발하고 실행하기 위해 9장 '마음챙김', 19장 '내현적 모델링', 또는 8장 '대처 심상법'을 찾아볼 수 있다.

우울증

당신이 우울할 때는 기분은 슬프고 아무것도 흥미롭거나 유쾌하지 않다. 이는 식욕에도 영향을 끼칠 수 있고, 체중이 감소하거나 증가할 수 있다. 평소보다 잠을 더 많이 자거나 적게 자는 경우가 있다. 당신은 안절부절못하면서도 동시에 피곤할 수도 있다. 집중하거나 결정을 내리기가 어렵고, 특히 잠자리에서 일어나 무언가를 하려는 결정을 내리기가 어렵다. 스스로 무가치하게 느껴진다. 삶이 희망이 없어 보인다. 죽음에 대한 생각은 흔한 일이고, 심지어 자살을 생각할 수도 있다.

한 가지 매우 중요한 참고 사항으로 자살에 대한 심각한 생각이 있다면, 이 책으로 충분하지 않다. 당신은 가능한 한 빨리 정신건강 전문가를 만나 볼 필요가 있다.

다음 장을 순서대로 학습하여 우울증을 치료하세요.

제12장 동원하기

제2장 자동적 사고(생각) 발견하기

제3장 제한된 사고(생각) 패턴 바꾸기

제4장 격한 사고(생각) 바꾸기

제11장 가치를 행동으로 옮기기

제21장 문제 해결하기

제18장 자기 자비

우울증의 주요 특징은 피곤함을 느끼고 수동적이 되는 것이므로 12장 '동원하기'를 읽음으로써 당신이 활동 계획 세우기를 사용하여 시작할 수 있다. 다음 단계는 2, 3, 4장을 읽고 부정적인 사고 패턴을 탐색하고, 직면하고, 변화시킬 수 있는 구조화된 사고 일지를 사용하는 데 능숙해지는 것이다. 제한된 사고 패턴, 특히 필터링, 양극화 사고, 과잉 일반화와 확대에 특히 주의를 기울여야 한다.

11장 '가치를 행동으로 옮기기'는 자신의 가치에 따라 행동하도록 동기를 부여하고, 21장 '문제 해결하기'는 대인 관계, 직업, 재정, 그리고 다른 문제들에 대한 해결책을 개발하는 방법을 제공한다. 마지막으로, 18장 '자기 자비'는 종종 우울증을 유발하는 비판적이고 공격적인 혼잣말에서 벗어날 수 있다.

만일 이 장들을 학습한 후에도 우울증이 지속된다면, 자신의 능력, 가치 등에 대한 구체적인 핵심 신념들을 바꿀 필요가 있을 것이다. 15장 '핵심 신념 점검하기', 16장 '시각화를 통한 핵심 신념 바꾸기'를 통해 우울증을 유발하는 핵심 신념들을 알아내고 변경해야 한다. 9장 '마음챙김'은 현재의 순간에 집중하도록 도와줌으로써 반추를 멈추도록 도움을 줄 수 있다.

낮은 자존감

낮은 자존감으로 고통받을 때 당신은 무가치하고, 결점이 있고 무능하다고 느낀다. 자신의 장점을 보지 못하고 단점을 과장한다. 인생에서 당신의 성취는 사소해 보이고 실패는 크게 보인다. 기분이 슬프고 우울할 수도 있고, 낮은 자존감을 감추기 위해 짜증을 내거나 공격적으로 될 수도 있다. 사람들이 당신의 무가치한 핵심을 꿰뚫어 볼 것으로 예상하고, 누군가가 당신을 좋아한다고 하면 놀라고 믿지 못할 것이다. 낮은 자존감은 당신이 목표를 설정하고 달성하고, 의미 있는 관계를 형성하고, 승진을 시도하고, 다른 종류의 위험을 감수하지 못하게 한다.

다음 장을 순서대로 학습하여 낮는 자존감을 치료하세요.

제2장 자동적 사고(생각) 발견하기

제3장 제한된 사고 패턴(생각) 바꾸기

제4장 격한 사고(생각) 바꾸기

제15장 핵심 신념 점검하기

제16장 시각화를 통한 핵심 신념 바꾸기

제18장 자기 자비

생각 일지(Thought Journal)를 사용하는 기술을 개발하기 위하여 2, 3, 4장부터 시작하라. 제한적 사고, 특히 필터링, 양극화 사고, 과잉 일반화, 그리고 과장 등에 세심한 주의를 기울인다.

다음으로 자신의 가치에 대한 깊은 확신을 알아내고 바꾸기 위해 15장 '핵심 신념 점검하기'를 학습하고, 16장 '시각화를 통한 핵심 신념 바꾸기'에서는 이러한 핵심 신념이 형성된 어린 시절의 상황에 대한 기억을 재구성함으로써 이 작업을 강화하는 방법을 제공한다. 마지막으로, 18장 '자기 자비'는 낮은 자존감을 조장할 수 있는 부정적이고 비판적인 자기와의 대화에 해독제를 제공할 수 있다.

당신은 여전히 격한 사고(고통스러운 감정에 즉시 선행하는 생각들)를 연구해야 할지도 모른다. 만약 당신의 자존감을 손상시키는 한두 가지의 격한 사고가 지속된다면, 10장 '탈융합'을 학습해 보자.

수치심과 죄책감

수치심과 과도한 죄책감으로 고통받는 사람들은 종종 자신이 무가치하다고 느끼고 잘못된 것에 대해 비난한다. 초기의 정서적인, 성적 또는 신체적 학대는 종종 인생에서 어떤 사랑이나 행복의 가치가 없는 '손상된 물건'이라는 느낌에 기여한다. 비극이 닥칠 때에는 만연한 수치심이나 죄책감으로 인해 단순한 불운이기보다는 받아 마땅한 벌처럼 보이게 한다.

다음 장을 순서대로 학습하여 수치심과 죄책감을 치료하세요.

제2장 자동적 사고(생각) 발견하기

제3장 제한된 사고 패턴(생각) 바꾸기

제4장 격한 사고(생각) 바꾸기

제10장 탈융합

제15장 핵심 신념 점검하기

제18장 자기 점검

생각 일지

2, 3, 4장을 읽고 생각 일지를 사용하는 기술을 개발하는 것으로 프로그램을 시작한다. 제한된 사고 패턴, 특히 과장, 양극화 사고, 과잉 일반화, 그리고 해야만 하는 것에 특별히 주의를 기울인다.

수치심이나 죄책감을 유발하는 습관적인 사고에서 벗어나기 위해서는 10장의 '탈융합' 기술이 필요할 것이다. 가장 중요한 것은, 15장 '핵심 신념 점검하기'를 통해 자신의 가치, 수용 가능성 등에 깊은 신념을 확인하고 바꿀 필요가 있을 것이다. 마지막 단계는 18장 '자기 자비'로 잘못되고, 나쁘고, 무가치하다는 신념을 바꿀 수 있다.

당신의 수치심이 어린 시절의 학대 경험에서 생겨난 것이라면, 16장 '시각화를 통한 핵심 신념 바꾸기'의 연습도 학습해야 한다.

분노

당신이 소리지르고, 물건을 치거나 던지고 부수는 것으로 스트레스나 좌절에 자주 반응한다면, 당신은 분노 문제가 있는 것이다. 당신의 성격이 친밀한 관계, 가정생활, 업무, 또는 친구와 지인들에게 부정적인 영향을 미칠 때 당신은 분노에 문제가 있다.

다음 장을 순서대로 학습하여 분노를 치료하세요.

제2장 자동적 사고(생각) 발견하기

제3장 제한된 사고(생각) 패턴 바꾸기

제4장 격한 사고(생각) 바꾸기

제5장 이완(긴장 완화)

제17장 분노 조절을 위한 스트레스 예방 접종

분노 조절을 위한 첫 단계는 2, 3, 4장을 읽고 생각 일지를 사용하는 기술을 개발하는 것이다. 이것이 분노를 유발하는 생각을 알아내고, 이를 평가하고 거기에 대항하는 전략들을 개발하는 데에 도움을 줄 것이다. 다음으로 5장의 모든 이완 기술, 특히 신호-억제 완화법을 배우라.

17장 '분노 조절을 위한 스트레스 예방 접종'은 당신에게 시각화된 분노 유발 상황에서 인지 및 이완 기술을 함께 연습하는 방법을 보여 줄 것이다.

특정하고 예측 가능한 상황에서 분노가 지속된다면, 19장 '내현적 모델링'을 통해 행동을 바꾸고 일련의 새롭고 더 효과적인 반응들을 연습하기 위한 구체적인 계획을 개발하라. 그리고 여전히 화가 나는 생각에 머물러 있다면, 9장 '마음챙김'을 읽고 보다 중립적인 관찰로 당신의 의식을 전환하는 방법을 배우라.

나쁜 습관

나쁜 습관은 지나친 TV 시청에서부터 과도한 지출, 손톱 물어뜯기, 과속 운전하는 것까지, 과식하는 것에서 세탁물이나 식기를 지나치게 오래 쌓아 두는 것에 이르기까지 다양하다.

나쁜 습관은 삶에 부정적인 영향을 끼친다는 것을 알면서도 멈출 수 없는 것 같은 반복적인 행동이다.

이 책은 흡연, 알코올 중독, 또는 약물 남용과 같은 중독성의 나쁜 습관에 대한 강력한 치료 계획을 제공하지는 않는다. 하지만 위에 언급된 것과 같은 덜 심각한 습관들은 여기서 제공되는 기법으로 상당히 개선될 수 있다.

다음 장을 순서대로 학습하여 나쁜 습관을 치료하세요.

제5장 이완(긴장 완화)

제19장 내현적 모델링

제21장 문제 해결하기

제22장 습관 되돌리기 훈련

많은 나쁜 습관은 스트레스에 대한 반응으로 생겨나므로, 첫 번째 단계는 5장 '이완(긴장 완화)'을 읽고 숙달하는 것이다. 스트레스나 불안이 습관을 우발하기 시작할 때마다 신호 조절 이완을 사용할 준비가 되어 있어야 한다.

다음으로 19장 '내현적 모델링'을 통해 오래된 습관 패턴을 대체할 대안적인 반응을 개발한다. 마지막으로 21장 '문제 해결하기'를 사용하여 과거에 습관을 유발해 온 어려운 상황들에 대한 대안 해결책을 개발한다. 마지막으로 22장 '습관 되돌리기 훈련'을 통해 피부 뜯기, 모발 뽑기 등의 습관에 활용한다.

일부 지속적인 습관들은 20장 '내현적 민감화'에 간략히 설명된 기법으로 치유될 수 있다. 여기서 습관을 불쾌한 자극과 짝지어 없애도록 한다.

가벼운 회피

가벼운 회피란 특정 상황, 사람, 사물들에 대한 지속적인 두려움이다. 그 두려움은 가능한 한 그 두려운 상황을 피하려는 경향이 있을 정도로 강하지만, 필요한 경우 상황에 대처하도록 자신을 제어할 수 없을 정도로 강하지는 않다. 예를 들어, 가벼운 비행 회피는 가능하면 기차나 자동차를 타지만, 다른 선택의 여지가 없을 때 비행기를 탈 수도 있음을 의미할 수 있다. 가벼운 회피는 당신의 관계, 일, 또는 교육에 적당히 지장을 준다.

다음 장을 순서대로 학습하여 가벼운 회피를 치료하세요.

제5장 이완(긴장 완화)

제8장 대처 심상법

제9장 마음챙김

당신의 회피는 완전한 공포증보다는 지연이나 미루기 수준에 더 가깝기 때문에, 그것을 극복하기 위하여 계층을 개발하거나 두려운 상황에 잠깐 노출할 필요는 없을 것이다. 5장 '이완(긴장 완화)'으로 시작하여 심호흡과 신호-억제 완화법에 능숙해지도록 연습하라. 이후 8장 '심상 다루기'를 통해 스트레스 상황을 처리하는 자신을 상상하며 긴장을 풀고 대처하는 방법을 연습한다. 마지막으로 9장 '마음챙김'은 당신을 현재에 머물도록 하여 더 이상 불안으로 유발되는 회피에 덜 빠지도록 할 것이다.

미루기

가장 쇠약하게 만드는 형태의 미루는 습관은 열악한 시간 관리와 문제 해결 능력, 완벽주의, 수행 불안과 결합한다. 해야 할 일을 미루고, 우선순위가 낮은 방해 요소에 시간을 낭비하고, 불가능할 정도로 높은 기준으로 시작조차 못 하게 하고, 일단 시작을 해도 실패나 비판을 두려워한다.

다음 장을 순서대로 학습하여 미루기를 치료하세요.

제2장 자동적 사고(생각) 발견하기

제3장 제한된 사고(생각) 패턴 바꾸기

제4장 격한 사고(생각) 바꾸기

제21장 문제 해결하기

당신의 첫 번째 단계는 2, 3, 4장을 통해 생각 일지를 사용하는 기술을 개발하는 것이다. 미루기가 실패나 실수에 대한 두려움에서 비롯되기 때문에 제한된 사고 패턴, 특히 재앙화, 확대, 필터링(거르기) 등에 각별히 주의해야 한다. 당신은 평균적인 성과를 정의하거나 실패로 비난을 받는 유발 사고에 직면하여 이를 바꾸어야 할 것이다. 다음으로 21장 '문제 해결하기'를 통해 회피하고 있던 목표를 달성하기 위한 계획을 세운다.

미루기가 계속된다면 이는 종종 무가치함이나 무능함에 대한 깊은 신념 때문이다. 15장 '핵심 신념 점검하기'를 통해 그러한 신념을 확인하고 변화를 시작할 수 있다.

틱(tic)장애: 투렛증후군, 모발 뽑기, 피부 뜯기

이 습관적인 행동들은 다른 이들로 하여금 당신을 거부하거나 회피하게 할 수 있고, 당신의 외모를 손상시킬 수 있으며, 당황스러움 때문에 당신을 우울, 불안 및 당황으로 인한 사회적 상황의 회피로 이어질 수 있다.

다음 장을 순서대로 학습하여 투렛증후군, 모발 뽑기, 피부 뜯기 등을 치료하세요.

제22장 습관 되돌리기 훈련

제9장 마음챙김

제5장 이완(긴장 완화)

투렛증후군의 피부 뜯기, 모발 뽑기, 눈 깜빡이기, 목 가다듬기 및 언어 폭발 등과 같은 틱장애는 자동적이고, 비자발적이고, 심지어 무의식적인 상태로 만드는 생리적인 기반을 갖는다. 그러나 틱은 어느 정도 자발적이기 때문에 22장의 '습관 되돌리기 훈련'에서 입증된 기법을 사용하여 변경될 수 있다.

9장 '마음챙김'은 틱의 특징이 되는 정서, 충동, 행동을 관찰하고 상세히 설명하는 데 추가 훈련을 제공한다.

5장 '이완(긴장 완화)'은 틱 충동의 심각성을 증가시킬 수 있다는 것으로 알고 있는 상황으로 다가갈 때 당신의 스트레스를 줄이는 데에 도움을 줄 것이다.

치료 플래너

다음 차트는 이 책에 수록된 모든 치료 계획을 한눈에 보여 준다. 이를 사용하려면, 왼쪽 열에 문제를 찾는다. 오른쪽으로 읽어 가면 당신이 먼저 학습해야 할 장에 맞는 숫자 1이 보인다. 숫자 2는 당신이 두 번째로 습득해야 할 기술을 가르치는 장 등을 나타낸다.

일부 문제의 경우 ×로 표시된 열을 찾을 수 있다. 이 장들은 문제에 대한 핵심 치료 계획이 아니라, 증상이 지속될 경우 적용할 수 있고 유용할 추가 절차를 포함하고 있다.

보시다시피 몇 가지 문제는 구체적인 치료 계획이 없고, 제안된 치료 옵션을 나타내는 ×로 표시된 장들만 있다.

마지막 참고 사항: 공격성에 대해 일을 하고 있다면 분노 치료 프로그램을 참조하라. 강박관념에 대해 일하고 있다면 불안장애 프로그램을 참조하라. 그리고 자기비판을 하고 있다면, 낮은 자존감을 위한 프로그램을 참조하라.

당황하지 않아도 된다. 차트는 단지 복잡하게 보일 뿐이다. 시간을 갖고 단계별로 실행하라. 당신은 할 수 있다. 자기 발견과 치료의 도전적인 항해를 시작하는 것을 축하한다!

치료 플래너

문제	2장 자동적 사고 발견하기	3장 제한된 사고 패턴 바꾸기	4장 격한 사고 바꾸기	5장 이완(긴장 완화)	6장 걱정 조절	7장 공황에 대처하기	8장 대처 심상법	9장 마음챙김	10장 탈융합
불안장애									
걱정				1	2			×	×
공황장애						1		×	
완벽주의	1	2	3		4				
강박적 사고					3				1
특정 공포증				1			×	×	
광장공포증				2	1		×	×	
사회적				1			×	×	
외상후스트레스 장애			2	1				×	
수행 불안			2	1				×	
우울장애									
우울증	2	3	4					×	
낮은 자존감	1	2	3						×
수치심과 죄책감	1	2	3						4
분노	1	2	3	4				×	
신체적 스트레스									
근육 긴장				×					
싸움 또는 도주 증상				×		×			
행동장애									
나쁜 습관				1					
가벼운 회피				1			2	3	
미루기(지연)	1	2	3						
부동화									
대인 갈등								×	
틱장애				3				2	
부정적 핵심 신념									

11장 가치를 행동으로 옮기기	12장 동원하기	13장 단기 노출	14장 지속 노출	15장 핵심 신념 점검하기	16장 시각화를 통한 핵심 신념 바꾸기	17장 분노 조절을 위한 스트레스 예방 접종	18장 자기 자비	19장 내현적 모델링	20장 내현적 민감화	21장 문제 해결하기	22장 습관 되돌리기 훈련
				×						3	
		×	×								
		×		5							
		2					×				
		3	×								
		3	×								
		3	×								
5	1			×	×		7			6	
				4	5		6				
				5	×		6				
								2	×	4	3
				×						4	
×	×									×	
								×		×	
											1
				×	×						

제 2 장

자동적 사고(생각) 발견하기

생각은 감정을 유발한다. 이것이 인지 치료의 본질적인 통찰이다. 지난 60년간 개발되고 다듬어진 모든 인지 기법은 생각이 감정을 유발하고, 많은 감정이 생각에 의해 선행되고 발생한다는 단순한 생각에서 비롯된다.

즉 사건 자체는 감정적인 내용이 없다. 당신의 감정을 유발하는 것은 사건에 대한 당신의 해석이다. 이것은 종종 감정의 ABC 모델로 표현되는데, 여기서 A는 선행 사건(activating event), B는 신념(belief) 또는 사고를, 그리고 C는 결과(consequence)나 감정을 나타낸다.

A. 사건(Event) → B. 사고(Thought) → C. 감정(Feeling)

다음에 예가 있다:

A. 사건(Event): 차를 타고 시동을 걸어보지만, 아무 일도 일어나지 않는다.

B. 사고(Thought): 당신은 자신에게 "아, 안돼! 배터리가 방전되었나 봐. 이거 큰일인데! 지각이네."라고 혼잣말하며 이렇게 해석한다.

C. 감정(Feeling): 당신은 당신의 생각에 맞는 감정을 경험한다. 이 경우, 당신은 우울하고 지각하는 것에 대해 불안을 느끼게 된다.

그러나 만일 당신이 생각을 바꾸면 감정도 바뀌게 된다. 만일 당신이 "아들이 또 밤새도록 전등을 켠 채로 두었음에 틀림없어."라고 생각했다면, 화가 났을 것이다. 그러나 만일 "커피 한 잔 더 마시고 쉬면서 견인차가 도착할 때까지 기다려야겠다."라고 생각했다면, 기껏해야 가벼운 짜증 정도만 느꼈을 것이다.

이 장에서는 우리가 제공한 생각 일지를 사용하여 이 순환 안에서 자동적 사고를 파악하는 방법을 배울 것이다. 이것이 고통스러운 감정을 줄이기 위한 인지 기법을 사용하기 위해 당신이 익혀야 할 기본 기술이다.

학습 효과

자동적 사고를 발견하는 것 그 자체가 본격적인 치료라고는 볼 수 없다. 그것은 단지 다양한 인지 행동 치료의 첫 단계일 뿐이다. 그러나 화가 나는 상황에 당신이 어떻게 반응하는지를 살펴보면, 불안, 우울, 분노, 완벽주의, 낮은 자존감, 수치심과 죄책감, 또는 미루기 등이 즉각적으로 어느 정도 감소하는 것을 느낄 수 있을 것이다. 이것은 인지 치료가 빨리 도움이 될 가능성이 있다는 좋은 징후이다.

즉 이 장의 말미에서 당신은 증상 개선을 경험하지 못할 가능성이 더 크다. 사실상 어떤 감정은 그것들을 탐색한 결과로써 실제로 더 강화될 수 있다. 그러나 염려하지 말라. 이것은 그 과정의 초기 단계라는 것을 기억하라.

학습 시간

대부분 사람은 생각 일지를 충실히 기록하는 첫 주에 의미 있는 진전을 이룬다. 당신이 더 오래 당신의 자동적 사고에 맞추는 연습을 할수록 더 잘할 수 있다. 이는 뜨개질, 스키 타기, 글쓰기, 또는 키를 맞추어 노래하기 등과 같은 기술이다. 연습이 완벽을 만든다.

학습 지침

자동적 사고를 발견하기 시작하면 복잡한 피드백 순환을 형성할 수 있는 방법을 포함하여, 자동적 사고의 속성과 작동 방식을 이해하는 것이 도움이 될 것이다. 따라서 이에 대해 먼저 논의할 것이다. 그런 다음 그것들을 생각 일지에 기록할 수 있도록 자신의 자동적 사고를 듣는 방법을 배우도록 도울 것이다. 이것은 부정적인 사고의 패턴을 탐색하고, 직면하고, 변화시키는 데 매우 유용한 접근법이다.

순환 고리 이해하기

사건-사고-감정의 배열은 정서적 삶의 기본적인 구성 요소이다. 그러나 구성 요소들은 매우 무질서하고 혼란스러울 수 있다. 현실에서 사람들은 보통 개별적인 선행 사건, 사고, 결과적인 감정을 가진 간단한 일련의 ABC 반응을 경험하지는 않는다. 그보다는 자주 일련의 ABC 반응이 결합하여, 하나의 배열로부터 끝나는 감정이 다른 배열이 시작되는 사건이 되는 순환 고리(feedback loop)를 형성한다.

고통스러운 감정의 경우에 부정적인 순환 고리가 발생할 수 있고, 이 경우 불편한 감정 자체가 선행 사건, 즉 더 깊은 사고의 대상이 되고, 이는 다시 더 고통스러운 감정을 만들어 내고, 이는 또 더 부정적인 사고를 불러일으키는 더 큰 사건이 된다. 그 순환은 당신이 스스로를 분노, 불안 발작, 또는 깊은 우울에 빠질 때까지 계속된다.

감정에는 생리적인 요소가 있다. 두려움, 분노, 또는 기쁨과 같은 감정을 경험하면 심장이 빨라지고, 숨이 가빠지고, 땀이 더 많이 나고, 신체 여러 부위의 혈관들이 수축하거나 팽창한다. 반대로 우울, 슬픔, 비통과 같은 '조용한' 감정은 당신의 일부 생리 체계의 속도를 늦추는 것과 관련이 있다. 어느 쪽이든, 감정과 그에 수반되는 신체적 감각은 모두 당신의 느낌을 해석하고 분류하려고 애쓰기 시작하는 평가 과정을 촉발한다.

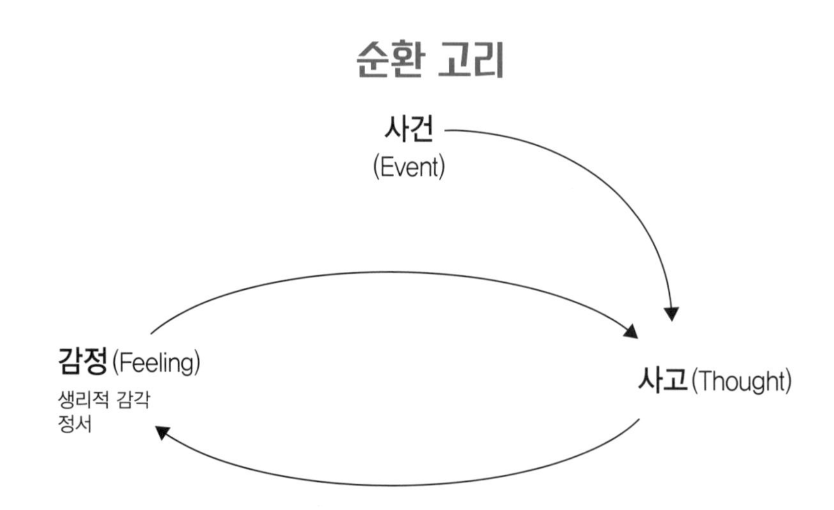

예를 들어, 주변 환경이 좋지 않은 곳에서 밤 늦은 시간에 차가 시동이 걸리지 않으면, 부정적인 순환 고리는 다음과 같이 진행될 수 있다.

A. 사건: 자동차의 시동이 걸리지 않는다.

B. 사고: "아, 이런! 끔찍하군. 지각이야-그리고 여긴 위험한 거리야."

C. 감정: 심장이 빨리 뛰고, 덥고 땀이 남. 짜증. 불안.

B. 사고: "무서워. 강도를 당할 수도 있어-이건 정말 최악이야."

C. 감정: 위경련, 호흡 곤란, 어지러움, 두려움.

B. 사고: "난 겁에 질려 있어. 자제력을 잃을 거야. 움직일 수가 없어. 무사하지 못할 거야."

C. 감정: 강한 아드레날린 분출, 공황.

자동적 사고의 특성

당신은 끊임없이 자신에게 세상을 설명하고, 각각의 사건이나 경험을 분류한다. 보고, 듣고, 느끼는 모든 것을 자동적으로 해석한다. 당신은 사건을 좋거나 나쁘거나, 즐겁거나 고통스럽거나, 안전하거나 위험한 것으로 판단한다. 이 과정은 당신의 모든 경험에 색을 입히고 개인적인 의미를 부여한다.

이러한 분류와 판단은 당신 자신과 끝없이 대화를 하고, 생각의 폭포가 당신의 마음 한구석을 타고 흘러내리는 것으로부터 형성된다. 이러한 생각들은 지속적이고 거의 알아채지 못하지만, 그 생각들은 당신에게 가장 강렬한 감정들을 만들 정도로 충분히 강력하다. 이러한 내부의 대화는 이성적 감정 치료사인 앨버트 엘리스(Albert Ellis)에 의해 '자기 대화'라고 불리며, 인지 이론가인 아론 벡(Aaron Beck)에게는 '자동적 사고'라고 불린다. 벡은 "생각이 경험되는 방식을 더 정확하게 설명하기 때문에" 후자(자동화 사고)를 선호한다. "개인은 이 생각들이 이전의 어떤 성찰이나 추론 없이 반사적인 것처럼 인식한다. 그리고 그들은 그에게 그럴 듯하고 타당한 것이라는 인상을 심어 준다." (Beck 1976, 237)

자동적 사고는 일반적으로 다음과 같은 특징들을 갖는데, 이는 다음에서 상세히 논의될 것이다.

- 종종 속기 형식으로 나타난다.
- 거의 항상 믿어진다.
- 자연스럽게 경험된다.
- "해야 한다(should, ought, must)."라는 말로 표현된다.

- "현 상황보다 더 안 좋게 보이게 하는" 경향이 있다.
- 상대적으로 독특하다.
- 끈기 있고 영속적이다.
- 종종 개인의 공적인 진술과는 다르다.
- 특정 주제를 반복한다.
- 학습된다.

자동적 사고는 속기 형식으로 나타난다.

자동적 사고는 종종 속기 형식으로 나타나는데, 전보 형식의 문체로 표현되는 몇 개의 필수 단어들로 구성되어 있다. "외로운… 아픈 것은… 참을 수 없어… 암은… 좋지 않다"처럼 한 단어 또는 짧은 문구는 고통스러운 기억, 두려움 또는 자책 등의 분류로 기능한다.

자동적 사고는 전혀 말로 표현할 필요가 없다. 그것은 간단한 시각적 이미지, 상상한 소리나 냄새, 또는 신체적인 감각일 수도 있다. 예를 들어, 높은 곳을 무서워하는 여성은 바닥의 기울기에 대한 잠깐 동안의 이미지가 있었고 창문 쪽으로 미끄러지는 느낌이 있었다. 이 순간적인 환상은 그녀가 3층 이상을 올라갈 때마다 극심한 불안을 촉발시켰다.

때로 이 자동적 사고는 과거의 일에 대한 간단한 재구성이다. 예를 들면, 우울한 여성은 그녀의 남편이 자신을 떠날 계획을 처음 말했던 뉴욕 메이시스 백화점의 계단을 계속 보고 있었다. 계단의 이미지는 그 상실에 관련된 모든 감정을 불러일으키기에 충분했다.

때때로 자동적 사고는 단어, 이미지, 또는 감각 인상 없이 직관적인 지식의 형태를 취할 수 있다. 예를 들어, 자기 의심으로 괴로워하던 한 요리사는 수석 주방장으로 승진하려고 애쓰는 것이 무의미하다는 것을 "그냥 알고 있었다."라고 한다.

자동적 사고는 거의 항상 믿어진다.

자동적 사고는 분석에 따라 그것들이 아무리 비논리적으로 보일지라도 일반적으로 매우 신뢰성을 갖는다. 예를 들어, 가장 친한 친구의 죽음에 분노로 반응했던 한 남자는 실제로 그의 친구가 자신에게 벌을 주기 위해 의도적으로 죽었다고 한동안 믿었다.

자동적 사고는 직접적인 감각 인상과 같은 믿을 만한 특성을 갖는다. 당신은 현실 세계에서 보이는 것과 들리는 것과 같은 진리의 가치를 자동적 사고에 부여한다. 만일 포르쉐를 타고 있는 남자를 보고, "부자네. 그는 자신 말고는 어느 누구에게도 신경쓰지 않을 거야."라는 생각을 했다면, 그 판단은 자동차 색깔만큼이나 당신에게는 사실적이다.

자동적 사고는 자발적으로 경험된다.

당신은 자동적 사고가 자동적이기 때문에 자동적 사고를 믿는다. 이들은 진행 중인 일들로부터 자연스럽게 발생하는 것처럼 보인다. 그것들은 단지 당신의 마음속에 떠올랐을 뿐이고, 당신은 그것들이 논리적 분석의 대상이 되도록 하는 것은 고사하고 거의 알아차리지 못한다.

자동적 사고는 '해야 한다(SHOULD, OUGHT, MUST)'는 '당위'의 의미를 갖는다.

최근 남편이 사망한 여성은 "나는 혼자 견뎌야 해. 친구들에게 부담을 줘서는 안 돼."라고 생각한다. 그 생각이 마음속에 떠오를 때마다 그녀는 절망을 느꼈다. 사람들은 "나는 행복해야 해, 더 활기차야 해, 창의적이어야 해, 책임감이 있어야 해, 사랑을 베풀어야 해, 너그러워야 해…" 등과 같은 당위들로 고문한다. 이의를 제기할 수 없는 이러한 말들은 죄책감이나 자존감의 상실을 재촉한다.

당위는 그 기원과 기능이 실제로 적응적이기 때문에 근절하기가 어렵다. 그것들은 과거에 효과가 있었던 간단한 규칙들이다. 그것들은 당신이 스트레스를 받을 때 재빨리 접근할 수 있는 생존을 위한 모형이다. 문제는 그것들이 너무 자동적이어서 당신이 그것들을 분석할 시간이 없고, 너무 경직되어 있어서 변화하는 상황에 수정할 수 없다는 것이다.

자동적 사고는 비관적으로 생각하는 경향이 있다.

자동적 사고는 재앙을 예측하고, 모든 것에서 위험을 보며, 늘 최악의 상황을 예상한다. 복통은 암의 증상이고, 연인의 얼굴에 보이는 산만한 표정은 금단의 첫 징후이다. 이 재앙적 사고들은 주요 불안 요인이다. 그것들이 미래를 예측하도록 도움을 주기도 하지만, 최악의 시나리오에 대비하는 데 도움이 된다.

자동적 사고는 특이하다.

여기 같은 일에 대해 사람들에게 어떻게 다른 자동적 사고가 일어날 수 있는지를 보여 주는 예가 있다. 혼잡한 극장에서 한 여성이 갑자기 일어나 그녀 옆의 남자의 뺨을 때리고 서둘러 통로를 따라 출구를 빠져나갔다. 이를 본 한 여성은 "그 사람들 집에 가면 그 여자 정말 혼나겠군."이라고 생각했다. 그녀는 그 여성이 신체적으로 학대당했던 시간과 잔인하게 구타를 당했을 때의 상세한 내용을 상상했다. 한 십대 젊은이는 "저 불쌍한 남자. 그는 그저 키스를 하고 싶었을 뿐인데 그녀는 그에게 굴욕감을 주었어. 정말 나쁜 여자야."라고 생각했기 때문에 화가 났다. 한 중년 남성은 분노에 찬 아내의 얼굴을 보고 "이제 아내를 잃었으니 다시는 돌아오지 못할 것"이라고 혼잣말을 하며 우울해했다. 한 사회복지사는 그에게 "잘했어. 내가 아는 소심한 여성들이 그것을 보았더라면 좋았을 텐데."라는 생각에 의로운 쾌감을 느꼈다. 각각의 반응은 자극 사건을 보는 독특한 방식에 기초했고 다른 강한 감정을 불러일으켰다.

자동적 사고는 지속적이고 자기 영속적이다.

자동적인 사고는 반사적이고 그럴듯하기 때문에 끄거나 바꾸기가 어렵다. 그들은 당신의 내부 대화의 틀을 통해 눈에 띄지 않게 짜여져 있고, 자신의 의지로 왔다 갔다 하는 것처럼 보인다. 하나의 자동적 사고는 다른 사고와 또 다른 사고의 신호로 작용하는 경향이 있다. 당신은 하나의 우울한 생각이 관련된 우울한 생각의 긴 사슬을 촉발할 때 이러한 연쇄 효과를 경험했을 것이다.

자동적 사고는 종종 공식 진술과 다르다.

대부분 사람은 자신과 대화하는 방식과는 매우 다른 방식으로 다른 사람에게 말한다. 다른 사람들에게 그들은 보통 자신의 삶에서 일어나는 일들을 원인과 결과의 논리적 순서로 설명한다. 하지만 그들은 같은 사건을 자기 비하적인 독이나 끔찍한 예언으로 묘사할 수도 있다. 한 임원은 "해고된 이후 좀 우울하다." 라고 담담하게 말했다. 이 사실에 입각한 진술은 실업이 그에게 촉발시킨 실제 생각과는 크게 달랐다. "나는 실패자다. 나는 다시는 일하지 않을 거예요. 우리 가족은 굶주릴 것이다. 난 이 세상에서 살 수 없어." 이러한 생각들은 그에게 끝없이 추락하는 자신의 이미지를 남겼다.

자동적 사고는 특정 테마를 반복한다.

만성적인 분노, 불안, 또는 우울증은 반대되는 모든 생각들을 배제하고 하나의 특정한 자동적 사고에 초점을 맞추는 것에서 비롯된다. 불안한 사람들의 주제는 위험이다. 그들은 위험한 상황을 예상하는 데 몰두하며 미래의 위협이나 고통에 대해 끊임없이 조사한다. 우울한 사람들은 종종 과거에 집중하고 상실이라는 주제에 집착한다. 그들은 또한 자신의 실패와 결점에 초점을 맞춘다. 만성적으로 화가 난 사람들은 겉보기에는 의도적인 다른 사람들의 상처받은 행동에 대해 자동적 사고를 반복한다. 이러한 주제에 대한 집착은 한 가지 생각만을 하고 환경의 한 측면만을 알아채는 일종의 터널 시야를 만들어 내고, 그 결과 지배적이고 보통 꽤 고통스러운 감정을 갖게 된다. 아론 벡은 '선택적 추상화(selective abstraction)'라는 용어를 사용하여 다른 모든 것을 배제하고 환경에서 한 세트의 신호를 보는 이러한 유형의 터널 시야를 설명했다.

자동적 사고는 학습된다.

어린 시절부터 사람들은 당신에게 어떻게 생각해야 하는지 말해 왔다. 당신은 가족, 친구, 교사, 미디어 그리고 다른 사람들에 의해 특정 방식으로 사건을 해석하도록 요구받았다. 수년에 걸쳐 당신은 변화는커녕 감지하기 어려운 습관적인 자동적 사고의 패턴을 배우고 실천해 왔다. 그게 나쁜 소식이다. 좋은 소식은 배운 것은 배우지 않고 바뀔 수 있다는 것이다.

자신의 자동적 사고에 귀 기울이기

자신의 자동적 사고를 듣는 것이 불쾌한 감정들을 통제하는 첫 번째 단계이다. 대부분의 내부의 대화는 무해하다. 해를 불러오는 자동적 사고는 그것들이 거의 항상 지속적인 고통스러운 감정보다 앞서기 때문에 식별할 수 있다.

계속되는 고통스러운 감정을 유발하는 자동적 사고를 식별하기 위해, 그 감정의 시작 전에 가졌던 생각들과 지속된 감정과 함께했던 것들을 기억하려고 애써 보라. 그것을 인터폰을 통해 귀를 기울이는 것으로 여길 수 있다. 인터폰은 항상 켜져 있다. 심지어 다른 사람들과 대화를 하며 살아가고 있는 동안에도 세상에서 기능하고 있으며, 동시에 자신에게 대화를 하고 있는 것이다.

내적 대화에 귀 기울이고 스스로에게 하는 말을 들어보라. 당신의 자동적 사고는 많은 외부의 일과 내부의 감각에 개인적이고 독특한 의미를 부여하고, 당신의 경험에 대한 판단하고 해석하는 것이다.

자동적 사고는 종종 번개처럼 빠르고 따라잡기가 아주 어렵다. 그것들은 짧은 정신적 이미지로 떠오르거나, 전보처럼 한 단어로 보이기도 한다. 이러한 생각의 신속성에 대처하기 위한 두 가지 방법이 있다.

- 고통스러운 감정이 나타나기 시작할 때까지 상상 속에서 몇 번이고 반복해서 문제 상황을 재구성하라. 감정이 올라올 때 무엇을 생각하고 있는가? 당신의 생각들을 슬로 모션 영화로 생각하라. 내부의 대화를 프레임별로 살펴보라. "참을 수 없어."라고 말하는 데에 1/1,000초가 걸리거나 혹은 끔직한 사건의 0.5초 이미지를 주목하라. 당신이 다른 사람들의 행동을 내부에서 어떻게 설명하고 해석하는지를 주목하라. "그녀는 지루해.", "그가 나를 깔아뭉개고 있어."
- 속기 형식의 문장을 원래 문장으로 확장하라. "몸이 안 좋아"는 "몸이 안 좋아지고 더 나빠질 거라는 걸 알아."의 속기일 수 있다. "미쳤다."는 "내가 자제력을 잃을 것 같고, 그래서 난 미칠 것 같다는 것을 의미함에 틀림없어. 친구들이 나를 거부할 거야."를 의미할 수 있다. 속기를 듣는 것으로는 충분치 않다. 많은 고통스러운 감정들이 생겨나는 왜곡된 논리를 이해하려면 당신의 전체 내부적인 쟁점을 동일시하는 것이 필요하다.

자신의 사고를 기록하기

당신의 자동적 사고의 힘과 자동적 사고가 당신의 감정적 삶에서 하는 역할을 이해하기 위해서는 다음 양식을 사용하여 사고 일지를 기록하라. (http://www.newharbinger.com/45489에서 다운로드할 수 있다.) 불쾌한 감정을 겪게 되면 가능한 한 빨리 양식에 기록하라. 그리고 양식은 자신의 감정을 어떻게 평가할 것인가를 제외한 감정을 설명해 준다. 당신의 고통 수준을 평가하기 위해 다음 척도를 이용하라.

0에서 100까지의 척도를 이용하는데, 여기서 0은 아무 고통을 초래하지 않는 것과 100은 당신이 지금껏 느꼈던 중 가장 고통스러운 감정이다.

양식을 몇 부 복사하여 최소한 한 주간은 항상 지니고 다니고, 고통스러운 감정을 느낄 때에만 기재하라. 당신의 자동적 사고에 집중한다는 것이 잠시 동안 감정을 더 악화시킨다는 것을 알게 될 것이다. 그 작업을 계속하라. 기분 좋게 느끼기 시작하기 전에 더 악화됨을 느끼는 것은 정상이다. 또한, 다음 두 장에서 당신의 사고 일지에 기재된 재료를 활용할 것이라는 것을 알아두라. (시작하는 데 어느 정도 도움이 필요하다면, 세금 납부 시기에 스트레스가 쌓였던 회계 담당자 Antonio의 예를 따른다.)

자동적 사고를 발견하는 과정은 이러한 생각들을 불신하기 시작하고, 떠오르는 생각에 의문을 갖기 시작하고 그것들과 논쟁하기 시작한다. 제한적 사고의 패턴 바꾸기에 관한 다음 장은 자동적 사고를 논박하기 위한 구체적인 도구들을 제공할 것이다.

이 시점에서 당신은 생각들이 감정을 만들고 유지한다는 것을 깨닫는 것이 중요하다. 고통스러운 감정의 빈도를 줄이려면, 자신의 생각에 귀를 기울이고, 그다음으로 당신의 생각이 얼마나 진실한지 물어봐야 한다. 당신이 생각하는 것이 궁극적으로 당신이 느끼는 것을 만든다는 것을 기억하라.

사고 일지 1

상황 언제? 어디서? 누가? 무슨 일이 있었나?	**감정** 한 단어 요약 0~100까지 점수	**자동적 사고** 불쾌한 감정을 느끼기 직전과 그 느낌 동안에 무엇을 생각하고 있었나요?

안토니오의 사고 일지

상황 언제? 어디서? 누가? 무슨 일이 있었나?	**감정** 한 단어 요약 0~100까지 점수	**자동적 사고** 불쾌한 감정을 느끼기 직전과 그 느낌 동안에 무엇을 생각하고 있었나요?
고속도로에 갇힘.	분노 80	지각. 사장 화남. 꼴지로 들어옴. 온종일 서둘러야 함.
초과 근무 부여됨.	불안 90	밤새 여기 있을 것. 참을 수가 없다. 늦으면 Jenny가 열받을 것.
	억울함 75	그들은 늘 내게 퍼붓는다. 불공평함.
점심시간까지 일해야 함.	불안 85	배고프다. 피곤하다. 이걸 참을 수가 없다.
	분노 65	왜 일을 도울 직원을 더 안 뽑지? 이건 말도 안 돼.
늦게까지 일해서 아내에게 전화해야 함.	불안 75	그녀는 정말 폭발할 거야.
집으로 운전 중	우울 80	이게 내 삶의 모든 것. 이걸 벗어날 길이 없다.
아이들과 TV 보는 중	우울 90	그들은 절대 내게 말을 안 한다. 그들은 나를 거의 알지 못한다. 그들은 신경도 안 쓴다.
아내가 일찍 잠자리에 듦.	우울 85	그녀는 정말 화가 났다. 그녀는 내게 넌덜머리가 났다.

유의 사항

때로 자동적 사고는 너무 빠르게 그리고 너무 축약된 형태로 다가와, 비록 당신이 단지 몇 가지 생각을 가졌다는 것을 알면서도 당신은 그것들을 인지할 수 없다. 그런 경우에 당신은 그냥 당신의 생각을 세어 볼 수 있다. 색인 카드를 늘 지니고 다니고, 당신이 자동적 사고를 했다는 걸 알아챌 때마다 카드에 표시를 한다. 당신은 또 골프 손목 카운터나 뜨개바늘 카운터에 당신의 자동적 사고 발현 수를 기록할 수 있다.

당신의 자동적 사고를 세는 것은 통제의 느낌을 가질 뿐만 아니라, 그것들과 거리를 두는 데에 도움이 될 것이다. 당신의 자동적 사고가 사건에 대한 정확한 평가라는 입장을 취하기보다 당신은 그것들을 기록하고 그들을 떠나보낼 수 있다. 일단 당신이 한 번 생각을 세고 나면, 당신은 그것을 곰곰이 생각할 필요가 없다.

이 과정은 결국 당신의 생각들을 늦추고 주의 집중을 예민하게 하여 생각들의 내용이 분명해지기 시작한다. 그런 상황이 발생할 때, 당신은 세어볼 뿐만 아니라 당신의 생각들을 범주화하기 시작하기도 하고 당신이 얼마나 다양한 종류의 생각, 재앙적인 생각, 상실에 대한 생각들, 불안정한 생각 등을 세기 시작할 수도 있다.

만약 당신이 생각 세기를 잊어버렸다면 휴대전화, 시계 알람 또는 타이머를 매 20분마다 울리도록 설정하라. 알람이 울리면 하던 일을 멈추고 자신의 내면을 들여다보고, 당신이 주목하는 부정적인 생각을 세어 보라.

3장
제한된 사고(생각) 패턴 바꾸기

한 남성이 약국 계산대로 가서는 특정 브랜드의 치실을 주문한다. 약국 직원은 재고가 없다고 말한다. 그 남성은 약국 직원이 치실이 있음에도 자신의 외모를 좋아하지 않기 때문에 그를 쫓아내고 싶어한다고 결론짓는다. 이 논리는 명백히 비이성적이고 편집증적으로 보인다.

그러나 남편이 얼굴을 찌푸린 채로 귀가하는 한 여성의 경우를 생각해 보라. 그녀는 전날 밤 너무 피곤해서 사랑을 나눌 수 없었기 때문에 화가 나 있다고 결론을 내린다. 그녀는 어떤 유형의 보복에 의해 상처를 받을 것을 예견하고, 투정부리고 방어적이 되는 것으로 재빨리 반응한다. 이 논리는 그녀에게 완벽하게 의미가 있고, 그녀는 남편이 귀가 도중 사소한 자동차 사고가 있었다는 것을 알기 전까지는 자신의 결론을 의심하지 않는다.

그녀가 사용한 논리의 진행은 이렇게 진행된다:

1. 남편이 화가 나 보인다.
2. 남편은 내가 그를 실망시킬 때 종종 화가 난다.
3. 그러므로 그는 내가 그를 실망시킨 것에 대해 내게 화를 낸다.

이 논리의 문제점은 그녀의 남편의 기분이 항상 그녀와 관계가 있고, 그녀가 남편의 우여곡절의 원인이라는 그녀의 가설 안에 있다. 개인화라고 불리는 이 제한된 사고의 패턴은 주변의 모든 대상과 사건을 자신에게 연결하는 경향이다. 개인화는 당신을 제한하고, 당신이 보는 것을 계속하여 잘못 해석하고, 그 오해에 따라 행동하기 때문에 고통을 야기한다.

이 장은 8가지의 제한된 사고 패턴을 살펴보고, 이를 식별하는 연습을 제공할 것이다. 그런 다음 2장에서 기록한 자동적 사고를 분석하여 어려운 상황에서 습관적으로 사용하는 제한된 사고 패턴을 알아내는 방법을 가르쳐줄 것이다.

당신의 고통스러운 자동적 사고보다 더 믿을 수 있는 균형 잡힌 대안적 자기 진술을 작성하는 방법, 그리고 당신의 새로운, 균형 잡힌 사고들에 기초한 행동 계획을 세우는 방법들을 배우게 될 것이다.

학습 효과

자동적 사고에 도전하는 것은 완벽주의에 맞서고, 미루기를 억제하고, 우울함과 불안을 해소하는 강력한 방법이다. 이는 낮은 자존감, 수치심과 죄책감, 그리고 분노를 치료하는 데에도 도움이 된다.

이 장의 기법들은 왜곡된 사고를 반박하고 대체하기 위해 자동적 사고를 분석하고 이성적인 회복을 구성하는 방법을 개척한 아론 벡(Aaron Beck, 1976)의 인지 치료에 기초하고 있다. 이 접근법은 추상적 사고방식, 즉 자신의 자동적 사고를 분석하여 제한된 사고의 주제적 패턴을 찾을 수 있는 사람들에게 적합하다.

학습 시간

당신은 당신의 자동적 사고를 1주에서 4주까지 사고를 분석한 후에 결과를 얻기 시작해야 한다. 이 장의 모든 연습을 시도하고도 여전히 제한된 사고 패턴을 찾아내는 데 어려움을 겪는다 해도 희망을 버리지 말라. 다음 장으로 가서, 그 장이 고통스러운 감정을 유발하는 생각들에 관한 증거를 정리함으로써 같은 일을 성취하는 데 도움이 되고, 보다 균형 잡힌 사고를 만드는 데에도 도움이 될 것이다.

학습 지침

제한된 사고의 패턴을 바꾸기 위해서는 그것들을 인식하고 식별하는 것이 도움이 되므로 가장 일반적인 유형을 설명하는 것으로 시작할 것이다. 이 장의 나머지 부문은 당신이 사용하는 패턴을 알아보고 그것에 대응하기 위해 더 균형 잡힌 사고들을 개발하도록 사고 일지를 사용하는 방법을 설명하는 것에 집중할 것이다.

제한된 사고의 8가지 패턴을 알아내는 방법 배우기

여기 가장 일반적인 제한된 사고의 8가지 패턴이 있다. 그것들을 한 번에 하나씩 공부하는 것이 도움이 된다. 그러나 당신의 지속적인 의식의 흐름 안에서는 이러한 패턴들을 종종 빠르게 연속적으로 일어나고, 서로 겹치고 섞인다.

필터링(FILTERING)

필터링은 터널 시야(tunnel vision)의 형태로 특징지어진다. 다른 모든 것을 제외하고 상황의 한 요소만 보는 것이다. 하나의 세부 사항이 초점이 되고, 전체 사건이나 상황은 이 세부 사항에 의해 색이 정해진다. 예를 들면, 비판에 불편해진 컴퓨터 제도사가 최근 상세 도면에 대해 칭찬을 받고, 그의 다음 작업은 조금 더 빨리할 수 있는지 질문을 받았다.

그는 고용주가 자신이 게으름을 피우고 있다고 생각했다고 판단하여 침울하게 집으로 돌아갔다. 그는 칭찬은 걸러냈고 비판에만 집중했다.

사람마다 자신만의 특정 터널을 통해 본다. 우울한 사람들은 상실에 민감하고 이익을 보지 못한다. 불안한 사람들에게는 현장이 안전하고, 안전할 수 있다 하더라도 아주 작은 위험 가능성이라도 폭탄 위협처럼 보인다. 만성적인 분노를 경험하는 사람들은 불공정의 증거를 강조하고 공정과 평등을 가려내는 터널을 통해 본다.

기억 또한 매우 선택적일 수 있다. 당신은 전 생애 역사로부터 특정 종류의 사건만을 기억할 수 있다. 당신이 기억을 필터링할 때, 종종 긍정적인 경험들은 잊고 당신을 화나게 하고 불안하거나 우울하게 했던 기억에 머물게 된다.

필터링은 당신의 좋은 경험을 무시하는 한편 부정적인 사건들을 문맥에서 끌어내고 그것들에 집중함으로써 당신의 생각을 '끔찍한 상상'으로 만든다. 당신의 두려움, 상실, 짜증들은 다른 모든 것을 배제한 채 당신의 인식을 채우기 때문에 중요성이 과장된다. 필터링에 대한 키워드는 '끔찍한', '무서운', '역겨운', '두려운' 등이다. 핵심 문구는 '나는 참을 수 없다'이다.

양극화 사고(POLARIZED THINKING)

양극화 사고는 때때로 '흑백 사고'라고 불린다. 이 제한된 사고 패턴에서는 회색 음영이 허용되지 않는다. 당신은 중간 입장이 없는 극단에서 모든 것을 인식하고 둘 중 하나 또는 선택을 고집한다. 사람과 사물은 좋거나 나쁘거나, 경이롭거나 끔찍하거나, 유쾌하거나 참을 수 없거나이다. 당신의 해석이 극단적이기 때문에 당신의 감정적 반응 또한 극단적이고, 절망에서 의기양양함, 분노, 절정으로, 황홀함, 공포로 요동친다.

양극화 사고의 가장 큰 위험은 자신을 판단하는 방식에 미치는 영향이다. 당신이 완벽하지 않거나 똑똑하지 않으면, 실패자이거나 바보인 것이 틀림없다고 생각할 수도 있다. 실수나 평범함을 용납할 여지가 없다. 예를 들어, 어느 전세 버스 운전자가 잘못된 고속도로 출구를 선택해서 진로를 2마일이나 벗어나 운전해야 했을 때 그는 자신이 정말 실패자라고 혼잣말을 했다. 한 번의 실수는 그가 무능하고 무가치하다는 것을 의미했다. 마찬가지로 세 아이가 있는 홀어머니가 강하고 책임감을 가지기로 결심했다. 그녀가 피곤하고 긴장하는 순간 자신이 나약하고 뒤떨어진다고 생각하기 시작했고, 친구들과의 대화에서 종종 자신을 비난했다.

과잉일반화(OVERGENERALIZATION)

과잉일반화에서는 하나의 사건이나 증거를 토대로 광범위한 결론을 내린다. 한 번 바느질을 실수하면 "나는 뜨개질하는 법을 절대 못 배울 거야."라고 결론짓는다. 댄스 플로어에서 거절당하면 "아무도 나랑 춤추고 싶어하지 않을 거야."로 받아들인다.

이러한 패턴은 점차적으로 제한된 삶으로 이끌 수도 있다. 만약 기차에서 한 번 아프면 다시는 기차를 타지 않기로 결심한다. 6층 발코니에서 현기증을 느끼면 결코 다시 발코니로 나가지 않는다. 남편이 지난번 출장을 갔을 때 불안했다면, 남편이 마을을 떠날 때마다 당신은 두려움을 느낄 것이다. 한 가지 나쁜 경험은 비슷한 상황에 처할 때마다 나쁜 경험을 되풀이할 것이라는 것을 뜻한다.

과잉일반화는 종종 마치 행복의 기회를 통제하고 제한하는 불변의 법칙인 것처럼 절대적인 진술의 형태로 표현된다. 과잉일반화하고 있다는 것을 나타내는 몇 가지 키워드는 '전부', '모든', '아무것도 아닌', '결코 아닌', '항상', '모두가' 그리고 '아무도 아닌' 등이다. 예를 들어, "아무도 나를 사랑하지 않아!", "나는 절대로 다시는 누구도 믿지 않을 거야!", "나는 항상 슬플 거야.", "나는 항상 시시한 일만 해왔어.", "사람들이 진정으로 나를 알게 되면 아무도 나와 친구로 남지 않을 거야."와 같은 포괄적인 결론을 내릴 때 당신은 과잉일반화하고 있는 것이다.

과잉일반화의 또 다른 특징은 당신이 싫어하는 사람들, 장소, 사물들에 전체적인 꼬리표를 붙이는 것이다. 당신을 집까지 태워 주기를 거절한 사람은 '완전한 멍청이'라는 꼬리표를 붙인다. 데이트할 때 말이 없는 남자는 '재미없는 뚱한 사람'이다. 민주당원들은 '무식한 자유주의자'이다. 뉴욕은 '지구상의 지옥'이다. 텔레비전은 '악하고 부패한 영향력'이다. 당신은 '멍청하고', '완전히 인생을 낭비하고 있다.' 이 꼬리표들 각각은 진실의 일면을 포함하고 있을지 모르지만, 그것은 모든 반대의 증거를 무시하는 세계적인 판단으로 그 결말을 일반화함으로써 세계에 대한 당신의 견해를 틀에 박힌 일차원적으로 만든다.

독심술(MIND READING)

당신이 마음을 읽을 때, 당신은 다른 사람들이 어떻게 느끼는지, 무엇이 그들에게 동기를 부여하는지 알고 있다고 가정하며, 이는 즉각적인 판단으로 이어질 수 있다. 예를 들면, "그 사람은 질투심 때문에 그렇게 행동하는 거야.", "그녀는 당신의 돈에만 관심 있어.", "그는 자신이 걱정한다는 걸 보이기 두려운 거야." 라고 생각한다.

만일 최근에 여자 친구와 헤어진 동생이, 한 주에 세 번 새로운 여성을 만난다면, 당신이 도달할 수 있는 수많은 결론이 있다. 예를 들면, 그가 사랑하고 있는데, 옛 여자 친구에게 화가 나 있고 반동으로 그 사실을 그녀가 알기를 바라고 있거나, 다시 혼자가 되는 것을 두려워하거나. 의심할 여지 없이 어느 것이 사실인지 알 길이 없다. 독심술은 하나의 결론을 너무도 명백하게 정확한 것으로 보이게 만들어 그것이 사실이라고 당연시하고, 부적절하게 행동하고 문제를 일으킨다.

독심술은 사람들이 당신에게 어떻게 반응하는지에 대해 추측한다. 당신의 남자 친구가 무슨 생각을 하는지 짐작하고 "이렇게 가까이에서는 그는 내가 매력적이지 않은지 보게 될 거야."라고 혼잣말을 한다. 만일 그 친구도 독심술을 하고 있다면, 그 또한 "그녀는 내가 아직 미숙하다고 생각할 거야."라고 혼잣말을 할 것이다. 당신은 직장에서 우연히 상사와 마주쳤다가 "그녀는 나를 해고할 준비를 하고 있어."라고 생각하며 멀어져 간다. 이러한 가정들은 직감, 예감, 막연한 불안감, 또는 몇 가지 과거의 경험들에서 생겨난다. 그것들은 검증되지도 증명되지도 않았지만, 그럼에도 당신은 여전히 그것들을 믿는다.

독심술은 투영이라는 과정에서 비롯된다. 당신은 사람들이 당신이 느끼는 것과 똑같은 방식으로 느끼고, 당신이 하는 것과 똑같은 방식으로 반응한다고 생각한다. 따라서 당신은 다른 사람들이 실제로는 다르다는 것을 알아차릴 정도로 충분히 주의 깊게 보거나 듣지 않는다. 누군가 지각할 때 당신이 화가 나면, 당신은 모두가 그렇게 느낀다고 생각한다. 당신이 거절에 극도로 민감하다고 느낀다면, 당신은 대부분의 사람이 똑같을 것이라고 예상한다. 만일 당신이 특정 습관과 특징에 대해 매우 비판적이라면 다른 사람들도 당신의 믿음을 공유할 것으로 가정한다.

재앙화(CATASTROPHIZING)

만약 당신이 재앙화하면, 보트의 작은 틈새는 분명히 가라앉을 것을 의미한다. 견적서가 싸게 호가된 계약자는 그가 다시는 또 다른 직업을 구하지 못할 것이라고 결론짓는다. 두통은 뇌암이 발병하고 있다는 것을 암시한다. 재앙화하는 생각들은 종종 "~하면 어떨까?(what if)"라는 말에서 시작한다. 비극에 관한 신문 기사를 읽거나 지인에게 닥친 재난에 관한 소문을 듣고 당신은 생각하기 시작한다-"만약 나에게 그런 일이 일어난다면 어떡하지?", "만약 스키를 타다가 다리가 부러지면 어떡하지?", "만약 그들이 내가 탄 비행기를 납치하면 어떡하지?", "만약 내가 병들고 장애를 겪어야 한다면 어떡하지?", "만약 내 아들이 마약을 하기 시작하면 어떡하지?" 목록은 끝이 없다. 생생한 재앙적 상상에는 한계가 없다.

과장(MAGNIFYING)

당신이 과장할 때면, 그것들의 중요성에 비례하여 강조한다. 작은 실수가 비극적인 실패로 된다. 사소한 제안이 가혹한 비판이 된다. 가벼운 요통이 디스크 파열이 된다. 사소한 실패가 절망의 원인이 된다. 작은 장애물이 압도적인 장애물이 된다. '거대한', '불가능한', 그리고 '압도적인'과 같은 단어들이 과장의 표현이다. 이 패턴은 파멸의 분위기와 히스테리적인 비관주의를 만들어 낸다.

과장의 이면이 축소이다. 당신이 과장할 때는, 당신의 문제를 확대하는 망원경을 통해 당신의 삶에서 모든 것을 부정적이고 어려운 것으로 본다. 그러나 당신이 대처 능력이나 해결책을 찾는 능력 같은 자산을 볼 때, 당신은 망원경의 잘못된 끝을 통해 보게 되고 긍정적인 모든 것이 축소된다.

개인화(PERSONALIZATION)

개인화에는 두 가지 종류 있다. 하나는 자신을 다른 사람들과 직접 비교하는 것이다. "그는 나보다 훨씬 더 피아노를 잘 쳐.", "이 사람들과 함께할 정도로 난 충분히 똑똑하진 않아.", "그녀는 나보다도 그녀 자신을 훨씬 더 잘 알아.", "나는 안으로는 막막한데, 그는 사물들을 아주 깊이 느껴.", "내가 사무실에서 가장 느린 사람이야." 때로는 이런 비교가 실제로 당신에게 유리하다. "그는 멍청하고(그리고 난 똑똑해.)", "나는 그녀보다 더 잘생겼어." 비교를 위한 기회는 결코 끝이 없다. 그리고 심지어 비교가 유리할 때에도 근본적인 가정은 당신의 가치가 의심스럽다는 것이다. 결과적으로 당신은 계속해서 스스로의 가치를 검증하고, 계속해서 다른 사람과 비교해서 자신을 평가해야 한다. 당신이 더 잘 나오면, 잠시 안심이 된다. 당신이 부족하게 나오면, 당신은 위축감을 느낀다.

이 장은 다른 유형의 개인화의 예로 당신 주변의 모든 것을 자신에게 연결시키려는 경향으로 시작한다. 우울한 어머니는 자신의 아이들 안에 있는 슬픔을 볼 때 자신을 탓한다. 그의 동료가 늘 피곤함을 불평할 때마다 한 사업가는 동료가 자신과 일하는 것에 지겹다는 의미라고 생각한다. 아내가 물가 상승에 대해 불평하면 남편은 그 불평을 생계를 꾸리는 자신의 무능에 대한 공격으로 아내의 불평을 듣는다.

규범(SHOULDS)

당신과 다른 사람들이 어떻게 행동해야 하는지에 대한 융통성 없는 규칙 목록을 조작할 수 있고, 이러한 규칙들을 옳고 논란의 여지가 없는 것으로 볼 수 있다. 당신은 당신의 가치관이나 기준으로부터의 편차를 나쁘다고 보고, 그 결과 종종 다른 사람들을 판단하고 흠잡는다. 사람들은 당신을 짜증나게 만든다. 그들은 올바르게 행동하지 않고, 그리고 그들은 바르게 생각하지도 않는다. 그들은 받아들이기 힘든 특성, 습관 그리고 용납하기 어렵게 만드는 주장들을 가지고 있다. 그들은 규칙에 대해 알아야 하고, 그리고 따라야 한다.

한 여성은 남편이 일요일 드라이브에 자신을 데려가야 한다고 생각했다. 그녀는 아내를 사랑하는 남편이라면 아내를 교외로 데리고 가서 멋진 곳에서 식사를 해야 한다고 주장했다. 그가 그것을 원치 않았다는 것은 단지 그가 자신에 대해서만 생각했다는 것을 의미했다. 이 패턴의 존재를 나타내는 키워드는 "해야 한다", "의무적으로 해야 한다", "필수적으로 해야 한다" 등이다. 실제로 치료사 알버트 엘리스(Albert Ellis)는 이러한 사고 패턴을 '자위행위(musterbation)'로 부르기까지 했다. (Ellis and Harper 1961)

당신의 규범은 다른 사람들에게 가해지는 것만큼 당신에게도 가혹하다. 당신은 특정 방식으로 행동해야 한다고 느끼지만, 당신은 그것이 정말로 의미가 있는지 객관적으로 묻지 않는다. 정신과의사 카렌 호나이(Karen Horney)는 이를 '당위의 폭정(tyranny of shoulds)'이라고 칭했다. 다음은 가장 일반적인 불합리한 당위의 목록이 있다:

- 나는 관대함, 배려, 위엄, 용기와 이타심의 전형이 되어야 한다.
- 나는 완벽한 연인, 친구, 부모, 교사, 학생 또는 배우자가 되어야 한다.
- 나는 어떤 어려움도 평점심으로 이겨 낼 수 있어야 한다.
- 나는 모든 문제에 대한 빠른 해결책을 찾을 수 있어야 한다.
- 나는 결코 상처를 받아서는 안 된다. 나는 항상 행복하고 평온해야 한다.
- 나는 모든 것을 알고, 이해하고, 예측해야 한다.
- 나는 항상 자발적이어야 하지만, 또한 항상 내 감정을 통제해야 한다.
- 나는 분노나 질투와 같은 특정 감정을 절대 느끼지 않아야 한다.
- 나는 모든 아이를 평등하게 사랑해야 한다.
- 나는 절대로 실수를 해서는 안 된다.
- 나의 감정은 변치 않아야 한다. 한 번 사랑을 느끼면 나는 항상 사랑을 느껴야 한다.
- 나는 완전히 자립해야 한다.
- 나는 자기주장을 가져야 하지만, 절대로 다른 사람의 감정을 상하게 해서는 안 된다.
- 나는 절대로 피곤하거나 아프면 안 된다.
- 나는 항상 최고의 효율성을 유지해야 한다.

8가지의 제한된 사고 패턴 요약

- **필터링.** 당신은 한 상황의 모든 긍정적인 측면을 무시하고 부정적인 세부 사항에 집중한다.
- **양극화 사고.** 사물은 흑이든 백이든, 좋거나 나쁘거나이다. 당신은 완벽하지 않으면 실패이다. 타협점도 없고 실수할 여지가 없다.
- **과잉일반화.** 당신은 하나의 사건이나 증거를 기반으로 일반적인 결론에 도달한다. 당신은 문제의 빈도를 과장하고 부정적인 총체적 꼬리표를 사용한다.
- **독심술.** 사람들이 말하지 않아도 당신은 사람들이 무엇을 느끼고 왜 그들이 그렇게 행동하는지를 안다. 특히 당신은 사람들이 어떻게 생각하고 어떻게 느끼는지에 대한 확실한 지식을 가지고 있다.
- **재앙화.** 당신은 재앙을 예상하거나 상상하기도 한다. 문제에 대해 알아차리거나 듣고 "만약에?"라고 묻기 시작한다. 비극이 닥치면 어떡하지? 그 일이 당신에게 일어나면 어떻게 할까?
- **과장.** 당신은 문제의 정도나 강도를 과장한다. 당신은 나쁜 것은 무엇이든 볼륨을 올리고, 그것을 더 시끄럽고, 크고, 압도적인 것으로 만든다.
- **개인화.** 당신은 모든 사람들이 행하고 말하는 것이 당신을 향한 일종의 반응이라고 가정한다. 또한, 자신을 다른 사람들과 비교하여 누가 더 똑똑하고, 더 유능하고, 더 나아 보이는지 등을 판단하려고 노력한다.
- **규범.** 당신은 자신이나 다른 사람들이 어떻게 행동해야 하는지에 대한 철칙 같은 목록이 있다. 규칙을 어기는 사람들이 당신을 화나게 하고, 당신이 규칙을 어길 때 죄책감을 느낀다.

연습

다음 연습은 제한된 사고 패턴을 알아차리고 식별하는 데 도움이 되도록 고안되었다. 필요에 따라 앞의 요약을 참조하여 각각의 진술이나 상황이 하나 이상의 제한된 사고 패턴을 기반으로 하는 방법을 분석하면서 연습을 하나씩 진행한다.

매칭 연습

첫 번째 열에 있는 문장과 두 번째에 예시된 패턴을 연결하는 선을 그어 보라.

진술	패턴
1. 리사 이후로 나는 빨간 머리를 절대로 믿어 본 적이 없다.	• 필터링
2. 여기 꽤 많은 사람이 나보다 똑똑해 보인다.	• 양극화 사고
3. 당신은 나를 찬성하거나 반대한다.	• 과잉일반화
4. 나는 소풍을 즐길 수도 있었지만, 치킨이 타버렸다.	• 독심술
5. 그는 항상 웃고 있지만, 나는 그가 나를 좋아하지 않는다는 걸 안다.	• 재앙화
6. 그가 이틀 동안 전화를 하지 않아서 관계가 끝난 것 같다.	• 과장
7. 사람들에게 개인적인 질문을 하면 안 된다.	• 개인화
8. 이 세무 양식들은 불가능하다. 그것들은 처리하기에는 너무 많다.	• 규범

해답지

1. 과잉일반화
2. 개인화
3. 양극화 사고
4. 필터링
5. 독심술
6. 재앙화
7. 규범
8. 과장

객관식 선택

이 연습에서는 각 예에 나타난 제한된 사고 패턴에 동그라미를 친다. 하나 이상의 정답이 있을 수 있다.

1. 세탁기가 고장났다. 기저귀를 찬 쌍둥이가 있는 엄마는 "늘 이래. 참을 수가 없어. 온종일 망쳤어." 라고 혼잣말을 한다.
   a. 과잉일반화
   b. 양극화 사고
   c. 규범
   d. 독심술
   e. 필터링

2. 친구와 함께 아침 식사를 하러 나간 한 여성이 "그는 테이블 건너편에서 나를 올려다보고 '재미있네'라고 말했다. 그 사람이 내게서 벗어나려고 아침 식사가 빨리 끝나기를 간절히 바라고 있었다는 걸 알았다."
   a. 과장
   b. 양극화 사고
   c. 규범
   d. 독심술
   e. 개인화

3. 한 남성이 그의 여자 친구를 더 따뜻하게 해 주고 잘 돌봐주려고 애쓰고 있었다. 그는 매일 밤 그녀가 그의 하루가 어땠는지 물어보지 않았거나, 또는 그가 기대했던 관심을 주지 않았을 때 화가 났다.
   a. 규범
   b. 양극화 사고
   c. 과잉일반화
   d. 재앙화
   e. 과장

4. 한 운전자가 장거리 운전 중에 자동차가 고장이나 먼 곳에서 발이 묶일까 봐 불안을 느낀다. 시카고까지 500마일을 운전하고 돌아와야 하는 상황에 직면한 그는 자신에게 "너무 멀어. 내 차는 6만 마일이 넘는 거리를 달렸어. 절대로 해낼 수 없을 거야."라고 혼잣말을 한다.
   a. 과잉일반화
   b. 재앙화
   c. 필터링
   d. 과장
   e. 독심술

5. 졸업 댄스 파티를 준비하면서 한 고등학생이 "난 우리 반에서 최악의 엉덩이를 하고 있어. 그리고 두 번째 최악의 헤어 스타일이야. 그리고 이 프렌치 스타일 머리가 안 되면, 난 그냥 죽어 버릴 거야. 그걸 다 회복할 수 없을 거고, 오늘 밤은 망쳐질 거야. Ron이 자기 아버지 차를 가져왔으면 좋겠어. 만일 그가 그렇게만 한다면, 모든 게 완벽할 거야."라고 생각한다.
   a. 개인화
   b. 양극화 사고
   c. 필터링
   d. 독심술
   e. 재앙화

해답지

1. a, e
2. d
3. a
4. b, d
5. a, b, e

패턴에 원을 그리고 문구를 인용하기

이 연습은 조금 더 많은 노력이 필요하다. 문장을 읽고 문장에 다음의 목록에서 해당 패턴에 동그라미를 친다. 각 패턴 옆에 해당 패턴이 포함된 문구를 적는다. 이 장에서 앞서 언급했듯이, 이 사고 패턴들에는 중복되는 부분이 있다. 당신은 답안에 나타나지 않는 제한된 사고 패턴을 식별할 수 있다. 그건 아마 괜찮을 것이다. 중요한 것은 사물을 보는 자동적이고 습관적인 방식을 인식하는 기술을 개발하는 것이다.

1. 짐(Jim)은 너무 쉽게 화를 내서 당신은 그에게 말할 수가 없다. 그는 모든 것에 화를 낸다. 그는 그냥 인내심이 없다. 그가 직장에서 폭발하면 어쩌지? 그는 직장을 잃을 것이고, 우리는 2주 안에 노숙자가 될 것이다.

패턴	**패턴이 포함된 문구**
필터링	______________________
양극화 사고	______________________
과잉일반화	______________________
독심술	______________________
재앙화	______________________
과장	______________________
개인화	______________________
규범	______________________

2. 한 번은 그녀가 나에게 다가와 말하기를, "이 간호실은 태풍을 맞은 것처럼 보여. 교대 근무가 끝나기 전에 뒤처리를 하는 게 좋겠어."라고 말한다. 나는 말하기를, "글쎄요. 내가 도착했을 때 여기는 엉망이었어요. 내 실수가 아니에요. 야간 근무자는 모든 차트가 처리되기 전에는 퇴근하는 것을 허용해서는 안 돼요."라고 한다. 그녀는 그것이 나의 실수가 아니라는 걸 알았다. 그녀는 나를 해고하고 싶어서 단지 핑계를 찾고 있을 뿐이다.

패턴	패턴이 포함된 문구
필터링	
양극화 사고	
과잉일반화	
독심술	
재앙화	
과장	
개인화	
규범	

3. 내가 에드(Ed)와 외출할 때 긴장하는 경우가 많다. 나는 그가 얼마나 똑똑하고 교양 있는 사람인지, 그리고 그에 비하면 나는 그냥 촌뜨기일 뿐이라는 생각을 계속한다. 그는 고개를 저으며 나를 쳐다본다. 나는 그가 나를 얼마나 바보스럽게 생각하는지를 잘 안다. 그는 정말 상냥하고 우리는 즐거운 대화를 나눈다. 하지만 그가 고개를 갸웃거릴 때면 나는 차일 것 같은 기분이 든다. 한 번은 내가 그의 재킷에 대해 약간 비판적인 말을 했을 때 그는 얼굴을 찡그렸다. 나는 이제 그의 마음을 상하게 할까 봐 어떤 말을 하기도 두렵다.

   평소에 나는 에드(Ed)가 정말 대단하다고 생각한다. 그러나 지난주에 그는 나를 태워 주는 대신 집으로 가는 버스를 타게 했다. 나는 문득 그가 나를 신경도 안 쓴다는 것과, 그가 단지 또 하나의 멍청이라는 생각이 들었다. 그것은 그냥 지나가는 일이었고 그는 이제 다시 훌륭하다. 내 유일한 문제는 고개를 숙일 때 긴장하는 것이다,

패턴	패턴이 포함된 문구
필터링	
양극화 사고	
과잉일반화	
독심술	
재앙화	

과장 ______________________________

개인화 ______________________________

규범 ______________________________

4. 잡지 발간이 성공하려면 세 가지 방법이 있다. 노력하고, 노력하고, 또 노력하는 것이다. 그것을 해내기 위해 하루 16시간을 일해야 한다면, 그게 바로 당신이 해야 할 일이다. 요즘 젊은이들은 5시에 귀가하기를 원한다. 만일 그들이 일하는 것에 너무 게으르다면, 나는 그들을 자르라고 말한다. 총체적인 게으름 때문에 매년 이익은 감소한다. 그게 그들이 자란 방식이다. 나라 전체가 무너지는 방식이다. 5년 안에 그것은 나를 우울하게 할 것이다. 편집자에는 두 가지 종류가 있다. 일이 되도록 하는 사람들과 정시에 출퇴근하는 사람들. 나를 억압하는 사람들은 정시에 출퇴근하는 사람들이다. 나는 온 세상과 싸울 수는 없다.

패턴	패턴이 포함된 문구
필터링	______________________________
양극화 사고	______________________________
과잉일반화	______________________________
독심술	______________________________
재앙화	______________________________
과장	______________________________
개인화	______________________________
규범	______________________________

해답지

1. 과잉일반화: "그는 모든 것에 화를 낸다."

   재앙화: "그는 직장을 잃을 것이고, 우리는 노숙자가 될 것이다."

2. 독심술: "그녀는 알았다. 그녀는 … 싫어 했다. 그녀는 단지 … 찾고 있다."

   규범: "야간 근무자는 … 해서는 안 된다."

3. 독심술: "그가 내가 얼마나 바보스러운지 생각한다는 걸 안다."

   개인화: "나는 그가 얼마나 똑똑하고 얼마나 교양 있는 사람인지 그리고 그에 비하면 나는 그냥 촌뜨기일 뿐이라는 생각을 계속한다."

   양극화 사고: "그가 단지 또 하나의 멍청이라는 생각이 들었다. … 그는 이제 다시 훌륭하다"

4. 규범: "그게 바로 당신이 해야 할 일이다."

   필터링: "총체적인 게으름"(게으름만 본다)

   양극화 사고: "편집자에는 두 가지 종류가 있다."

   과장: "나는 온 세상과 싸울 수는 없다."

균형 잡힌 생각 또는 대안적인 생각 구성하기

아래의 목록은 이 장에서 논의된 제한된 사고의 8가지 패턴에 대한 대안적 반응들이다. 처음부터 끝까지 목록을 읽을 필요는 없다. 당신이 특정 패턴에 문제가 있을 때 참조로 사용할 수 있다.

필터링

패턴 요약	주요 균형 설명
부정적인 것에 집중하기 긍정적인 것 걸러내기	초점 바꾸기

당신은 일반적으로 당신을 두렵게 만들고, 슬프게 하고, 화나게 하는 환경에서 초점을 맞추면서 정신적인 버릇에 갇혀 있다. 필터링을 정복하려면 의도적으로 초점을 바꾸어야 할 것이다. 당신은 두 가지 방법으로 초점을 바꿀 수 있다. 한 가지 접근 방식은 문제 자체에 집착하기보다 그 문제를 처리하는 대처 전략에 주의를 기울이는 것이다. 다른 하나는 기본 정신 주제의 반대에 초점을 두는 것이다. 예를 들어, 당신이 상실의 주제에 집중하는 경향이 있다면, 대신 당신이 여전히 가지고 있는 가치 있는 것에 집중한다.

만약 당신의 주제가 위험이라면, 대신에 당신의 환경에서 편안함과 안전을 나타내는 당신의 환경에 초점을 맞춘다. 만약 당신의 주제가 부당함, 어리석음, 무능함이라면, 당신의 인정을 받는 사람들이 하는 일에 초점을 바꾼다.

양극화 사고

패턴 요약	주요 균형 설명
모든 것을 중간 없이 끔찍하거나 위대하게 보는 것	흑백 논리적 판단을 하지 마라. 퍼센티지로 생각하라.

양극화 사고를 극복하는 열쇠는 흑백 판단을 멈추는 것이다. 사람들은 행복하거나 슬프고, 사랑하거나 거부하고, 용감하거나 비겁하고, 똑똑하거나 어리석거나 한 게 아니다. 그들은 이러한 극단 사이의 연속 중 어디가에 해당한다. 인간은 너무 복잡해서 어느 쪽이라고 판단할 수 없다.

만일 당신이 이러한 등급을 평가해야 한다면, 퍼센티지로 생각하라. "나의 30% 정도는 죽음을 두려워하고, 70%는 버티고 있어.", "60%는 자기에게 너무 집착하는 것처럼 보이지만, 40% 정도는 관대할 수 있어.", "5% 정도는 무지하지만, 나머지 시간에는 괜찮아."

과잉일반화

패턴 요약	주요 균형 설명
부족한 증거에 근거한 포괄적인 진술하기	정량화 증거를 고려하라. 절대적인 것을 피하라. 부정적인 꼬리표를 사용하지 마라.

과잉일반화는 과장이다. 단추를 가져다가 그 위에 조끼를 바느질하는 경향이 있다. '거대한', '끔찍한', '아주 작은' 등과 같은 단어를 사용하는 대신 정량화하여 싸우라. 예를 들면, 만일 당신이 '우리는 막대한 부채에 파묻혀 있어.'라는 생각을 하고 있음을 깨달으면, '우리는 47,000달러의 부채가 있어.'라고 정량화하여 표현하라.

과잉일반화를 피하는 또 다른 방법은 결론을 대해 실제로 얼마나 많은 증거를 가지고 있는지를 조사하는 것이다. 한두 가지의 경우, 한 가지 실수 또는 한 가지 작은 증상에 근거한 결론이라면, 더 설득력 있는 증거를 가질 때까지 그 결론은 버려라. 이것은 강력한 기술이기 때문에 다음 장의 대부분은 당신의 격렬한 생각에 찬성하거나 반대하는 증거를 수집하는 데 집중된다.

'모든', '전부', '항상', '아무것도 아닌', '결코 아닌', '모두', 그리고 '아무도' 등과 같은 단어를 피함으로써 절대적인 사고를 멈추라. 이러한 단어들을 포함하는 문장은 예외와 중간 단계를 무시한다. 절대적인 단어들을 '…일 수도 있다', '가끔', 그리고 '종종'과 같은 단어로 바꾸라. '아무도 나를 사랑하지 않을 거야.'와 같은 미래에 대한 절대적인 예측에 특히 민감하라. 그것들은, 당신이 그것들에 따라 행동할 때 자기 성취적인 예언이 될 수 있기에 매우 위험하다.

자신과 다른 사람들을 설명하는 데 사용하는 단어들에 특히 주의하라. 자주 사용되는 부정적인 꼬리표를 더 중립적인 단어들로 바꾸라. 예를 들면, 당신의 습관적인 주의를 '겁쟁이'라고 부른다면, 그것을 '조심'으로 바꾸라. 흥분을 잘하는 당신의 어머니를 멍청하기보다는 활기차다고 생각하라. 자신을 게으르다고 자책하지 말고 느긋하다고 말해라.

독심술

패턴 요약	**주요 균형 설명**
다른 사람들이 생각하고 느끼는 것을 안다고 가정하는 것	그것을 확인하라. 대안적인 해석을 만들라.

장기적으로는 당신은 사람들에 대해 전혀 추론하지 않는 것이 더 나을 것이다. 사람들이 말하는 것을 믿거나, 결정적인 증거가 나타나기 전까지는 그들의 생각이나 동기를 믿지 마라. 사람들에 대한 당신의 모든 생각을 그들에게 물어봄으로써 점검하고 확인해야 할 가설로 취급하라.

때때로 당신의 해석을 확인할 수 없다. 예를 들면, 당신의 딸이 가정생활에서 손을 떼는 것이 임신했거나 약물 복용 때문인지 물어볼 준비가 되지 않을 수도 있다. 그러나 당신은 딸의 행동에 대한 대안적인 해석을 만들어 냄으로써 당신의 걱정을 덜 수 있다. 아마도 그녀는 사랑에 빠졌거나, 월경 전이거나, 열심히 공부하거나, 무언가에 우울하거나, 어떤 일에 몰두하거나, 혹은 자신의 미래에 대해 걱정하고 있을 수도 있다.

당신은 일련의 가능성을 만들어 냄으로써 당신의 가장 심각한 의심만큼 더 사실일 가능성이 있는, 더 중립적인 해석을 찾을 수 있을 것이다. 이 과정은 또한 다른 사람들이 당신에게 말해 주지 않는 한 당신은 다른 사람들이 무엇을 생각하고 느끼는지 정확히 알 수 없다는 사실을 강조한다.

재앙화

패턴 요약	**주요 균형 설명**
최악의 상황이 일어날 것으로 가정	확률을 평가하라.

재앙화는 불안으로 가는 왕도이다. 스스로 재앙화하는 것을 발견하자마자 자신에게 "확률이 얼마나 될까?"라고 물어보라. 확률 또는 가능성의 퍼센티지 측면에서 상황을 정직하게 평가하라. 재해 발생 확률은 10만분의 1(0.001%), 1,000분의 1(0.1%), 20분의 1(5%) 중 어느 쪽인가? 확률을 보는 것은 당신을 두렵게 하는 것이 무엇이든 그것을 현실적으로 평가하는 데 도움이 된다.

과장

패턴 요약	주요 균형 설명
어려움을 확대하기 긍정적인 것을 최소화하기	일을 균형을 맞춰라.

확대를 방지하려면, '지독한', '끔찍한', '혐오스러운', '참혹한' 등과 같은 단어를 사용하지 마라. 특히 "참을 수가 없어." "불가능해." "견딜 수 없어." 등과 같은 표현은 자제한다. 역사는 인간이 거의 모든 심리적 타격을 견딜 수 있고 엄청난 육체적 고통을 견딜 수 있음을 보여 주기 때문에 견딜 수 있다. 당신은 거의 모든 것에 익숙해질 수 있고 대처할 수 있다. 그 대신에 "나는 대처할 수 있어." 그리고 "나는 이걸 견딜 수 있어."와 같은 문구를 스스로에게 말해 보라.

개인화

패턴 요약	주요 균형 설명
다른 사람들의 반응이 항상 당신과 관련되어 있다고 가정하고 자신을 다른 사람과 비교하는 것	이것을 확인하라. 우리 모두에게는 장점과 약점이 있다. 비교는 무의미하다.

만일 당신이 다른 사람들의 반응이 종종 당신에 관한 것이라고 가정한다면, 스스로 그것을 확인하라. 당신의 상사가 인상을 쓰는 이유는 당신이 지각했기 때문이 아닐 수 있다. 당신이 합리적인 증거를 갖고 있다고 확신하지 않는 한 결론을 내리지 말라.

다른 사람과 자신을 비교하는 자신을 발견할 때 모든 사람에게는 장점과 약점이 있음을 상기하라. 당신의 약점을 다른 사람들의 상응하는 장점과 일치시킴으로써 당신은 자신을 의기소침하게 만드는 방법을 찾고 있는 것이다.

사실 인간은 너무 복잡해서 아무 의미가 없는 우연한 비교가 불가능하다. 당신이 두 사람의 수천 가지의 특성과 능력 모두 분류하고 비교하려면 몇 달이 걸릴 것이다.

규범

패턴 요약	**주요 균형 설명**
자신과 타인의 행동에 대한 자의적인 규칙 유지	내 규칙들은 유연하다. 가치는 개인적이다.

"해야 한다", "구해야 한다", 그리고 "반드시 해야 한다"라는 말이 포함하는 개인적인 규칙이나 기대치를 재검토하고 질문하라. 유연한 규칙과 기대는 항상 예외와 특별한 상황이 있기 때문에 이러한 단어를 사용하지 않는다. 규칙에 대한 최소한 세 가지 예외를 생각하고, 생각할 수 없는 모든 예외가 있을 것이라고 상상해 보라.

당신은 사람들이 당신의 가치관에 따라 행동하지 않을 때 분개할 수도 있다. 그러나 당신의 가치관은 단지 개인적인 것이다. 그것들이 당신에게는 효과적일지 모르지만, 선교사들이 전 세계에서 발견한 것처럼 그것들이 다른 사람들을 위해 작동하는 것은 아니다. 핵심은 각 개인의 독특함에 초점을 맞추는 것이다. 개인의 특별한 욕구, 한계, 두려움, 즐거움에 초점을 맞추는 것이다. 이러한 복잡한 상호 관계를 모두 아는 것은 불가능하기 때문에 친밀한 사이라도 자신의 가치가 다른 사람에게 적용되는지 확신할 수 없다. 당신은 의견을 들을 권리가 있지만, 당신이 틀릴 수 있다는 가능성을 인정하라. 또한, 다른 사람들이 다른 것들을 중요하게 생각할 수 있도록 하라.

제한된 사고 패턴과 맞서기 위해 사고 일지 사용하기

이제 제한된 사고 패턴을 식별하는 방법을 알았으므로, 이전 장에서 시작했던 사고 일지에 당신의 새로운 기술을 적용할 때이다. 우리는 다음의 빈 양식에 세 개의 열을 추가하여 당신의 제한된 사고 패턴, 균형 잡힌 사고, 또는 대안적인 사고를 채울 공간을 제공하고, 균형 잡히거나 대안적인 사고를 생성한 후 감정에 대한 새로운 평가를 제공하였다. 전과 같이 빈 양식을 복사하여 최소한 다음 주 동안은 항상 휴대하도록 하라. (이 양식은 http://www.newharbinger.com/45489에서 다운로드할 수 있다.)

당신을 가장 고통스럽게 하는 자동화 사고를 분석하여 각각의 제한된 사고 패턴이 가장 특징적인지 확인하라. 당신은 한 가지 이상의 제한적 사고 패턴의 증거를 발견할 수 있다. 해당되는 것을 모두 기록하라.

다음 칸에서 당신의 자동적 사고를 더 균형 잡힌 방식으로 재작성하거나, 또는 자동적 사고를 반박하는 대안적인 사고를 작성하라. 당신은 또한 제한된 사고 패턴에 대처하는 데 도움이 필요하면 다음 장을 참고할 수 있다.

마지막 칸에서 자동적인 사고에 반대하는 작업을 한 후 0에서 100까지의 동일한 척도를 사용하여 다시 느낌을 평가하라. 그 척도 안에서 0은 그 느낌이 고통을 유발하지 않음을 의미하고, 100은 당신이 느꼈던 가장 고통스러운 감정을 의미한다. 그 느낌은 당신의 노력의 결과로 덜 강렬해야 한다. 다시 말하지만 안토니오(Antonio)의 예가 빈 양식 다음에 있다.

사고 일지 2

상황 언제? 어디서? 누가? 무슨 일이 있었나?	**감정** 한 단어 요약 0~100까지 점수	**자동적 사고** 불쾌한 감정을 느끼기 직전과 그 느낌 동안에 무엇을 생각하고 있었나요?	**제한된 사고 패턴**	**균형 잡힌 또는 대안적 사고** 가능한 행동 계획에 동그라미	**감정 재평가** 0~100

Dennis Greenberger와 Christine Padesky (1995)가 개발한 '사고 기록(Thought Record)'을 토대로 함.

안토니오의 사고 일지

상황 언제? 어디서? 누가? 무슨 일이 있었나?	**감정** 한 단어 요약 0~100까지 점수	**자동적 사고** 불쾌한 감정을 느끼기 직전과 그 느낌 동안에 무엇을 생각하고 있었나요?	**제한된 사고 패턴**	**균형 잡힌 또는 대안적 사고** 가능한 행동 계획에 동그라미	**감정 재평가** 0~100
부과된 초과 근무	불안 90	나는 밤새 여기 있을 거야. 나는 참을 수 없어. 내가 늦으면 Jenny가 화낼 거야.	과장	물론 나는 참을 수 있다. 12년 동안 그 자리를 지켜왔다. 나는 일의 우선순위를 정할 수 있고, 한 번에 한 가지에만 집중할 수 있다.	50
아이들과 TV 시청 중	우울 90	아이들은 내게 절대 말을 안 한다. 아이들은 날 잘 모른다. 그들은 신경도 안 쓴다.	필터링 과잉일반화	그들은 내게 야구, 스포츠 선수들이 있는 카드, 학교 일에 대해 이야기한다. TV가 문제다. 그들은 그것에 열중하고 나는 그렇지 않다. 그래서 나는 집착하며 앉아 있다.	25
아내가 일찍 잠을 잠	우울 85	그녀는 정말 화가 난다. 그는 나를 역겨워한다.	독심술	나에게는 그녀가 화났다거나 혐오스러워한다는 증거가 없다. 나는 그것을 확인해야 한다.	30

안토니오(Antonio)의 사고 일지에서 그는 자신이 처한 상황을 견딜 수 없었다는 생각으로 시작했다. 자신의 제한된 사고 패턴을 확인하고 대안적 사고를 작성한 후에, 그는 기분이 좋아짐을 느꼈다. 그는 자신이 감정적으로 무너지고 우선순위가 낮은 작업에 비효율적으로 일할 정도로 업무량을 늘렸다는 것을 깨달았다. 그는 집에서 느꼈던 우울함을 계속 조사했고, 자신이 필터링과 독심술을 사용해 왔다는 것을 알았다. 이것만으로도 그는 아내와 아이들이 자신에 대해 느끼는 감정에 대한 사실적 근거가 없다는 것을 깨달았기 때문에 기분이 훨씬 나아졌다.

이 새로운 사고 일지를 1주에서 4주까지 기록하여, 당신의 자동적 사고 패턴을 알아내고 제한된 사고의 습관적인 패턴을 인식하는 데 능숙해야 한다. 당신은 당신의 스트레스가 많은 상황에서 자동적인 사고가 나타나는 것을 알아차리기 시작할 것이고, 결과적으로 실생활에서의 제한된 사고 패턴을 인식하고 균형 잡힌 사고나 대안적인 사고로 바로잡을 수 있을 것이다.

만일 당신이 이 새로운 사고 일지를 한 주 동안 온전히 기록하고도 여전히 제한된 사고 패턴을 발견하는 데 어려움이 있다면, 다음 장으로 이동하여 그곳의 접근법을 시도해 보라. 그것은 증거를 생각하고 측정하는 것과 관련된다. 그것이 당신에게 더 나은 대안이 될 것이다.

행동 계획

당신의 균형 잡힌, 또는 대안적인 사고는 가정 확인, 정보 수집, 적극적인 요청, 오해 해소, 계획 세우기, 일정 변경하기, 완료하지 못한 업무 해결하기, 또는 약속하기 등과 같이 당신이 취할 조치들을 제안할 것이다. 해당 항목들에 동그라미를 그리고, 언제 행동에 옮길지 계획하라.

예를 들어, 안토니오(Antonio)는 업무에 대한 불안을 줄이기 위한 행동 계획으로 "나는 일의 우선순위를 정할 수 있다."에 동그라미를 했다. 그는 또한 그의 아내가 자신에게 화가 났다는 가정을 했을 때 느꼈던 우울함을 경감하기 위해 "내가 그것을 확인해야 한다."에도 동그라미를 했다. 그가 아내에게 기분이 어떤지를 물어볼 용기를 갖기까지 며칠이 걸렸다. 그녀가 화가난 것으로 밝혀졌지만, 그보다 그녀는 그가 일에 빠져 궤양 또는 심장마비에 걸릴까 봐 주로 걱정을 했었음이 드러났다.

당신의 행동 계획을 따르기가 어렵고, 시간이 걸리거나 당황스러울 수 있다. 당신은 행동 계획을 일련의 단계로 나누고 각 단계로 나눌 수도 있다. 그러나 그것은 해볼 가치가 있다. 당신의 균형 잡힌 또는 대안적인 사고에 영감을 받은 행동은 당신의 부정적인 자동적 사고의 빈도와 강도를 크게 줄여줄 것이다. 행동 계획의 더 자세한 내용은 다음 장을 참조하라.

제4장

격한 사고(생각) 바꾸기

3장 '제한된 사고(생각) 패턴 바꾸기'에 있는 기법이 효과가 있었다면, 이 장을 학습할 필요가 없을지도 모른다. 하지만 제한된 사고 패턴을 알아내기에 어려움이 있다면, 이 장에서는 자동적인 사고에 대한 강력한 무기인 증거 수집과 분석에 근거한 대안적 접근법을 제시한다.

이 장은 2장의 '자동적 사고(생각) 발견하기'와 함께 사용된다. 그것은 당신에게 세 가지 일을 할 수 있는 기술을 줄 것이다. 당신의 격한 사고를 뒷받침하는 증거를 찾아내고, 당신의 격한 사고와 모순되는 증거를 찾아내고, 그리고 이 정보를 종합하여 더 건강하고 현실적인 관점을 만들어 낼 것이다.

질문의 양쪽에서 증거를 수집하는 것은 당신의 경험을 더 분명하고, 더 객관적으로 이해하는 데 중요하다. 심리학자 알버트 엘리스(Albert Ellis)는 합리적 정서 치료의 구성 요소로서 핵심 신념에 대한 증거를 평가하는 방법을 최초로 개발했다(Ellis and Harper 1961). 그러나 그의 접근이 격한 사고는 늘 비합리적이라고 생각하고, 그것에 반(反)하는 증거에 주로 초점을 두기 때문에, 그것이 항상 객관적으로 느껴지지 않을 수 있다. 또한, 특정의 격한 사고를 뒷받침하는 확실한 증거를 가진 사람들을 소외시킬 수 있다.

심리학자 크리스틴 패디스키(Christine Padesky, Greenberger and Padesky 1995)는 아론 벡(Aaron Beck 1976)과 알버트 엘리스(Albert Ellis)의 연구를 바탕으로 이 장에서 사용된 증거를 수집하고 분석하기 위한 전략을 개발했다. 패디스키(Padesky)는 격한 사고가 완전히 비합리적이라고 생각하지 않았다. 그녀는 대신 모든 증거를 살펴보고 균형 잡힌 입장을 취하는 데 집중했다.

학습 효과

다양한 사고 일지는 우울, 불안, 그리고 완벽주의, 낮은 자존감, 수치와 죄책감, 미루기, 그리고 분노와 같은 관련 문제들을 치료하는 데 효과적으로 사용되어 왔다. 지난 20년간의 수많은 연구들이 이 기법의 유용성이 입증되었다.

학습 시간

이 장에서 설명된 사고와 증거 일지를 사용하면 일주일 만에 기분을 크게 변화시킬 수 있다. 하지만 새롭고 균형 잡힌 생각이 반복을 통해 힘을 얻음에 따라 당신의 성취를 공고히 하는 데에는 2주에서 12주가 걸릴 것이다.

학습 지침

이 장에서 격한 사고에 대한 찬성과 반대의 증거를 기록하고 분석할 수 있는 새로운 양식을 제공한다. 이전과 같이 빈 양식을 복사하여 최소한 다음 주 동안 항상 휴대하라. (http://www.newharbinger.com/45489에서 사본을 다운로드할 수 있다.) 이 기법은 3장의 접근법과 다르기 때문에 과정과 양식 사용 방법에 대한 간략한 개요가 있다.

이 단계들은 아래에 상세히 기술된다.

1. 격한 사고를 선택하라.
2. 당신의 격한 사고를 뒷받침하는 증거를 확인하라.
3. 당신의 격한 사고에 반(反)하는 증거를 찾아라.
4. 당신의 균형 잡힌 사고와 대안적인 사고를 써라.
5. 당신의 기분을 다시 평가하라.
6. 대안적인 사고를 기록하고 저장하라.
7. 당신의 균형 잡힌 사고를 연습하라.
8. 실행 계획을 개발하라.

사고와 증거 일지

상황 언제? 어디서? 누가? 무슨 일이 있었나?	**감정** 한 단어 요약 0~100 평점	**자동적 사고** 불쾌한 감정 직전과 도중에 무슨 생각을 하고 있었나?	**…에 대한 증거**	**…에 반(反)하는 증거**	**균형 잡힌 사고 또는 대안적인 사고** 신뢰도 평점 0−100%	**감정 재평가** 0~100%

1단계: 격한 사고 선택하기

당신의 자동적 사고 기록으로부터 격한 사고를 선택하기 위해 2장에 기록했던 사고 일지로 돌아가 보라. 그 힘이나 빈도 때문에 당신의 기분에 주요한 영향을 주었던 몇 가지 생각들을 선택한다. 0에서 100까지의 척도를 이용하여 각 생각이 당신의 고통스러운 감정에 어느 정도 기여했는지 평점을 준다. 여기서 100은 그 생각이 당신의 감정에 전적으로 책임이 있음을 나타낸다. 가장 높은 점수를 가진 생각에 동그라미를 그리도록 한다.

이 접근 방식을 설명하는 데 도움이 되도록 우리는 주로 고객이 출판사, 광고 회사들인 대형 인쇄 회사의 담당자인 렌(Len)으로부터 몇 가지 예를 택할 것이다. 렌(Len)이 그의 모든 자동적 사고를 전술한 0에서 100까지의 척도를 이용하여 평가했을 때, "나는 최고의 실패자야."라는 것은 단연코 그의 가장 격한 사고였음이 밝혀졌다. 그 생각 자체가 렌(Len)에게 강한 부족함과 우울의 강한 감정을 불러일으킬 만큼 충분히 큰 타격을 줄 수 있다.

Len의 사고 일지

상황 언제? 어디서? 누가? 무슨 일이 있었나?	**느낌** 한 단어 요약 0~100까지 평점	**자동적 사고** 불쾌한 감정 직전과 도중에 무엇을 하고 있었나?
12월 판매 실적을 공개했다. 나는 9명 영업사원 중 매출이 하위에서 두 번째이다.	우울 *85*	나는 시시한 영업사원이다. *70* 사람들은 모두 나에게 뭔가 이상하다고 생각한다. *40* 고객들은 아마 나를 싫어할 것이다. *40* 나는 최고의 실패자다. *95* (동그라미) 수수료는 많이 내려갈 것이다. 상처가 될 거야. *65* 나는 충분히 열심히 일하고 있지 않다. *20*

2단계: 격한 사고를 뒷받침하는 증거 식별하기

일단 당신의 격한 사고를 확인했다면, 생각과 증거 일지에 그것을 기록하고, 당신의 감정과 관련된 생각들에 대한 평가를 포함하여 처음 세 칸을 채운다. 다음으로 네 번째 칸에 당신의 격한 사고를 뒷받침할 것으로 보이는 경험과 사실들을 기록한다. 이것은 다른 사람들의 반응에 대한 당신의 감정, 인상, 가정, 또는 지지받지 않은 신념들을 기록하는 데가 아니다. "…에 대한 증거" 칸에서는 객관적인 사실에 주목한다. 정확히 무슨 말을 했는지, 무엇을 했는지, 몇 번이나 했는지 등으로 정확하게 제한한다.

사실을 고수하는 것도 중요하지만, 격한 사고를 뒷받침하고 검증하는 모든 과거와 현재의 증거를 인정하는 것 또한 중요하다.

렌(Len)은 "나는 최고의 실패자다."라는 격한 사고를 뒷받침하는 것으로 보였던 다섯 가지의 증거를 확인했다. 다음은 그가 "…에 대한 증거"칸에 기록했던 것들이 있다:

- 12월 매출은 2,400달러에 불과하다.
- 그들이 나에게 계약서를 줄 준비가 거의 된 것 같은데, 그 큰 거래를 포기 할 수 없었다.
- 사장이 나에게 무슨 문제가 있는지 물었다.
- 12개월 동안 매출이 30,000달러 미만인 것은 이번이 세 번째이다.
- 동료 랜돌프(Randolph)와 의견이 맞지 않아, 그가 일을 그만두었다.

렌(Len)이 추측, 가정 또는 그가 일을 잘못하고 있다는 '느낌'에 대해 말하지 않은 것을 주목하라. 그는 사실과 사건에 대한 객관적인 설명에만 몰두한다.

3단계: 격한 사고에 반하는 증거 찾기

격한 사고에 반대되는 증거를 찾는 것이 아마도 그 기법의 가장 어려운 부분일 것이다. 격한 사고를 뒷받침하는 것들을 생각하기는 쉬우나, 그에 반대되는 증거를 찾을 때에는 빈칸을 남길 가능성이 있고, 도움이 필요할 수도 있다.

격한 사고에 반하는 증거를 찾는 데에 도움이 되도록, 스스로에게 해야 할 10가지 핵심 질문이 있다. 당신이 분석하는 모든 격격한 사고를 위한 10가지 질문 모두를 살펴보라. 각각은 당신이 새로운 사고방식을 찾는 데에 도움이 될 것이다.

1. 당신의 격한 사고 외에 그 상황에 대한 대안적인 해석이 있는가?
2. 그 격한 사고가 정확한가, 아니면 과잉일반화인가? 그 상황이 당신의 격한 사고의 사실이라는 것이 의미하는 게 맞는가? 렌(Len)의 경우에, 12월의 낮은 매출 실적이 그가 실패임을 의미하는가?
3. 당신의 격한 사고에 의해 만들어진 일반화에 예외가 있는가?
4. 그 상황의 부정적인 측면을 완화할 수 있는 균형 잡힌 현실이 있는가? 예를 들어, 렌(Len)의 경우, 그의 일에서 매출 외에 그의 직업에서 기분 좋게 느낄 수 있는 다른 것들이 있는가?
5. 그 상황의 더 가능성 있는 결과나 성과가 있는가? 이 질문은 당신에게 일어날 수도 있다고 두려워하는 것과 당신이 일어날 것이라고 합리적으로 예상할 수 있는 일을 구별하는 데 도움이 된다.
6. 당신의 격한 사고 외에 다른 결론으로 이끌어갈 과거로부터의 경험들이 있는가?
7. "…에 대한 증거" 칸의 항목들과 모순되는 객관적인 사실들이 있는가? 예를 들어, 렌(Len)이 그가 세일즈맨으로서 실패자였기 때문에 큰 계약을 잃은 게 정말 사실일까?
8. 당신이 두려워하는 것이 실제로 일어날 가능성이 얼마나 될까? 마권 취급 업자처럼 생각하라. 그 확률은 2분의 1, 50분의 1, 1,000분의 1, 50만분의 1인가? 지금 당장 똑같은 상황에 있는 모든 사람들을 생각해 보라. 그들 중 얼마나 많은 사람이 당신이 두려워하는 재앙적인 결과에 직면하게 될까?
9. 당신은 그 상황을 다르게 처리할 수 있는 사회적 기술이나 문제 해결 기술이 있는가?
10. 그 상황을 바꿀 계획을 만들어 낼 수 있는가? 이 문제를 다르게 처리할 수 있는 아는 사람이 있는가? 그 사람이라면 어떻게 할 것인가?

별지에 당신의 격한 사고에 해당하는 질문 모두에 당신의 답을 기록하라. 당신의 격한 사고에 의해 만들어진 일반화의 예외를 찾거나, 재앙적인 일의 발생 확률을 객관적으로 평가하거나 또는 문제를 직면하여 당신에게 자신감과 희망을 줄 수 있는 균형적인 현실을 회상하기 위해서는 약간의 생각이 필요할 것이다. 증거 수집 과정에서 지름길을 택하거나 이 단계를 서두르지 마라. 당신이 하는 일은 격한 사고에 도전하는 능력을 개발하는 데 중요하다.

렌(Len)은 10가지 질문에 답하는 데 30분 이상을 보냈다. 여기 그가 "…에 대한 증거" 칸을 작성하는 데 도움을 준 것들이 있다.

- 12월은 일반적으로 매출이 저조한 달이다. 그것이 나의 매출 감소의 대부분을 설명해 줄 것이다. (질문 1)
- 정확히 말하면, 올해 전체 9명 중 4위를 기록했다. 대단한 건 아니지만, 실패는 아니다. (질문 2)

- 몇 달은 괜찮았다. 8월에는 68,000달러, 3월에는 64,000달러를 달성했다. (질문 3)
- 많은 고객과 관계가 좋다. 어떤 경우에는 나는 그들의 중요한 결정에 정말 도움을 주었다. 대부분 그들이 나를 고문으로 신뢰할 수 있다고 알고 있다. (질문 4)
- 내 판매 실적은 회사에서 4위를 차지할 정도로 뛰어나서 나를 해고하지는 않을 것이다. (질문 5)
- 5년 전에 나는 2위였고, 나는 항상 상위에 있다. 지난 몇 년 동안 내가 최고 세일즈맨 상을 받았던 많은 달들도 있었다. (질문 6)
- 나는 그 큰 거래에서 가격을 비싸게 불렀을 뿐이다. 그건 내 잘못이 아니다. (질문 7)
- 동료 랜돌프(Randolph)는 재활용 종이를 원했고, 그가 가격이 마음에 들지 않자 일을 그만두었다. 그건 내 실수가 아니다. (질문 7)
- 나는 고객과의 관계에 대해 더 생각해야 하고, 각 계약의 금전적인 가치에 대해서는 덜 생각해야 한다. 경험을 통해 나는 그것이 나에게 더 효과가 있음을 안다. (질문 10)

렌(Len)은 "…에 대한 증거" 칸에서 각 항목의 균형을 맞추거나 모순되는 객관적인 사실들을 찾는 것이 특히 유용하다는 것을 알았다. 그는 "내 경험에서 무엇이 이 하나의 증거와 균형이 맞지 않지?", "어떤 객관적인 사실이 이 하나의 증거와 모순되는 걸까?" 등을 계속 자문했다. 렌(Len)은 자신이 "반대 증거" 칸에 얼마나 많은 것을 기록했는지를 알고서 놀랐다. 이것은 그가 우울할 때 많은 것을 그의 인식 밖에 차단하는 경향이 있다는 것을 깨닫게 해 주었다.

4단계: 균형 잡힌 사고 또는 대안적 사고 기록하기

이제 당신이 "…에 대한 증거"와 "…에 반대하는 증거" 두 칸에서 배웠던 모든 것을 종합해 볼 시간이다. 두 칸을 천천히 주의깊게 읽는다. 어느 한쪽에서의 증거를 부정하거나 무시하려고 하지 말라. 그다음으로 당신이 증거를 모으는 동안 배웠던 것을 통합하는 새롭고 균형 잡힌 사고를 기록하라. 당신의 균형 잡힌 사고에서는 "…에 대한 증거" 칸에서 중요한 항목을 인정하는 것은 괜찮지만 당신이 "…에 반대하는 증거" 칸에서 배운 주요한 내용을 요약하는 것도 똑같이 중요하다.

다음은 렌(Len)이 그의 사고와 증거 일지에 "균형 잡힌 사고 또는 대안적 사고" 칸에 기록했던 것이다.

나의 매출이 감소하고 두 건의 거래를 놓쳤지만, 몇 년 동안 매출 실적이 탄탄하고 좋았던 달들이 많다. 나는 돈이 아니라 단지 고객들과의 관계에 집중할 필요가 있다.

렌(Len)은 매출이 감소했다는 사실을 무시하거나 부정하지 않았지만, 그가 "…에 반대하는 증거" 칸의 항목을 사용하여 유능한 판매원으로 자신의 실적을 인정해 주는 명확하고 균형잡힌 진술을 개발하는 데에 사용할 수 있었다는 것을 주목하라.

종합적인 진술은 길 필요가 없지만, 질문의 양쪽 요점들을 요약할 필요가 있다. 진술이 강력하고 설득력이 있을 때까지 새롭고 균형 잡힌 생각을 몇 번이고 다시 써 보라.

당신이 기록한 것의 정확성에 만족할 때, 0에서 100까지의 범주에 드는 백분율로 이 새로운 균형 잡힌 사고에 대한 당신의 신념을 평가하라. 예를 들어, 렌(Len)은 그의 새로운 균형 잡힌 사고에 대한 신념을 85%로 평가했다. 만일 당신의 새로운 사고를 60% 이상 믿지 않는다면, 그것을 더 수정해야 하며, 아마도 "…에 반대하는 증거" 칸의 더 많은 항목을 포함해야 할 것이다. 당신이 수집한 증거가 아직 충분히 설득력이 없기 때문에 "…에 반대하는 증거"에 대한 아이디어를 더 개발해야 할 수 있다.

5단계: 기분을 다시 평가하기

이 모든 일이 당신을 어디로 이끌고 갔는지를 알아야 할 때이다. 2장의 사고 일지에서 당신은 고통스러운 감정을 발견하고, 그 강도를 0에서 100까지의 척도로 평가했다. 이제 당신이 수집한 증거와 당신이 발전시킨 새롭고 균형 잡힌 사고의 결과로 그것이 변했는지 확인하기 위해 똑같은 감정의 강도를 다시 평가하라.

렌(Len)은 이 과정을 거친 후 자신의 우울증이 0에서 100까지의 척도에서 85에서 30으로 감소하고 훨씬 덜해졌음을 발견했다. 남아 있는 우울증의 대부분은 12월의 낮은 매출로 인한 소득 감소에 대한 현실적인 우려에 기반한 것으로 보였다.

당신의 기분 변화를 본다는 것은 격한 사고에 맞서고 당신의 감정에 긍정적인 변화를 만들기 때문에 사고와 증거 일지로 계속 작업하기 위한 강력한 힘이 될 수 있다.

6단계: 대안적인 사고를 기록하고 저장하기

우리는 당신이 증거를 검토하고 균형 잡힌, 또는 대안적인 사고를 개발할 때마다 당신이 배운 것을 기록하기를 권장한다. 이 정보를 당신이 지니고 다닐 수 있는 색인 카드에 기록하고 원할 때마다 읽어 보는 것이 도움이 된다. 카드의 한쪽에는 문제 상황과 당신의 격한 사고에 대한 설명을 적는다. 다른 쪽에는 당신의 대안적인 또는 균형 잡힌 사고를 기록하라. 시간이 지나면, 이런 카드를 여러 개 만들 수 있다. 그것들은 혼란스러운 상황으로 인해 그 생각을 잊어버릴 수 있을 때 당신에게 새롭고 더 건강한 사고를 떠올리게 하는 유용한 자료가 될 수 있다.

7단계: 균형 잡힌 사고를 연습하기

당신의 균형 잡힌 사고를 훈련하게 해 줄 간단한 연습으로 색인 카드를 이용할 수 있다. 촉발 상황과 당신의 격한 사고를 기록한 카드 면을 읽기 시작하라. 다음으로 그 상황을 명확하게 시각화한다. 장면을 그려 보고, 모양과 색상을 보고, 거기에 누가 있고 어떻게 생겼는지 파악한다. 그 장면의 일부인 음성 및 기타 소리들을 듣는다. 온도를 확인한다. 당신이 무언가를 만지고 있는지, 그리고 그게 무엇처럼 느껴지는지를 주목하라. 모든 오감을 사용하면 당신의 장면이 훨씬 더 생생해진다. [생생한 심상(心像)을 만드는 데 더 많은 도움이 필요하면 16장의 '시각화를 통한 핵심 신념 바꾸기'에서 '유의 사항'을 참조하라.]

그 장면의 이미지가 매우 명확하면 당신의 격한 사고를 읽어라. 감정적인 반응을 갖게 되는 지점까지 그것에 집중하려고 애쓰라. 당신이 그 장면을 명확하게 볼 수 있고 그에 따른 감정 몇 가지를 느낄 수 있을 때, 카드를 뒤집고 당신의 균형 잡힌 사고를 읽어 보라. 그 장면의 시각화를 계속하는 동안 균형 잡힌 사고에 대해 생각하고, 당신의 감정 반응이 가라앉을 때까지 장면과 균형 잡힌 사고를 계속 연결하라.

렌(Len)은 "나는 최악의 실패자야."라는 격한 사고를 생각하면서 그의 월별 매출 실적을 그리면서 이 연습을 했다. 약간의 우울증을 느낀 후, 그는 매출 보고서의 이미지와 이전에 기록한 균형 잡힌 사고와 결합했다. 그의 우울증이 줄어들기 전 균형 잡힌 사고에 집중하는 데 몇 분이 걸렸다. 이 연습에서 렌(Len)이 배웠던 중요한 것 중 하나는 중심 생각에 집중함으로써 그의 우울을 증가시킬 수도, 줄일 수도 있다는 것이었다.

8단계: 실행 계획 개발하기

3장의 사고 일지와 마찬가지로 사고와 증거 일지를 사용하여 실행 계획을 개발할 수 있다. "…에 반대하는 증거" 칸을 연구하고, 대처 기술을 사용하거나 또는 그 상황을 다르게 처리하기 위한 계획을 실행하는 것을 포함하는 항목을 찾아라. 실행 계획을 제안하는 항목에 동그라미를 그려라. 아래의 공간에, 문제 상황에서 실행 계획을 이행하기 위해 당신이 취할 수 있는 세 가지 구체적인 단계를 기록하라.

1. ______________________________
2. ______________________________
3. ______________________________

렌(Len)의 실행 계획은 각 계약의 금전적 가치보다는 고객과의 관계에 대해 생각하기로 한 그의 결정에 초점을 맞췄다. 그가 하기로 결정한 것은 다음과 같다.

1. 나의 모든 단골 고객들에게 새해 인사를 보낸다.
2. 나와 회사가 서비스를 개선할 방법에 대한 피드백을 요청하기 위해 각 고객에게 전화한다.
3. 고객들을 사람으로 즐겁게 하는 데 집중한다. 예를 들어, 비즈니스에 급하게 밀어붙이는 대신 시간을 내어 대화를 나누는 것이다.

예시

전 과정이 실행 중에 어떻게 보이는가에 대한 아이디어를 제공하기 위해 현대 무용 교사인 홀리(Holly)의 사례를 생각해 보자. 그녀의 수업은 방문 방식으로 진행되었고, 학생 한 명 단위로 급여를 받았다.

그녀의 7개 수업 중 한 수업의 출석률이 최근 급격하게 감소했다. 설상가상으로 어느 날 밤 수업이 끝난 후, 그 수업에 남아 있던 학생들 중 한 명이 홀리가 개별 무용수들에게 많은 관심을 기울이지 않거나 피드백도 주지 않았다고 비난했다. 홀리는 한 대 맞은 기분이었다. 그녀는 계속 가르쳐야 할지–아니면 가르칠 수 있을지 궁금해하며 집으로 갔다.

그녀가 자신의 사고와 증거 일지를 완성한 방법은 다음과 같다.

홀리의 사고와 증거 일지

상황 언제? 어디서? 누가? 무엇을 했나?	감정 한 단어 요약 척도 0~100	자동적 사고 불쾌한 감정을 느끼기 직전과 그 동안 당신은 어떤 생각을 했나?	…에 대한 증거	반대하는 증거 가능한 실행 계획에 동그라미	균형 잡힌 또는 대안적인 사고 신뢰도 척도 0–100%	감정 재평가 0~100%
수업 감소 개별적인 관심을 기울이지 않은 것에 비난받음.	우울 65 불안 80	수업을 그만둘 것이다. 30 나는 이것을 잘못한다. 50 나는 사기꾼이다. 85 나는 실직할 것이다. 85 나는 바보다. 너무 늦을 때까지 무슨 일이 일어나는지 결코 알아채지 못한다. 50 수업을 취소해야겠다. 20	수업 규모가 11에서 5로 감소. 수업 중 댄서들의 불만. 다른 수업에서 한 두 명의 댄서 빠짐. 어떤 사람은 몇 달 전에 내가 피드백을 주지 않은 것에 대해 불평함.	인기 있는 아프리카-아이티 강사가 나와 같은 시간에 막 수업을 시작했다. (Q1) 수업 변동이 많고, 때로 축소되거나 취소된다. 아무도 그 일로 해고되지는 않는다. (Q2) 두 수업은 사실 증가하고 있다. 화요일 6시 수업은 지난 주 23명의 댄서가 있었다. (Q3) 질(Jill)은 내가 멋진 장면을 만들었다고 했고, 옆에 서 있던 몇 댄서들은 동의. 나는 교습 안무를 잘 짠다. (Q4) 대부분의 수업은 이 수치에서 안정될 가능성이 큼. 최악의 경우 7개 수업 중 하나를 잃을 것. (Q5) 실제로 해고된 사람은 단 한 명이고 그것도 부상 위험이 있는 동작을 권장한 것 때문이었다. 출석률이 낮은 한 반 때문에 해고될지는 의문 (Q6) 해고될 확률은 500분의 1 이하 (Q8) 나는 개별적으로 다른 댄서들에게 반응을 물어볼 수 있다. 또한, 내가 종종 놓치는 뒷줄의 댄서들에게 피드백을 주기에도 집중할 수 있다. (Q10)	수업이 하나 줄었고, 나는 피드백을 주는 것을 잘못함. 그러나 변동은 정상적. 95% 부상의 위험에 처하게 한 경우 말고는 아무도 해고당하지 않음. 85% 많은 댄서들이 내 수업을 좋아하고, 나는 피드백 개선을 위한 계획이 있다. 90%	우울 50 불안 25

홀리(Holly)가 우울과 불안, 두 가지 강렬한 감정을 가졌다는 것을 주목하라. 이는 "나는 사기꾼이야"라는 것과 "난 이런 거 못해"와 같은 생각들이 자신에 대해 나쁘게, 그리고 우울하게 만드는 경향이 있기 때문이다. 반면에, "나는 실직할 거야"와 같은 생각은 두려움과 불안을 유발했다. "자동적 사고"에서 홀리는 "나는 사기꾼이야"와 "나는 실직할 거야"라는 두 가지 격한 사고를 했다. 둘 다 85점을 기록했고, 그것들은 그녀의 감정에 크게 기여했다. 홀리는 우울보다 불안이 더 컸기 때문에 그녀의 일지 부분에서 "나는 실직할 거야"에 관한 작업을 하기로 결정했다. 나중에 홀리는 "나는 사기꾼이다"라는 격한 사고에 다시 돌아가서 과정을 반복했다.

"…에 대한 증거"에서 홀리는 사실들에 집중했다. 그녀는 실제로 일어났던 일 또는 말한 것만을 증거로 포함했다. 그녀는 어떤 감정, 의견, 또는 가정을 증거로 삼지 않았고, 사실만을 포함했다.

"…에 반대하는 증거" 칸에서 홀리는 그녀의 격한 사고와 반대되는 증거를 밝히기 위해 10가지의 핵심 질문을 사용했다. 몇 가지 질문이 관련성이 없었지만, 그중 많은 것이 그녀의 실직이 그럴 것 같지 않은 것으로 보이도록 만들었던 과거와 현재의 경험들을 기억해 내도록 도움을 주었다.

홀리의 "반대 증거" 칸이 너무 실질적이어서, 그녀는 가장 설득력 있어 보이는 항목들을 주의 깊게 살펴보았고 밑줄을 쳤다. 그녀의 균형 잡힌 사고들을 기록하기 위하여, 홀리는 "…에 대한 증거" 칸의 몇 가지 문제의 사실을 인정했지만, 그것들을 강한 반대 증거로 균형을 이루도록 했다. 홀리가 그녀의 감정을 재평가했을 때, 그녀의 불안은 80에서 25로 감소했으며, 그녀의 우울증은 약간 개선되었다. 그것이 그녀가 그녀의 격한 사고인 "나는 사기꾼이다"를 이용하여 그녀의 사고와 증거 일지로 작업하기로 택한 이유이다.

홀리는 그 상황의 설명과 "나는 실직할 거야"라는 생각을 색인 카드의 한쪽에 기록하였다. 다른 쪽에 그녀는 균형 잡힌 사고를 썼다. 다음으로 그녀는 격한 사고에 집중하면서 문제 상황을 시각화하는 것으로 시작했다. 그녀가 불안의 첫 징조를 느꼈을 때, 카드를 뒤집어 새롭고 균형 잡힌 사고와 결합하여 문제 상황을 시각화했다. 이 연습은 홀리에게 격한 사고로부터 균형 잡힌 사고로 전환함으로써 자신의 감정을 바꿀 수 있다는 것을 보여 주었다.

"반대 증거" 칸의 자료를 바탕으로 홀리는 두 부분의 계획을 생각해냈다. 수업에서 그녀가 알았던 특정 댄서들에게 피드백을 요청하는 것과 뒷줄의 댄서들에게 더 많은 주의를 기울이는 것. 홀리는 세 가지 구체적인 단계로 그녀의 계획을 충족하기로 결정했다.

1. 마리아, 엘레노어, 미첼 그리고 패린에게 내 수업에 대하여 물어본다. 그리고 구체적으로 내가 댄서들에게 주는 피드백에 대해 그들이 관찰한 것을 알아본다.
2. 수업 시간마다 뒷줄을 맨 앞줄로 오게 한다.
3. 각 댄서들에 대해 칭찬할 무언가를 찾으려고 노력한다.

유의 사항

사고와 증거 일지는 자동적 사고에 대한 강력한 도구이지만, 당신은 모든 단계들을 체계적으로 진행해야 한다. 다음은 성공에 대한 몇 가지 일반적인 장애물을 극복하는 데 도움이 될 몇 가지 팁이 있다:

- 만약 당신이 한 가지 이상의 격한 사고를 가지고 있다면, 각각에 대한 별도의 사고와 증거 일지를 활용하라.
- 격한 사고(질문 1)에 대한 대안적 해석을 개발하기에 어려움이 있으면, 친구나 객관적인 관찰자가 그 상황에서 어떻게 볼지를 상상해 보라.
- 당신의 격한 사고(질문 3)에 의해 만들어진 일반화에 대한 예외를 알아보기에 어려움이 있다면, 어떤 부정적인 일이 일어나지 않고 그 상황에 있던 때를 생각해 보라. 아마도 당신은 긍정적인 무언가를 경험했을지도 모른다. 당신이 그 상황을 특별히 잘 다루었던 때가 있었나? 그 상황에서 칭찬을 받은 일이 있는가?
- "…에 대한 증거"(질문 7) 칸의 항목들에 대응하기 위해 객관적인 사실들을 기억하기에 어려움이 있다면, 친구나 가족 구성원에게 도움을 요청할 수 있다.
- 두려운 결과의 확률을 평가하는 데 어려움이 있다면(질문 8), 지난 1년 동안 미국에서 누군가가 이와 같은 상황에 처한 횟수와 두려운 재앙이 발생한 횟수를 계산해 보라.
- 당신이 행동 계획을 작성하기에 어려움이 있다면(질문 10), 매우 유능한 친구나 지인이 같은 상황을 어떻게 다룰 것인지를 상상해 보라. 다른 결과를 만들어 내기 위해 무엇을 행하고, 말하고, 시도할 것인가?

제 5 장

이완(긴장 완화)

이완 훈련은 우리가 일반적으로 생각하는 것과는 다르다. 일을 잊어버리기 위해 영화를 보거나, 긴장을 풀기 위해 길고 조용한 산책을 하는 것 이상이다. 심리학자들이 긴장을 푸는 방법을 배우는 것에 대해 말할 때는 일련의 구체적인 이완 훈련 한 가지 또는 그 이상을 정기적으로 연습하는 것을 뜻한다. 이러한 연습들은 종종 심호흡, 근육 이완, 그리고 스트레스를 받는 동안 신체가 저장하는 근육 긴장을 풀어 주는 것으로 입증된 시각화 기술의 조합을 포함한다.

이완 훈련 시간 동안에는, 급격한 생각들이 느려지기 시작하는 것과 두려움과 불안이 상당히 완화된다는 것을 알게 될 것이다. 사실 당신의 몸이 완전히 이완할 때면, 두려움이나 불안을 느끼기란 불가능하다. 1975년, 심장 전문의인 허버트 벤슨(Herbert Benson)은 사람이 완전히 이완할 때 몸이 어떻게 변화하는지를 연구했다. 벤슨(Benson)이 이완 반응이라고 칭한 상태 동안, 그는 심박수와 호흡수, 혈압, 골격근 긴장, 대사율, 산소 소모, 피부 전기 전도성 등 모두가 감소하였음을 관찰하였다. 반면에 고요한 행복의 상태와 관련된 알파 뇌파 주파수가 증가하였다. 이러한 모든 신체적 조건은 불안과 두려움이 신체 안에서 만들어내는 반응과는 정확히 반대이다. 깊은 이완과 불안은 생리학적인 반대이다.

학습 효과

규칙적으로 연습하면 이완 훈련은 일반적인 대인관계, 수행 불안을 줄이는 데 효과적이다. 여기에 제시된 이완 훈련은 공포증, 만성 분노, 걱정, 가벼운 회피, 나쁜 습관 등의 치료의 핵심 구성 요소이다. 이완 훈련은 또한 만성 근육 긴장, 목과 허리 통증, 불면증, 근육 경련, 고혈압 등의 치료에도 권장된다.

학습 시간

일반적으로, 다음에 설명된 방법 중 하나를 사용하여 한 세션 또는 두 세션 내에 깊은 이완의 이점을 경험할 수 있다. 종종 이완감을 심화하기 위해 둘 또는 그 이상의 방법들이 결합할 수 있다. 예를 들면, 심호흡 훈련을 하는 동안 평화로운 장면을 시각화할 수 있다.

복식 호흡, 점진적인 근육 이완, 긴장 없는 이완, 신호 조절 이완 등은 순서대로 학습해야 한다. 처음 세 가지를 숙달할 때까지는 (빠르고 쉬운 방법) 신호-조절 이완을 수행할 수 없다. 모든 순서는 연습 세션의 길이와 빈도에 따라 학습하는 데에 2주에서 4주가 소요된다.

학습 지침

이 장은 규칙적으로 연습할 경우 깊은 이완 상태를 가져올 수 있는 매우 효과적인 기술에 중점을 맞춘다.

초기에는 당신은 방해받지 않을 조용한 방에서 이완 훈련을 하고 싶어 할 것이다. 느슨하고, 묶는 것이 없는 옷을 입으라. 각 연습의 시작 때에 눕거나 앉는 편안한 자세를 취하고 당신의 몸이 잘 지탱됨을 느끼도록 하라. 만일 바란다면, 당신이 제어할 수 없는 소리를 덮도록 기계 또는 선풍기의 웅웅거림 등과 같은 백색 소음을 이용할 수 있다.

나중에 연습에 더 익숙해지면, 당신은 더 산만한 환경과 공공장소에서 시도해 볼 수 있다.

복식호흡

스트레스에 반응하여 흔히 긴장하는 근육 그룹 중 하나는 당신의 복부 벽에 위치한 근육이다. 복근이 팽팽하면 횡격막이 아래로 확장되어 숨을 쉴 때마다 횡경막을 밀어낸다. 이 미는 동작이 흡입하는 공기의 양을 제한하고, 흡입하는 공기를 폐 상부에 남아 있게 만든다.

호흡이 높고 얕다면, 아마 충분한 산소를 받지 못하는 것처럼 느낄 것이다. 이것은 스트레스가 되며, 당신이 위험에 처해 있다는 정신적인 경고를 시작한다. 공기 부족을 보충하기 위해, 복근을 이완하고 심호흡을 하는 대신에 빠르고 얕은 호흡을 할 수도 있다. 이 얕고 빠른 호흡은 공황의 주요 원인 중 하나인 과호흡을 유발할 수 있다.

복식호흡은 횡경막을 누르는 근육을 이완시키고, 호흡 속도를 늦춤으로써 이 과정을 역전시킨다. 서너 번의 복식호흡은 거의 즉각적인 이완제가 될 수 있다.

복식호흡은 대개 배우기가 쉽다. 이 간단하지만 매우 효과적인 기술을 습득하기 위해 약 10분간 다음 훈련을 연습하라.

1. 누워서 눈을 감는다. 몸 안의 감각들을 인지하는 잠깐의 시간을 가진다. 특히 몸이 긴장을 유지하고 있는 부분을 살펴보고 몇 번 숨을 들이쉬고, 호흡의 질에 대해 인지하는 것을 본다. 당신의 호흡이 어디에 집중되는가? 폐가 완전히 팽창하는가? 숨을 쉴 때 가슴이 안팎으로 움직이는가? 복부는 들어가고 나가는가? 둘 다 그런가?

2. 한 손을 가슴에 두고, 다른 한 손은 허리 바로 아래의 복부에 둔다. 숨을 들이마시는 동안, 들이마신 숨을 몸 안의 가장 아래쪽으로 보낸다고 상상한다. 폐가 공기로 가득 찰 때 폐가 팽창하는 것을 느낀다. 이 동작을 하는 동안, 가슴의 손은 움직이지 않고 복부의 손은 각 호흡마다 올라가고 내려와야 한다. 복부 위의 손을 움직이도록 하기에 어려움이 있다면, 복부 위의 손을 부드럽게 아래로 내린다. 숨을 쉴 때 공기가 손의 압력을 밀어올리듯이 하여 손이 올라가도록 한다.

3. 부드럽게 숨을 들이마시고 내쉬기를 계속하라. 호흡이 제 페이스를 찾도록 한다. 호흡이 부자연스럽거나 어떤 식으로든 강제적이라면, 호흡하는 동안 그 감각에 대한 자각을 그냥 유지한다. 결국 어떤 긴장이나 부자연스러움도 저절로 완화될 것이다.

4. 여러 번 심호흡을 한 다음, 숨을 내쉴 때마다 숫자 세기를 시작한다. 열 번의 내쉬기가 끝나면 1회로 카운트를 다시 시작한다. 생각이 방해를 해서 숫자 세기를 잊어버리면, 그냥 연습에 주의를 돌리고 하나로부터 다시 세기 시작한다. 배 위의 손이 호흡 때마다 올라오기를 계속하도록 약간의 자각과 함께 10분 동안 숨 세기를 계속한다.

점진적인 근육 이완

점진적인 근육 이완(Progressive Muscle Relaxation, PMR)이란 특정 순서로 몸 안의 다양한 그룹군을 긴장시키고 이완시키는 것을 포함하는 이완 기법이다. 이 기법은 내과 의사이자 정신과 의사인 에드먼드 제이콥슨(Edmund Jacobson)에 의해 1929년에 개발되었다. 그는 신체가 근육에 긴장을 저장함으로써 불안하고 두려운 생각에 반응한다는 것을 깨달았고, 이 긴장은 근육들을 정상적인 긴장 지점 이상으로 의식적으로 수축한 후 갑자기 이완시킴으로써 풀 수 있다는 것을 발견했다. 그는 신체의 모든 근육군에서 이 과정을 반복하면 깊은 이완 상태를 유도할 수 있음을 발견했다.

PMR에 대한 제이콥슨(Jacobson)의 원래 지침은 200여 가지의 다양한 근육 이완 연습을 포함하는 복잡한 루틴으로 구성되어 있다. 그 이후 연구자들은 훨씬 더 간단한 연습 요법이 똑같이 효과가 있음을 밝혀냈다. 이 연습들은 신체를 팔, 머리, 중앙부, 다리의 네 가지 주요 근육군으로 나누었다.

만일 당신이 아래의 개요처럼 PMR을 연습한다면, 허버트 벤슨(Herbert Benson)이 이완 반응이라고 정의한 신체적 이점을 경험할 수 있다. 더 중요한 것은, 만일 수개월 동안 규칙적으로 PMR을 계속한다면, 생활에서 습관적으로 마주쳤던 불안, 분노, 또는 기타 고통스러운 감정들은 뚜렷하게 줄어들 것이다.

기분이 좋든 싫든 매일 20분에서 30분 정도 연습하라. 당신이 하고 싶든 아니든, 이완하는 능력을 개발하고 있는 것이다. 처음에는 이완하기에 오랜 시간이 걸린다는 것을 알 수 있다. 그러나 연습을 거듭함에 따라 더 깊고 빠르게 이완하기를 배울 것이다.

연습을 진행할 때 각 근육 그룹에 대해 긴장과 이완의 두 사이클을 수행하라. 각 그룹을 7초 동안 조이고, 그다음 20초간 이완하고 반복하라. 근육군을 긴장하는 것을 느낄 때마다 너무 긴장하지 말고 할 수 있는 한 많이 근육을 조여라. 긴장을 풀어야 할 때가 되면, 갑자기 완전히 풀어 주고 이완되는 느낌을 유의하라. 근육이 무겁거나, 따뜻하거나 또는 욱신거리는가? 이완의 신체적 신호를 인지하기를 배우는 것이 이 과정의 핵심 부분이다.

한 근육군에서 다음 근육군의 진행은 팔에서 머리로, 중앙부로, 또 다리로의 논리적 순서를 따른다. 대부분 사람이 PMR을 몇 번 연습한 후에 쉽게 순서를 기억할 수 있다는 것을 알게 된다. 순서를 기억하기가 어렵다면, 지침을 녹음하거나 녹음된 자료를 구매할 수도 있다.

팔

1. 양손을 꽉 주먹을 쥔다. 그 단단함을 7초간 유지한다. 근육들이 수축하는 동안 근육 안의 감각들에 주의를 기울인다. 다음으로, 한 번에 긴장을 풀고 차이점에 주목한다. 당신이 느끼는 감각들에 초점을 유지한다. 근육들이 이완하도록 20초간 쥔 다음, 주먹을 다시 꽉 쥔 상태로 긴장을 7초간 유지하고, 다음 20초간 이완한다.
2. 다음으로 양 팔꿈치를 굽히고 이두근을 구부린다. 이 자세를 7초간 유지하고, 다음 긴장을 풀어 준다. 이완의 신체적 감각에 주의를 기울인다. 두 번째로 구부리고, 다음 긴장을 푼다.

3. 팔꿈치를 고정하고 팔을 옆으로 가능한 한 단단하게 펼쳐 삼두근(윗팔 뒤의 근육)을 긴장시킨다. 긴장을 풀고 이완의 감각을 주목한다. 두 번째로 구부리고 긴장을 푼다.

머리

1. 눈썹을 최대한 위로 올리고 이마 위의 긴장을 느껴 본다. 7초간 유지하고, 그리고 갑자기 눈썹을 내리고 20초간 부드러운 상태로 둔다. 이 동작을 반복한다.
2. 얼굴 전체를 코끝에 닿도록 힘쓰는 것처럼 전체 얼굴을 찌푸린다. 7초간 유지하고 긴장한 곳이 어디인지 느껴 본다. 다음으로 긴장을 풀고 이완의 감각을 느껴 본다. 반복한다.
3. 눈을 꽉 감고 입을 최대한 벌린 후 이완한다. 이 동작을 반복한다.
4. 턱을 꽉 조이고 혀를 입 천장까지 밀어올리고 이완한다. 감각이 어떻게 변화하는지 느껴 본다. 이 동작을 반복한다.
5. 큰 O자 모양으로 입을 벌리고 난 후 긴장을 풀어 이 동작을 턱이 정상 위치로 돌아가도록 한다. 이완을 느껴 보고 차이점에 주목한다. 이 동작을 반복한다.
6. 머리가 뒷목을 누를 때까지 할 수 있는 한 뒤로 기울이고 나서 이완한다. 이 동작을 반복한다.
7. 머리를 한쪽으로 펼쳐 어깨 위에 두도록 한 뒤 이완한다. 머리를 다른 쪽으로 굴려서 그것이 다른 어깨 위에 닿도록 한 후 이완한다. 반복하고, 머리를 자연스러운 원래의 위치로 들어올리고 긴장이 빠져나가는 것을 느껴 본다. 당신의 입을 살짝 벌리도록 한다.
8. 턱이 가슴에 닿을 때까지 머리를 앞으로 뻗친다. 머리를 자연스러운 원래 위치로 돌아오게 하는 동안 긴장의 이완을 느껴 본다. 이 동작을 반복한다.

몸통

1. 어깨를 귀 높이까지 가져갈 것처럼 할 수 있는 한 높이 가져간다. 7초간 유지한 다음 다시 내려뜨리고 20초간 이완한다. 이완하는 동안 근육 안의 무거움을 느껴 본다. 이 동작을 반복한다.
2. 견갑골을 만지듯 어깨를 뒤로 뻗은 다음 어깨를 다시 이완한다. 이 동작을 반복한다.

3. 팔을 가슴 높이에서 앞으로 가져가고, 똑바로 유지하는 동안 그 팔들을 가능한 한 높게 하여 교차시키고, 등 위에서 그 뻗침을 느껴 본다. 다음으로 팔을 양옆으로 떨어지게 하고 놓아주는 감각을 주목한다. 이 동작을 반복한다.
4. 심호흡을 한다. 숨을 내쉬기 전에 복부 안의 모든 근육을 수축하고, 다음으로 숨을 내쉬고 수축 상태를 푼다. 이 동작을 반복한다.
5. 등을 부드럽게 아치형으로 구부린 다음 이완한다. 이 동작을 반복한다.

다리

1. 엉덩이와 허벅지를 조인다. 다리를 곧게 펴고 뒷굽 쪽으로 강하게 눌러 장력을 높이고 이 자세를 7초간 유지한다. 20초간 자세를 풀고 이완의 느낌을 주목한다. 이 동작을 반복한다.
2. 할 수 있는 한 강하게 두 다리를 밀착시킴으로써 허벅지 안쪽 근육을 긴장시킨다. 풀면서 다리 전체의 편안함을 느껴 본다. 이 동작을 반복한다.
3. 발가락 끝을 향하면서 다리 근육을 조인 다음, 발가락을 중립 위치로 되돌리면서 긴장을 푼다. 이 동작을 반복한다.
4. 발가락을 구부리고 정강이와 종아리 근육을 조이면서 발가락들을 머리 위쪽으로 당긴 다음 발을 풀어 주고 느슨하게 늘어뜨린다. 이 동작을 반복한다.

간단한 근육 이완

비록 PMR 과정이 긴장을 푸는 훌륭한 방법이긴 하지만, 모든 다른 근육군을 순차적으로 진행하는데 시간이 오래 걸리기에 즉석 이완을 위한 실용적인 도구가 아니다. 신체를 빠르게 이완하기 위해서는 다음과 같은 간단한 PMR 방식을 배울 필요가 있다.

간단한 PMR의 핵심은 4개의 신체 부위 각각의 근육을 동시에 이완하는 것을 배우는 것이다. 각 근육군을 7초 동안 긴장 상태로 유지한 다음, 전체 근육군을 20초 동안 이완하도록 한다. 익숙해지면 긴장을 풀고 이완하는 데 필요한 시간이 줄어들 것이다. 간단한 PMR의 단계는 다음과 같다.

1. 이두근과 팔뚝을 구부리면서 주먹을 꽉 쥔다. 긴장을 7초 동안 유지하고, 20초 동안 이완한다.
2. 머리를 최대한 뒤로 젖힌다. 완전한 하나의 원으로, 시계 방향으로 한 번 돌린 다음 시계 반대 방향으로 한 번 돌린다. 이 동작을 할 때, 얼굴의 모든 부분이 코를 만나도록 애쓰는 것처럼 얼굴을 찡그린 다음 이완한다. 그런 다음 턱과 목 근육을 긴장시키고 어깨를 활처럼 구부린 다음 이완한다.
3. 숨을 깊게 들이마시면서 등을 부드럽게 활 모양으로 굽힌다. 이 자세를 유지한 다음 이완한다. 한 번 더 심호흡을 하고, 이번에는 숨을 들이쉬며 배를 내민 다음 이완한다.
4. 종아리와 정강이 근육을 긴장시키는 동안 발가락을 얼굴 쪽으로 향하도록 한 다음 이완한다. 다음으로 종아리, 허벅지 그리고 엉덩이 근육들을 긴장시키면서 발가락을 말아 올린 다음 이완하라.

긴장 없는 이완

7~14회의 PMR 연습 세션 내에서, 근육의 긴장을 인식하고 풀어 주는 것에 능숙해야 한다. 그 후에는 이완하기 전에 각 근육군을 일부러 수축할 필요는 없을 수도 있다. 대신 차례대로 신체의 4개 영역을 순서대로 살펴봄으로써 긴장이 있는지 느껴 본다. 꽉 끼는 것을 발견하면, PMR 연습에서 각 수축 후에 했던 것처럼 그냥 놓으면 된다. 집중을 유지하고 각 감각을 느끼도록 한다. 근육이 완전히 이완된 것으로 보일 때까지 각 근육군을 사용한다. 조이고 풀 수 없는 영역에 도달할 때, 그 근육 또는 근육군을 조인 다음 긴장을 풀어 준다. 이 방법은 간단한 PMR 과정보다 훨씬 더 빠르다. 그것은 과도한 긴장으로 악화시키고 싶지는 않은 욱신거리는 근육들을 이완하는 좋은 방법이다.

신호-억제 이완

신호-억제 이완에서는 복식호흡과 구두 제안을 결합하여 원할 때마다 근육을 이완시키는 방법을 배운다. 먼저 편안한 자세를 취한 다음, 바로 위에 설명한 긴장 없이 이완하는 기법을 사용하여 최대한 긴장을 풀어 준다.

숨을 쉴 때마다 배가 들어가고 나가는 것에 집중하고, 호흡을 천천히 리듬감 있게 한다. 숨을 쉴 때마다 자신을 점점 더 이완되게 한다.

다음으로 들숨마다 스스로 "들이쉬고"라고 말하고, 내쉴 때는, "이완하고"라고 말한다. 몸 전체를 통하여 긴장을 풀어 주는 동안 스스로에게 "들이쉬고, 이완하고, 들이쉬고, 이완하고…"라고 말하기를 계속하라. 이 연습을 5분 동안 계속한다. 각 호흡마다 신호 단어를 반복한다.

신호-억제 방법은 당신의 몸이 이완되는 느낌이 들면 '이완(Relax)'이라는 단어를 연상하도록 가르친다. 이 기법을 한동안 계속하여 그 연관성이 강해진 다음, 단지 "들이쉬고, 이완하고"를 마음속으로 반복하는 것만으로 몸 전체로 긴장된 느낌을 풀어 주기만 하면 언제 어디서나 근육을 이완할 수 있을 것이다. 신호-억제 이완은 1분 이내에 시간에 스트레스 해소를 제공할 수 있고, 이는 불안과 분노 관리를 위한 치료 계획의 주요 구성 요소이다.

평화로운 장면의 시각화

긴장을 풀기 위한 또 다른 방법은 당신이 스트레스를 받을 때마다 정신적으로 평화로운 장면을 구성하는 것이다. 평화로운 장면은 흥미롭고 매력적이어야 한다. 그것은 상상할 때 안전함과 안정감을 느낄 수 있는 곳이 될 것이다. 그곳에서 경계를 풀고 완전히 긴장을 풀 수 있을 것이다.

평화로운 장면 찾기

앉거나 누워서 편안한 자세를 찾고, 몇 분 동안 신호-억제 이완을 연습할 시간을 가진다. 시각화는 완전히 이완할 때 가장 효과적이므로 이완하기 위한 충분한 시간을 갖도록 한다.

이제 당신의 무의식에게 평화로운 장면을 보여 달라고 요청한다. 당신의 상상 속에 그림 하나가 형성되기 시작할 것이다. 또는 이미지 대신 이미지를 일으키기 시작할 단어, 구, 또는 소리를 정신적으로 들을 수도 있다. 하지만 어떤 이미지가 저절로 보이기 시작한다면, 그것에 의문을 갖지 말라. 이것을 당신에게 편안한 공명을 주는 설정으로 받아들여라.

만일 장면이 나타나지 않는다면, 마음에 드는 장소나 활동을 선택한다. 당신은 지금 어디에 있고 싶은가? 시골에, 숲속에, 아니면 풀밭에? 보트 위에? 오두막에? 당신이 자랐던 집에? 센트럴 파크가 내려다보이는 펜트하우스에?

당신의 상상력이 한 장면을 선택하면, 그 장면에서 당신 주변에 무엇들이 있는가? 색깔과 모양들을 보라. 어떤 소리가 들리는가? 공기 중에 어떤 향기가 있는가? 당신은 무엇을 하고 있는가? 어떤 육체적인 감각을 느끼고 있는가? 그 장면에 관한 모든 것을 알아차리도록 노력하라. 당신이 아무리 열심히 초점을 맞추려고 아무리 애를 써도, 그 장면의 부분들은 분명하지 않거나 흐릿하게 남아 있을 수 있다. 이것은 지극히 정상이다. 실망하지 마라. 연습을 통해 세부 사항을 그릴 수 있고, 당신의 장면을 더 생생하게 만들 수 있다.

시각화 기술

시각화는 기술이다. 그리기, 장식장 제작, 또는 바느질과 같은 많은 기술들과 같이, 어떤 사람들은 처음에는 다른 사람들보다 더 숙련되어 있다. 앉아서 한 장면을 선명히 재현하여 당신이 실제로 그곳에 있는 것처럼 느끼는 사람이 될 수 있다. 아니면 아무것도 보기 어려울 수도 있다.

비록 시각화에 익숙하지 않다 하더라도, 연습을 통해 이 기술을 개발할 수 있다. 다음의 지침들은 당신의 시각화에 생명을 불어넣는 데 도움이 될 것이다.

- 이미지가 나타나면, 그 이미지에 어떤 차이가 있다면-한 부분이 흐릿하거나 이미지가 전혀 없다면 해당 영역에 모든 집중을 하고 "그게 뭐지?"라고 물어보라. 그 영역에 주의를 기울이고 그 부분이 명확해지는지를 보라. 비록 그 이미지가 희미하거나 없다 할지라도 가능한 집중적으로 상상 속에 무엇이 나타나건 관찰하라.
- 상상 장면을 가능한 한 현실감 있게 만드는 것이 중요하다. 이를 성취하는 한 가지 방법은 당신의 오감 중 최소한 세 가지로부터 가능한 한 모을 수 있는 많은 세부 사항을 추가하는 것이다. 시각적으로, 연필로 그것들을 따라 그리고 있는 것처럼 이미지들의 윤곽에 주의를 집중하여 장면의 모양을 끌어낼 수 있다. 장면의 색상을 확인한다. 선명한가, 혹은 바래었는가? 빛의 근원을 찾는다. 대상에 비춰지는 빛이 색상에 어떻게 영향을 끼치는가? 그림자 속에는 무엇이 있는가? 만일 당신이 거기 있다면 실제로 볼 수 있는 모든 것을 알아차리려고 노력하라.
- 다른 감각을 이용하여 수집할 수 있는 정보에 주의를 기울이라. 당신이 실제로 그곳에 있었다면 무슨 소리를 들었을까? 그 환경은 어떤 냄새가 날까? 촉각을 통해 당신은 무엇을 느낄 수 있는가? 뜨겁거나 차가운 영역이 있는가? 바람이 불고 있는가? 당신의 손을 다양한 물체에 대고, 그 물체의 질감과 이 동작이 몸에 만드는 감각을 알아차리는 것을 상상해 봐라.

- 그 장면을 바라보는 관점에 주의를 기울이라. 당신은 그것을 마치 외부인이 들여다보는 것처럼 보고 있는가? '밖을 들여다보는' 관점에 대한 단서는 장면에서 상상된 '당신'을 볼 때이다. 만일 그렇게 되면, 당신은 시각을 바꾸어 당신의 관점은 당신이 그 장면 속에 실제로 있다면 보게 될 그것이다. 예를 들면, 당신의 평화로운 장면이 나무 아래에 누워 있는 경우 땅에 기대어 있는 자신을 보는 대신 관점을 변경하여 맑고 푸른 하늘을 배경으로 나뭇가지를 볼 수 있다. 장면 안의 원근법에서 사물을 보면 이미지에 완전히 빠져들고, 당신이 그것을 그냥 보는 것이기보다는 그 장면을 살아가고 있다는 느낌을 가질 가능성이 더 크다.
- 관련 없는 생각이 침범할 때, 그 내용을 확인한 다음 만들고 있는 장면으로 주의를 되돌린다.

평화로운 장면의 예

다음은 장면을 조합하는 방법에 대한 아이디어를 제공할 수 있는 몇 가지 예이다. 당신의 마음을 사로잡는 세부 사항을 채택하고, 특별히 편안하다고 생각하는 다른 것들을 추가하라.

바닷가. 당신은 긴 나무 계단을 방금 내려왔는데, 이제까지 본 적이 없는 가장 깨끗한 해변에 서 있는 자신을 발견하게 된다. 그것은 넓고 당신이 볼 수 있는 만큼 멀리 양쪽으로 펼쳐진다. 당신은 모래 위에 앉아 그것이 하얗고, 부드럽고, 따뜻하고 무겁다는 것을 알게 된다. 모래가 손가락 사이로 스며들어 거의 액체처럼 느껴진다. 당신은 엎드려 누워 그 따뜻한 모래가 몸의 모양에 맞게 변형됨을 안다. 산들바람이 얼굴에 스친다. 부드러운 모래가 당신을 지탱한다. 밀려드는 파도가 당신을 향해 부드럽게 부서지는 길고 하얀 절정 속으로 떠오르는 것처럼 우르르 울리고, 당신에게서 얼마 멀지 않은 모래 속으로 녹아든다. 공기는 소금과 바다 생물 냄새가 나고, 당신은 그것을 깊이 들이마신다. 당신은 평온하고 안전하다고 느낀다.

숲. 당신은 숲에 있고, 아주 큰 나무들로 둘러싸인 숲속에 누워 있다. 당신의 아래에는 부드럽고 마른 이끼의 쿠션이 있다. 공기는 월계수와 솔향이 진하게 나고, 분위기는 깊고 고요하고 잔잔하다. 당신은 태양이 가지들을 통해 내리쬐는 동안 그 태양의 따뜻함을 들이마시고, 이끼의 카펫을 얼룩지게 한다. 따뜻한 산들바람이 일어난다. 당신 주위의 큰 나무들이 흔들리고, 바람이 한바탕 불 때마다 잎들은 리듬감 있게 바스락거린다. 산들바람이 거세질 때마다 당신 몸 안의 모든 근육이 이완된다. 두 마리의 노래하는 새가 멀리서 지저귄다. 다람쥐가 위에서 덜그럭 소리를 낸다. 홀가분함, 평화 그리고 기쁨의 감각이 머리에서 발끝까지 퍼진다.

기차. 당신은 긴 열차의 맨 끝에 있는 개인 차량에 타고 있다. 객실의 천장은 엷은 빛깔의 유리로 된 돔이고, 객실의 벽은 유리여서, 당신이 열린 공간에 있고, 광대한 시골을 날아가고 있는 듯한 환상을 만들어 낸다. 호화로운 카우치가 멀리에 있고, 두 개의 푹신한 의자가 맞은편에 커피 테이블은 중앙에 있고, 당신이 좋아하는 잡지가 있다. 당신은 의자들 중 하나에 깊숙이 앉아, 신발을 벗어 밀어 버리고, 테이블 위에 발을 올린다. 밖으로는 계속하여 뒤로 밀려나는 파노라마가 있다. 산, 나무, 눈 덮인 정상의 봉우리들, 멀리서 반짝이는 호수, 해는 거의 졌고 하늘은 보라색과 붉은색으로 물들고, 붉은 오렌지 색 구름이 위로 솟아오른다. 당신이 이 장면들을 응시하는 동안 덜컹거리는 바퀴의 리듬에 빠져들고, 기차의 흔들리는 움직임의 고요함도 느낀다.

제6장

걱정 조절

누구나 때때로 걱정을 한다. 그것은 예상되는 미래 문제에 대한 자연스러운 반응이다. 그러나 걱정이 감당할 수 없게 되면, 거의 모든 시간 걱정에 사로잡히게 된다.

당신이 다음 중 하나라도 정기적으로 경험한다면 걱정에 심각한 문제를 가지고 있는 것이다:

- 미래의 위험이나 위협에 대한 만성적인 불안
- 미래에 대해 지속적으로 부정적인 예측을 하는 것
- 종종 나쁜 일이 일어날 가능성과 심각성을 과대평가하는 것
- 같은 걱정을 계속 반복하는 것을 멈출 수 없음.
- 주의를 산만하게 하거나 특정 상황을 피함으로써 걱정에서 벗어나는 것
- 문제에 대한 해결책을 도출하기 위해 걱정을 건설적으로 이용하는 데 어려움을 겪는 것

걱정하기를 멈추라고 말하는 사람들은 인간의 마음이 어떻게 작용하는지 알지 못한다. 그것은 유명한 심리학적 수수께끼와도 같다. 1분 동안 백곰을 생각하지 않으면 1,000달러를 주기로 했다고 상상해 보라. 백곰을 생각하지 않고 수개월 또는 수년을 지낼 수도 있지만, 그것에 대해 생각하지 않기로 결정하자마자 당신은 그 빌어먹을 곰을 마음속에서 지울 수가 없다. 그냥 한번 시도해 보라.

이 장은 걱정을 통제하는 5가지 방법을 가르쳐 줄 것이다. 첫째, 5장에서 학습한 이완 기법을 정기적으로 연습하도록 지시할 것이다. 둘째, 미래의 위험을 과대평가하는 경향을 대응하기 위해 정확한 위험 평

가를 수행하는 방법을 가르쳐 줄 것이다. 셋째, 걱정 지연을 가르쳐 줄 것이고, 이것으로 당신은 걱정을 각 날의 특정한 시간으로 미루게 될 것이다. 당신은 모든 걱정을 그때 하게 될 것이다. 다른 시간에 걱정을 하도록 유혹을 느낀다면, 다음 번 예정된 걱정 시간으로 연기할 것이다. 넷째로, 걱정의 영향을 줄이기 위해 탈융합(defusion, 10장 참조)을 사용하는 방법을 배울 것이다.

마지막으로, 이 장은 걱정 행동 예방, 즉 걱정을 실제로 장기적으로 영구화하는 단기적으로 걱정들을 줄이는 데에 사용할 수 있는 비효율적인 전략들을 통제하는 기술을 가르쳐 줄 것이다. 예를 들어, 과도하게 시계를 확인하거나 구역을 돌지 않고 정시에 장소에 도착하는 방법이나, 당신이 너무 걱정하는 사랑하는 사람을 확인하기 위해 지나치게 전화하지 않는 방법 등을 발견할 것이다.

학습 효과

이완, 걱정 평가, 불안 지연, 완화는 범불안장애의 주요 특징인 과도한 걱정을 줄이는 것에 효과적인 것으로 입증되었다(Hayes and Smith 2007; O'Leary, Brown, and Barlow 1992). 걱정 행동 예방은 걱정을 지속시키는 경향이 있는 의식적, 회피적, 그리고 교정적 행동을 억제하는 데에 도움이 되는 것으로 밝혀졌다(Robichaud and Dugas 2015). 그것은 또 완벽주의와 강박적 사고를 치료하는 데 도움이 된다.

학습 시간

심호흡, 신호 조절 이완 및 시각화를 이용한 이완하는 방법을 배우는 데에는 1~2주의 시간이 걸린다. 이 기간 동안 위험 평가 과정을 시작할 수도 있다. 그다음 탈융합을 이용하기를 시작할 수 있다. 4주 또는 5주까지는 개선 사항을 확인할 수 있다.

걱정 행동 예방은 시작에 1~2시간밖에 걸리지 않고, 그것의 이점은 즉각적으로 느낄 수 있다. 그러나 여러 가지 걱정 행동을 크게 바꾸는 데에 4~8주가 걸릴 것이다.

학습 지침

걱정은 단순한 정신적 과정이 아니다. 걱정할 때는 아래의 걱정 시스템 다이어그램에서 보듯이 생각, 몸, 그리고 행동을 포함하는 주기적인 패턴으로 들어간다.

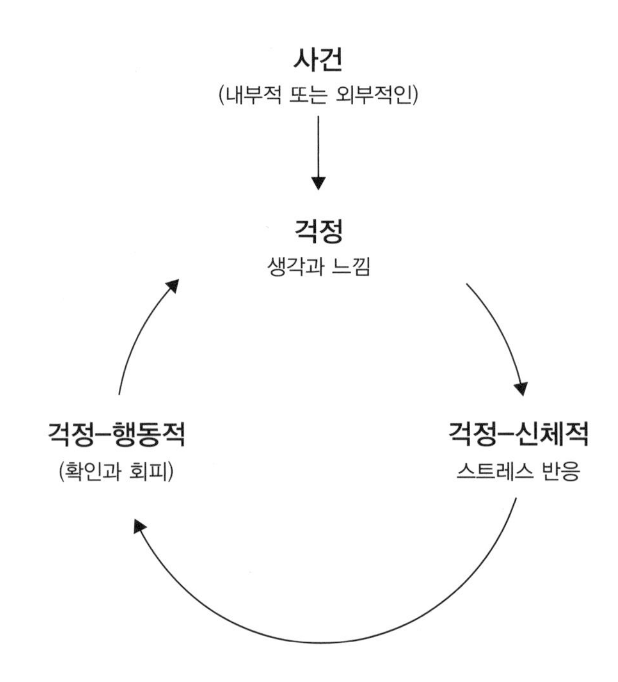

예를 들어 구급차를 보거나 사랑하는 사람이 다친다는 생각과 같은 사건은 걱정스러운 생각을 시작하고, 불안을 느끼기 시작한다.

신체적 수준에서, 심장이 빠르게 박동하기 시작하고, 호흡이 빨라지며, 피부에는 땀이 나고, 근육이 긴장하며, 그리고 투쟁–도피 반응(fight–or–flight response)과 관련된 신체적 증상이 나타날 수 있다.

행동 수준에서, 당신은 당황스러운 상황이나 장소를 피하려는 조치를 취할 수 있다. 또는 사랑하는 사람이 괜찮은지 전화하거나 의료 사이트에서 질병에 대해 읽는 것과 같은 확인 행동을 시작할 수도 있다.

걱정을 조절하려면 이 모든 차원에서 접근할 필요가 있다. 첫째, 이완 운동을 통해 신체적 스트레스 반응을 다룰 것이다. 걱정의 인지적 특징을 집중적을 다루기 위해 당신은 위험 평가, 걱정 지연, 완화를 연습할 것이다. 다음으로 걱정 행동 예방으로 문제되는 행동을 통제할 수 있다.

이완

앞 장에서의 이완 기술을 배우지 않았다면 먼저 해당 장을 살펴보고 점진적 근육 이완과 신호 신호-억제 완화를 숙달하라. 만성적인 걱정은 만성적 근육 긴장을 유발한다. 이완을 매일 연습함으로써 걱정이 야기하는 투쟁-도피 반응의 순환에서 결정적인 휴식을 제공할 수 있다.

하루 한 번 시간을 내어 완전한 점진적 근육-이완 절차를 수행하라. 다른 일이 있어도 이 연습을 할 수 있는 시간을 따로 정해 두어라. 매일 연습하고 세션을 건너뛰거나 단축하지 않는 것이 중요하다. 하루 한 번 깊은 이완의 심층 단계에 이르는 것은 미룰 수 없는 걱정 조절의 중요한 부분이다. 오늘 빼먹으면 내일은 따라잡을 수 없다.

하루 다섯 번 규칙적으로 빠른 신호 조절 이완을 하라. 당신이 기억하도록 스마트폰에 알림 설정을 하라. 이건 잠깐이면 된다. 그리고 어디에서나 할 수 있다. 자주 이완을 하면 전반적인 신체적 스트레스를 통제할 수 있다.

위험 평가

걱정이 문제라면 위험 평가의 기능과 기술을 배우지 않았을 것이다. 아무도 인생에서 위험을 벗어날 수 없다. 비결은 어떤 위험을 피할 수 있고, 어떤 위험에 대비해야 하고, 어떤 위험은 단순하게 걱정할 필요가 없는지를 아는 것이다. 위험 평가에는 두 가지 주요 측면이 있다. 가능성을 추정하고 결과를 예측하는 것이다. 일단 그것들을 이해하면 우리가 제공했던 위험 평가 연습지를 활용할 준비가 된 것이다.

확률 추정

많은 걱정을 하는 사람들은 지속적으로 위험을 과대평가한다. 어떤 사람들은 차에 시동을 걸 때마다 교통사고가 날 확률이 높다고 생각한다. 다른 사람들은 업무를 잘 수행하고 큰 실수를 한 적이 거의 또는 전혀 없음에도 불구하고 직장에서 실수하는 것에 대해 지나치게 걱정한다. 과대평가는 경험과 신념의 조합 때문에 생겨난다. 개인적인 경험에 얼마나 큰 비중을 두는지, 그리고 걱정의 기능에 대해 어떤 신념을 가지고 있는지가 중요하다.

경험. 개인 이력이 걱정에 영향을 미칠 수 있는 두 가지 방법이 있다. 한 가지 방법은 당신에게 너무 나쁜 일이 일어난 적이 없다면, 이 이력의 증거를 무시하는 것이다. 그것이 중요한 무언가를 잊어버리거나 중요한 관계를 잃는 것에 대해 걱정하지 않아도 된다. 이런 식으로 생각한다면, 재난 없이 지나가는 하루하루가 안 좋은 일이 생길 확률을 증가시키는 것처럼 보인다. 개인 이력이 걱정에 영향을 끼치는 다른 방식은 나쁜 일이 한 번 일어났었다면, 당신이 이 이력적인 증거에 너무 많은 비중을 두는 것이다. 당신에게 한 번 일어났던 일은 다시 일어난다–번개가 두 번 칠 뿐만 아니라 실제로 계속하여 같은 곳을 치기를 좋아한다–고 생각한다.

신념. 깊게 자리 잡은 검증되지 않은 신념이 걱정을 더 악화시킬 수 있는 두 가지 방법이 있다. 첫째, 걱정의 예측력을 믿을 수 있다. 남편이 떠나는 것을 걱정하는 여성은 그녀가 남편을 많이 생각한다는 것을 남편이 정말 떠날 가능성이 큰 것을 의미한다고 생각했다. 신념이 당신을 함정에 빠뜨릴 수 있는 두 번째 방법은 걱정의 예방적인 힘을 믿는 것이다. 이 경우 당신은 무의식적으로 나쁜 일이 일어나지 않았다고 생각한다. 왜냐하면 나쁜 일에 대한 당신의 걱정이 문제를 막았다고 생각하기 때문이다. 당신은 경비원처럼 항상 경계하고 있는 것처럼 느낀다.

위험을 추정할 때 이러한 오류들의 문제는 당신이 걱정하는 위험보다 더 큰 문제가 될 때까지 미묘하게 걱정을 증가시킨다는 것이다. 이 함정에서 벗어나는 방법은 정확한 위험 평가를 배우는 것이다.

결과 예측

걱정했던 일이 현실로 나타난다고 해도, 그 결과는 당신이 두려워하는 만큼 재앙이 될 것인가? 많은 걱정을 하는 사람들은 비합리적으로 나쁜 결과를 일관되게 예측한다. 이것이 재앙화이다. 예를 들면, 실직을 걱정했던 남자는 실제로 직업을 잃었다. 하지만 노숙자와 가난으로 끝나는 대신 그는 다른 직업을 얻었다. 급여는 조금 적었지만, 그는 그 일을 더 좋아했다. 그가 예측했던 재앙적 결과는 일어나지 않았다.

당신이 걱정할 때, 불안은 사람들이 일상적으로 가장 심각한 문제에도 대처한다는 사실을 잊게 만든다. 당신은 무슨 일이 일어나더라도 당신과 가족, 그리고 친구들이 그것들을 대처할 방법을 찾을 것이라는 사실을 잊어버린다.

위험 평가 워크시트 사용

다음 위험 평가 워크시트를 사용하여 정확한 확률을 추정하고 결과에 대해 합리적인 예측을 함으로써 정확한 위험 평가를 수행할 수 있다. 이것은 당신이 불안을 줄이는 데 도움이 될 것이다. 첫 번째 줄에는, 두려운 사건의 형태로 당신이 생각할 수 있는 당신의 걱정 중 하나를 두려운 사건의 형태로 기록하라. 예를 들어, 십대 자녀가 밤에 외출하는 것에 대해 걱정된다면 최악의 상황을 상상해 봐라. 술 취한 십대들과 대형 트럭의 정면충돌, 그리고 충격으로 모두 사망하거나 끔찍한 고통을 겪은 후 응급실에서 죽는 경우이다.

다음으로, 일반적으로 일어나는 자동적 사고를 작성하라. "그녀는 죽을 거야… 나도 죽을 거야… 피 그리고 고통… 결코 예전과 같지 않을 거야… 끔찍해… 견딜 수가 없어…" 그게 그냥 이미지이건 휘갈겨진 단어이건 마음속에 떠오르는 건 뭐든지 메모하라.

다음으로, 이 최악의 시나리오를 생각할 때 0에서 100까지의 척도를 이용하여 당신의 불안을 평가하라. 여기서 0은 불안이 없고 100은 당신이 경험한 최악의 공포이다. 그런 다음 이 최악의 시나리오가 발생할 확률을 0%에서 100%으로 평가하라.

다음 섹션은 재앙적 사고를 다룬다. 최악의 상황이 발생했다고 가정하고, 당신이 가장 두려워하는 결과를 예측하라. 그리고 스스로에게 무슨 말을 하고 재앙에 대처하기 위해 무엇을 할 것인지 생각해 내는 데 시간을 보내라.

당신이 가능한 대처 전략에 대한 명확한 그림을 가지고 있다면, 당신이 두려워하는 것이 지나친다면 가능할 결과의 수정된 예측을 하라. 그다음 불안을 다시 평가하고, 감소했는지 확인해 보라.

다음 섹션은 과대평가 문제를 다룬다. 바로 그 최악의 결과가 일어나는 것에 대한 증거를 나열하라. 할 수 있는 한 현실적으로 확률을 계산하라. 그리고 당신이 생각할 수 있는 모든 대안적 결과를 나열하라. 마지막으로, 다시 한번 당신의 불안과 사건의 확률을 평가하라. 당신이 이 완전하고 객관적인 위험 평가를 한 결과로써 당신의 불안과 가능성 평가가 감소했다는 것을 알아야 한다.

빈 양식을 복사하여 심각한 걱정에 직면하거나 두 번 이상 걱정으로 돌아갈 때마다 작성하라. 이 연습을 꾸준히 하는 것이 중요하다. 각 위험 평가가 재앙적 사고의 오랜 습관을 바꾸도록 도움을 준다. 예를 보고 싶다면, 빈 양식 다음에 샐리(Sally)가 작성한 것을 참고하라. 그녀는 일반적으로 실패를 두려워했고, 구체적으로는 그녀의 결혼, 가족, 아동 상담사 자격증에 대한 면접 시험에 대해 걱정하였다.

위험 평가를 완료했다면, 그 양식을 보관한다. 비슷한 걱정에 직면할 때 다시 참조하고 싶을 것이다. (당신은 양식을 http://www.newharbinger.com/45489에서 다운로드할 수 있다.)

위험 평가 워크시트(worksheet)

두려운 사건: ____

____

자동적 사고: ____

____

당신의 불안을 0~100까지 평가하기: ______________

사건의 확률을 0~100%로 평가하기: ______________

최악의 상황이 발생한다고 가정할 때,

가능한 최악의 결과를 예측하라: ______________________________

____

가능한 대처 방법: ______________________________________

____

가능한 대처 조치: ______________________________________

____

수정된 결과 예측: ______________________________________

____

당신의 불안을 다시 한번 0~100까지 평가하기: ______________

최악의 결과에 대한 증거: ______________________________________

____

대체 결과: ____

____

____

당신의 불안을 다시 한번 0~100까지 평가하기: ______________

사건의 확률을 다시 한번 0~100%로 평가하기: ______________

Sally의 위험 평가 워크시트

두려운 사건: 면접 시험 실패

자동적 사고: 나는 할 수 없다. 나는 목이 메어 바보 같은 소리를 할 것이다.

당신의 불안을 0~100까지 평가하기: 95

사건의 확률을 0~100%로 평가하기: 90

최악의 상황이 발생한다고 가정할 때,

가능한 최악의 결과를 예측하라: 나는 실패할 것이다. 나의 모든 학업은 낭비될 것이다.

가능한 대처 방법: 많은 사람이 첫 시도에 합격하지는 않는다. 난 다시 시험 볼 수 있다.

가능한 대처 조치: 공부 좀 하고, 같이 연습할 면접시험 코치를 고용한다. 다시 시도한다.

수정된 결과 예측: 다시는 영원히 실패하지 않을 것이다. 시간이 조금 더 걸릴 뿐이다.

당신의 불안을 다시 한번 0~100까지 평가하기: 60

최악의 결과에 대한 증거: 나는 열심히 공부했고, 수업에서 좋은 점수를 받았다.

대체 결과: 나는 잘해서 쉽게 합격할 수 있다. 말을 더듬고 질식할 수도 있지만 삐걱거려도 어쨌든 합격할 것이다. 실패할 수도 있지만 다시 면접시험을 치르고 합격할지도 모른다. 세 번의 시도가 필요할 수도 있다.

당신의 불안을 다시 한번 0~100까지 평가하기: 40

사건의 확률을 다시 한번 0~100%로 평가하기: 30

걱정 지연

이 간단한 기술은 당신이 걱정해야 할 시간을 매일 30분에서 45분 이하로 따로 두는 것을 포함한다. 그런 다음 걱정스러운 생각이 들 때마다 지정된 걱정 시간까지 미룬다. 작은 노트나 파일 카드를 보관하거나, 휴대전화의 메모 기능을 이용하여 걱정거리가 생겼을 때마다 메모해 두었다가 걱정할 때 생각나는 것을 기억할 수 있다.

걱정 지연은 많은 사람에게 재앙적 사고에 할애하는 시간을 제한해 주는 역할을 한다. 걱정하는 데에 시간을 덜 보낼수록 당신이 걱정으로 신체적 자극이 줄어들고, 전반적인 불안도 덜 느낄 것이다.

걱정 지연의 배경은 미래에 대한 두려움으로 괴로워하며 온종일을 보내야 할 이유가 없다는 것이다. 그렇게 걱정하는 것은 아드레날린을 쏟아붓는 것일 뿐이다. 대신에 당신은 모든 염려와 걱정을 당신의 노트에 30~45분의 시간 동안으로 정리하여 걱정 과정을 효율적으로 수행할 수 있다.

탈융합

탈융합(Defusion)은 당신의 관계를 걱정스러운 생각으로 바꿀 수 있는 기술이다. 그것은 당신에게 눈치채고 걱정을 떨쳐 버리도록 가르쳐 줄 것이다. 또한, 탈융합은 걱정들을 위험한 현실이 아니라 단순한 생각으로 인식하도록 도와줄 것이다.

10장 '탈융합'을 읽고 걱정스러운 생각을 해소할 계획에 대해 아래에서 선택한 항목들을 체크하라.

생각 관찰하기

다음을 사용하여 걱정하는 생각을 알아차리는 방법을 배운다.

☐ 하얀 방 명상

☐ 마음챙김 집중

생각에 이름 붙이기

다음을 사용하여 걱정하는 생각에 이름 붙이기를 배운다.

☐ "나는 …이라는 생각을 하고 있다." 그러면 그 생각을 말한다.

☐ "지금 이제 나의 마음은 걱정 사고를 하고 있다."

생각 버리기

나는 다음을 사용하여 걱정하는 생각을 떠나보내기를 배운다.

☐ 흐름 시각화에서 떠나기

☐ 게시판 시각화

☐ 풍선 시각화

☐ 컴퓨터 팝업 시각화

☐ 기차 또는 보트 시각화

☐ 기타 시각화 ______________________________

☐ 신체적으로 놓아주기

걱정하는 생각에서 멀어지기

나는 다음을 사용하여 걱정하는 생각에서 멀어지는 법을 배운다.

☐ 감사하는 마음

☐ 부정적인 꼬리표 반복

☐ 객관화 생각

☐ 카드 지니고 다니기

☐ 거리 두기 훈련

걱정 행동 예방

당신은 아마도 나쁜 일이 일어나는 것을 막기 위하여 습관적으로 특정 행동을 하거나 회피할 수도 있다. 예를 들어, 피트(Pete)는 자신의 회피가 사랑하는 사람들을 죽음으로부터 막아 준다고 느끼며, 절대로 사망 기사를 읽지 않거나 묘지를 지나쳐 운전하지 않았다. 그의 어머니는 긍정적인 예측을 할 때마다 나무를 두드렸다.

그러나 그러한 의식이나 예방적인 행동은 실제로 걱정을 영속화하거나 나쁜 일이 일어나지 않도록 막을 힘이 없다. 피트(Pete)에게 사망 기사와 묘지의 적극적 회피하는 것이 단지 그에게 죽음에 대한 걱정을 더 많이 만들었고, 그러한 회피가 실제로 사람들을 죽음으로부터 지켜 주지 못한다는 것을 지적으로 알고 있었다.

좋은 소식은 이러한 행동을 멈추는 것이 다음의 5가지 단계들을 포함하는 비교적 간단한 프로세스라는 점이다:

1. 당신의 걱정 행동를 기록한다.
2. 멈추기에 가장 쉬운 행동을 선택하고, 그것을 멈추는 것의 결과를 예측한다.
3. 가장 쉬운 행동을 멈추거나 새로운 행동으로 대체한다.
4. 전과 후의 당신의 불안을 평가한다.
5. 다음으로 쉬운 행동으로 2~4단계까지 반복한다.

1단계: 걱정 행동을 기록한다.

걱정하는 재난을 예방하기 위해 행하거나 회피하는 일을 기록하라.

____

____

____

____

____

____

여기 찰리(Carly)의 예가 있는데, 그는 사회적 비난에 대해 대해 매우 걱정했던 칼리(Carly)의 예가 있다. 다른 사람들이 그녀가 무례하고, 나쁜 여주인이라거나, 정당한 일을 하지 않는다고 생각할지도 모른다는 생각을 견딜 수 없었다. 그녀는 세 가지의 걱정 행동을 확인했다.

- 약속이나 파티에 너무 일찍 가고, 들어갈 시간이 될 때까지 20분 동안 동네를 운전하고 다니는 것
- 예상대로의 한 가지 요리 대신 메인 요리, 샐러드, 디저트를 각자 가져와서 먹기
- 우리 집에서 파티를 위해 엄청나게 많은 음식 만들기

2단계: 멈추기 가장 쉬운 행동을 선택하고 멈출 때의 결과를 예측한다.

멈추기 가장 쉬운 걱정 행동을 선택하고 그것을 여기 기록하라. 그런 다음 예상되는 결과를 기록하라.

행동: ______________________________

____

결과: ______________________________

____

칼리(Carly)는 파티를 위해 너무 많은 음식을 만들기를 선택했다. 그녀는 "우리는 파티 도중 음식이 바닥날 거야."라고 간단하게 예측했다.

3단계: 가장 쉬운 행동을 멈추거나 새로운 행동으로 교체한다.

이것은 어려운 부분이다. 당신의 예측이 현실이 되기 위해서 당신은 좋은 과학자가 되어야 하고 실제로 실험을 해야 한다. 당신이 걱정하기 시작할 때 그 행동을 자제하기로 결심하라. 예를 들면, 칼리(Carly)는 남편의 생일 파티를 위해 너무 많은 음식을 만들지 않기로 결심했다. 불행히도, 그녀는 걱정 행동을 완전히 멈출 수는 없었다 - 그녀는 음식을 만들어야 했다. 먼저 그녀는 평소에 만들었을 음식 양의 절반만 만드는 것을 고려했다. 그러나 이것은 판단하기 어려웠다. 마지막으로 그녀는 평균적인 파티 손님이 자신의 집에서 얼마나 많이 먹을지, 얼마나 많은 손님이 올 가능성이 있는지를 신중하게 계산했고, 다음으로 그

계산을 토대로 충분한 음식을 준비했다. 오차를 더하려는 유혹을 느낄 때마다 그녀는 그것을 억눌렀다.

만일 당신의 걱정 행동이 묘지를 지나 운전하지 않는 것이거나 사망 기사를 읽지 않는 것과 같은 회피의 형태라면, 다른 접근 방법을 택할 필요가 있다. 당신이 피했던 것을 시작해야 한다. 매일 아침 출근길에 묘지를 지나쳐 운전하거나 모닝 커피와 함께 사망 기사를 읽기로 결심하라.

때로는 가장 쉬워 보이는 행동조차도 멈추기 쉽지 않다. 이 경우 걱정 행동을 줄일 수 있는 대체 행동 위계를 만들 필요가 있다. 예를 들면, 페기(Peggy)는 수석 파트너의 계약서와 보고서에서 실수할 것을 걱정하는 완벽주의 법률 비서였다. 그녀는 중요한 보고서를 집으로 가지고 가서 교정 및 재교정하느라 몇 시간을 보냈고, 가능한 오타에 대해 고민하고, 밤늦게까지 글자 크기와 폰트를 바꾸었다. 그녀가 약간의 변경을 할 때마다 맞춤법 검사기로 다시 전체 문서를 훑어보곤 했다.

맞춤법 검사와 교정을 단 한 번만 하고 간단한 작업이 완성됐다고 선언한다는 생각은 페기에게는 생각하기조차도 너무 두려운 일이었다. 그래서 그녀는 이 계층 구조를 만들고, 그날 그녀의 목록에 있는 첫 번째(가장 쉬운) 항목으로 시작하기로 결정했다.

Peggy의 대체 행동 위계	
1	보고서를 집으로 가져가서 세 번 더 살펴본다.
2	보고서를 집으로 가져가서 두 번 더 살펴본다.
3	보고서를 집으로 가져가서 한 번 더 살펴본다.
4	1시간 늦게까지 남아서 직장에서 보고서를 본다. 더 이상 안 봄.
5	직장에서 보고서를 보고 정시에 퇴근한다. 더 이상 안 봄.
6	보고서에 의도적으로 하나의 문장부호 오류를 남긴다.
7	보고서에 의도적으로 하나의 문법적 오류를 남긴다.
8	보고서에 의도적으로 하나의 철자 오류를 남긴다.

페기(Peggy)는 그녀의 위계의 각 단계를 수행했다. 각자에 대해, 그녀는 끔찍한 결결과를 예측하고 높은 불안을 경험했다. 그러나 각 단계에서 그런 결과들은 일어나지 않았고, 그래서 그녀는 다음 단계에 대한 자신감을 얻었다. 당신은 마지막 세 단계에는 고의적인 실수가 포함됐다는 것을 알 수 있을 것이다. 이것

은 실수를 예방하기 위해 설계된 점검 행동을 없애기 위한 좋은 전략이다. 페기의 경우, 그녀가 작은 실수를 해도 회사가 소송에서 패소하는 것이 아니라는 것을 알았고, 또 그녀를 해고하지 않을 것이라는 것을 알았다. 아무도 오류를 알아채지 못했다. 그녀는 결국 다른 점검 행동을 없앨 수 있었고, 그녀가 '높지만 융통성 없는 기준'이라고 불렀던 것에 대한 그녀의 완벽주의를 줄일 수 있었다.

4단계: 전후의 불안을 평가한다.

예전의 행동을 하고 싶어도 하지 않을 거라는 것을 알았을 때, 당신은 얼마나 불안했는가? 불안을 0에서 100까지의 척도로 평가하라. 여기서 0은 불안이 없음을 뜻한다. 그런 다음 당신이 새로운 행동을 한 후 또는 이전 행동을 중단한 후 얼마나 불안하게 느꼈는지를 동일한 척도를 이용하여 평가하라. 당신의 불안이 줄어들었는가?

손님들을 위해 너무 많은 음식을 준비했던 칼리(Carly)는 남편의 생일 파티 직전의 불안을 100점으로 평가했다. 그녀는 파티가 끝날 때까지 약간의 음식이 남아 있었고 파티는 성공적이었다. 그녀는 파티가 끝날 무렵 불안 수준이 25점 정도로 줄었다는 사실에 만족했다.

또한, 실제 결과를 분명히 관찰해야 한다. 당신의 행동 변화의 결과로 실제 무슨 일이 일어났는가? 당신의 끔찍한 예측이 현실이 되었는가? 칼리의 경우, 그녀의 예측은 실현되지 않았다. 그녀는 파티 도중에 음식이 떨어지지 않았다. 그녀는 과도한 걱정과 예방적 행동 없이 사회 참여를 할 수 있는 능력에 대해 자신감이 향상되었다고 느꼈다.

5단계: 다음으로 쉬운 행동으로 2~4단계까지 반복한다.

초기 목록에서 다음으로 멈추기 쉬운 걱정 행동을 선택하고 단계들을 반복한다. 그 행동 중단의 결과를 예측한다. 그리고 그것을 멈추고 적절한 경우 새로운 행동으로 대체한다. 마지막으로 실험 전후의 불안 수준을 평가한다.

예시

론다(Rhonda)의 걱정 통제 경험은 네 단계가 모두 어떻게 조화를 이루는지 보여 준다. 그녀는 남자친구, 상사, 부모님, 그리고 완전한 낯선 사람들에게 거절당하는 것에 만성적으로 걱정했다. 그녀는 사람들이 그녀를 거부할 거라는 두려움 때문에 새로운 사람들을 만나기를 피했다. 그녀는 남자 친구인 조쉬(Josh)가 여전히 자신을 사랑하는지 확인하기 위해 계속 확인했다. 그녀는 그에게 "나는 너를 사랑해."라고 말했는데, 그도 "나도 너를 사랑해."라고 반응해야 했다. 어떤 저녁에는 그것이 남자 친구를 성가시게 할 정도로 대여섯 번씩이나 이렇게 했고, 그는 그녀의 궁핍함을 불평하고 짜증날 때까지 했다.

론다는 점진적 근육 이완법을 배워서 매일 저녁 식사 후 또는 잠자리에 들기 직전에 실행했다. 그녀는 또 신호-억제 완화법을 숙달했다. 그녀가 멈추기를 기억할 수 있도록 전화 알람을 3시간마다 울리도록 설정한 다음, 하루 몇 번씩 심호흡하고 이완하기를 하였다. 이것은 그녀가 전반적인 각성 수준을 낮추는 데 도움이 되었기 때문에 마음 한구석에 있는 만성적인 걱정이 온종일 많이 쌓이지 않았다. 그녀는 또한 매일 저녁 8시에 걱정 시간을 정했다.

론다는 이완 기술을 배우는 동안 그녀의 위험 평가지를 작성했다. 그녀는 조쉬가 자신을 버릴 위험을 평가했을 때 그녀는 두 가지를 깨달았다. 첫째, 그가 그녀를 버릴 가능성이 크다는 것과 둘째, 만약 그가 그녀를 떠난다면, 그녀는 그 거부를 견딜 수 있을 것이고, 외로움을 극복할 수 있을 것이다. 그녀는 집요한 과대평가와 재앙화가 어떻게 그녀의 걱정을 얼마나 부추겼는지 알게 된 것이 매우 흥미롭고 유익하다는 것을 알았다.

다음으로, 론다는 자신의 걱정을 인식하는 것을 도움받기 위해 화이트룸 명상을 연습했다. 그리고 그녀가 걱정하는 생각을 알아차리자마자 "걱정하는 생각이 있다."라는 라벨을 붙였다. 그런 다음 그녀는 숨을 들이쉬고 내쉬는 호흡을 하면서 걱정 생각을 잊게 됐다.

그녀는 두 가지 종류의 걱정 행동 예방으로 걱정 조절 치료를 마무리했다. 그녀는 매일 아침 버스에서 자신의 옆에 앉은 사람에게 억지로 말을 걸어 낯선 사람을 피하는 것을 막았다. 그녀는 어떤 사람들은 반응하고 어떤 사람들은 반응하지 않는다는 것을 알았고, 그녀는 두 가지 응대를 다 견뎌냈다. 남자 친구와의 확인 행동을 바꾸기 위하여, 그녀는 "나는 너를 사랑해."를 하루에 두 번만 말하기로 결심했다. 그다음에는 그것을 하루 한 번으로 줄였다. 다음에는 그것을 이틀에 한 번씩 말을 했다. 흥미롭게도, 남자 친구에게 "난 너를 사랑해."를 덜 말할수록 남자 친구가 사랑한다는 말을 더 많이 했음을 알아차렸다.

제7장
공황에 대처하기

공황장애는 허공에 떠 있는 많은 이야기가 언제 열릴지, 열리기는 할지 모르는 다락문에 서 있는 상태에 비유되어 왔다. 공황이 닥치면 죽을 수도 있고 완전히 통제력을 잃을 수도 있다는 공포감이 엄습한다. 신체는 심장 박동, 숨가쁨, 쇠약, 현기증, 홍조 또는 실신을 포함할 수 있는 일련의 스트레스 증상과 함께 반응할 뿐만 아니라 소외감, 공허함, 비현실감 또는 이인증 등이 수반될 수 있다. 공황장애로 고생하는 많은 사람에게 비현실감과 이인증은 정신 이상 징후로 해석되기 때문에 가장 무서운 증상이다.

공황은 종종 예측할 수 없이 발생한다. 결과적으로 공황 경향이 있는 사람은 예상되는 공포에 시달리게 되며, 그들은 공황에 취약하다고 느끼는 상황을 피하려고 노력한다. 이러한 현상은 치료되지 않은 공황장애가 종종 집과 같은 안전한 장소를 떠나는 두려움인 광장공포증으로 발전하는 이유를 설명하고 있다. 다행히도 몇몇 연구팀(Barlow and Craske 1989; Clark 1989)은 공황에 대처하기 위한 우수한 치료 프로그램을 개발했다.

학습 효과

이 장에서 학습하는 기법들은 광장공포증이나 투쟁 도피 스트레스 반응을 특징으로 하는 기타 기분장애와 관련된 공황 증상을 완화하는 데 효과적이다. 연구자들은 이 장에서 설명된 치료 프로그램의 변형이 공황장애 피험자의 87%가 공황 증상에서 자유롭게 벗어났다는 것을 알아냈다(Barlow and Craske, 1989). 이 치료 반응은 2년간의 추적 관찰에서 유지되었다. 다른 많은 연구자는 유사한 프로토콜을 사용하여

80~90%의 효과가 있음을 보고했다. 참가자들이 4주간의 연구에서 자조(self-help) 매뉴얼을 사용한 또 다른 연구에서는 공황장애 치료가 치료사와 최소한의 접촉으로도 효과가 있음을 보여 주었다(Hackmann et al, 1992).

학습 시간

어떤 사람들은 이 장의 프로그램을 사용하여 빠르면 6주에서 8주 만에 공황 증상을 마스터할 수 있다. 하지만 회피 또는 광장공포증과 같은 심각한 문제로 어려움을 겪고 있는 경우에는 효과적인 치료를 위해서는 공황 발작을 두려워하는 상황에 노출시키기 위한 추가 단계가 필요하므로 13장의 '단기 노출'과 14장의 '지속 노출'을 참조하도록 한다.

학습 지침

공황을 조절하기 위한 치료 프로그램에는 네 가지 구성 요소가 있다.

- 공황에 대한 이해: 공황의 원인과 제어 방법
- 호흡 조절 훈련: 횡경막 이완과 호흡 속도를 동시에 늦추는 간단한 기술
- 인지 재구성: 재앙적 사고를 조절하면서 무서운 신체적 증상들을 재해석하는 방법 배우기
- 내부감각수용기 둔감화: 가장 두려운 신체적 감각을 안전하고 통제된 방식으로 노출시켜 더 이상 공황 상태와 연관되지 않도록 하는 기술

공황에 대한 이해

공황장애는 주된 초점이 외부 위험이나 사건이 아니라는 점에서 대부분의 불안 형태와는 다르다. 오히려 당신을 두렵게 하고 통제력을 잃는 것을 두려워하게 만드는 신체적 감각과 같은 신체 내부에서 일어나는 사건에 중심을 둔다.

만일 당신이 공황 상태에 빠지기 쉽다면, 불안과 관련한 신체적 증상에 대해 과민 반응을 보일 수 있으

며 두근거리는 심장, 숨가쁨, 또는 분리와 비현실감의 첫 징후에 대해 경계할 수 있다. 당신은 쇠약함, 현기증, 또는 어지러움의 감각에 대해 당신의 신체를 모니터링할 수 있다. 이러한 경계의 목적은 한 가지이다. 바로 공황 상태에 대비하는 것이다. 신체 감각을 관찰하고 걱정함으로써 죽거나 미쳐 버릴 것이라고 소리치는 공황이 부풀어 오르는 끔찍한 순간을 대비하려고 노력하는 것이다.

공황 시퀀스

아이러니하게도 실제로 공황 발작을 일으키는 것은 그러한 신체 증상에 대한 경계와 두려움이다. 아래 도표는 공황이 어떻게 작동하는지를 보여 준다.

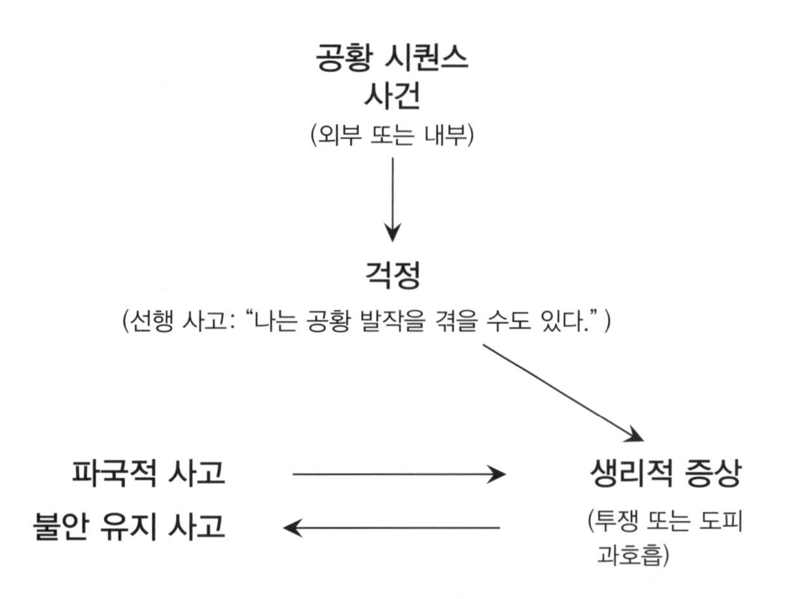

공황은 내부 또는 외부의 사건으로 시작된다. 외부 사건에는 다가올 스트레스와 도전, 또는 당신이 전에 공황을 경험했던 상황이 포함된다. 내부 사건은 공황의 전조로 인식하기 시작하는 신체적 증상이다.

사건은 걱정을 유발한다. 다음은 몇 가지 일반적인 걱정 사고들이다.

- 아, 안돼, 회의실은 혼잡하고 답답해! 기분이 이상해질 것 같아. 자제력을 잃을지도 몰라!
- 비행기가 활주로에 너무 오래 있지 않았으면 좋겠어. 나는 갇힌 느낌을 받고 기절할 거야.

- 새로운 거래처에 마케팅 계획을 판매할 수 있으면 좋겠어. 모든 시선이 나를 향할 거야. 나는 모든 사람들 앞에서 멍하니 공황에 빠질 수도 있어.
- 내 심장이 조금 빨라지고 있어. 뭣 때문이지? 그리고 더워지고 있어. 난 안 될까?
- 어지럽고, 웃기고, 비현실적이고 정신이 하나도 없어. 난 제정신이 아니야. 그만두자! 아, 안돼! 또 시작이네.

걱정 사고는 위험을 예견한다. 그들은 외부 스트레스 요인과 주요 신체 감각을 재앙에 대비하기 위한 신호로 해석한다. 공황 과정의 이 단계는 번개처럼 빠를 수 있다. 걱정 사고들은 종종 너무 압축되어 눈치채지 못할 수도 있다. 그럼에도 불구하고 그것들은 공황 주기를 작동시킨다.

공황 상태의 다음 단계는 투쟁-도피 반응이라고 불리는 생리적 증상의 강화이다. 당신의 몸은 위험을 직면할 준비가 되기 시작한다. 뛰거나 전투를 하는데 필요한 큰 근육에 혈액을 공급하기 위해 심박수가 증가하기 시작한다. 다리에 혈액이 축적됨에 따라 여분의 혈액이 다리를 더 강하게 만든다는 사실에도 불구하고 다리가 약하고 떨릴 수 있다. 갑작스럽고 격렬한 움직임을 위해 더 많은 산소를 공급하기 위해 호흡 속도가 빨라진다. 이것의 흔한, 무해한 부작용은 충분한 공기를 받지 못한다는 느낌과 함께 가슴에 통증이나 압박감이 동반되는 것이다.

뇌로의 혈액 공급이 감소하고, 현기증, 혼란, 그리고 비현실감을 유발한다. 부상을 당하면 출혈을 줄이기 위해 피부, 손가락, 발가락으로 가는 혈류 또한 감소한다. 이렇게 하면 손발이 차가워지지만 동시에 홍조를 느낄 수 있다.

투쟁-도피 반응은 땀을 내도록 유발하고, 피부를 미끄럽게 하여 약탈자들이 움켜잡기에 어렵게 만든다. 그것은 또한 소화를 더디게 하여 종종 복통, 메스꺼움 등을 유발한다.

투쟁-도피 증상은 무해하지만. 그것들은 아주 주목할 만하고 때로는 극적이어서, 당신을 공황 상태의 다음 단계인 투쟁-도피 감각에 대한 치명적인 생각을 하게 된다. 여기 몇 가지 예가 있다.

- 난 심장마비가 올 것 같아.
- 난 호흡이 멈출 거야. 나는 질식할 거야.
- 나는 운전하는 도중이나 거리에서 기절할 거야.
- 나는 너무 쇠약해져서 걷지 못할 거야. 나는 넘어지고 굴욕을 당할 거야.
- 나는 균형을 잃을 거야. 나는 일어날 수 없을 거야.
- 나는 생각하거나 공부를 하기에는 너무 멍때릴 거야.

이러한 재앙적인 생각은 아드레날린 분비를 유발하고, 당신의 신체가 위험에 대한 대비를 강화하도록 신호를 보낸다. 모든 투쟁-도피 증상이 시작된다. 당신의 심박수와 호흡은 더 증가하고, 과호흡이 시작할 수 있고, 다리는 더 흔들리거나 더 약해지고, 현기증 나고, 더 덥고, 더 이인화된 자신을 발견하게 된다. 이런 증상들을 볼 때 당신의 재앙적인 생각은 더 끔찍해진다.

- 난 죽을 거야.
- 나는 통제력을 잃을 거야. 나는 달리거나 뛰다가 비명을 지르고 미쳐 버릴 거야.
- 나는 절대 이것으로부터 회복하지 못할 거야.

여기서부터 이 악순환은 탄력을 갖는다. 재앙적 생각은 더 많은 아드레날린의 분비를 유발하고, 더 많은 투쟁-도피 증상으로 이어지며, 이는 다시 재앙적인 생각들을 생성하고, 이는 당신이 공황의 문턱을 넘어설 때까지 계속되는 악순환이다. 이 시점에서 불안을 유지하는 생각은 투쟁-도피 반응을 몇 시간 동안 지속시킬 수 있다. 이것이 어떻게 작동하는지를 설명하는 데 도움이 되는 불안을 유지하는 일반적인 생각 순서이다.

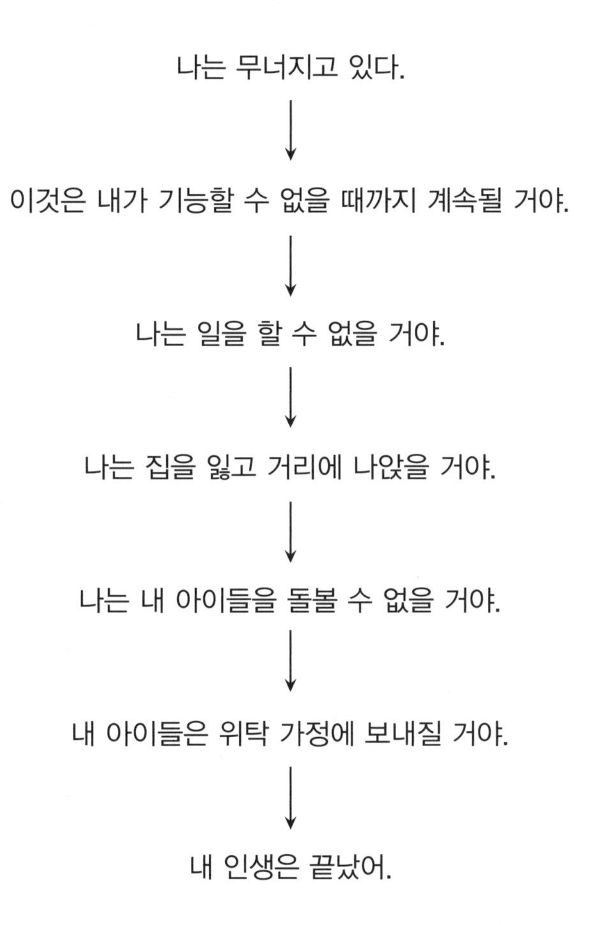

공항의 악순환에서 벗어나기

다행히도 이런 방식으로 악순환을 계속할 필요는 없다. 공황이 얼마나 오래 지속될지는 당신의 통제 아래 있다. 자신이 악순환에 갇혀 있음을 알게 될 때, 공황에 대해 기억해야 할 가장 중요한 사실이 있다. 만일 당신이 불안한 생각으로 자신을 두려워하지 않는다면 공황은 5분 이상을 지속되지 않는다. 이는 의학적인 사실이다. 투쟁-도피 반응에서 나오는 아드레날린은 5분 이내에 대사되기 때문에 새로운 불안 사고가 그 이상의 아드레날린을 분비하지 않으면 공황은 끝날 것이다. 중요한 것은 불안을 지속시키는 재앙적인 생각들과 다른 생각들에 집중하는 것을 멈추는 것이다.

그렇게 하기 위한 한 가지 중요한 전략은 정상적인 스트레스 증상을 해석하고 반응하는 방법을 바꾸는 것이다. 현기증, 호흡 곤란, 허전하고 개인화되지 않은 감정을 투쟁-도피 반응의 무해한 증상으로 인식하는 것을 배운다는 것은 공황을 통제하는 중요한 단계이다. 이 장의 뒷부분에 나오는 내부감각수용 둔감화 기술은 당신이 그것을 하는 데에 도움을 줄 것이다. 한편, 공황의 증상에 대한 의학적 설명을 제공하는 다음 표를 연구하라. 당신을 가장 괴롭히는 증상에 별표를 하라. 그런 다음 색인 카드에 표시한 각 증상에 관한 의학적 설명을 작성하여 휴대한다. 그리고 공황 증상을 겪을 때마다 카드를 참조하여 스스로 의학적 현실을 상기한다.

증상 설명 차트

신체적 증상	재앙적 사고	의학적 현실
심박수 증가 또는 심계항진	"난 심장마비에 걸릴 거야."	공황 전문가인 클레어 위크스(Claire Weekes , 1997) 박사에 따르면, 건강한 심장은 손상 없이 며칠 또는 몇 주 동안 분당 200회 박동을 할 수 있다. 당신의 심장은 스트레스를 다룰 수 있게 만들어졌다. 한 시간의 공황은 심장이 처리하도록 설계된 것에 비하면 아무것도 아니다.
희미하고 어지러운 느낌	"나는 운전하거나 또는 걷다가 기절할 거야."	어지러움은 뇌에 혈액과 산소 공급이 감소하여 발생하지만 그것은 거의 실신으로 이어지지 않는다. 공황은 기절과 관련된 저혈압 문제와 정반대인 고혈압을 유발한다.
숨을 쉴 수 없거나 가슴에 통증이나 압력이 가해지는 느낌	"나는 호흡이 멈출 거야. 심장마비가 온 거야."	투쟁-도피 반응은 흉부와 복부 근육에 긴장을 초래한다. 이것은 폐활량 감소뿐만 아니라 가슴에 압박과 근육통을 만들 수 있다. 보상을 위해 당신은 과호흡을 시작할 수 있고, 이는 느낌을 더 악화시킨다. 공황으로 숨을 멈춘 사람은 아무도 없다. 그 느낌이 아무리 불편하다 해도, 당신은 늘 충분한 공기를 섭취할 수 있다.
어지러운 느낌	"나는 일어나면 넘어질 거야."	어지러움은 과호흡과 뇌로 가는 혈액 및 산소 흐름 감소로 인해 발생한다. 이는 짧고 무해한 반응이다. 최악의 공황 상태에서도 사람들이 균형을 잃는 것은 매우 드물다.
다리에 약하고 떨리는 느낌	"나는 너무 약해서 걸을 수 없어. 난 넘어질 거야."	투쟁-도피 반응은 다리 혈관을 일시적으로 확장시켜 혈액이 큰 근육에 쌓이게 한다. 당신의 다리는 어느 때보다도 강하고 당신을 움직일 수 있다.
화끈거림과 홍조	"여기 공황이 온다."	뜨겁고 홍조를 느끼는 것은 증가된 산소와 순환계의 짧은 변화로 발생한다. 증상을 경고의 원인으로 해석하지 않으면 무해한 공황을 일으키지 않는다.

호흡 조절 훈련

이 운동은 닉 마시(Nick Masi)가 녹음한 삶의 호흡(1993)에서 각색되었는데, 공황장애를 가진 사람들을 위해 특별히 고안되었다. 대부분의 사람은 공황을 느낄 때 헐떡이거나 숨을 들이쉬고, 참는 경향이 있다. 그 후 그들은 폐를 비우지 못하는 짧고 얕은 호흡을 한다. 이는 가슴이나 폐에 충만감과 공기가 충분하지 않다는 느낌을 일으키지만, 이것은 허파를 비우지 않은 단순한 결과인 환상이다. 실제로 충분한 공기를 섭취하고 있지만 당신의 호흡은 점점 더 빨라진다. 결국 당신은 공황 발작을 유발할 가능성이 있는 과호흡 상태로 문턱을 넘을 수 있다. 다음은 호흡 조절 훈련의 5가지 간단한 단계이다.

1단계: 먼저 숨을 내쉰다. 신경과민이나 공황의 첫 징후 또는 신체 증상에 대한 첫 번째 걱정이 있을 때, 완전히 폐를 비운다. 먼저 숨을 내쉬는 것이 중요하므로 완전하고 깊게 숨을 들이쉴 수 있는 충분한 공간이 있다고 느끼는 것이 중요하다.

2단계: 코로 숨을 들이마시고 내쉰다. 코로 숨을 들이쉬는 것은 자동적으로 호흡을 늦추고 과호흡을 막아 준다.

3단계: 복식호흡을 한다. 한 손은 배 위에, 다른 한 손은 가슴 위에 둔다. 배 위의 손은 움직이도록, 그리고 가슴 위의 손은 거의 움직임이 없는 상태에서 호흡을 한다. 호흡을 복부 깊숙이 전달함으로써 횡격막을 늘리고 숨쉬기 어렵게 만드는 뭉친 근육을 이완시킨다.

4단계: 숨을 쉬면서 숫자를 센다. 먼저 숨을 내쉬고, 다음으로 코로 숨을 들이쉬면서, "하나, 둘, 셋" 하고 센다. 1초 동안 멈춘 다음 입으로 숨을 내쉬며, "하나… 둘… 셋… 넷" 하고 센다. 세는 것이 공황의 빠른 호흡 특징으로부터 당신을 보호해 준다. 당신의 날숨이 들숨보다 늘 한 카운트 더 길어야 한다. 이는 호흡 사이에 폐를 비울 수 있다.

5단계: 호흡을 한 박자 늦춘다. 숨을 들이쉬고, "하나… 둘… 셋… 넷" 하고 센다. 1초 동안 멈춘 다음 숨을 내쉬고, "하나… 둘… 셋… 넷… 다섯" 하고 센다. 이전과 마찬가지로 숨을 들이쉬는 것보다 한 카운트 더 길게 내쉰다.

호흡 조절 훈련은 당신의 호흡을 늦추고 공황과 관련된 과호흡을 예방하는 매우 효과적인 방법이다. 불안의 첫 징후가 나타날 때 호흡을 늦출 수 있다면, 투쟁-도피 증상의 최악의 상태로부터 자신을 보호할 수 있다.

중요한 것은 실천이다. 호흡 조절 훈련의 첫 번째 노력은 방해받지 않을 안전하고 편안한 환경에서만 이루어져야 한다. 처음에는 당황하거나 불안할 때에도 이 기법을 사용하려고 애쓰지는 말라. 위협적이지 않은 환경에서 호흡을 늦추는 것에 편안해지고 능숙해지라. 몇 주 동안 매일 연습한 후에 그 기법은 '과잉학습' 상태가 될 것이다. 숫자를 세는 동안 쉽게 심호흡을 쉽게 시작할 수 있으면 약간 긴장되는 상황에서 호흡 조절을 시작해 보라. 다음으로 공황이 걱정되는 상황에 접근하거나 불안한 신체 증상을 처음 알아차렸을 때 호흡 조절을 시도해 보라.

아직은 온전한 공황 상황 동안에 호흡 조절 훈련을 시도하지는 말라. 이 장의 뒷부분에서 배우게 될 내부감각수용 둔감화에 숙련될 때까지 기다린다. 그렇게 하면 가장 불안한 불안 증상 중에도 호흡을 늦출 수 있도록 필요한 경험을 얻을 수 있다.

호흡 조절 운동을 하는 동안 숫자를 세는 데 어려움이 있다면, 적절한 속도를 배우는 데 도움이 되는 녹음을 할 수 있다. 다음은 분당 12번의 호흡을 녹음하기 위한 지침이다:

1. 2초 동안 "안으로"라는 단어를 말한다.
2. 2초 동안 "밖으로"라는 단어를 말한다.
3. 1초 동안 멈춘다.
4. 2초간 "안으로"를 계속 반복하고, 다음으로 2초간 "밖으로"를 반복한 후 약 5분간 1초간 일시 정지를 한다.

호흡을 더 느리게 하기 위하여 각 3초 동안 "안으로", "밖으로"를 말하고 "밖으로"라고 말한 후 1초 동안 멈춤으로써 분당 8번의 호흡을 녹음한다.

인지적 재구성

인간은 끊임없이 자신의 경험을 이해하려고 노력한다. 사람들은 사건에 꼬리표를 붙이고 그 사건이 미래에 무엇을 의미할지를 예측하고자 한다. 당신이 불안하고 공황 발작의 가능성을 경계할 때 두 가지 결정적인 사고 오류를 범하는 경향이 있다. 첫 번째는 과대평가이다. 부정적인 사건이 발생할 가능성을 과장하는 것이다. 두 번째는 재앙화하는 것이다. 결과들이 당신이 견딜 수 있는 것보다 훨씬 더 고통스럽고 다루기 어려울 것이라고 가정하는 것이다.

과대평가와 재앙화는 아마도 당신의 불안에 기여할 것이다. 그러나 그 과정에서 이런 사고 패턴을 극복하고 당신의 불안을 줄일 방법이 있다. 그것은 두려움에 대한 확실한 증거를 탐색하고 대안적인 대처 전략을 식별하는 것을 포함한다. 이 기술은 확률 형식이라고 불리는 특별한 종류의 사고 기록을 이용한다. 아래에 빈 확률 양식이 있다. 빈 양식을 많이 복사하여 재앙적이거나 지속적인 생각들이 발생할 때마다 대응하는 데 사용하라.

여기 확률 양식을 이용하는 방법이 있다. 첫 번째 열에는 불안을 유발하는 사건을 기록한다. 기억하라. 그것은 외부적인 것(극장에서 친구를 만나는 것) 또는 내부적인 것(어지러움과 공간적인 느낌)일 수도 있다. '자동적 사고' 아래에 사건에 대한 당신의 해석과 믿음을 기록한다. 당신의 최악의 생각과 재앙적인 사고들을 포함하려고 노력하라.

당신이 자동적 사고에 초점을 맞추면서 여러분이 두려워하는 것이 실현될 확률과 불안 강도를 평가하기 위해 다음 두 개의 열을 사용한다. 확률이 100%라는 것은 재앙이 반드시 일어날 것임을 의미한다. 많은 확률이 1% 미만(발생할 확률은 100분의 1 미만)이다. 이는 십진법으로 표현될 수 있다. (200분의 1은 0.5퍼센트, 1,000분의 1은 0.1퍼센트, 100,000분의 1은 0.001퍼센트 등) 0에서 100까지의 척도로 당신의 불안을 평가한다. 여기서 100은 당신이 경험했던 최악의 불안이다.

확률과 불안에 대한 이러한 등급은 추적하고 변화하는 방식을 기록할 수 있기 때문에 매우 중요하다. '증거'와 '대처 대안' 열을 채운 후에 당신의 점수에서의 중요한 감소를 볼 수 있다.

다음 두 열은 자동적 사고를 검토하는 데 도움을 줄 것이다. '증거' 아래에 당신의 자동적 사고를 지지하거나 모순되는 사실이나 경험들을 적는다.

스스로에게 다음과 같은 핵심 질문을 물어보라.

- 과거에 내가 행했거나 느꼈던 모든 시간 중 그 재앙이 얼마나 많이 일어났는가?
- 과거의 유사한 상황에서 보통 무슨 일이 일어났는가?
- 내가 두려워했던 것보다 더 나은 결과를 기대하게 만드는 것이 있는가?
- 객관적인 사실은 무엇인가? (이 장에서 읽었던 관련 의학적 현실을 포함하라.)
- 이 경험이 얼마나 오래 지속될 가능성이 있을까? 내가 그렇게 오래 버틸 수 있을까?

당신이 생각할 수 있는 모든 증거를 열거한 후, '대처 방안' 열로 이동한다. 여기서 만일 최악의 상황이 일어난다면 어떻게 그 위기를 처리할 것인가 행동 계획을 기술한다. 대처 전략을 세우는 것이 불편하더라도 당신이 가장 두려워하는 것을 직면하는 것이 도움이 된다. 아무리 어렵다 할지라도 만일 당신이 대처할 계획이 있다면 거의 모든 결과를 헤쳐나갈 수 있다.

당신의 계획에 다음을 포함한다.

- 도움이 될 수 있는 이완이나 호흡 기술
- 대처할 수 있는 모든 자원(친구나 가족으로부터의 지원, 재정 자원, 문제 해결 기술)
- 당신이 과거에 사용했던 성공적인 대처 전략
- 이 상황에서 다른 사람들이 사용할 수 있는 전략

'대처 대안' 열을 시간을 내서 살펴본다. 최소한 세 가지의 신뢰할 만한 대처 전략을 개발할 때까지 브레인스토밍한다. 대안이 현실적으로 보이지 않는다면, 그것은 배제하라. 그러나 그것이 효과가 있을 가능성이 있다면, 그것을 포함하고 나중에 잠재적인 결과를 평가하라.

확률 양식을 완성하는 마지막 단계는 확률과 불안을 다시 한번 백분율로 평가하는 것이다. 일반적으로 사람들은 불안의 강도와 같이 증거를 검토하고 대처 대안을 개발한 후에 재앙의 가능성이 더 낮아진다는 사실을 발견한다.

불안을 느낄 때마다 확률 형식을 사용한다. 가능한 한 사건이 끝난 후 늦어도 당일 저녁까지 작성한다. 단지 육체적 감각에 불과한 사건일지라도 반드시 이 형식을 사용한다. (http://www.newharbinger.com/45489에서 그 양식을 다운로드한다.) 이것은 당신이 신체적 감각의 치명적 해석이 공황의 주된 원인이라고 생각할 때 의미가 있다. 만일 그 양식을 3~4주에 걸쳐 꾸준히 사용하면, 당신은 두려움을 다룰 능력에 대한 새로운 자신감을 갖게 될 것이다.

시작하기에 약간의 도움이 필요하다면, 빈 양식 다음에 약 3개월 동안 공황 발작을 겪었던 32세의 미혼모인 산드라(Sandra)의 예를 볼 수 있다. 그녀는 신체적 증상으로 두려웠지만 또한 엄마로서 동시에 투자 분석가로서 일하는 능력을 상실할까 봐 걱정스러웠다. 다음 예는 그녀의 기록 유지 첫날만을 다루고 있다.

확률 양식

사건 외부 또는 내부	자동적 사고	확률 (0~100%)	불안 (0~100)	증거	대처 방안	확률 (0~100%)	불안 (0~100)

산드라의 확률 양식

사건 외부 또는 내부	자동적 사고	확률 (0~100%)	불안 (0~100)	증거	대처 방안	확률 (0~100%)	불안 (0~100)
커피를 마셨더니 기분이 떨린다.	나는 공황 상태에 빠질 거야.	80%	80	나는 커피를 수천 번 마셨고 두 번밖에 공황 발작을 일으키지 않았다. 특히 지금 당장 대처하기 시작하면 가능성은 매우 낮다.	나는 무서운 생각에 집중하기보다는 호흡 조절을 할 수 있고 의학적 실재를 기억할 수 있다. 5분 안에 끝날 거야.	30%	35
일할 준비를 하기에 불안한 감정	나는 직장에서 명성을 망치고 있다. 이 상태로 있으면 직장을 잃을 거야.	65%	70	나는 지난 몇 달 동안 직장에서 많은 불안을 느꼈지만 항상 일을 해냈다. 불안하면서도 성과 평가는 좋았다.	만약 부정적인 피드백을 받는다면, 나는 내 행동에 어떤 변화가 필요한지 알아보고 계획을 세울 거야. 만약 내가 직장을 잃으면, 나는 스트레스가 덜한 아르바이트를 찾을 거야. 우리 아빠는 돈을 도와주실 것이다. 나는 또한 집에서 일하고 내 아들을 위해 더 많은 시간을 가질 수 있어.	35%	15
"젤리 다리"	나는 넘어지고 굴욕을 당할 거야.	85%	90	나는 이런 기분을 적어도 50번 이상 느꼈고, 한 번도 넘어진 적이 없다. 그것은 진정한 약점이 아니라 투쟁 또는 도피 반응으로 인해 근육에 혈액이 고이는 거야.	만약 내가 넘어지면, 나는 누군가 나를 도와서 그 느낌이 사라질 때까지 앉을 수 있는 곳으로 누군가 나를 도와줄 거야. 부끄럽겠지만 난 극복할 거야.	20%	35

사건 외부 또는 내부	자동적 사고	확률 (0~100%)	불안 (0~100)	증거	대처 방안	확률 (0~100%)	불안 (0~100)
심장 두근거림, 불안	나는 이것을 참을 수 없어. 심장마비가 올 수도 있을 것 같아.	90%	100	나는 이것을 참을 수 있어. 내 심장은 운동할 때 적어도 이 정도 세게 뛴다. 의사는 내가 몇 주 동안 1분에 200회 뛰는 건강한 심장을 가지고 있다고 말했다. 내 것은 5분 동안 140이었다. 내 심장은 이것을 견디도록 만들어졌다.	심장에 문제가 있으면 치료를 받고, 식습관 바꾸고, 운동 더 하고, 정말 나를 돌보기 위해 노력할 거야. 나는 해야만 했기에 잘 대처할 거야.	45%	40
상사와 말하는 동안 이상야릇하고 비현실적인 느낌	나는 생각할 수 없어. 나는 나 자신이 아니야. 이것은 내가 정신을 잃고 항상 여유롭게 살게 될 징조야.	80%	95	보통 긴장을 풀고 나면 이상야릇함은 사라진다. 이런 기분은 수십 번을 느껴본 적이 있다. 그것은 항상 효과가 지속되지 않고 지나간다. 단지 투쟁–도피 반응이야. 머리로 가는 혈액의 흐름이 일시적으로 줄어든 거야.	만약 내가 집중력을 잃고 기분이 나빴다면, 나는 정말 슬플 거야. 그러나 나는 힘들지 않은 직장을 구할 거야. 내가 이상한 상태라도 나는 여전히 내 아들을 사랑하고, 그에게 엄마일 거야.	45%	60
양육비 지연 문제로 전 남편에게 전화해야 함	나는 그를 상대할 수 없을 거야. 나는 그의 분노에 화가 날 거야. 공황 상태에 빠질 거야.	50%	60	그에게 상기시키고자 내가 전화할 때, 그는 화를 내지는 않지만 냉정하고 말을 자른다. 그가 냉담한 것 괜찮다. 그 사람은 그냥 평소의 바보같은 사람이야.	그것은 그의 문제이고 정말 나쁜 일은 일어나지 않고 있다는 것을 내 자신에게 상기시키겠어. 그는 늦어도 항상 돈을 지불해. 호흡을 조절해서 내 요청을 계속 반복할 거야.	5%	20
저녁 식사 후 잔디를 깎았더니 더움	오, 안돼, 공포에 질릴 거야. 이게 내 밤을 망칠 거야.	90%	90	나는 불안이 아니라, 운동으로 덥다. 나는 열심히 운동해서 땀을 흘린다. 과거 경험으로부터 이 느낌은 아주 빨리 끝날 수 있다. 아직 내 저녁을 즐길 수 있다.	두려운 생각에 집중하지 않고, 호흡 조절을 할 것이고, 그리고 두려운 생각에 집중하지 않고 몇 분 동안 기다릴 것이다.	15%	20

내부감각수용기 둔감화

내부감각수용기 둔감화는 공황장애 치료 프로그램 중 가장 효과적이고-도전적인-도전적인 요소 중 하나이다. 이는 공황과 관련된 것들과 유사한 신체 감각을 안전한 방식으로 재창조하는 것이 포함한다. ('내부감각수용기'란 '신체 내에서 일어나는 자극과 관련된 것'을 이미). 이를 통해 이러한 감각을 불편하지만 두렵지는 않은 것으로 경험하는 법을 배울 수 있다. 현기증, 빠른 심장 박동, 그리고 비현실적인 느낌은 투쟁-도피 반응의 성가신 영향일 뿐이다. 이러한 감정이 더 이상 공황과 관련이 없으면 이러한 신체적 감각에 덜 주의를 기울이고 덜 집중하게 된다.

1단계: 초기 내부감각수용기 노출

두려운 신체적 감각에 둔감해지는 것은 3단계로 이루어진다. 첫 단계에서, 10가지 특정 감각에 자신을 간단히 노출시킨 다음 당신의 반응을 평가한다. 다음의 대부분의 노출 연습들은 미셸 크래스키(Michelle Craske)와 데이비드 발로(David Barlow 2008)에 의해 개발되고 검증되었다. 그들은 많은 이의 공황 발생 전이나 발생 중에 보고하는 것과 비슷한 감정을 유발한다.

1. 30초 동안 머리를 좌우로 흔들기
2. 머리를 다리 사이로 내리고 30초간 들어 올리는 동작을 반복하기
3. 제자리에서 60초간 달리기(먼저 의사와 상의)
4. 두꺼운 재킷을 입고 제자리에서 60초 달리기
5. 30초 동안 숨 참기
6. 60초 동안 또는 가능한 한 긴 시간 동안 특히 복부의 주요 근육을 긴장하기
7. 회전의자에 앉은 상태에서 60초 동안 회전하기(일어서서는 안 됨)
8. 최대 60초 동안 매우 빠르게 호흡하기
9. 얇은 빨대로 120초간 숨쉬기
10. 90초 동안 거울 속 자신을 바라보기

이 목록을 보면 이러한 감각 중 일부는 상당히 불편할 것이라는 것을 알 수 있다. 그러나 공황장애로

부터 회복하기 위해 가장 두려운 것은 바로 당신이 둔감해져야 하는 감정이다. 이러한 신체적 감각들에 당신을 노출시키는 것이 혼자 하기에 너무 두렵다면, 운동을 하는 동안 도움을 줄 사람을 참여시킨다. 나중에 그 감각에 더 익숙해지면 도움을 주는 사람이 없이도 할 수 있다.

내부감각수용기 노출의 첫 단계에서, 당신은 어느 것이 가장 큰 불안을 만들어 내고 또 어느 것이 당신의 공황과 가장 유사한지 알아내기 위해 10가지 감각 중 각각에 자신을 노출해야 한다. 이 10가지 각각의 연습을 모두 마친 후에 다음의 내부감각수용기 평가표(책 빈칸 안에서 한 부를 복사하여 가지고 다닐 수 있으며, http://www.newharbinger.com/45489에서 양식을 다운로드할 수 있다)에서 공황 감각의 불안과 유사성에 대한 당신의 평가를 기재한다. 불안에 대해 0에서 100까지의 척도를 이용한다.

100은 당신이 경험한 최악의 불안을 나타낸다. 각 감각이 여러분이 공황 중에 전형적으로 경험하는 것과 얼마나 유사한지를 평가하는데, 100%는 완전히 동일한 감정을 나타낸다. (빈 양식 아래 Sandra가 작성한 예가 있다.)

내부감각수용기 평가표

연습	불안 (0~100)	공황 유사성 (0~100%)
머리를 양옆으로 흔들기		
반복적으로 머리를 낮추고 들어 올리기		
제자리에서 달리기		
두툼한 재킷을 입고 제자리에서 달리기		
숨을 참기		
주요 근육, 특히 복부 긴장시키기		
회전의자에 앉아 돌기		
매우 빠르게 호흡하기		
얇은 빨대를 통해 호흡하기		
거울 속의 자신 바라보기		

산드라의 내부감각수용기 평가표

연습	불안 (0~100)	공황 유사성 (0~100%)
머리를 양옆으로 흔들기	10	20%
반복적으로 머리를 낮추고 들어 올리기	0	0%
제자리에서 달리기	60	80%
두툼한 재킷을 입고 제자리에서 달리기	70	90%
숨을 참기	45	50%
주요 근육, 특히 복부 긴장시키기	15	10%
회전의자에 앉아 돌기	25	30%
매우 빠르게 호흡하기	80	95%
얇은 빨대를 통해 호흡하기	50	60%
거울 속의 자신 바라보기	40	45%

그 평가는 산드라(Sandra)에게는 두려웠다. 그녀는 이를 극복하기 위해 가장 친한 친구에게 연습 동안 함께 있기를 부탁했다. 그것을 마치는 데에는 두 세션이 걸렸지만, 그 결과가 흥미로웠다. 어지럽거나 어지러운 감각을 유발하는 연습은 실제 공황 감정과 다르게 느껴지고 별로 신경 쓰지 않았다. 그러나 그녀의 심장을 뛰게 하거나 과열시키는 운동은 더 높은 수준의 불안을 불러일으켰고 그녀의 공황 경험과 비슷했다. 빠른 호흡은 거의 그녀의 공황 상태와 거의 똑같은 감각을 유발했고, 또한 모든 감각 중에 가장 두려운 것이었다.

2단계: 내부감각수용기 위험도 계층 만들기

내부감각수용기 둔감화의 2단계는 1단계에서 작성한 내부감각수용기 평가표에서 두려움 감각의 계층을 만드는 것을 포함한다. 당신이 스스로 경험했던 공황 감각과의 유사성에서 40% 이상인 각 운동에 표시하는 것부터 시작한다. 그다음 아래의 빈 노출 계층과 불안 강도 차트의 사본을 이용하여, 최소의 불안 평가부터 최대의 불안 등급까지 순위를 매긴다. (양식은 http://www.newharbinger.com/45489에서 다운로드할 수 있다.)

테스트 1에서 첫 번째 노출의 불안 등급을 채워 넣는다. (산드라가 작성한 예는 빈 양식을 따른다.)

노출 계층과 불안 강도 차트

연습	테스트 1	테스트 2	테스트 3	테스트 4	테스트 5	테스트 6	테스트 7	테스트 8
1.								
2.								
3.								
4.								
5.								
6.								
7.								
8.								
9.								
10.								

산드라의 노출 계층과 불안 강도 차트

연습	테스트 1	테스트 2	테스트 3	테스트 4	테스트 5	테스트 6	테스트 7	테스트 8
1. 거울을 바라보기	40							
2. 호흡 참기	45							
3. 빨대로 숨쉬기	50							
4. 제자리에서 달리기	60							
5. 재킷 입고 달리기	70							
6. 빠르게 호흡하기	80							
7.								
8.								
9.								
10.								

산드라(Sandra)는 불안 강도가 가장 낮은 운동(40등급의 거울을 응시)부터 가장 높은 운동(80등급의 빠른 호흡)까지 순위를 매긴 실제 공황 감정과 유사한 40% 이상의 항목만 계층에 포함하도록 주의했다.

3단계: 유도된 내부감각수용기 노출을 통한 둔감화

계층 구조를 개발했으면, 3단계인 실제 둔감화 과정을 시작할 때이다. 당신의 계층 구조에서 가장 낮은 불안 등급을 가진 항목으로 시작한다. 처음 몇 번의 시도 동안에 도움을 줄 수 있는 지원자가 있어야 한다면, 그것도 좋다. 단, 가능한 한 빨리 스스로 노출을 시작해야 한다. 마음은 이러한 신체적 감각에 둔감해지도록 유도된 내부감각수용기 노출을 연습하는 단계이다.

1. 연습을 시작하고, 처음 불편한 감각을 느끼는 지점을 기록한다. 불편한 감각이 시작된 후 최소 30초 동안 연습을 계속한다. 당신이 오래 지속할 수만 있다면, 그게 최고다.
2. 멈추자마자 당신의 노출 계층과 불안 강도 차트의 해당 노출 평가 열에 당신의 불안 등급을 기록한다.
3. 호흡 조절을 연습한다.
4. 호흡 조절을 계속하면서 당신이 경험하고 있는 신체 감각과 관련한 의학적 현실을 상기시켜라. 예를 들어, 빠른 호흡 후에 어지러움을 느끼거나 현기증을 느낀다면 이것은 뇌로 가는 산소 감소로 인한 일시적이고 무해한 감각임을 명심한다. 또는 제자리 뛰기를 한 후 심박수가 빠른 경우 건강한 심장은 손상 없이 몇 주 동안 분당 200회 박동할 수 있으며, 따라서 그것은 분명히 약간의 운동을 견딜 능력이 있음을 상기한다.
5. 당신이 함께 하는 지원 인력이 없이 그것을 할 때 당신의 불안 점수가 25 이하가 될 때까지 그 연습을 계속한다. 이는 당신이 해당 특정 감각에 둔감화되었음을 나타낸다.
6. 당신의 계층 구조에서 각 항목에 대해 1에서 5까지의 단계를 반복하고, 단계별로 작업을 수행한다.

만일 당신이 내부감각수용기 노출 동안 둔감화하기에 어려움이 있다면, 이는 해결되지 않은 않은 재앙적 사고가 있기 때문일 수 있다. 노출 연습을 시작할 때, 나타나는 신체 감각에 대한 당신의 생각을 모니터하라. 자신에게 무엇을 말하고 있는가? 어떤 끔찍한 일이 일어날 것을 두려워하고 있는가? 최악의 결과는 무엇인가? 하나 이상의 치명적인 신념을 확인했다면 확률 양식을 작성하라. 그런 다음 당신이 노출 동안 사용할 수 있는 현실적인 대응을 알아내기 위해 '증거'와 '대처 방안' 열을 검토하라.

산드라(Sandra)는 그녀의 가장 친한 친구와 함께 둔감화 과정을 시작했다. 그녀는 자신의 계층 구조에 대한 첫 번째 연습인 거울 속 자신을 응시하는 것으로 시작했다. 그녀의 익숙한 비현실적 감정을 불러일으키는 데 50초가 걸렸고, 그녀는 1분 동안 연습을 계속했다. 각 시도 후에 산드라는 즉시 호흡 조절을 시작했다. 그녀는 자신에게 비현실적인 감정이 뇌로 가는 산소 감소에 의해 유발된 무해한 투쟁-도피 반응이라는 것을 스스로에게 상기시켰다.

테스트 3에서 산드라의 불안 강도는 20으로 내려갔고, 그녀가 혼자 감정을 직면해야 할 때였다. 그녀 혼자 하는 첫 테스트에서 그녀의 불안이 다시 40으로 뛰었고, 시도 5에서 다시 20으로 줄어, 그녀가 다음 연습으로 넘어갈 준비가 되었음을 나타냈다. 그리고 그녀는 호흡을 참으며, 자신이 예상했던 것보다도 더 평안함을 느꼈다. 친구가 함께할 때의 첫 시도 후에는, 그녀는 불안 수준이 25 아래로 떨어질 때까지 혼자 계속했다. 호흡 조절이 그녀에게 각 시도 후 빨리 이완하도록 도움을 주었고, 또한 그녀가 숨을 깊이 들이마심으로써 숨이 차는 느낌을 수월하게 치료할 수 있을 것이라는 유용한 암시를 제공해 주었다.

산드라의 내부감각수용기 둔감화 동안의 가장 큰 도전은 빠른 호흡이었다. 그것이 자아냈던 이상야릇하고 비현실적인 감정은 그녀에게 두려움을 안겨주었다. 두 번째 테스트에서 그녀의 친구가 그녀의 손을 잡아주었지만, 그녀의 불안 강도는 90이었다. 친구와 함께 테스트 8의 시행착오를 거쳐 25로 떨어졌고, 이후 그녀는 4번의 시행착오를 겪었다. 그녀는 스스로 그 연습을 하는 동안 연습을 하는 과호흡과 투쟁-도피 반응의 짧은 영향일 뿐이며, 몇 분 동안 호흡을 조절하면 끝날 것이라는 것을 스스로에게 상기시키는 것을 배웠다.

산드라가 빠르게 호흡한 후 자신을 진정시키는 능력에 더 많은 신뢰하게 되면서 감정은 덜 무서워졌다. 그녀가 자제력을 잃을 것이라는 두려움 대신 과호흡을 불편하지만 관리할 수 있는 것으로 보았다.

모든 연습 동안 산드라는 자신의 가장 큰 문제는 재앙화의 경향이었음을 발견했다. 그녀는 스스로에게 "난 이건 견딜 수 없어"와 "이건 너무해"라고 혼잣말한다는 것을 인식하고 있었다. 그러나 가능성 양식으로 작업하는 것은 이 생각들에 대해 대꾸하는 것을 배우는데 도움을 주었다. 그녀가 자신의 계층 구조를 진행하면서, 그녀는 점점 더 자신을 "나는 몇 분 동안 어떤 것이든 견딜 수 있다. 그건 날 해칠 수 없어."라는 생각으로 안심시킬 수 있었다.

실생활에서의 내부감각수용기 둔감화

당신이 공황의 신체적 증상에 둔감화하기 위해 유도된 내부감각수용기 노출을 이용한 후에 어떤 연습도 25보다 큰 불안 등급을 초래하지 않으면, 당신은 실생활 환경에서 둔감화를 연습할 수 있다. 의학적 승인으로, 당신이 공황 발작을 두려워하기 때문에 피해 왔던 활동과 경험에 노출되는 연습을 시작할 수 있다. 이 활동의 목록을 만들고 그것들을 노출 계층과 불안 강도 차트에 정렬하여, 가장 덜 불안을 유발하는 것부터 가장 높은 것 순으로 등급을 매긴다. 그런 다음 위 3단계와 같이 진행한다.

그 과정을 설명하는 데 도움이 되도록 우리는 산드라를 예로 계속할 것이다. 실제 설정에 대한 그녀의 둔감화 계층은 아래에 나와 있다. 동료가 산드라에게 점심을 먹자고 했을 때, 그녀는 받아들였고, 그녀는 그 기회를 그녀의 계층에서 가장 쉬운 항목인 레스토랑에 가는 것에 대한 두려움에 둔감화하는 것에서의 첫번째 연습으로 사용했다. 점심 식사 중에 그녀는 호흡 조절과 확률 양식의 중요한 항목을 모두 사용하여 대처했다. 레스토랑에서 그녀의 주된 두려움은 이상야릇해지고 비현실적이 되는 것이었기 때문에 산드라는 그것이 해롭지 않은 느낌이고 동반자가 눈치채지 못할 거라고 스스로에게 상기시켰다. 유사한 전략을 이용하여, 산드라는 그녀의 계층 구조의 모든 항목에 대해 작업했지만 각 항목의 불안 강도를 25 이하로 낮추기 위해 많은 시도가 필요했다.

산드라가 계층의 끝에 도달했을 때, 그녀는 공황에 대한 두려움을 훨씬 덜 느꼈다. 부분적으로 그녀가 몇 주 동안 공황 발작 없이 지냈기 때문이기도 하고, 다른 한편으로는 그녀가 항상 공황과 연관 지어왔던 감각을 더 이상 경계하거나 두려워하지 않았기 때문이기도 하다. 이제 그녀의 심장은 그녀를 두렵게 하지 않고도 빠르게 뛸 수 있었고, 공황 발작이 가깝다는 긴장하게 되는 불안 없이도 덥거나 이상한 느낌을 가질 수 있었다.

산드라의 노출 계층과 불안 강도 차트

연습	테스트 1	테스트 2	테스트 3	테스트 4	테스트 5	테스트 6	테스트 7	테스트 8
1. 레스토랑에 가기	35	30	20					
2. 커피 마시기	50	30	35	25				
3. 선선한 날 1마일을 활기차게 걷기	55	40	15					
4. 더운 날 재킷을 입고 1마일 활기차게 걷기	65	60	50	35	25			
5. 오르막 달리기	80	55	25	30	20			

제 8 장

대처 심상법

대처 심상법(Freeman 1990)은 단기 노출(13장)과 내현적 모델링(19장)을 혼합한 것이다. 두 가지의 최고의 기능을 결합하여 문제가 있는 상황에서 성능을 향상시키는 동시에 불안을 낮춘다. 그것은 문제 상황을 이루는 일의 상세한 순서-그 상황의 시작에서 끝까지 수행하는 모든 것-를 식별하는 것과 순서의 어느 요소가 가장 불안을 일으키는지를 결정하는 것을 포함한다. 그다음으로 특정 이완 기술을 사용하고 그 순서의 중요한 접합점에서 불안감을 낮추기 위해 대처하는 생각을 사용하면서 전체 순서를 연습한다. 마지막으로 대처 심상법을 실제 상황에 적용한다. 특히 대처 이미지를 통해 다음 작업을 수행할 수 있다.

- 오랫동안 회피해 왔던 불안한 상황을 성공적으로 처리하는 자신을 본다.
- 이 상황에 맞게 특별히 조정된 이완 및 인지적 대처 전략을 준비한다.
- 상황이 전개됨에 따라 중요한 불안을 유발하는 지점에서 대처 전략을 연습하고 개선한다. 이것은 생체 내(실생활에서) 불안 반응을 줄일 수 있다는 자신감을 심어 준다.
- 실생활에서 수행하게 될 각 단계를 준비한다.

학습 효과

대처 심상법은 기존의 문제 상황과 관련된 불안 및 회피 증상을 줄이는 데 가장 효과적이다. 그것은 공포와 수행 불안에서 기인한 회피 행동을 줄이고 자기 주장을 키우는 데에 사용될 수 있다.

대처 심상법은 또한 특정 불안을 유발하는 상황에 성공적으로 대처하지 못할 때 흔히 발생하는 미루기, 분개, 우울증을 줄이는 데에도 도움이 될 수 있다.

대처 심상법은 명확하고 상세한 이미지를 구상하는 능력에 달려 있다. 선명한 시각적 이미지를 얻기 어렵다면, 대안은 청각적, 또는 신체적 인상들을 이용하여 상세한 이미지를 만들어 내는 것이다. 두 가지 방법 중 하나를 사용하여 장면을 분명하게 상상할 수 있다면 성공적으로 이 기법을 활용할 수 있다.

학습 시간

15분 동안 6~8회 정도의 짧은 세션 후에 결과를 얻을 수 있다.

학습 지침

대처 심상법은 정기적인 연습으로 숙달할 수 있는 6가지 간단한 단계를 포함한다.

1. 이완 기술을 배운다.
2. 문제 상황을 묘사하는 설명을 기록한다.
3. 그 상황 안에서의 스트레스 포인트를 식별한다.
4. 각 스트레스 포인트별 대처 전략을 수립한다.
5. 대처 전략에 적용하는 연습을 한다.
6. 실생활에서 대처 전략을 사용한다.

1단계: 이완 기술을 배운다.

이 장의 접근 방식을 사용하려면, 5장의 신호-억제 완화를 마스터해야 한다. 신호-억제 완화는 다른 이완 기술을 기반으로 하므로, 먼저 점진적 근육 이완과 긴장 없이 이완을 배우고 연습해야 한다. 이러한 각 기술을 배우고 연습할 때까지 4단계를 지나치지 않아야 한다. 신호-억제 완화를 자동으로 수행할 수 있는 수준까지는 '과도하게 학습'하는 것이 좋다. 결국 2분 이내에 심부 근육 이완에 도달할 수 있어야 한다. 당신이 더 많이 연습할수록 더 빨리 긴장을 풀고 더 깊이 이완할 수 있다.

2단계: 문제 상황을 묘사하는 설명을 기록한다.

이완 기술을 배우는 동안에 대처 이미지 사용을 준비하기 위해 추가 단계를 수행할 수 있다. 지금 바로, 당신을 불안하게 만드는 실제 상황–당신이 원하거나 해야 하는 일이지만 피하거나 힘들어하는 경향이 있는 일–을 선택한다. 면접을 보거나 중요한 친척을 방문하는 것에서부터 데이트를 하거나 화가 난 친구에게 필요한 것을 설명하는 것까지 무엇이든 될 수 있다.

이 상황이 당신을 불안하게 만드는 방법과 이유를 스스로에게 물어보라. 그 상황의 어떤 특정 측면을 처리하기 가장 어려운가? 일어날 수도 있는 일에 대한 가장 큰 두려움은 무엇인가? 어떤 시점에서 당신의 감정이 가장 통제 불가능하다고 느끼는가? 특히 복잡한 상황에 직면한 경우 이러한 질문에 대한 답이 항상 명확하지 않다. 그러나 직면한 상황을 이해하면 할수록 대처하기 더 쉬워진다.

문제 상황을 구성하는 일련의 사건을 작성하는 것으로 시작한다. 가능한 한 많은 세부 사항을 사용하여 서술 형식으로 작성한다. 그 순서는 당신이 그 상황을 예상하는 것으로 시작해서, 다음 장면의 시작을 설명하는 것으로 이동하고, 또 그 상황이 해결될 때까지 계속되어야 한다. 당신이 그 시나리오에 대한 두 가지 가능한 결론(하나는 부정적, 하나는 긍정적)을 포함하는 것이 좋다. 이렇게 하면 두 가지 가능성에 모두 대비할 수 있으므로 놀라움을 최소화할 수 있다. 포함해야 할 가장 중요한 세부 사항은 당신을 불안하게 만드는 상황의 측면이다. 또한 불안이 당신에게 어떤 영향을 미치는지 포함하고 구체적으로 신체적, 정서적 반응은 무엇인가? 장면에서 이러한 반응이 어떻게 강화되는가? (우리는 두 가지의 예시를 수록했는데, 하나는 다음 섹션에, 다른 하나는 이 장의 끝부분에 포함하였다.)

3단계: 상황에서 스트레스 포인트를 식별한다.

다음으로 가장 스트레스가 되는 순서의 특정 부분을 식별하기 위해 당신의 이야기를 이용한다. 이를 수행하는 효과적인 방법은 시각화를 사용하는 것이다. 이야기를 천천히 읽는 자신을 기록한다. 두 가지 대안적 결론을 모두 포함하라. 다음으로 눈을 감고 편안한 상태로 앉아서 모든 주의를 마음속에 장면을 만드는 데 집중하면서 재생한다. 대안으로 당신이 그 장면을 시각화하는 동안 친구에게 그 순서를 읽어 주도록 한다.

그 장면을 가능한 한 생생하고 상세히 경험하도록 하려는 것이 목표이다. 당신은 어디 있는가? 누가 거기 있는가? 따뜻한가, 혹은 서늘한가? 멀리에서 무슨 소리가 들리는가? 어떤 향기가 당신을 감싸고 있는가?

가능한 많은 감각을 동원하여 마음속에 장면을 만든다. 모든 오감(五感)을 사용하면 당신의 장면을 훨씬 더 생생해진다. (생생한 이미지를 만드는 데 더 많은 도움이 필요하면, 16장 '시각화로 핵심 신념 바꾸기'의 '유의 사항'을 참조) 경험하는 신체적, 정서적 반응에 세심한 주의를 기울이면서 그 과정을 계속한다. 불안의 일반적인 증상에는 근육 긴장, 심박률 증가, 빠른 호흡 등이 포함된다.

당신이 불안감을 느끼는 순서의 한 부분에 이르면, 그것을 기억하라. 전체 시나리오를 상상한 다음, 당신의 이야기에서 각 지점을 별표로 표시한다. 이것들이 스트레스 포인트이다. 차후에 당신이 그 순서를 시각화할 때, 특별한 이완과 대처 연습을 하기 위해 잠시 멈추는 지점들이 될 것이다.

여기 다양한 자선 단체의 위원회 구성원들을 위한 워크숍에서 발표를 해야 했던, 비영리 관리법인 전문 변호사 데이브(Dave)가 기록한 이야기이다. 그의 회사의 선배 파트너가 보통 이러한 식의 이야기를 했고, 데이브는 파트너를 대신해 이야기를 해 달라는 요청받았을 때 많은 부담감을 느꼈다. 데이브는 개인별 상호작용에서는 자신감을 느꼈지만, 그룹 앞에 서는 것은 두려운 일이었다. 발표를 준비하기 위해 데이브는 부정적인 것과 긍정적인 것 두 가지의 가능한 결론을 포함하여, 그가 상상한 대로 일련의 사건의 순서를 작성했다. 이 이야기를 녹음한 다음, 그것을 귀 기울여 들어보았고 처음부터 끝까지 상황을 시각화했다. 이후 그는 모든 스트레스 포인트를 별표로 표시했다.

> 나는 프레젠테이션이 잘 되길 바라면서도 당황스러운 실수를 하는 상상을 하면서 발표를 하러 가는 중이다.* 마음 속으로는 발표 중 청중에게 속삭이는 사람들을 상상하고 있다. 주차장에 도착하여 내가 발표를 할 건물을 보며 또 다른 걱정의 물결을 경험한다.* 현관문을 지나 접수 직원에게 인사한다. 엘리베이터를 기다리는 동안, 내 모든 서류가 제대로 있는지 보려고 서류 가방을 점검한다. 발표 요약을 담은 파일 폴더를 볼 때 또 한 번 불안한 마음이 든다.* 3층으로 올라가는 엘리베이터를 타고 방을 향해 걸어간다. 강당 안의 여러 사람을 알아보고 그들에게 인사하는 동안 긴장한 모습을 보이지 않으려고 노력한다. 회의실 밖에 서서 사람들이 오면 인사를 한다. 마이크를 설치하고 탁상 연단을 조절한다. 이제 대부분의 사람들이 도착했고, 그들은 나를 기대에 찬 눈으로 바라본다.* 개요를 훑어보고 자료의 일관성과 유용성에 대해 걱정의 물결이 일어난다.*
>
> 나는 목을 가다듬고 실내를 조용하게 하고 청중들에게 인사를 한다. "와 주셔서 감사합니다."* 모두가 조용해지면 내 목소리가 들린다. 모든 사람의 시선이 나에게 향해 있다.* 나는 소개부터 시작하고, 내가 말하려고 하는 것에 집중하려고 애쓴다. 발표 도중 어느 시점에서 나는 개요에서 위치를 놓쳤고, 스스로 방향을 잡기 위해 잠깐 멈추어야 한다. 실내에 무거운 침묵이 흐르고, 나는 사람들이 내 능력에 의구심을 가질 거라고 상상한다.* 내 얼굴이 붉어지고 초조함이 드러나는 것 같아 걱정한다. 사람들이 자리에

서 움직이고 뒷좌석 쪽에서 웅성거리는 것을 알고 발표를 계속한다. 발표가 거의 끝나갈수록 점점 더 가까워지는 질의응답 시간이 걱정되기 시작한다.*

나는 최선을 다해 마무리하고 모든 사람의 피드백을 받는다.

가능한 결론 1: 나는 논평이나 질문을 위한 발언의 장을 열었지만, 사람들은 대답하기를 주저하는 것 같다.* 다음에 할 말을 잃어버리고 긴 침묵이 흐른다. 마침내 누군가가 정보의 유용성을 질문함으로써 피드백을 준다. 나는 창피하고 마음이 아프지만 방어적으로 보이지 않으려고 애쓴다.* 다음 질문은 주제와 약간 관련이 있는 것인데, 나는 그것에 답을 할 수가 없다. 마침내 전체에게 감사를 전하고 서류를 정리하기 시작할 때 또 다른 긴 침묵이 흐른다. 간신히 차로 돌아갔고, 나는 내 모든 경험을 흘려보낼 수 있기를 바란다.

가능한 결론 2: 사람들이 발표에 만족하고 여러 사람이 피드백을 준다. 그들의 질문은 적절하여, 설명이 필요한 측면을 설명하게 해 주었다. 무사히 끝났고 내가 성공적으로 끝까지 해냈다는 것에 뿌듯하다. 나는 나의 두려움과 불안을 관리한 것에 대해 스스로 축하한다.

4단계: 스트레스 포인트별 대처 전략을 수립한다.

대부분의 불안 유발 상황들은 몇 가지의 복합적인 스트레스로 이루어진다. 데이브(Dave)의 경우, 그의 불안을 야기한 스트레스에는 청중의 압박, 발표 내용에 대한 자신의 의심, 불안하고 두려워하는 것처럼 보이는 것에 대한 불편함 등이 포함된다.

이야기를 쓰고 스트레스 포인트를 알아내는 주요 목표 중 하나는 불안의 원인을 파악하는 것이다. 만일 그 상황을 작은 스트레스의 결합으로 볼 수 있다면, 당신의 불안은 이해하고 다루기에 훨씬 더 용이할 것이다.

불안 반응은 두 가지 구성 요소를 갖는다. 생리적 스트레스 반응과 상황을 위험한 것으로 받아들이는 생각이다. 그러므로 대처 이미지에는 신체적인 이완뿐만 아니라 진정시키고 안심시키는 일련의 진술이 포함되어야 한다.

이완

일련의 사건을 시각화하면서 각 스트레스 포인트에서 심호흡과 함께 신호-억제 완화를 이용한다.

인지적 대처 진술

또한, 일련의 사건에서 각 스트레스 포인트에 대한 인지적 대처 진술을 개발해야 한다. 효과적인 대처 진술은 당신이 그 상황을 다룰 능력이 있고, 문제를 처리할 특정 전략들을 제공할 수 있다. 여기 효과적인 진술의 몇 가지가 있다. "공황에 빠질 필요는 없어: 난 이걸 견뎌 낼 거야." "완벽할 필요는 없어: 최선을 다하면 충분해." "잠깐이면 끝날 거야." 그리고 "나는 이것을 어떻게 하는지 알아." 당신은 각 스트레스 포인트가 자신만의 걱정거리를 가지고 있음을 알게 될 것이다. 그 순간의 걱정을 정말 집중적으로 다루고 해소할 수 있는 진술을 찾으려고 노력하라.

여기에 인지적 대처 진술이 제공할 수 있는 몇 가지 중요한 기능들이 있다.

- 대처할 계획이 있음을 강조하고, 그 상황에서 계획이 무엇인지 명시하기
- 당황할 필요가 없으며 상황에 대처할 수 있는 기술이 있음을 확신시키기
- 스트레스를 풀기 위해 스스로 상기시키도록 돕기
- 재앙적 두려움이 사실이 아니라고 주장하고, 일어날 수 있는 최악의 상황에 대한 더 현실적인 평가를 제공하기
- 지나치게 높은 기대를 낮추기
- 재앙적 사고에 집중하는 것을 멈추고 대신 도전을 착수하도록 스스로에게 지시하기

여기 데이브가 그의 이야기에 스트레스 포인트를 위해 개발한 대처 진술의 몇 가지 예가 있다.

- 당혹스러운 실수를 상상한다.
  "긴장 풀고, 심호흡을 하세요. 약간의 실수를 해도 괜찮아. 나의 최선에 만족할 거야."
- 내가 프레젠테이션을 할 건물을 보면 또 다른 걱정이 밀려온다.
  "난 할 수 있어. 두려움을 느끼는 것은 괜찮아. 그냥 호흡을 계속해."

- 실내의 침묵이 무겁고 사람들이 나의 능력을 의심하는 것 같다.
  "심호흡을 하고 긴장 풀어. 나는 내 일을 알아. 난 그냥 내가 그만두었던 것을 따라잡을 거야."
- 질의응답 시간이 다가오자 불안해지기 시작한다.
  "긴장 풀어. 어려운 부분은 끝났어. 여기까지 했으니 그냥 끝까지 견디면 돼."
- 창피하고 상처를 받지만 방어적으로 대응하지 않으려고 애쓴다.
  "나의 최선은 충분해. 나는 비판을 받아들일 수 있어. 난 내가 괜찮다는 걸 알아."

대처 진술의 더 많은 예와 이를 전개하는 방법을 대해서는 13장 '단기 노출'을 참조한다.

각 스트레스 지점에서 신호-억제 완화와 특정 대처 생각에 대한 지침을 포함하여 이야기를 다시 한 번 기록한다. 녹음을 하는 동안, 스스로 스트레스 포인트에서 긴장을 풀고 대처하는 생각을 가질 수 있는 시간을 갖도록 한다.

5단계: 대처 전략에 적용하는 연습을 한다.

이제 대처 전략을 사용하면서 녹음된 이야기를 들어볼 때이다. 이 단계의 목표는 당신의 불안이 0에서 10까지의 척도에서 4 이하로 될 때까지 계속 연습하는 것이다. 여기서 0은 불안이 전혀 없음을, 10은 경험한 가장 높은 수준의 불안을 의미한다. 당신의 불안 수준을 0까지 낮출 필요는 없으나, 어쨌든 줄여야 한다. 당신의 이야기 속의 몇 가지 스트레스 포인트는 다른 것들보다 대처하기 더 어려울 수 있다. 여기서의 핵심 단어는 '실천'이다. 당신이 대처 기술을 연마하고 절차에 더 익숙해지면, 당신의 대처 전략은 점점 더 효과적일 것이다.

몇 번의 반복 후에도 불안이 줄어들지 않는다면 대처 전략을 수정해야 할 수도 있다. 여기에 이를 위한 몇 가지 권장 사항이 있다.

- **이완 기술에 더 많은 연습을 한다.** 이완은 대처 노력의 효과에 매우 중요하다. 신호-억제 완화는 실제로 이완에 도움이 되는지 확인한다. 그렇지 않다면, 일정 기간 별도로 연습하는 데 집중해야 할 수도 있다.
- **대처 진술을 검토한다.** 때때로 각 스트레스 포인트에서 불안의 진정한 원인이 무엇인지 정확히 찾아내기 어렵다. 당신의 대처 진술 중 일부가 당신을 불안하게 만드는 주요 요소를 다루지 않

을 수 있다. 순서를 연습하면 어떤 문장을 다시 써야 하는지, 어떤 문장을 더 효과적으로 쓰려면 무엇을 추가해야 하는지 알 수 있다.

6단계: 실생활에서 대처 전략을 사용한다.

대처 이미지를 숙달하는 마지막 단계는 그것을 실제 상황에 적용하는 것이다. 각 스트레스 포인트에서 불안 수준을 성공적으로 줄이는 동시에 전 과정을 시각화할 수 있으면 실생활에서 상황에 접근할 준비가 된 것이다. 물론 시각화를 할 때보다 실제 상황에서 환경을 덜 제어할 수 있지만 통제가 불가능하다고 느낄 필요는 없다. 이 기술에서 배운 가장 중요한 기술 중 하나가 정서적, 신체적 반응을 통제하는 방법이다. 두려움을 유발하는 감정과 긴장은 이제 긴장을 풀고 자신을 격려할 수 있는 신호로 볼 수 있다.

가능하다면, 처음에는 약간의 스트레스를 받는 상황에 새로운 대처 전략을 사용해 보라. 실제 상황은 보통 시각화보다 대처하기가 더 어렵기 때문에 우선순위 중 하나는 압도감을 느끼는 것을 피해야 한다. 스스로에게 연습 시간을 할애하고, 당신의 대처 전략이 실생활에서 완전히 편안하고 효과적이라고 느끼기 전에 약간의 차질이 예상된다.

이 기술의 각 선행 단계와 마찬가지로 연습이 성공의 주요 열쇠이다. 실제 상황에서 대처 이미지를 사용하는 것에 능숙해지면, 이는 많은 다른 스트레스의 원인을 처리하는 데 중요한 자원이 될 수 있다.

예시

수잔(Susan)이 기억하는 한, 그녀는 치과에 가는 걸 무서워했다. 예약이 있을 때마다 그녀가 겪었던 두려움 때문에 몇 달 동안 치과 치료를 기피하는 경우가 많았다. 치과 진료를 피하는 시간이 길어질수록 치과 진료를 더 두려워했고, 피할 수 없는 상황을 직면하기가 더 어려워졌다. 그 하향세를 깨기 위해 치과 방문에 대한 두려움을 극복하기 시작했다. 그녀는 신호-억제 완화를 배우는 동안, 마침 치과에 갔을 때 일어날 일을 설명하는 이야기를 기록했고, 그런 다음 천천히 읽는 것을 녹음했다. 나중에 그녀가 시간이 많고 산만함이 없을 때, 전 순서를 시각화하기 위해 그 녹음을 이용했다. 그녀의 불안을 높였던 이야기의 각 부분에 정신적으로 주목했고, 다음으로 각자를 별표로 표시했다. 여기 그녀의 이야기가 있다.

나는 차 안에 있고, 치과에 가는 길이다. 나는 치아를 새로 닦고 치실로 깨끗이 했다. 오늘 아침 칫솔질을 할 때 조금 피가 났던 잇몸의 부은 부분이 혀로 느껴진다. 치실 사용을 게을리했던 몇 주간을 생각하면, 내가 얼마나 무책임했는지 치과 의사가 즉시 알게 될 거라는 상상을 한다.* 어떤 치과적 문제가 있든간에 내가 약속을 두 달이나 늦었기 때문에 더 심각하다는 것을 알고 있다. 기본적인 어른의 책임도 감당하지 못하는 성격이라 자책한다. 사무실 건물로 가까워지는 동안, 내 주변의 교통체증에 짜증이 나고 스트레스가 올라감을 느낀다.*

차를 주차하고 건물로 다가갈 때*, 나는 내가 왜 그렇게 오래 기다렸는지에 대해 치과 의사에게 변명하는 연습을 하고 있다. 기다리는 것이 나를 더 불안하고 신경과민 상태로 만들 것이기에 혼잡한 엘리베이터를 타지 않기로 한다. 빈 계단이 나에게 혼자만의 시간을 준다. 계단에서 울리는 내 발자국 소리를 듣고, 내가 하고 있는 일에서 벗어나려고 노력한다. 사무실에 들어서자 접수 직원이 나를 알아보고 앉으라고 지시한다. 나는 민감하게 소독제와 마취제의 냄새에 대해 예민하게 인지하고 있는데, 이 냄새는 약간 메스꺼움을 느끼게 한다. 잡지를 보려고 시도하지만, 복도에서 드릴 소리가 들려오는 것만으로 주의를 끌 수는 없다. 오래 기다리면 기다릴수록 더 불안해진다. 마음속에는 치과 의사가 내 입안을 들여다볼 때의 나는 그의 목소리가 들린다: "오, 안돼! 문제가 있네요."*

나는 접수 직원이 책상 뒤에서 다른 여성과 장난치는 것을 볼 수 있다. 나는 그녀의 공감 능력 부족에 짜증이 나고, 두려움과 불안 속에서 더 고립감을 느낀다. 보조원이 행복한 노래를 부르듯 하는 목소리로 내 이름을 부른다*. 그녀가 나를 안내해 들어갈 때 나는 화를 내지 않으려고 애쓴다. 진료 의자에 눕는다. 의자의 움직이는 소리가 차갑고 기계적이다*. 그녀가 그것을 보기 전에 내 입의 상태를 설명하여 충격을 줄였으면 좋겠다.

나는 이제 의자에 앉아 머리를 젖히고 입을 벌리고 내 모든 힘과 체면을 빼앗긴 기분이다. 보조원의 뾰족한 도구가 내 치아와 잇몸을 가로질러 움직이는 것을 느낄 수 있다. 나는 그녀가 언제 아픈 부분에 가까워질 거라는 걸 알고*, 통증을 예시하여 온몸을 조인다. 그녀가 아픈 부분을 건드렸을 때, 나는 펄쩍 뛴다*. 나는 그것이 그녀를 화나게 한다고 상상한다. 그녀는 몇 가지 메모를 쓴 후 그녀는 내게 유감스럽게 내가 치석이 많고 더 일찍 제거했어야 한다고 설명한다. 오목한 곳이 다소 깊어졌으며, 얼마간의 뼈손실이 있다*. 이제 그녀는 내 치아를 청소할 준비를 한다. 내 눈 한쪽으로 도구가 담긴 금속판을 볼 수 있다. 온몸이 긴장하고 턱을 벌리고 있기 때문에 턱이 아프기 시작한다. 나는 그녀의 라텍스 장갑을 느낄 수 있고, 내 치아 위로 금속 기구가 이를 긁는 소리를 들을 수 있다.

가능한 결론 1. 그녀는 끝나고 치과에 전화한다. 나는 그녀가 내 치아와 잇몸에서 발견한 모든 문제를 설명할 때 귀를 기울인다. 그는 고개를 끄떡이고 가끔 나를 쳐다본다. 내 입이 다시 검사를 받는다.*

그 또한 내가 더 일찍 오지 않았음에 대해 아쉬움을 표시한다. 둘 다 치실 사용의 중요성을 설명한다.* 마치 아이처럼 취급되는 것처럼 창피함을 느낀다. 이곳을 벗어나 다시 진짜 사람이 될 수 있기를 고대한다. 보조원이 나에게 무료 치실과 칫솔을 주고, 다음 예약을 잡기 위해 안내원에게 나를 안내한다. 끝났다는 안도감으로 자리를 나선다.

가능한 결론 2. 그녀는 끝나고 치과에 전화한다. 그는 보조원이 작성한 기록을 검토하고 조심스럽게 내 입을 확인한다. 그는 매일 치실 사용과 올바른 양치질로 많은 손상을 되돌릴 수 있다고 설명한다. 그는 다시 상황을 통제하는 데 도움이 될 몇 가지 특별한 구강 세척제를 내게 준다. 그가 내게 좋은 하루 보내라고 말하고, 나는 예약을 잡기 위해 접수계로 간다. 떠나고 나니 안심이 되고, 나는 다음에는 그렇게 나쁘지는 않을 거라는 희망으로 가득하다.

다음으로 수잔은 각 스테레스 포인트에서 그녀의 불안을 강화했던 특정한 두려움과 걱정을 다루는 일련의 대처 진술을 작성했다. 다음은 그녀의 진술에 대한 몇 가지 예이다.

- 치과 의사가 내가 얼마나 무책임했었는지를 즉시 알 것이라고 상상했다.

  "나는 자신을 용서한다. 나는 내가 할 수 있는 최선을 다한다. 그는 훌륭한 정보원이 될 거야."
- 소독제와 아산화질소의 냄새를 민감하게 잘 안다.

  "나는 여기까지 왔어. 나는 이것을 해낼 수 있어. 속을 달래줄게."
- 통증을 예상하며 전신을 조인다.

  "심호흡을 해라. 안심하라. 거의 끝났다. 내 치아를 정말 깨끗이 하려면 약간의 고통을 겪을 가치가 있어."
- 어린아이 취급을 받는 것처럼 창피함을 느낀다.

  "나는 스스로를 용서한다. 그들은 모두에게 똑같은 말을 한다. 나는 이겨냈다. 드디어 끝나서 기쁘다."

대처 진술이 완성되자, 수잔은 순서를 리허설할 준비가 되었다. 그녀는 자신의 이야기를 다시 녹음했는데, 이번에는 각 스트레스 포인트에서 신호-억제 완화와 구체적인 대처 방법을 사용하라는 알림을 포함했다. 네 번의 반복 후, 수잔은 대부분의 스트레스 포인트에서, 그녀의 불안을 0에서 10까지의 척도에서 약 5 정도로까지 그의 불안을 성공적으로 줄였다. 그러나 스트레스 포인트 중 두 가지는 약 9에 머물렀다. 다음에는 그 순서를 시각화했고, 그 두 스트레스 포인트에서 그녀가 경험하고 있는 감정에 더 많은 주의를 기울였다. 그녀는 다양한 대처 방법을 실험했고, 그녀의 불안을 줄이는 데에 더 효과적인 대안을 발견했다. 10일의 연습한 후에도 불안 점수는 4를 넘지 않았다. 그녀는 치과 의사에게 전화를 걸어 약속을 잡을 정도로 자신감이 생겼다.

제 9 장
마음챙김

마음챙김은 비판단적이고, 온정적이고, 수용적인 방식으로 당신의 경험을 관찰하는 연습이다. 그것은 순간순간 당신의 경험에 주의를 기울이는 단순한 자각에서 시작한다. 당신은 외부 세계뿐만 아니라 당신의 내부 세계-당신의 생각, 감정, 그리고 신체적인 감각-에 주의를 기울일 수 있다.

마음챙김을 수행할 때, 당신의 고통스럽고 즐거운 모든 감각, 생각, 감정이 일시적이라는 것을 깨닫게 된다. 그것들을 당신의 감각, 생각, 감정이 아닌, 부분으로부터 독립적으로 왔다가 사라진다. 당신이 뒤로 물러서서 친근하고 공정한 관찰자의 관점에서 이 과정을 알아차릴 때, 여러분은 자신의 편견을 깨닫게 되고 각각의 전개되는 순간에 더 신선하고 명확한 그림을 얻게 된다. 부정적인 생각에 자동적으로 반응하고 부정적인 감정의 바다에서 헤매는 대신 생각의 왜곡과 오류, 그리고 그것이 당신의 감정에 미치는 영향을 차분히 관찰할 수 있다. 이는 종종 자연스럽게 더 현명한 선택으로 이어진다.

마음챙김은 수세기 전에 아시아의 불교도들에 의해 여러 유형의 명상에서 중심 기술로 개발되었다. 서양에서 마음챙김은 매사추세츠대학에서 스트레스 감소 프로그램을 설립하고 마음챙김 기반의 스트레스 감소(MBSR; Kabat-Zinn 1990)를 개발한 의학 연구원이자 저자인 존 카밧-진(Jon Kabat-Zinn)에 의해 연구되었다. 마음챙김은 또한 수용과 헌신 치료, 마음챙김 기반의 인지 치료, 그리고 변증법적 행동 치료의 핵심 기술이다.

학습 효과

임상 연구에서, 마음챙김은 불안과 공황(Kabat-Zinn et al. 1992), 우울, 분노, 암 환자의 혼란(Speca et al. 2000), 만성 통증(Kabat-Zinn et al. 1986)을 크게 감소시키는 것으로 나타났다. 마음챙김은 스트레스 증상(Astin 2997), 건선(Kabat-Zinn. 1998), 폭식(Kristeller 1999), 그리고 섬유 근육통(Kaplan, Goldenberg, 그리고 Galvin-Nadeau 1993)을 줄이는 데에도 도움이 되었다. 마음챙김은 또한 걱정, 공포증, 대인관계 갈등의 치료 프로그램의 일부로 사용된다.

학습 시간

마음챙김 연습을 시작하고 즉시 그 이점을 누릴 수 있다. 더 많이 연습할수록 더 많은 기술을 습득하고, 더 많은 것을 얻게 될 것이다. 마음챙김의 궁극적인 목표는 당신이 깨어 있는 삶의 모든 순간을 완전히 알아차리는 것이기 때문에 마음챙김을 진정으로 숙달할 수는 없다. 그러나 수행의 가장 큰 이점은 주의가 산만해진 후 마음을 지금 여기로 다시 집중하는 데 있기 때문에 평생토록 마음챙김의 이점을 경험할 수 있다.

학습 지침

마음챙김을 개발하는 두 가지 주요 경로가 있다. 당신의 몸을 관찰하는 것과 당신의 생각을 관찰하는 것이다. 이 장에서는 각 접근 방식에 대한 많은 기술을 제공한다. 호흡에 대한 마음챙김을 연습하는 것으로 시작하라. 호흡은 어떤 유형이건 마음챙김의 기초이고 한 번에 한 가지를 관찰하도록 마음을 훈련할 때 훌륭한 초점 역할을 한다. 잠시 동안 마음챙김 호흡으로 작업했으면, 다른 연습으로 넘어가고, 순서대로 작업하라. 각각을 여러 번 시도하고 어느 것이 당신에게 가장 잘 맞는지 평가하고, 연습에 집중하라. 마음챙김을 개발하는 것은 평생의 노력이므로 때때로 이 장을 다시 읽고 다른 방법을 시도해 볼 수 있다.

몸 관찰하기

마음챙김에 이르는 지름길은 당신의 몸을 관찰하는 것이다. 호흡과 같은, 일반적으로 무의식적인 과정에 의식적으로 주의를 기울임으로써 그 순간 당신 몸의 존재에 주의를 기울이게 된다. 심호흡을 하고, 호흡 수를 세거나 라벨을 붙이거나, 일반적으로 무시하는 감각들을 알아차리는 것은 간단하지만 심오한 보상을 줄 수 있다. 잠시 동안 호흡에 대한 마음챙김으로 작업한 후에는 몸 스캔으로 당신의 인식을 다른 신체적 감각으로 전환하기 시작할 수 있다.

다음으로 당신의 내부 신체 감각과 외부 감각 경험 간의 차이를 구별하는 능력을 미세 조정하는 데에 도움을 주는 연습인 '내부-외부 왕복 운동'으로 이동한다.

마음챙김 호흡

마음챙김 호흡은 마음챙김 연습을 시작하는 가장 좋은 방법이다. 시작하기 위해 등을 대고 눕고 눈을 감는다. 한 손을 가슴 위에 두고, 다른 한 손을 배 위에 두라. 천천히 숨을 들이쉬고 폐의 바닥까지 깊이 숨을 들이마셔 배가 부풀어 올라오고 가슴은 상대적으로 움직이지 않도록 하라. 호흡을 낮게 유지하는 데 어렵다면, 손으로 부드럽게 배를 누른다. 가벼운 압력을 가하고 숨을 쉴 때마다 손을 밀어내듯이 하라. (이것은 본질적으로 5장의 복식호흡과 같다.)

호흡이 규칙적인 리듬으로 안정될 때, 가능한 한 호흡에 대해 자세히 관찰하라. 콧구멍으로 공기가 인후 뒤쪽을 따라, 그리고 폐 안으로 흘러 들어갈 때 그 공기의 시원함을 알아차린다. 각 들숨으로 그것이 가라앉을 때마다 횡경막이 어떻게 느껴지는지 의식하라. 날숨이 체열의 부분을 운반할 때 얼마나 더 따뜻한지를 느껴 보라. 심호흡의 단순한 행위로 당신이 알 수 있는 모든 세부 사항에 집중하라.

마지막으로 반복되는 생각, 또는 주문(만트라)을 더하라. 예를 들면, 숨을 들이쉴 때, "이 순간을 살아라."라고 스스로에게 말할 수 있고, 또 숨을 내쉬는 동안 "이 순간을 받아들여라."라고 말할 수도 있다. 당신에게 의미가 있는 단어나 짧은 문장을 사용하라. 날마다 마음챙김 호흡을 연습하면 현재의 관심사나 특정 부분에서 당신이 원하는 것을 반영하도록 진언(만트라)를 변경할 수 있다.

당신의 마음이 방황할 것이라는 이해하라. 그건 자연스러운 일이다. 엉뚱한 생각이 끼어들 수밖에 없다. 그런 일이 발생하면 다시 시작하고, 부드러운 리듬을 만들고, 감각적인 세부 사항에 주의를 기울이고, 마음속으로 주문(만트라)을 반복하라.

약 한 주 동안 하루 두 번 마음챙김 호흡을 연습하고, 그것이 당신의 기분과 생각을 어떻게 변화시키는지 관찰한다.

호흡 카운팅(Counting)

처음에는 누워 있거나 조용히 앉아 있는 동안 호흡을 세는 연습을 하라. 나중에 거의 언제 어디서나 이 기법을 실행할 수 있을 것이다–걷거나, 일하거나, 버스를 타는 등 첫 번째 흡입이 시작될 때 마음속으로 그것을 "안으로 하나"라고 라벨을 붙이고, 숨을 내쉬기 시작하면서는 마음속으로 "밖으로 하나"라고 붙인다. 다시 숨을 들이쉬기 시작할 때 마음속으로 "안으로 둘"이라고 말하고, 숨을 내쉬기 시작할 때 마음속으로 " 밖으로 둘"이라고 말한다. 4가 될 때까지 계속한다. 그런 다음 하나에서 다시 시작한다.

4번의 완전한 호흡은 대부분의 초보자가 좋은 집중력으로 추적할 수 있는 정도이다. 당신은 쉽게 산만해지고, 현재 위치를 잊어버릴 수 있다. 심지어 "이건 어리석은 짓이야. 왜 내가 시간을 낭비하고 있지?"라고 생각할 수 있다. 그런 일이 발생하면, 마음을 다시 집중하고 처음부터 다시 시작하라.

이 연습은 단순하고 간단하고 눈에 거슬리지 않기 때문에 복잡하고 시끄러운 환경에서 마음챙김을 하여 자신을 진정시키고 싶을 때 연습할 수 있다.

호흡 라벨링(Labeling)

어떤 사람들은 호흡 세기를 싫어하거나 너무 편안해서 세는 것을 쉽게 잊는다. 다른 사람들은 호흡 연습을 하는 동안 소리내기를 좋아한다. 이 모든 경우에 호흡에 큰 소리로 라벨을 붙이는 것은 훌륭한 대안이다.

당신은 눈을 뜨거나 감고 이 기술을 연습할 수 있다. 편안하게 숨을 들이쉬라. 숨을 들이마시는 동안, 스스로에게 "안으로…"를 속삭이면서, 들숨만큼 그 단어를 길게 늘여라. 들숨과 날숨 사이에 쉬고 싶으면, 그렇게 하고 스스로에게 "멈추고"라고 말하라. 그다음 숨을 내쉬고 "밖으로…"라고 속삭이고, 날숨이 계속되는 동안만큼 길게 그 단어를 늘여라. 원한다면 잠시 쉬었다가 "멈추고"라고 말하고, 만일 계속하고 싶다면, "안으로… 멈추고… 밖으로… 멈추고… 안으로… 멈추고… 밖으로… 멈추고…"라고 말한다.

이 연습을 위해 당신의 호흡을 조절하거나 일정한 리듬을 유지하려고 애쓰지 말라. 그냥 호흡이 자연스럽게 되도록 한다. 1회에 2~3분씩 연습하고, 호흡이 얼마나 느려지고 빨라지는지, 그리고 충분히 오랫동안 반복하면 단어의 의미가 어떻게 사라지는지 알아차린다. 또한, 다른 사람들이 주변에 있을 때 입술을 거의 움직이지 않고 소리를 내지 않는 것만으로도 이 연습을 할 수 있다. 빠른 이완을 위하여 한두 번의 호흡을 시도해 본다.

바디 스캐닝(Scanning)

잠시 동안 마음챙김 호흡을 수행하면 몸 전체를 통하여 마음챙김 자각을 확장할 수 있다.

등을 대고 누워 눈을 감는다. 깊고 느린 숨을 몇 번 들이마시고 당신의 관심이 발가락으로 향하게 한다. 발가락을 이리저리 흔들고 어떻게 느껴지는지 주목한다. 따뜻한가 혹은 서늘한가? 당신의 신발은 꽉 조이는가, 혹은 맨발인가? 발목을 돌리고 발을 앞뒤로 구부린다. 당신의 발에 있는 복잡한 뼈, 힘줄, 근육들이 얼마나 어떻게 느끼는지 확인한다.

당신의 종아리, 정강이, 무릎까지 위쪽으로 스캔하며 어떻게 느껴지는지 주목한다. 피부에 닿는 옷의 질감, 주위의 온도, 당신이 누워 있는 표면에서 당신의 종아리 뒤쪽이 주는 압력에 주목한다. 어떤 아픔이나 통증이 있는가? 가려움이나 따끔거리는 감각은? 당신은 긁거나 움직이거나 그냥 누워서 감각들을 알아차릴 수 있다.

당신의 골반과 허리에 주의를 기울인다. 경직이나 불편이 있는가? 골반을 앞뒤로 약간 기울이고 어떤 느낌인지 확인한다. 등이 얼마나 굽어지는가? 엉덩이는 그것이 닿고 있는 표면에 어떻게 고정되는가?

이제 숨을 들이쉬고 내쉴 때 가슴과 배를 자세히 살펴본다. 한 손을 가슴에, 다른 한 손을 배 위에 둔다. 서로의 어떻게 움직이는지 주목한다. 당신의 횡격막이 위아래로 움직일 때, 그리고 폐가 공기로 가득 찬 다음 배출할 때 몸통이 어떻게 느끼는지 주목한다. 가슴이 느슨하고 열려 있거나 꽉 조여지듯 느껴지는가? 따뜻함이나 압박감이 있는가?

다음은 손가락에 주의를 기울인다. 이리저리 흔들어 보고, 손가락 끝을 문지른다. 부드러운가, 혹은 거친가? 주먹을 쥐고 손목을 앞뒤로 구부려 보고, 원을 그려 본다. 손가락과 손이 어떻게 느끼는가? 손을 옆구리에 대고 누운 표면의 감촉을 느껴 보라.

팔과 어깨 위로 주의를 이동한다. 팔꿈치를 약간 구부리고 어깨를 으쓱해 보라. 팔과 어깨에 생기는 고통이나 긴장을 주목한다. 다음으로 목을 의식한다. 머리를 좌우로 천천히 돌리고 척추, 힘줄, 근육이 상호작용할 때 목의 미묘한 감각을 주목한다. 목이 뒤틀릴 때 약한 딸깍 소리와 유동성의 소리가 들리는가?

고개 돌리기를 멈추고 쉬게 한다. 그 무게와 그것이 당신이 누워있는 표면과 어떻게 만나는지 느껴본다. 온도의 전반적인 감각을 주목한다. 머리가 따뜻하거나 차겁거나 또는 중간 정도로 느껴지는가? 두통이나 부비동 압력의 흔적이 있는지 주목한다.

이제 얼굴을 관찰한다. 눈썹을 찡그리고 있는가 또는 부드러운가? 눈꺼풀이 눈 위에 가볍게 올려져 있는가, 아니면 눈을 감는 데에 약간의 노력이 필요한가? 당신은 코를 통해 숨 쉬는가 아니면 입으로 숨을 쉬는가? 호흡이 공기를 안팎으로 움직일 때 코나 입을 어떻게 느껴지는가? 치아가 닿아 있는가 또는 떨어져 있는가? 입 안의 혀는 어떻게 위치해 있는가? 당신의 얼굴에 무슨 일이 일어나고 있는지 관찰하는 데 많은 시간이 들 수도 있다.

몸을 스캔하다 보면 엉뚱한 생각이 끼어들게 된다. 그것들은 당신의 몸, 연습 또는 완전히 다른 것과 관련될 수 있다. 그 생각들은 부정적일 수도, 긍정적일 수도, 또는 단지 무의미할 수 있다:

- 아, 나는 너무 뚱뚱해.
- 난 운동을 더 해야 해.
- 내 허벅지는 아직 멋져.
- 이것은 지루하네.
- 나는 늙어가고 있어.
- 빵 사는 거 잊지 말아야 해.
- 피부가 너무 건조해.
- 나는 이것을 정말 잘해.
- 마른 체형, 근육 없어.
- 나는 안절부절못하고 있어
- 친구가 전화했으면 좋겠어.
- 이건 효과 없어.
- 나는 이것을 제대로 이해하지 못할 거야.

생각이 끼어들 때마다 그리고 그 생각들이 무엇이건 간에, 당신이 그 생각으로 산만해졌음을 알아차리고 다시 집중한다. 나중에 이러한 생각 자체가 마음챙김의 대상이 된다.

내부-외부 셔틀

내부-외부 셔틀은 내부 신체 감각과 외부 감각 경험을 구별하는데 집중하는 보디 스캐닝의 중요한 변형이다. 이렇게 하면 환경과 당신의 몸이 어떻게 반응하는지에 더 주의를 기울이도록 도움을 준다.

조용히 의자에 앉아 눈을 감는다. 몸을 스캔하고 내부 느낌의 한 측면, 예를 들면, 당신의 배가 얼마나 포만감을 느끼는지 알아차림으로써 이전과 같이 시작한다. 그런 다음 의자의 팔의 질감과 같이 신체 외부에서 오는 감각으로 인식을 전환한다. 종아리의 팽팽한 근육처럼 내부 감각으로 다시 전환한다. 다음에는 밖으로 나가 당신의 손 위에 태양의 열기와 같은 감각을 주목한다. 내부 인식으로 전환하고, 약간 목이 마르다는 것을 깨닫는다. 다음으로 밖을 내다보고 이웃의 개가 짖는 소리를 듣는다. 내부, 외부, 내부, 외부의 3분 동안 앞뒤로 계속 이동한다.

내부에서 외부 감각으로 빠르게 이동함으로써 일반적인 인식을 예민하게 한다. 당신은 어떤 감각들은 예민하고 모호하다는 것을 알아차린다. 이에 끼어 있는 음식 조각은 내부적 감각인가, 또는 외부적 감각인가?

추운 겨울날 뜨거운 방에 들어갔을 때 입 안에 맴도는 여운이나 뺨이 따끔거리는 것은 어떨까?

더욱 중요한 것은, 이 연습을 하면 자신의 감각과 분리된 '자신'을 알아차리게 되는 것이다. 두통이나 시끄러운 소음과 같은 불쾌한 감각은 당신이 아니다. 그런 감각이 당신을 정의하지 않는다. 그런 감각은 지나갈 것이고 그러면 다른 감각으로 대체될 감각일 뿐이다.

생각 관찰하기

화이트 룸(White room)은 당신에게 판단적인 생각을 식별하고 분리하는 데 도움이 되는 강력한 연습이다. 내부 셔틀은 내부 감각, 감정 및 생각에 대한 인식을 개선하는 데 도움을 준다. 이 연습에서 개발한 인식을 바탕으로, 컨베이어 벨트와 와이즈 마인드 다이어그램은 지금 여기에서(here and now) 한 걸음 물러서서 관찰하고, 당신의 경험 전체에 객관적으로 라벨을 붙이도록 훈련한다.

화이트 룸(White Room)

화이트 룸이란, 마음을 생각이 지나가는 하얀 방이라고 상상하면서 자신의 마음을 관찰하는 연습이다. 조용한 곳에 장소에 앉거나 누워서 연습할 수 있다. 눈을 감고 몇 번 느리고 깊은 호흡을 하는 것으로 시작한다. 연습 기간 내내 호흡을 느리고 일정하게 유지한다.

문이 둘 있는 중간 정도 크기의 하얀 방에 있다고 상상해 보라. 생각이 앞문으로 들어와서는 뒷문으로 나간다. 각 생각이 들어올 때 그것에 주의를 기울이고, '판단하는 것' 또는 '판단하지 않는 것'이라고 라벨을 붙인다.

그 생각이 사라질 때까지 각 생각을 주의 깊게, 호기심을 갖고 열정적으로 관찰한다. 그것이 판단을 위한 것인지 아닌지를 주목하는 것을 넘어 분석하려고 하지는 말라. 그것에 대해 논쟁하거나 신뢰하거나 불신하지 말라. 그것은 생각이고, 당신의 정신생활의 짧은 순간이고, 하얀 방을 지나가는 방문객이라는 것을 그냥 인정하라.

당신이 '판단'이라는 라벨을 붙이는 생각들을 주의하라. 그것들은 당신을 유혹하여 당신이 판단에 동의하도록 만들 것이다. 이 연습의 요점은 판단적 생각들이 얼마나 까다로운지, 그것들이 어떻게 당신의 생각에 달라붙고, 털어버리기가 얼마나 어려운지를 알아차리는 것이다. 생각이 오랫동안 화이트 룸에 머물거나 감정을 느끼기 시작하면 귀찮고 판단적인 생각을 하고 있다는 것을 알게 된다.

할 수 있는 한 최선을 다해 호흡을 의식하고 안정적으로 유지하고, 계속해서 하얀 방과 문을 시각화하고, 계속 관찰하고 생각에 이름을 붙인다. 생각은 생각일 뿐임을 기억하라. 당신은 당신의 생각보다 그 이상의 존재이다. 생각이 지나갈 수 있는 하얀 방을 만들어 내는 존재이다. 당신은 지금은 사라진 백만 가지 생각을 가지고 있고 여전히 이곳에 존재한다. 생각은 당신에게 아무것도 요구하지 않는다. 생각이란 당신이 그것을 믿어야 한다는 것을 의미하지는 않는다. 생각은 당신이 아니다.

생각들이 하얀 방을 지나갈 때 그저 관찰하라. 그들이 짧은 삶을 살게 하고 당신의 생각이 있는 그대로 심지어 판단적인 것이라 하더라도 그대로 괜찮다고 스스로에게 말하라. 그냥 그것들을 인정하고, 그들이 준비가 됐을 때 떠나도록 하고, 다음 생각을 맞을 준비를 하라.

당신이 진정으로 생각으로부터 분리되었다고 느낄 때까지 계속 관찰하고 이름을 붙인다. 판단적인 생각들이 머물지 않고 방 안을 흐를 때까지 버텨라.

내부 셔틀

내부 셔틀은 내부-외부 셔틀과 비슷하지만, 이 경우에는 신체적 감각과 감정 사이를 이동한 다음 생각과 감정 사이를 이동한다.

조용히 앉아서 깊고 천천히 호흡하는 것으로 시작하라. 눈을 감고 가장 먼저 나타나는 육체적 감각에 대해 몸을 스캔하라. 아마 당신의 발이 뜨겁고 피곤할 것이다. 그런 다음, 감정적인 느낌을 찾아 내면의 풍경을 살펴본다. 아마 당신은 조금 슬퍼하고 있을 것이다. 이제 다시 신체적 느낌으로 전환한 다음 감정적인 느낌으로 2~3분 동안 계속한다.

어떤 사람들은 눈을 뜨고 이 연습을 하는 것을 좋아하며, 신체적 감각에서 감정적인 것으로 이동할 때 감지한 것을 추적하기 위해 종이에 메모를 한다.

신체적 감각	**감정**
발이 다쳤다.	슬픈
귓볼이 따끔하다.	우울한
속이 쓰리다.	민감한
어깨가 결린다.	여전히 화가 나고, 짜증나는

몇 분 후에 생각과 감정 사이를 오가면 연습을 다양하게 한다.

생각	**감정**
저녁 식사가 늦었다.	화난
그녀는 신경도 안 쓴다.	짜증나는
나는 그녀를 실망시켰음에 틀림없다.	죄책감이 드는
내가 과민반응을 하는 것 같다.	혼란스러운

이 연습을 하는 동안 온정적이며, 판단하지 않는 태도를 유지하려고 노력하라. 신체적 감각에서 감정으로 또는 생각에서 감정으로 이동할 때 당신은 두 가지를 알아차리도록 자신을 연습한다. 첫째, 불쾌한 생각이 불쾌한 감정에 앞서는 경향이 있고, 둘째는 관찰하는 자아는 고통스러운 경험, 생각, 그리고 감정들로부터 다소 떨어져 있을 수 있다는 것이다.

컨베이어 벨트(Conveyor Belt)

이 연습에서, 당신의 마음이 현재로부터 과거로 이동하는 컨베이어 벨트인 것처럼 당신의 마음을 거쳐 가는 모든 것을 알아차리고 라벨을 붙이는 연습을 한다. 눈을 감고 천천히 깊게 호흡하라. 그리고 당신이 오른쪽에서 왼쪽으로 지나가는 느린 컨베이어 벨트를 내려다보고 있다고 상상하라. 벨트의 고무 표면을 시각화하는 데 잠깐 시간을 들이고, 색상과 넓이를 확인한다.

전기 모터의 낮은 윙윙거리는 소리가 들린다고 상상하라. 이 이미지를 당신의 마음속에 간직한다.

이제 가장 먼저 떠오르는 것이 무엇이든 마음을 열어라. 어떤 일이 발생하든 그것을 설명하는 라벨을 붙인다. 다음은 몇 가지 제안 사항이다.

생각	기억	감정
충고하다.	욕구	후회
그리움	이미지	충동
느낌	소망	계획
아이디어		

정확하지 않은 경우 고유한 라벨을 사용하라. 당신이 라벨을 정하자마자, 그것이 작은 나무 블록 위에 인쇄된다고 상상하라. 그 블록을 컨베이어 벨트 위에 두고, 그것이 과거로 옮겨지도록 한다. 이후 다음 생각이나 감정 또는 무엇이든 떠오르면 블록 위에 라벨을 붙이고 컨베이어 벨트가 그것을 과거로 가져가도록 하라.

이 연습을 하는 것은 그 내용 안에 얽매이거나 습관적인 정신 패턴에 빠지지 않고 마음을 관찰하고 정신의 혼란을 분류하는 데에 도움이 된다.

와이즈 마인드 다이어그램(Wise Mind Diagram)

때로 고통스러운 기억, 생각, 감정, 충동이 너무 촘촘하게 뭉쳐서 이동이나 컨베이어 벨트처럼 눈을 감고 하는 운동으로는 쉽게 분리할 수 없다. 예를 들면, 조쉬(Josh)는 여자 친구 헤일리(Haley)와 헤어진 기억으로 괴로워했다. 그는 자신의 아이팟을 그곳에 두고 갔는지 확인하기 위해 그녀의 아파트에 들렀다. 그리고 진입로에서 낯선 차를 보았다. 그는 헤일리가 체격이 크고 잘생긴 낯선 남자와 소파에서 대화를 나누는 쪽으로 걸어 들어왔다. 조쉬는 램프를 부수고 아파트를 뛰쳐나왔고, 문을 너무 세게 닫다가 어깨를 삐었다. 그날 늦게 조쉬는 울먹이며 소리치는 전화 통화로 헤일리와 헤어졌다.

이후 며칠 동안, 조쉬가 마음챙김 수행을 하려고 했을 때, 그날의 이미지가 마음을 스쳐 지나갔고, 어깨 통증, 주황색 불의 폭발, 지진과 같은 소리가 흩어졌다. 그것은 마치 실험적인 영화 같았다. 매우 인상적이었지만 라벨을 붙일 수 있는 구성 요소로 분리하기가 어려웠다. 그래서 조쉬는 생각, 감정, 그리고 행동을 분리하는 간단하지만 효과적인 기술인 와이즈 마인드 다이어그램을 그려서 외상적 기억을 정리하기로 결정했다.

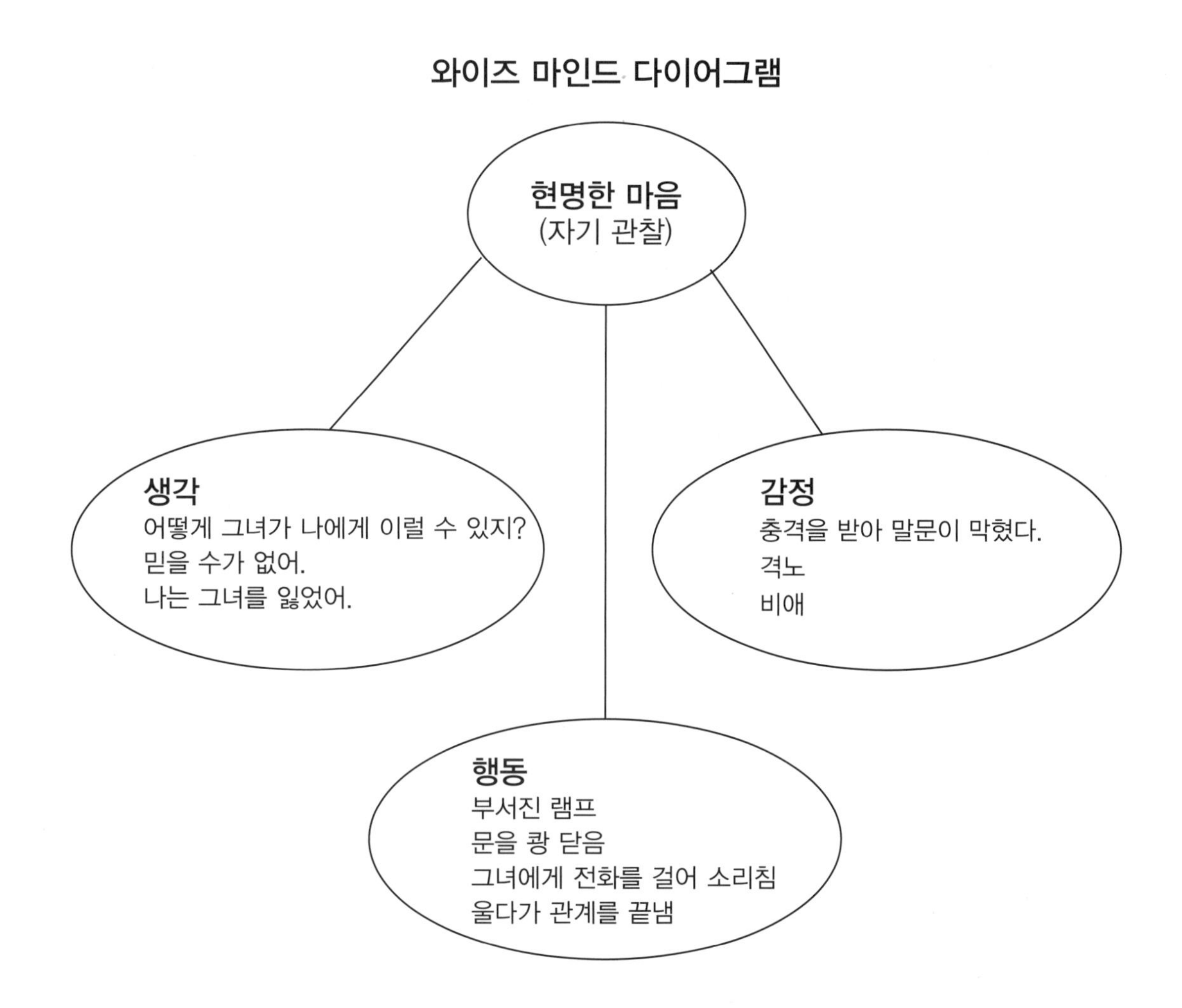

그의 다이어그램의 초기 버전에는 조쉬는 '충동'이라는 라벨이 붙은 타원형을 가지고 있었고 "헤일리도 죽이고, 나도 죽자."라고 썼다. 그는 이러한 충동에 죄책감과 부끄러움을 느꼈지만 행동하지 않았기 때문에 계산하지 않기로 결정하고 지워버렸다. 모든 이가 결코 행동으로 되지는 않는 충동을 가지고 있다. 당신이 실제로 취하는 행동이 중요하다. 이런 식으로 자신의 반응을 나열하는 것은 조쉬가 자신의 생각, 감정 및 행동에서 자신을 분리하는 데 도움이 되어 인생의 최악의 날 중 하나에 대한 관점을 얻을 수 있었다.

눈을 감고 하는 연습을 하고 당신의 생각, 감정, 기억, 충동 등을 표시하는 데 어려움을 겪었다면, 당신 경험의 다른 측면을 분리하는 데에 도움이 되도록 와이즈 마인드 다이어그램을(아래의 공란 버전을 사용) 만들어 보라. 가장 중요한 공간은 '현명한 마음' 공간이다. 그것은 당신이 생각과 감정, 심지어 행동과도 분리된 관찰자임을 상기시킨다.

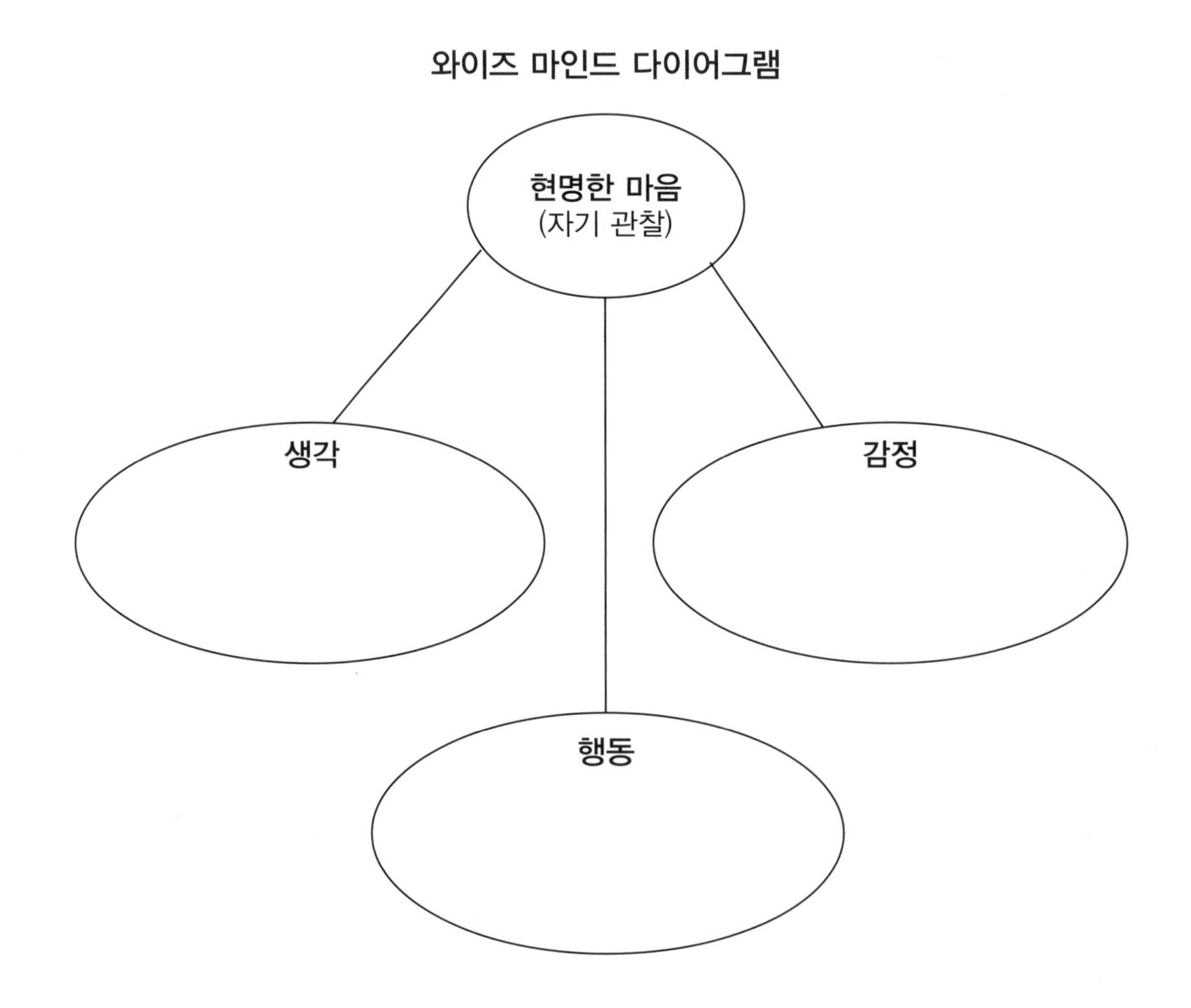

예시

두 명의 학령 자녀를 둔 이혼한 어머니인 마리아(Maria)는 자신이 뚱뚱하고, 늙었고, 우울하며, 스트레스에 지쳤고, 고립되어 있다고 느꼈다. 그녀는 두 언니가 부러웠고, 그들이 더 매력적이고 성공했다고 생각했다. 의료 센터에서의 그녀의 직업은 지루했고 어떤 방향성도 주지 못했다. 그녀는 9개월 동안 데이트도 못했고, 어쨌든 그렇게 할 에너지도 없었다. 그녀의 아이들은 겨우 2, 4학년을 근근이 해내고 있었고, 마리아는 그들의 문제를 해결할 힘이 없었다.

마리아는 상담사를 만나 마음챙김 수행을 시작했다. 왜냐하면 그것들이 그녀의 치료사의 제안 중 가장 적은 노력이 필요한 것처럼 들렸기 때문이다. 처음에 그녀는 연습이 얼마나 편안한지 그저 감사했다. 그러나 곧 그녀는 몇 분 동안 심호흡을 하고 생각을 정리한 후 상쾌함을 느꼈다는 것을 알아차렸다. 그녀가 순간적인 마음의 내용과 분리되어 있다는 생각은 매우 안심이 되었다.

마리아에게는, 마음챙김의 가장 유익한 결과가 미묘했다. 그녀의 삶의 일부는 여전히 만족스럽지 못한 것 같았지만 요리, 일곱 살짜리 아이와 말도 안 되는 이야기, 정원 가꾸기와 바느질 카탈로그 훑어보기와 같은 삶의 다른 부분에 더 관심을 갖고 활기를 띠게 되었다. 그녀는 인생을 제대로 살기 전에 그녀의 삶의 모든 부분을 고칠 필요는 없다는 것을 깨닫게 되었다. 그녀는 화초 정원을 계획하거나, 아이들을 동물원에 데려가거나 어머니께 새 스카프를 뜨개질해 주는 등과 같이 중요했던 것들을 하는 동시에 그녀의 마음속을 떠다니는 우울하고 부정적인 생각을 인정할 수 있었다.

제10장

탈융합

'탈융합(Defusion)'이란 수용전념치료 개발자 중 한 명인 스티븐 헤이즈(Steven Hayes)가 만든 용어이다(Hayes, Strosahl과 Wilson 1999). 이는 마음을 관찰하고 거리를 둠으로써 마음과 생각과의 관계를 바꾸는 불교식 수행을 일컫는다. 고통스러운 인식과 '융합'하고, 두렵거나 우울한 생각의 긴 고리에 사로잡히는 대신에, 탈융합을 사용하여 가장 혼란스러운 정신적 잡담을 보고 놓아 버리는 데 도움이 될 수 있다.

마음을 관찰하고, 생각에 이름을 붙이고 놓아줌으로써 생각에서 분리되어 덜 심각하게 여길 수 있다. 당신의 생각("나는 못생겼어." 또는 "난 위험에 빠졌어.")이 되는 대신에 탈융합과 함께 당신은 단순히 그것들을 소유하기를("나는 내가 뚱뚱하다고 생각하고 있어" 또는 "나는 내가 위험에 빠졌다는 생각을 가지고 있어") 배운다. 생각이 있다는 것은 그것이 절대적으로 사실인 것처럼 보이거나 정의하는 것처럼 보이게 하고 그 생각에 집착하게 만드는 반면에 생각을 갖는 것은 그게 단지 생각일 뿐이고, 어느 주어진 날에 당신이 갖게 될 약 6만 가지 중의 하나라는 사실을 깨닫는 데에 도움을 준다. 당신은 그것을 지나가도록, 또는 흘러가도록 둘 수 있다. 그리고 그것은 단지 당신 마음의 산물이므로 반드시 진실이나 현실을 반영할 필요는 없다.

당신의 마음은 위험을 예상하고, 세상을 유익하거나 해로운 것으로 분리하고, 예상하거나 변경할 수 있도록 일이 일어나는 이유를 설명함으로써 당신이 생존하는 데 도움을 준다. 종종 이것은 좋은 일이다. 그러나 밝혀진 바와 같이, 이와 똑같은 경향은 또한 마음의 단점이기도 하다. 당신의 마음은 계속 위험을 예측함으로써 당신을 놀라게 하고, 당신이 하는 일을 나쁘다고 판단하여 당신을 우울하게 할 수 있으며, 일어나는 모든 고통스러운 사건에 대해 당신이 잘못하고 책임이 있다고 느끼는 방식으로 일을 설명할 수 있다. 이 장에서 당신이 배울 기술은 당신으로 하여금 부정적인 생각으로 빠져드는 것을 멈추고, 화나거나 무섭거나 우울한 인식의 토끼굴 속으로 뛰어내리는 것을 멈추는 데에 도움을 줄 것이다.

비록 탈융합이 인지를 목표로 하고 있지만, 그것은 3장과 4장의 인지 재구성 기법과 완전히 다르다는 것을 주목해야 한다. 인지 재구성에서 초점은 직면, 논쟁, 그리고 궁극적으로 당신의 생각을 바꾸는 것에 있다. 탈융합은 내용보다는 생각과 관계를 변화시킨다.

학습 효과

탈융합에 대한 연구는 비교적 적은 반면, 이 기법은 수용전념치료의 핵심 기술 중 하나이며, 수많은 연구들이 수용전념치료가 불안(Eifert와 Forsyth 2005), 우울장애(Zettle 2007), 분노(Saavedra 2007), 그리고 반추(Ovchi)에 효과적이라는 것을 발견했다. 그리고 강박적 사고와 수치심을 포함한 기타 여러 심리적, 건강 문제가 있다. 탈융합에 대한 연구가 특히 중요하다. 왜냐하면 (수용전념치료의 요소로서의) 융합이 인지적 유연성을 향상시키고 사람들을 강박적인 정신 과정에서 벗어나게 하는 것으로 보이기 때문이다.

학습 시간

몇 가지 기본적인 탈융합 기술을 배우고 연습하기 시작하는 데 일주일도 채 걸리지 않는다. 어떤 것이 가장 적합하고 사용하기 가장 쉬운지 결정할 수 있도록 모든 방법을 시도해 볼 것을 권장한다. 일단 당신에게 가장 잘 맞은 것으로 느껴지는 탈융합 기법을 정하면, 당신의 부정적인 생각이 덜 긴급하고 덜 강력하며 쉽게 버리기 시작하는 데 2~4주가 걸릴 것이다.

학습 지침

이 장에서 우리는 당신의 탈융합 능력을 개발하는 데 도움이 될 많은 연습을 제시한다. 우리는 당신이 생각을 관찰하는 법을 배우는 데 도움이 될 연습으로 시작한다. 다음으로 우리는 생각에 라벨을 붙이고 생각을 떠나보내기, 그리고 그다음으로 이러한 기술을 결합하는 방법에 대한 몇 가지 조언을 제공한다. 연습의 마지막 부분은 당신의 생각과 거리를 두는 데 도움이 될 것이다.

생각 관찰하기

탈융합의 출발점은 마음을 관찰하는 방법을 배우는 것이다. 이것을 편안하게 하는 두 가지 방법이 있다. 화이트 룸 명상과 마음챙김 집중이다.

화이트 룸 명상

당신이 가구도 장식품도 없는 완전히 빈 하얀 방 안에 있다고 상상하라. 천장, 바닥, 모서리 중 하나와 같이 방의 어느 곳에서나 위치를 지정할 수 있다. 그러나 자신이 어디에 있든 왼쪽에는 열린 문, 오른쪽에는 두 번째 열린 문을 상상해 보라. 그 문은 어둠 속으로 열려 있고, 당신은 그 너머로 아무것도 볼 수 없다.

당신의 생각이 왼쪽 출입구에서 들어와 시야를 가로질러 오른쪽 출입구를 통해 나간다고 상상하라. 당신의 생각이 방을 가로지르면 시각적 이미지(날아가는 새, 달리는 동물, 몸집이 큰 마피아, 풍선, 구름, 또는 다른 어떤 것 등의)에 연결할 수 있다. 또는 단순히 '생각'이라는 단어를 말할 수 있다. 당신의 생각을 분석하거나 탐색하지 말라. 각자가 잠시 동안 의식을 하도록 한 다음 오른쪽 출입구를 통해 나가도록 하라.

어떤 생각은 긴급하거나 강력하게 느껴질 수 있다. 어떤 사람들은 다른 사람들보다 더 오래 머물기를 원할 수 있다. 다음 생각을 할 수 있도록 각자 문밖으로 나가도록 하라. 새로운 생각들이 나타나면, 예전 생각들은 포기했는지 확인하라. 하지만 그들이 다시 나타나더라도 걱정하지 마라. 많은 생각이 자체적으로 반복되는 경향이 있고, 하얀 방을 방문하는 사람들도 예외가 아닐 수 있다.

이 명상을 5분간 하라. 작업을 마치면 시간을 내어 경험에 대해 생각해 보라. 생각의 속도가 빨라졌는가, 느려졌는가, 아니면 거의 같은 속도로 계속되었는가? 각각의 생각을 버리고 새로운 생각을 위한 공간을 만드는 것이 얼마나 쉬웠는가? 당신의 생각이 더 긴급하고 매력적으로 느껴졌는가? 덜 매력적으로 느껴졌는가, 아니면 거의 비슷한가? 마지막으로, 당신은 더 차분하거나 더 긴장해졌는가? 아니면 거의 비슷했는가?

많은 사람에게 생각을 관찰하는 것만으로도 생각의 속도가 느려지고 덜 긴급하다고 느끼게 된다. 어떤 사람들은 생각에 완전히 사로잡히지 않고 지켜보기 때문에 더 큰 평온을 경험한다.

마음챙김 집중

하얀 방 명상에 대한 당신의 반응이 무엇이든, 우리는 당신이 두 번째 연습인 마음챙김 집중으로 당신의 생각을 관찰할 것을 권장한다. 이 연습에서는 생각을 살펴보는 것으로 시작하지 않는다.

대신 숨을 내쉬면서 시작하여 목구멍 뒤쪽과 폐로 들어가는 시원한 공기의 느낌, 갈비뼈가 확장 및 수축되고, 숨을 내쉴 때 횡격막이 긴장했다가 풀리는 느낌을 알아차린다. 당신의 호흡을 계속하고, 신체적인 경험의 각 부분을 알아차린다.

숨을 포함해 무엇이든 집중하다 보면 생각이 들 수밖에 없다. 호흡을 관찰하는 경험을 마음이 무엇을 하고 있는지 알아차릴 수 있는 기회로 삼는다. 각각의 생각이 떠오르면 그것을 인정하고("생각이 있다") 호흡에 주의를 돌려라. 그래서 순서는 호흡이고, 생각이 일어나는 것을 알아차리고, 그 생각을 인정하고, 호흡의 깨달음으로 돌아간다.

다른 것에 집중하고 있는데도 생각이 어떻게 당신의 의식을 침범하는지 지켜보는 것은 마음의 힘을 인식하는 좋은 방법이다. 숨을 참으려고 아무리 애써도 생각은 자꾸만 떠오른다. 이것은 정상적이고 피할 수 없는 일이지만, 마음챙김 집중을 수행하면 육체적 경험에 머물면서 마음을 인정하는 법을 배울 수 있다.

약 5분 동안 마음챙김 집중을 연습하라. 그런 다음 이 연습이 생각과의 관계를 어떻게 변화시키는지 생각해 보라. 빈도, 강도, 신뢰성 또는 침입성 측면에서 변화가 있는가?

라벨링(Labeling)

당신은 생각을 관찰하는 법을 배운 다음 생각에 라벨을 붙일 때이다. 당신의 마음이 무엇을 하고 있는지 설명하는 것은 당신의 생각과의 거리를 두고, 그것들이 얼마나 믿을 만하거나 설득력이 있는지를 감소시킨다. 잘 작동하는 두 가지 기법이 여기 있다.

"나는 …라는 생각을 하고 있다."

당신의 생각에 라벨을 지정하는 한 가지 방법은 "나는 …라는 생각을 하고 있어."라는 문구를 사용하는 것이다. "나는 내가 이기적이라는 생각을 하고 있어." "나는 승진하지 못할 거라는 생각을 하고 있어."

"나는 내 배의 통증이 종양이라고 생각하고 있어." 단순히 라벨을 붙이는 행위만으로도 어떻게 당신을 인지로부터 멀어지게 하고, 긴급하고 믿을 만하게 느끼게 하는지 주목하라.

"지금 나의 마음은 ___________라는 생각을 하고 있어."

또 다른 라벨 붙이기 기술은 "지금 나의 마음은 ___________라는 생각을 하고 있어."라는 문구를 사용하는 것이다. 이 연습을 위해 당신이 사용할 수 있는 특정 라벨 붙이기는 '두려운 생각', '판단적인 생각', '충분하지 않은 생각', '실수 생각', '생각해야 할 것' 등이 포함될 수 있다. 당신의 가장 흔한 생각의 범주에 대한 자신만의 라벨을 만들라. 일련의 인식들을 관찰할 때, 라벨 붙이기는 이렇게 이루어진다: "이제 내 마음은 자기 비판적인 생각을 하고 있어… 이제 내 마음은 미래에 대한 두려운 생각을 하고 있어... 이제 내 마음은 분노하고 있어… 이제 내 마음은 또 다른 두려운 생각을 하고 있어…" 등등.

생각 버리기

세 번째 탈융합 기술은 생각 버리기와 관계가 있다. 그런 다양한 연습 중에 우리가 권장하는 몇 가지가 있다. 모두 배우고 사용하기 쉬운 것들이다.

개울가에 나뭇잎

각 생각을 나무에서 떨어져 빠르게 흐르는 개울에 떨어지는 가을 잎으로 상상하라. 그 잎이 물에 닿을 때 그것은 물살에 잡혀 하류로 휩쓸려 굽이를 지나 시야에서 사라진다. 각각의 새로운 생각이 당신의 마음에 나타날 때 그것을 새로 떨어져 물살에 닿고 하류로 휩쓸려가 시야에서 사라지는 잎으로 시각화하라.

광고판

도로 양옆으로 간간이 광고판이 나타나는, 길게 뻗은 고속도로를 운전하고 있는 자신을 상상해 보라. 각각의 생각을 광고판 중 하나의 메시지로 시각화하라. 간단히 그것을 알아차린 다음 빠르게 지나치는 당신의 차를 상상하라. 당신의 생각이 시야를 벗어날 때 다음 새로운 생각이 다른 광고판에 나타나고, 당신의 차가 굉음을 내고 지날 때까지 잠깐 주목된다.

풍선

12개의 빨간 풍선에 줄을 매고 있는 광대를 상상해 보라. 새로운 생각이 들 때마다 풍선에 붙인 다음 풍선을 그룹에서 분리하여 하늘로 띄워 보내 시야에서 사라지게 하라. 이미지가 천천히 움직이고 풍선이 시야에서 사라지는 데 너무 많은 시간이 걸린다면 강한 바람이 각각 날아가는 것을 상상하라.

컴퓨터 팝업

각 생각을 컴퓨터 화면의 팝업 광고나 알림으로 표시한다고 상상하라. 생각을 간단히 메모하고 팝업을 닫거나 단순히 사라지게 하고, 다음 팝업이 나타날 때까지 화면을 빈 상태로 남겨 두어라.

기차와 보트

철도 건널목에서 자신의 앞을 지나가는 느린 화물 열차를 보고 있다고 상상해 보라. 각 짐칸이 천천히 굴러가는 새로운 생각이다. 또는 다리 위에서 바다로 나가는 길에 당신의 발아래에서 천천히 지나가는 어선을 바라보는 상상을 해 보라. 각 보트는 사소한 것에서 천천히 움직이는 생각을 나타낸다.

물리적으로 떠나보내기

이전의 모든 놓아두기 운동은 전적으로 이미지에 기반을 둔 반면, 이것은 더 물리적이다. 각 생각이 당신의 마음에 들어올 때, 손에 들고 있다고 상상해 보라. 실제로 손을 내밀고, 손바닥을 위로 하라. 그런 다음, 손바닥이 아래를 향할 때까지 손을 천천히 돌리고, 생각이 당신의 손에서 떨어져 시야에서 사라지는 것을 상상하라. 이후 다음 새로운 생각을 받기 위해 손바닥을 위로 향하게 하는 위치로 손을 돌린다. 다음 생각이 오면 다시 손을 돌리고 생각이 사라지는 모습을 상상하라. 떠나보내기 과정을 물리적으로 만드는 것은 그것이 더 강력하고 현실감 있게 느끼게 하는 데 도움이 된다.

결합하고, 지켜보고, 라벨링하고, 떠나보내기

당신의 생각을 떨쳐버릴 때, 각 인식과 같이 사용할 반응 순서를 설정하는 것이 도움이 된다. 이것을 하는 가장 간단한 방법은 라벨 붙이는 방식을 선택하여 이를 떠나보내기 시각화 또는 물리적인 떠나보내기 기술 중 하나와 결합하는 것이다.

두려운 미래의 가능성을 되새기는 마크(Mark)는 이러한 생각에 대해 "나는 …라는 생각을 하고 있어…"로 라벨을 붙이고, 시냇물에 떠 있는 나뭇잎의 이미지로 시각화하는 것으로 이 생각들에 반응하기로 결정했다. 이를 잠깐 시도한 다음, 그는 사회적 상황에 있을 때 개울에 떠 있는 나뭇잎의 이미지를 떠올리기가 어려움을 깨달았다. 그래서 그는 이를 물리적인 떠나보내기로 대체했다. 손바닥을 돌리는 대신, 미묘하게 손가락을 펼쳐 생각을 놓아 버리는 모습을 표현했다. 마크는 이 라벨 붙이기와 떠나보내기의 이러한 결합을 사용할 때 이전의 '~라면 어쩌지?'라는 인식들을 덜 믿을 만하고 속상하게 느껴진다는 것을 발견했다.

거리 두기

특정한 탈융합 연습은 생각으로부터 거리를 두고 덜 심각하게 받아들이는 데 특히 도움이 된다. 생각과 거리를 두면 당신을 슬프게 하거나 화나게 하거나 두렵게 만드는 힘이 줄어든다. 거리 두기 연습들을 한 가지 공통점이 있다. 그것들은 고통스러운 생각을 수용하면서 축소되고 중요성이 줄어들도록 한다. 다음 사례를 탐구하면서 그 역설을 이해하게 될 것이다.

당신의 마음에 감사하라.

앞서 언급했듯이, 당신의 마음은 당신을 보호하기 위해 많은 생각, 심지어 문제가 있는 생각까지 제공한다. 이는 위험한 가능성을 예측하거나, 무엇이 당신에 좋고 나쁜지를 판단하거나, 왜 일들이 일어나는지를 알아내려고 애쓴다. 그렇게 당신의 마음은 당신이 살아남고 문제를 극복하도록 돕기 위해 열심히 일하고 있다. 그러나 당신의 마음은 미친 듯이 날뛸 수도 있고, 당신을 비참하게 만드는 생각들에 강박적으로 집중할 수 있다.

이런 생각들을 다루는 한 가지 방법은 당신을 보호하려는 마음에 감사하는 것이다. 부정적인 생각이 떠오를 때마다, "마음, 그렇게 생각해 줘서 고마워."라고 간단히 말하라. 당신이 그 생각에 휘말릴 필요는 없다. 당신이 그것을 이해하거나 탐색할 필요가 없다. 당신은 그냥 그 마음이 당신을 보호하기 위해 그런 생각을 했다는 사실을 감사할 수 있다. "마음, 고마워!"는 마음의 선의를 인정하는 동시에 그것이 당신에게 던지는 고통스러운 생각으로부터 멀어지게 하는 주문이다. "마음, 그 두려운 생각에 감사해… 마음, 난 좋은 생각이 아니야. 고마워… 마음, 실패를 예측해 줘서 고마워… 마음, 내 관계가 무너질 거라고 생각해 줘서 고마워."

당신이 마음에 감사할 때, 당신은 떠오르는 각 생각과도 거리를 두게 된다. 당신은 당신의 마음의 노력에 감사하면서 그것이 잘못되었을 수도 있다는 것을 인식하고 있다.

부정적인 라벨 반복

에드워드 터치너(Edward Titchene 1916)는 사람이 한 단어를 50번 이상 반복하면 의미를 잃기 시작한다는 것을 발견했다. 그것은 개념이 아니라 소리일 뿐이다. 예를 들어, '우유'라는 단어를 보자. 당신이 그 단어를 한 번 들을 때에는 우유의 색과 냄새를 상상할 수 있고, 당신의 식도를 따라 흐르는 액체의 시원함을 느낄 수 있다. 그러나 만일 당신이 '우유'라는 단어를 계속하여 큰 소리로 말한다면 무슨 일이 일어나지를 상상해 보라. 지금 바로 실행해 보라. 최소한 60초 동안 분명하게 발음하면서 가능한 한 빠르게 '우유'라고 계속 말해 보라.

단어의 의미는 어떻게 되었는가? 그것이 여전히 동일한 감각적 인상과 연상을 불러일으키는가, 아니면 이상하거나 공허하게 느껴졌는가? 그것이 단어라기보다는 소리가 되지 않았나?

반복이 의미를 변화시키고 축소한다는 사실은 탈융합에 매우 유용하다. 부정적인 자기 판단이나 두려운 미래 결과가 당신을 괴롭히는 능력과 독침을 잃을 때까지 반복할 수 있다. 지금 그것을 사용해 보라. 자신에게 자주 적용하는 부정적인 라벨을 선택하라. 1~2분 동안 반복하고 가능한 한 빨리 명확하게 발음하고 해당 라벨과 관련된 생각에 어떤 일이 발생하는지 확인하라.

생각의 객관화

생각들을 덜 중요하고 혼란스럽게 만드는 고전적인 방법은 생각을 객관화하는 것이고, 이것은 우리가 그것들을 사물이라고 상상하는 것을 의미한다. 예를 들어, 당신을 계속 괴롭히는 귀찮은 생각에 색을 지정하라. 당신은 그 생각에 모양, 질감 또는 크기 – 또는 이 모든 것을 지정할 수 있다. 그게 초록색이고, 농구공만 한 크기이고, 치즈 케이크의 질감과 불가사리의 모양을 상상하면 생각으로부터 거리를 두기가 더 쉽다.

카드 휴대

어떤 생각들은 계속 나타나는데, 마치 반갑지 않은 친척들이 계속 찾아오는 것 같다. 이 생각들로부터 거리를 두는 한 가지 방법은 그것들을 색인카드에 써서 그 카드를 가지고 다니는 것이다. 그 생각들 중 하나가 다시 나타날 때마다 "그 생각이 나의 카드에 적혀 있어."라고 자신에게 상기시킬 수 있다.

표지판 착용

때로 당신의 마음이 만들어 내는 가장 고통스러운 생각들을 공개적으로 인정하는 것이 도움이 된다. 이 생각을 스티커 메모나 이름표에 적고 그것을 몇 시간 동안 가지고 다니라. (당신은 아마도 집에서나 친한 친구와 함께 있을 때만 이 작업을 하고 싶을 것이다.) 일단 생각의 힘과 따끔함이 사라지는 데에 오래 걸리지 않음을 알게 될 것이다. 많은 사람이 이것이 "나는 어리석어", "나는 나쁜 부모야" 또는 "나는 외롭고 공허해" 등과 같은 판단적인 생각들에 특히 유용함을 알게 된다. 생각을 인정하는 것은 그것을 더 멀고 덜 중요한 것으로 만드는 마법 같은 효과를 가진 것으로 보인다.

거리두기 연습

특히 귀찮고 고통스러운 또는 자주 나타나는 생각의 경우, 생각이 떠오를 때마다 다음의 4단계 과정을 이용하기를 제안한다.

1단계: 스스로 그 생각이 얼마나 오래됐는지 물어보라. 3년 전 실직했을 때 시작됐는가, 당신의 첫째 아내가 이혼을 요구했을 때로 거슬러 올라가는가, 혹은 어린 시절 생각이 났는지 기억하는가? 언제 시작됐는지 분명하지 않다면, 그게 얼마나 지속됐는지-5년, 10년, 20년?-대략적인 추측을 하라.

2단계: 그 생각의 기능을 조사하라. 이 생각은 무엇을 위한 것인가? 대부분의 부정적인 생각들은 특정 행동이나 상황을 피함으로써 당신의 고통을 예방하는 데에 도움이 되는 단일 기능을 가지고 있다. 스스로 그 생각이 당신에게 무엇을 하고, 하지 않게 만드는 행동이 무엇인지 자문해 보라. 감정으로부터 당신을 보호하려는 것은 무엇인가?

3단계: 그 생각의 실행 가능성을 검토해 보라. 당신이 고통을 피하도록 도움을 주는가, 또는 그것이 단지 당신을 마비시켜 중요한 일을 하기를 어렵게 하는가? 예를 들어, 당신이 한 생각이 당신을 두려움으로부터 보호하고자 한다는 것을 깨달으면, 당신은 그 생각에 귀 기울이는 것이 당신을 더 두렵게 만드는지 또는 덜 두렵게 만드는지 검토할 수 있다. 당신은 또한 그 생각이 하고 싶은 일을 하도록 도움을 주는지 방해가 되는지를 자문해 볼 수도 있다. 결국 실행 가능성의 답은 매우 간단하다. 그 생각이 도움을 주거나 아니거나 둘 중 하나이다.

4단계: 당신을 두렵게 하는 것이 무엇이든 하면서, 이 생각을 기꺼이 할 의향이 있는지 자문해 보라. 예를 들어, 파티에서 매력적인 사람이 당신을 거절할 수 있기 때문에 무시하려는 생각이 든다면, 당신은 그 사람에 대해 생각하고 이야기할 의향이 있는가? 결국 무섭고 낙담하는 생각이 당신의 행동을 통제하도록 둘 것인지, 아니면 마음이 무슨 말을 할지라도 인생에서 정말 중요한 일을 할 것인지에 달려 있다.

이 4단계 과정은 가장 고통스럽고 끈질긴 생각조차도 덜 중요하게 보이게 하고 영향력을 줄이는 데 도움을 줄 것이다. 생각을 마비시키는 것과 거리를 두어 당신이 관심 있는 일을 하는 데 방해가 되지 않도록 할 것이다.

사례

28세의 제도공인 워커(Walker)는 불안하고 자기 비하적 생각으로 몇 년 동안 고군분투했다. 그는 직장에서의 업무 능력과 사교 그리고 재미있는 대화를 하는 능력에 대해 판단력이 있었다. 그는 또한 거절당하고 판단을 받는 것에 대해 두려운 생각이 있었고, 직업, 아파트, 독립을 잃는 것에 대해 다른 사람들을 두려워했다. 그는 기계공학 학위를 따기 위해 학교로 돌아가고 싶었지만, 실패와 학자금 대출과 관련한 잠재적인 재정 위기에 대한 생각으로 앞으로 나아가는 것을 막고 나아갈 수 없었다.

워커는 탈융합을 배운 후 관찰하고 어려운 생각들을 떠나보내는 간단한 과정을 선택했다. 각 인식이 나타날 때, 그는 스스로에게 "지금 내 마음은 판단적인 생각을 갖고 있어." 또는 "이제 내 마음은 두려운 생각을 하고 있어."라고 말했다. 다음으로 그는 손을 뒤집고, 손바닥을 아래로 하고, 그 생각이 바닥으로 떨어져 시야에서 사라지는 것을 상상했다.

워커가 생각을 분류하고 놓아 버리는 데 더 능숙해짐에 따라 그는 자신이 마음과 관계하는 방식에 변화가 있음을 알아차렸다. 각 판단적인 생각과 두려운 생각 하나하나가 대단히 중요하다고 느끼는 대신, 그는 그것들을 단지 생각이고 그의 끝없는 정신적인 수다의 일부로 여기기 시작했다.

이러한 긍정적인 변화에도 불구하고, 그의 두려운 생각 중 일부는 여전히 귀찮고 강력했다. 이 중에 가장 중요한 것은 그가 학교로 돌아갈 경우 실패할 것이라는 생각이었다. 워커는 자신를 그 생각들로부터 멀리하기 위해 먼저 티치너(Titchener)의 반복과 카드 휴대 전략을 시도했다. 마침내 그는 이런 인식들로 자신에게 얼마간의 숨을 쉴 여지를 주기 위해 거리 두기 연습을 사용하기로 약속했다. 학교로 돌아가는 것에 대한 두려운 생각이 떠오를 때마다, 워커는 그 생각이 얼마나 오래됐는지 물어보았다. 그는 이 생각이 그가 11년 전 대학을 들어갔던 처음 입학했을 때부터 시작됐음을 깨달았다. 그 생각들의 기능은 항상 같았다. 어려운 도전을 피함으로써 자신을 실패와 그에 대한 불안으로부터 보호하는 것이었다.

워커가 작업 가능성에 대한 질문으로 돌아섰을 때, 그는 이 생각들이 결코 유용하지 않음을 깨달았다. 대학에서의 1년 동안 그 생각들은 그로 하여금 어려운 공학 과정을 피하도록 몰아갔고, 결국 그를 학교를 중퇴하도록 만들었다. 그는 또한, 불안으로부터 자신을 보호하기보다는 이 생각들이 자신의 대학 시절을 초조한 악몽으로 만들었다는 것을 기억했다. 그리고 이제는 그가 학교로 갈 생각을 할 때마다 그의 가슴이 뛰었고 불안이 솟구쳤다. 불안과 실패로부터 자신을 보호하는 대신, 그의 생각들은 그를 두려움으로 채우고 실패를 보장했다.

마침내 워커는 자신에게 가장 중요한 질문을 했다. 그가 이런 생각을 가지고 대학 지원서를 작성할 의향이 있는가? 그는 그의 마음이 예측한 실패와 재앙에 상관없이 한번 해 보기로 결심했다.

유의 사항

탈융합은 당신의 생각과 다투거나 논쟁을 하는 것이 아니다. 이 책에서의 인지적 재구조화에 관한 2개의 장(3장 '제한된 사고(생각) 패턴 바꾸기'와 4장 '격한 사고(생각) 바꾸기')은 당신의 생각을 바꾸고 부정적인 생각들을 더 긍정적이거나 정확한 인지로 대체하는 방법에 대해 설명한다. 한편, 탈융합을 통해 당신은 그것들이 어떤 형태를 갖든 당신의 생각을 수용하기를 추구한다. 당신의 생각이 긍정적이든 부정적이든, 또는 정확하든 왜곡됐든, 탈융합은 당신의 생각들을 있는 그대로 두도록 권장한다.

만일 당신의 생각과 논쟁하려고 한다면 당신은 그것들과 거리를 두지 않는 것이고, 따라서 당신은 탈융합을 하고 있는 것이 아니다. 탈융합은 생각의 관리나 재구조화 하는 게 아니라, 마음과의 관계를 변화하는 것을 목표로 한다는 것을 기억한다. 당신이 생각하는 것을 논박하기보다는 그것을 특별한 진실이나 정확성이 없는, 많은 생각 중의 하나로 보라. 각 생각은 단순히 마음이 당신에게 지금 말하고 있는 것이다. 당신이 관찰하고, 이름을 붙이고, 놓아 버릴 수 있는 일련의 단어들이다.

때때로 당신의 마음은 탈융합 과정을 저항할 것이다. 그것은 특정 생각이 중요하다고 주장할 것이고, 그것을 무시한다면 무서운 결과를 예측할 것이다. 이는 단지 또 다른 생각일 뿐이며, 다른 어떤 것보다 더 진실하거나 중요하지도 않다. 그 생각을 관찰하고, 이름표를 붙이고, 놓아주어라. 만약 그 생각이 완강하게 반복하여 돌아온다면, 거리 두기 기법을 사용하여 그 역사와 기능, 가능성을 탐색한다. 그 생각이 당신에게 도움이 되지 않았다는 게 분명할 때, 그냥 떠나보내라.

제11장

가치를 행동으로 옮기기

수용전념치료의 핵심 접근법인 가치 기반 행동 활성화(Hayes, Strosahl과 Wilson 1999)는 우울증 극복의 주요 단계가 될 수 있다. 가치 기반 행동은 한 가지 중요한 질문으로 귀결된다. 이 행성에서의 당신의 시간이 제한되어 있다고 할 때, 당신은 그것을 어떻게 사용하기로 선택할까?

당신의 가치는 당신이 원하는 삶을 반영한다. 그것들은 물, 겨울의 맑은 날, 또는 줌바 댄스와 같은 당신의 욕구나 선호가 아니다. 그것들은 일반적으로 본질적이고 추상적인 원칙으로 표현된다. 당신이 따라 살기로 선택한 가치는 나침반의 화살표와 같아서 당신이 가야 할 길을 가리킨다. 그것들은 당신의 인생이 가고자 하는 길이고 방향이다. 예를 들면, 중요한 관계에서 정직한 것, 또는 좋은 부모가 되는 것 등이다. 목표와 의도는 특정 감정에 대해 진실을 말하거나 자녀의 숙제를 돕는 것과 같이 당신의 가치관의 방향으로 당신을 움직이는 디딤돌이다.

당신의 가치와 구체적인 관련 의도를 식별하면 당신을 움직일 수 있다. 그것은 당신이 우울증에 걸렸을 때 당신의 삶을 활기차게 만들고 피하던 일들을 하도록 동기를 부여할 수 있다. 우울증은 종종 관계를 끊고 단절하는 것과 관련되고, 가치 작업은 우울증에서 이러한 유지 요인을 되돌리는 데에 엄청난 도움이 될 수 있다.

학습 효과

가치 기반 행동에 전념하면 활동 수준을 높이고, 우울증과 다른 정서장애에서의 주요 유지 요인 중의 하나인 경험적 회피를 극복하려는 동기와 의지를 개선해 준다(Hayes and Smith 2007). 가치 작업이 핵심 접근 방식인 수용전념치료는 우울증 치료에 매우 효과적인 것으로 나타났다(Zettle 2007).

학습 시간

당신의 가치를 확인하고 구체적인 가치 기반 의도에 전념하는 데 몇 시간밖에 걸리지 않을 것이다. 가치를 구체적인 약속된 행동(의도)으로 바꾸고 더 활동적으로 되는 것은 몇 개월에 걸쳐 연장될 수 있는 과정이다.

학습 지침

이 장의 연습은 당신이 가장 중요하게 생각하는 것인 당신의 핵심 가치를 파악하고, 그 가치에 따라 삶을 살기 위해 노력하는 데 도움을 될 것이다. 우리가 안내할 과정은 다섯 단계로 구성된다.

1. 가치를 명확히 하라.
2. 현재 당신이 어떻게 살고 있는지 당신의 주요 가치관과 비교하라.
3. 가치 기반 생활을 향상하려는 의도를 만들어라.
4. 당신의 의도를 성취하는 것을 시각화하라.
5. 가치 기반 행동에 전념하라

1단계: 가치를 명확히 하라.

이 과정의 첫 번째 단계는 자신에게 중요한 삶의 측면과 이러한 각 관련하여 가장 가치 있는 것이 무엇인지 확인하는 것이다. 사람들은 다음의 10가지 일반적인 삶의 영역의 대부분, 또는 전부에서 강력한 가치를 갖는 경향이 있다(Hayes and Smith 2005). 이러한 일반 영역 또는 영역 중 일부는 다른 영역보다 당신에게 더 중요할 것이다. 10개 영역에 대한 다음 설명을 읽은 다음, 그에 따른 **중요한 삶의 영역과 핵심 가치** 양식을 완성하라.

1. **친밀한 관계.** 이것은 당신의 파트너, 연인, 남자 친구, 여자 친구, 또는 배우자를 지칭한다. 당신의 중요한 사람에게 당신은 어떤 유형의 파트너가 되고 싶은가? 만일 당신이 현재 관계에 있지 않다면, 당신의 이상적인 친밀한 관계 측면에서 생각해 보라. 친밀한 관계와 연관 짓는 당신의 가치에는 사랑, 성실, 정직, 또는 개방성을 포함할 수 있다.

2. **육아.** 부모 역할에 대해 당신이 가장 중요하게 생각하는 것은 무엇인가? 예를 들어, 당신은 양육, 교육, 멘토링, 보호 또는 사랑을 가치롭게 여기는가?

3. **교육과 학습.** 당신이 새로운 무언가를 배우는 삶의 영역들에 대해 생각해 보라. 학습과 관계된 가치에는 이해, 기술, 지혜, 진실 등을 포함한다.

4. **친구와 사회생활.** 친구 관계에서 가장 중요하게 생각하는 특성이나 이상적인 친구 관계에서 찾고자 하는 특성이 무엇인지 생각해 보라. 여기에는 지원, 정직, 신뢰, 충성, 또는 사랑이 포함될 수 있다.

5. **신체적 자기 관리와 건강.** 당신은 당신의 몸을 돌보는 것에 보상을 받고 있는가, 아니면 당신이 이 부분에 기울이거나 몇몇 예방 조치를 취할 필요가 있는가? 신체적 자기 관리와 건강과 관련한 가치에는 활력, 힘, 지구력, 기분 좋은 느낌, 기동성, 그리고 장수를 포함한다.

6. **원가족.** 당신의 부모, 형제자매들과 관계에서 가장 중요한 것은 무엇인가? 이러한 가치에는 수용, 사랑, 지원, 또는 존경이 포함할 수도 있다.

7. **영성.** 당신은 오감으로 아는 것을 초월하는 자신보다 더 위대한 것과 연결되어 있는가? 영성은 여러 자기 형태를 취한다. 몇 가지 예를 들면 아름다운 일몰을 감상하는 것, 잘 갖추어진 종교에 참여하는 것, 명상을 연습하는 것 등이 있다. 사람들은 하나님과의 관계, 더 높은 능력, 본성,

또는 보편적인 생명력을 중요하게 생각한다.

8. **지역사회와 시민권.** 당신은 지역사회의 복지에 기여하기 위해 무엇을 하는가? 당신은 자선단체에 기부하거나, 자원봉사를 하거나 정치적으로 참여하는가? 이러한 영역에서의 일반적인 가치에는 책임, 정의, 연민, 그리고 자신이 포함된다.

9. **레크레이션과 레저.** 당신은 여가 시간을 어떻게 보내는 것을 좋아하는가? 에너지를 어떻게 회복하며, 친구와 가족들과 어떻게 재결합하는가? 당신의 취미와 관심사는 어떤 가치를 반영하는가? 이 영역과 관련한 가치에는 삶의 균형, 흥미, 창의성, 기쁨, 그리고 정열을 포한한다.

10. **일과 경력.** 이상적으로, 당신은 당신의 일을 통하여 무엇을 성취하고 싶은가? 당신은 무엇을 위해 서고 싶은가? 일과 관련된 일반적인 가치에는 올바른 생계, 혁신, 창의성, 효율성, 성실성, 생산적이 되는 것, 우수함, 관리 책임자, 좋은 지도자 등을 포함한다.

다음의 연습지는 당신의 핵심 가치를 명확히 하고, 어떤 삶의 영역이 당신에게 가장 중요한지 결정하는 데에 도움을 줄 것이다. 당신의 우선순위와 가치는 시간이 지남에 따라 변화할 수 있으므로, 사본을 만들고 나중에 사용할 수 있도록 책의 버전을 공백으로 두라. (http://www.newhanbinger.com/45489에서 다운로드할 수 있다.) 이 연습지를 사용하려면 먼저 오른쪽 열을 채우고 각 영역에 대한 당신의 핵심 가치를 요약하는 몇 가지 단어와 구문을 기록하라. 목록에 없지만 당신에게 중요한 영역들을 추가하려면 빈 줄을 이용하라. 다음으로, 0에서 2까지의 척도를 이용하여 당신에게서의 중요성 측면에서 그 영역들을 평가하라. 여기서 0은 전혀 중요하지 않음, 1은 약간 중요, 2는 매우 중요한 것을 의미한다. (반 퇴직한 엔지니어인 Jose의 예는 빈 연습지를 따른 것이다.)

중요한 삶의 영역과 핵심 가치

중요성	영역	핵심 가치
	친밀한 관계	
	육아	
	교육과 학습	
	친구와 사회생활	
	신체적 자기 관리와 건강	
	원가족	
	영성	
	지역사회와 시민권	
	레크레이션과 레저	
	일과 경력	

호세(Jose)의 중요한 삶의 영역과 핵심 가치

중요성	영역	핵심 가치
2	친밀한 관계	상호 정직, 열린 소통, 사랑, 존중, 그리고 지지
2	육아	내 아이들을 과보호하지 않고 양육하고 멘토링하기
1	교육과 학습	비판적 사고 능력 학습 및 개발
2	친구와 사회생활	신뢰, 충성도, 그리고 공동의 이익
2	신체적 자기 관리와 건강	기분 좋고, 내가 가치 있게 여기는 다른 것들을 할 수 있는 활력
1	원가족	지지하고, 이해하고 연결되기
0	영성	우주의 신비를 묵상하고 모든 것이 신성하다는 것을 기억
1	지역사회와 시민권	나의 공동체와 세계를 더 나은 곳으로 만드는 데 도움
1	레크레이션과 레저	내 열정을 즐기고, 창의적이 되고, 재미를 갖기
1	일과 경력	내가 창의적이고, 유용하고, 생산적일 수 있는 방식으로 일하기

2단계: 현재 당신이 어떻게 살고 있는지 당신의 주요 가치관과 비교하라.

당신의 가치를 명확히 하기 시작했으므로 현재 삶을 어떻게 살고 있는지를 비교할 수 있다. 먼저 중요한 삶의 영역 및 핵심 가치 양식에 대한 응답을 검토한다. 각 영역에 대해, 당신이 그것과 연계하는 가치관에 대해 생각하고, 그 영역에서 당신이 현재 하고 있는 것에 만족하는지를 생각해 보라. 그 영역에서 당신의 행동은 당신의 가치관을 반영하는가? 만일 아니라면, 당신의 삶을 당신의 가치관과 일치시키기 위해 무엇을 다르게 할 수 있는지를 고려하라. 시간을 내어 별도의 종이에 이에 대해 작성하라.

다음은 호세가 자신의 더 중요한 영역 중 일부에서 자신의 핵심 가치관과 삶을 살았던 방식을 비교할 때 쓴 내용에서 발췌한 것이다.

신체적인 자기 관리와 건강. 나는 내 인생에서 내가 소중하게 여기는 다른 모든 것들을 할 수 있는 기분과 활력을 중요하게 생각하지만, 나는 체중 감량을 위해 아무것도 하고 있지 않다. 내 건강 관리를 더 잘해야겠어!

일과 경력. 지금은 집을 수리하고 가끔 컨설팅을 하는 것이 직업적 가치를 충족시켜 주고 있다.

친밀한 관계. 나는 아내와 사랑하는 관계를 갖고 있고 의사소통을 정직하고 개방적이지만, 우리는 우리 의견이나 관심사가 다를 때 상호 존중과 지지를 위해 노력할 필요가 있다.

육아. 이제 아이들이 성장했으니 그들을 과보호하지 않고 계속 보살피고 싶다. 그들에게 멘토링을 하고 싶지만, 그들은 내가 훈계한다고 말한다. 나는 아직도 내 아이들을 어린아이 취급을 하고 있고, 그리고 그들의 문제를 해결해 주기보다는 그들의 말을 경청해야 한다.

원가족. 상호 지원, 충성심, 원가족과의 연결을 중요하게 생각하지만 우울하고 지쳐 있기 때문에 가족 행사를 피하고, 상호작용을 시작하지 않는다.

3단계: 가치 기반 생활을 향상하려는 의도를 만들어라.

3단계에서는 자신에게 중요한 각 영역(중요도에서 2 또는 1으로 평가한 영역)의 핵심 가치와 당신의 삶을 더 가깝게 일치시킬 의도를 만들 것이다. 모든 영역에서 당신이 노력할 수 있었던 다양한 의도를 생각해 보았을 수 있지만 먼저 당신에게 가장 중요한 영역과 가치관에 초점을 맞추라. 이것들은 당신의 의도에 따라 행동하도록 가장 크게 동기화될 영역들이다.

좋은 의도의 핵심 특성은 구체적이고 달성 가능한 것들이다. 다음의 연습지는 그런 의도들을 만들도록 도와줄 것이다. 향후 가치 작업을 위해 계속 사용할 수 있도록 의도 및 내부 장애 양식을 여러 개 복사하시오(http://www.newharbinger.com/45489에서 다운로드할 수 있다).

왼쪽 열에 중요하다고 평가한 영역(2개 또는 1)을 각각에 대한 하나 이상의 핵심 가치와 함께 기록한다.

그런 다음, 각 영역에 대하여 당신이 썼던 핵심 가치를 반영하는, 당신이 성취하고자 하는 구체적인 의도를 생각해 보라. 의도란, 당신이 직면한 조건에서 당신이 실제로 성취할 수 있는 것이어야 한다. 이는 또한 구체적이어야 한다. 당신은 정확히 무엇을 하고 말할 것인가? 만일 누군가 있다면, 누구와 함께 이것을 할 것인가? 언제 어디서 이것을 할 것인가? 그것을 생각한 다음, 중앙 열에 당신의 의도들을 기록하라. 이제는 오른쪽 열을 빈칸으로 남겨 두라. (호세의 예는 4단계에 있다.)

의도와 내부 장애

가장 중요한 **영역과 가치**	**의도** 무엇을? 누가? 언제? 어디서?	**내부 장애** 생각, 느낌, 그리고 감각

4단계: 당신의 의도를 성취하는 것을 시각화하라.

이제 구체적인 가치 기반의 의도를 가졌으므로 의도를 성취할 단계를 거치는 자신을 상상할 수 있다. 시작하려면 작업할 의도를 하나 선택하라. 눈을 감고 마음으로 당신의 목표를 성취하기 위해 선택해야 할 단계들을 정신적으로 걸어가라. 모든 감각을 사용하여 가능한 한 생생하게 각 단계를 경험하라. 당신은 누구와 함께 있는가? 당신은 무엇을 하고 무엇을 말하는가? 상황은 어떤가? 사건의 순서를 자세히 시각화하면서 당신의 가치에 따라 행동하고 당신의 목표를 성취하는 데 있어 방해가 될 어떤 부정적인 생각, 감정, 감각을 기록하라. 내부의 저항이 있는가? (생생한 이미지를 만드는 데 더 많은 도움이 필요하면 16장 '시각화를 통한 핵심 신념 바꾸기'의 '유의 사항'을 참조한다.)

당신의 의도와 내부 장애 양식의 오른쪽 열에 실제 생활에서 이러한 의도를 달성하는 데 방해가 될 수 있는 생각, 감정, 또는 감각을 나열하라. 당신의 각 의도에 대해 이 과정을 반복하라. 다음은 호세가 그의 연습지를 작성하는 방법의 예가 있다.

호세의 의도와 내부 장애

가장 중요한 영역과 가치	의도 무엇을? 누가? 언제? 어디서?	내부 장애 생각, 느낌, 그리고 감각
원가족: 지원과 연결	사람들을 함께 모이는 가족 행사 만들기	불안, 피로감, 압도감. 내가 너무 지겹고 감당이 안 되고 너무 많다는 생각이 든다.
건강: 기분이 좋아짐, 활력	일주일에 5일, 1시간씩 걷고, 더 적은 양을 먹고, 단 음식을 최소화하여 2년 동안 20kg 정도 감량하기	에너지가 부족하여 막대사탕 하나가 회복시켜 줄 거라는 생각. 이것을 하기에는 너무 피곤하다는 생각. 그것이 효과가 없을 것이고 참을 수 없을 거라는 생각. 배고프고, 짜증나고, 절망적이고, 슬프다.
양육: 과잉보호 없이 양육	매주 한 번씩 전화를 걸어 각 아이들과 함께 강의를 하거나 고치지 않고 경청	불안하고, 참을성이 없고, 짜증이 나고, 죄책감 느낌. 그들이 가장 멍청한 짓을 하고 망쳐 버릴 것이고, 나는 나쁜 부모라고 생각한다.
친밀한 관계: 상호 지원과 존중	식사 시간에 상대방을 존중하고 경청하고 표현하는 연습을 하기로 아내와 합의	짜증나는 느낌. 긴장된 근육과 배탈. 그녀가 나를 진지하게 받아들이지 않거나 지원하지 않는다고 생각.

5단계: 가치 기반 행동에 전념하라.

가치 기반 행동에 전념한다는 것은 실생활에서 당신의 가치를 토대로 한 의도에 따라 행동하는 것과 그 과정에서 발생할 수도 있는 어려운 내부 경험을 주의 깊게 주목하고 기꺼이 수용하는 것을 의미한다. 당신의 의도 자체뿐만 아니라 당신의 의도의 기저에 깔린 가치를 유념하라. 이것은 당신이 의식 안팎으로 떠돌아다니는 어려운 생각, 감정, 그리고 감각을 알아차리더라도 당신의 행동 계획을 따르도록 영감을 줄 것이다.

먼저 가치 기반 행동 연습지를 여러 개 복사하여 다양한 용도로 사용할 수 있게 하라(http://www.newharbinger.com/45489에서 다운로드할 수도 있음). 연습지의 첫 페이지를 완료하기 위해 당신의 의도와 내부 장애 연습지에 작성했던 것을 이용하고, 다음으로 당신의 의도를 따르는 행동에 맡기라. 연습지의 두 번째 페이지에 있는 기록을 사용하여 진행 상황을 모니터링하라. 왼쪽 열에는 실행 계획의 각 단계에 대한 간략한 설명을 작성하라. 그다음 매일 당신이 그 단계에 따른 조치를 하는 것을 점검하라. 일단 한 단계를 완료하고 나면, 그것을 '완료'란에 체크하고 자축하라!

일지를 기록하면 당신이 행동에 전념하겠다는 것을 상기시켜 줄 것이고, 당신이 수행한 작업과 수행하지 않은 작업을 추적할 수 있으며, 이러한 접근 방식을 지속할 수 있다는 것을 보여 준다.

한 달 후, 당신의 성공을 평가하고, 당신의 현재 접근 방식을 계속하고 싶은지, 행동 계획을 변경할 것인지, 또는 또 다른 의도로 이동할 것인지를 결정하라. (호세의 사례는 빈 연습지 다음 페이지에 있다.)

가치 기반 행동 연습지에 대한 약속

나는 가치(핵심 가치/영역)을 중요시한다. ______________________________

____

____

나는 (내부 장애를) 기꺼이 경험할 것이다 ______________________________

____

____

____

(의도) 성취하기 위하여 ______________________________

____

____

내 행동 계획의 구체적인 단계들은 다음과 같다. ______________________________

____

____

____

____

____

____

____

나는 다음과 같은 약속을 지키기 위해 나의 성공을 모니터링할 것이다. ______________________________

____

____

단계	월	화	수	목	금	토	일	완료

가치 기반 행동 연습지에 대한 호세의 약속

나는 (핵심 가치/영역) 가족을 지지하고 강하게 연결하는 것을 중요하게 생각하기 때문에 나는 내 가족을 함께하도록 하는 것(내부 장애)을 성취하기 위해 "나는 너무 피곤해"와 "그건 너무 부담스러워"와 같은 생각으로 걱정하고 압도당하는 것으로 느끼는 것(의도)을 기꺼이 경험할 거야. 내 행동 계획의 구체적인 단계는 다음과 같다. 뒷마당 청소하기, 새 그릴 사기, 모두에게 전화하여 초대하고 각각의 소식을 확인하기, 집 정돈하기, 음식 사기, 불안하고 압도당하는 감정을 인정하고 어쨌든 일을 끝내기.

나는 일지를 매일 기록함으로써 나의 약속을 지키는 데 성공했는지 모니터링할 것이다.

단계	월	화	수	목	금	토	일	완료
뒷뜰 청소하기	×			×	×			
그릴 사기						×		×
한 명 이상 초대하기	×	×		×		×	×	
집 정돈하기		×					×	
음식 사기								
내 감정을 인정하고 일을 처리하기	×	×		×	×	×	×	

당신의 행동 계획의 각 단계에 따른 행동 일지를 기록하는 것은 성공에 중요하다. 매일 약속한 특정 행동에 집중하지 않으면 가치 기반 행동의 활성화가 삶에서 쉽게 사라질 수 있다. 호세가 그의 감정(피로, 불안, 압도당하는 감각)을 인정하고 여전히 일이 되도록 한 것을 포함했던 행동 단계를 포함했던 것을 주목하라. 당신이 얼마나 우울하고 당신을 괴롭힐 수 있는 부정적인 생각에도 불구하고, 매일 당신의 목표들을 향한 행동을 취할 방법을 찾아라.

12장

동원하기

우울증의 영향 중 하나는 정체감을 느끼는 것이다. 정상적인 자기 관리 활동을 하도록 자신을 밀어붙이기 어렵고, 즐거움이란 당신의 삶에서 거의 없는 것처럼 보인다. 움직이지 않는 느낌은 우울증의 증상일 뿐만 아니라 원인이기도 하다. 당신이 적게 할수록 더 우울해지고, 우울할수록 하는 일이 줄어든다. 이는 삶으로부터의 움츠러듦을 지속하고 우울증을 연장시키는 하향 곡선을 말한다.

해결책은 기분이 좋지 않더라도 더 높은 수준의 활동으로 자신을 밀어붙이는 것이다. 인지 행동 심리학자들에 의해 개발되고 개선된 행동 활성화(활동 스케줄이라고도 함)라고 불리는 기법이 당신에게 활력을 되찾고 우울증을 극복하는 데 상당한 도움을 줄 수 있다(Beck 외. 1979; Freeman 외. 2004; Greenberger와 Pedesky. 1995). 이 기법에서는 세 가지 다른 유형의 활동을 일상 스케줄에 추가하는 데 중점을 둔다. 즐거운 활동, 숙달된 느낌을 주는 활동, 그리고 당신의 가치에 기반을 둔 활동들(11장 '가치를 행동으로 옮기기'를 참조). 이 범주들은 서로 배타적이지 않다. 일부 활동들은 즐거움과 숙달을 모두 제공하는 반면, 일부 활동은 가치를 기반으로 하는 동시에 삶에서 더 큰 통달감을 제공한다. 이 장은 활동 일정을 상세하게 설명하며, 이 기법을 이행하도록 도움을 줄 것이다.

학습 효과

국립 정신건강연구소(National Institute of Mental Health)의 여러 연구는 우울증에 대한 인지 행동 치료 프로토콜의 구성 요소로서 활동 일정의 효과를 입증했다(Cuijpers, van Straten, 그리고 Warmerdam 2008을 보라). 많은 연구에 따르면 다른 개입 없이 단순히 활동 수준을 높이는 것만으로도 우울증을 의미 깊게 줄일 수 있다.

변증법적 행동 치료의 창시자인 마샤 리네한(Marsha Linehan, 1993)은 즐거운 활동을 계획하는 형태의 자기 진정이 우울증뿐만 아니라 모든 유형의 정서조절장애에 효과적인 중재라는 것을 발견했다.

학습 시간

이 과정의 첫 번째 단계는 한 주 동안 당신의 활동을 모니터링하고 기록하는 것이다. 그 후 4~8주 동안 일정을 잡고 점차적으로 특정 유형의 활동을 늘릴 것이다. 당신은 새롭게 계획된 활동들에 참여하기 시작하자마자 몇 가지 이점을 보기 시작할 것이다.

학습 지침

언급한 바와 같이 일상 활동을 모니터링하고 기록하는 것으로 시작할 것이다. 또한, 그것들이 얼마나 즐거운지 또는 그것에 참여할 때 당신이 느끼는 숙달의 정도를 평가할 것이다. 그런 다음 당신의 일정에 추가할 수 있는 활동을 식별하고 참여하기 시작할 것이다. 여기 그 과정의 개요가 있다.

1. 한 주 동안 당신의 활동을 기록하고 평가하라.
2. 새로운 활동들을 계획할 시간을 확인하라.
3. 새로운 즐거움, 숙달, 그리고 가치 기반의 활동을 선택하고 일정을 정하라.
4. 새로운 활동에 대한 즐거움, 숙달, 또는 가치 충족 정도를 예측하라.
5. 실제 만족스러운 수준, 숙달된 수준 또는 가치 충족을 예측과 비교하라.

1단계: 한 주 동안의 활동 기록 및 평가

다음의 빈 주간 활동 일정을 최소 8부 복사하라(http://www.newharbinger.com/45489에서 양식을 다운로드할 수 있음). 다음 주에 당신의 주요 활동, 또는 각 시간 동안의 활동을 기록하라. 낮에 활동을 기록할 시간이 없으면, 늦어도 그날 저녁까지 기록하라.

수집한 정보를 몇 가지 다른 방법으로 사용할 것이다. 추가적인 즐거움이나 숙달 활동을 계획할 수 있는 시간을 찾기 위해 활동 기준을 설정하여 앞으로 몇 주 동안 자신을 움직이고 우울함을 줄이기 위한 계획을 실행할 때 진행 상황을 인식할 수 있다.

첫 주 동안 당신의 활동을 모니터링하고 기록할 때 경험의 세 가지 측면, 즉 즐거움, 숙달 및 가치에 주의를 기울이라. 어떤 활동이 당신에게 즐거움을 준다면 그 칸 안에 P를 기록하고 그 활동이 얼마나 즐거웠는지를 1(최소의 즐거움)에서부터 10(극도의 즐거움)까지의 척도로 평가하라.

또한, 자신이나 다른 사람을 돌보는 숙달 활동을 찾아본다. 편지에 답장하고, 정원에 잡초를 뽑고, 건강에 좋은 식사를 준비하거나, 심부름을 하는 것과 같이 피하고 있었던 작업은 특히 숙달 항목에 좋은 선택들이다. (일반적인 숙달 활동의 목록은 3단계에 나타난다.) 어떤 활동이 숙달된 느낌을 주었다면, 그 칸 안에 M을 기록하고 당신의 숙달된 느낌을 평가하라. 그 당시에 당신이 얼마나 피곤하거나 우울했는지를 감안하여 1(최소한의 숙달감)에서 10(최상의 숙련감)까지의 척도를 사용하여 평가하라. 당신이 얼마나 객관적으로 달성했는지 또는 당신이 우울하기 전에 달성했었을 거라고 생각하는 것들을 평가하지는 말라. 그보다는 당신의 기분에 비추어 이 활동이 얼마나 어려웠는지를 고려하여 당신의 숙달감을 평가하라.

시작하는 데에 도움이 필요하다면, 빈 활동 일정 양식 다음에 당신은 소매 전화 점원으로 일하는 종종 막다른 직업에 갇혀 있다고 느끼는 우울한 대학생 앨리샤(Alicia)의 예를 볼 것이다. 비록 그녀가 잠만 자고 있었지만 모든 칸이 다 채워져 있는 것을 주목하라. 또한, 그녀가 즐거움, 숙련, 또는 가치 기반으로 분류한 활동에 주목하라.

또한, 11장에서 개발한 핵심 가치와 의도를 지원하거나 표현하는 가치 기반 활동을 식별할 것이다. 주간 일정에서 당신이 가치 있는 것에 동기를 부여한 활동에 V자로 표시하고, 1(가치관과의 최소 정렬)부터 10(가치관과의 완전한 정렬)까지의 비율로 평가하라.

즐거움, 숙련, 그리고 가치 기반 활동들을 식별하고 평가하는 것은 이 첫 번째 단계의 중요한 측면이다. 당신의 삶이 어떻게 균형을 잃게 됐는지, 전에 즐겼던 많은 것이 더 이상 당신의 한 주의 일부가 아니라는 점, 또는 당신의 현재 활동이 정서적인 자양분을 거의 주지 못한다는 것을 인식하는 데에 도움을 줄 것이다. 즐거움 등급은 또한 당신이 여전히 즐기는 활동에 대한 정보와 기분을 가장 좋게 만드는 활동에 대한 정보를 제공한다. 숙달 활동을 확인하고 평가하면 모든 일에도 불구하고 여전히 열심히 노력한다는 것을 깨닫는 데에 도움을 줄 것이다. 당신은 여전히 대처하기 위해 일을 하고 있다. 그리고 우울증에 걸리기 전만큼 능률적이거나 효과적이지는 않더라도, 당신이 느끼는 감정을 감안할 때 당신이 하는 일은 진정한 성취인 것이다.

가치 기반 활동을 나열하고 평가하는 것은 당신의 의미 감각을 강화하는 데 도움을 준다. 이는 당신에게 무엇이 중요한지를 상기시켜 주고, 당신의 핵심 목적과 일치하는 활동에 집중할 수 있도록 하여 우울증과 싸운다.

주간 활동 일정

	월	화	수	목	금	토	일
6 a.m.							
7 a.m.							
8 a.m.							
9 a.m.							
10 a.m.							
11 a.m.							
12 정오							
1 p.m.							
2 p.m.							
3 p.m.							
4 p.m.							
5 p.m.							
6 p.m.							
7 p.m.							
8 p.m.							
9 p.m.							
10 p.m.							
11 p.m.							
12~6 a.m.							

앨리샤의 주간 활동 일정

	월	화	수	목	금	토	일
6 a.m.	잠	잠	잠	커피, 신문 읽기 P3	잠	잠	잠
7 a.m.	잠	잠	잠	샤워, 옷 입기 **M2**	잠	잠	잠
8 a.m.	샤워, 옷 입기 **M2**	옷 입기, 노 메이크업	샤워, 걱정	옷 입기, 노 메이크업	샤워, 옷 입기**M2**	잠	잠
9 a.m.	수업 **M1**	집 주변에 앉아 생각하기	수업 **M1**	앉아서 십자말 풀기	수업 **M3**	침대에 눕기	잠
10 a.m.	수업 **M1**	집 주변에 앉아 생각하기	수업 **M1**	앉아서 십자말 풀기	수업 **M3**	침대에 눕기	침대에 눕기
11 a.m.	수업 **M2**	Bill에게 전화 **P2**	수업 **M1**	독서	수업 **M3**	아침 준비 **M2**	침대에서 소설 읽기
12 정오	점심, 아이스크림 **P1**	집에서 샌드위치	학용품 구매 **M3**	집에서 샌드위치	차에서 자기	집 주변에 앉아 생각하기	외식 **P1**
1 p.m.	주문받기 **M3**	주문받기 **M2**	주문받기 **M3**	주문받기 **M3**	주문받기 **M2**	집 주변에 앉아 생각하기	TV
2 p.m.	주문받기 **M3**	주문받기 **M3**	주문받기 **M3**	주문받기 **M3**	주문받기 **M2**	Bill이 귀가해서 이야기 나눔 **P2**	TV
3 p.m.	주문받기 **M3**	새 전화 대본 작성 **P3 M7**	주문받기 **M3**	주문받기 **M3**	작업 중인 연구 프로젝트 **M6**	사랑하기 **P5**	TV
4 p.m.	직장에서 Rita 이야기 **P3**	Rita와 아이스크림	주문받기 **M2**	Rita와 이야기하기 **P3**	작업 중인 연구 프로젝트 **M6**	TV	TV
5 p.m.	5:45까지 일, 집으로 운전	차 안에 앉아 독서	집에 앉아 있기	공부 **M3**	책상 청소 **M3**	TV	낮잠

6 p.m.	저녁 준비, 식사 **M3**	외식 **P3**	저녁 준비, 식사 **M2**	저녁 준비, 식사 **M2**	집에 음식 없음, 피자 주문	저녁 외식, Bill과 다툼	공부, 집중 안 됨 **M1**
7 p.m.	TV **P1**	공부, 집중 안 됨 **M2**	TV	오빠와 전화 **P3**	Bill과 대화 하며 키스 **P5**	TV	식사하며 TV
8 p.m.	TV	포기, TV 시청	TV	TV	영화 **P4**	TV	TV
9 p.m.	TV	TV	Susan, Lori 에게 전화 **P4**	TV	영화 **P4**	TV **P2**	TV
10 p.m.	TV, 좋은 프로그램	TV	TV **P1**	TV **P1**	Bill과 대화 **P4**	TV	TV
11 p.m.	Bill과 사랑 (서두름) **P3**	학교에 대해 걱정	독서 **P2**	공부 **M3**	독서 **P2**	TV	생각하며 침대에 누워 있기
12~6 a.m.	2:30까지 독서, 잠을 못 잠 **P1**	잠	잠	2:30까지 TV 시청, 잠 못 잠	1:00까지 독서 **P2**	잠	2시까지 독서, TV, 잠을 못 잠 **P1**

앨리샤가 주말에 그녀의 활동 일정을 검토했을 때 몇 가지 흥미로운 사실을 발견을 했다. 우선 그녀는 즐기지도 않으면서 TV를 많이 보고 있었다. 그녀의 즐거움의 대부분은 사람들과 교류하고 때로는 책을 읽는 데서 비롯되었다. 그녀는 또한 집 주변에 앉아 있거나 아침에 늦게까지 침대에 누워 있는 것이 우울증 증가와 관련되어 보인다는 것을 주목했다.

앨리샤는 그녀가 전날 밤 공부했을 때 학교에서 숙달도가 더 높았다. 그리고 그녀가 평소 직장에서 약간의 숙달 감각을 가지고 있었지만, 그녀의 숙달 등급은 특별한 프로젝트를 할 때 더 높았다. 그녀는 또한 자신이 저녁을 준비했을 때, 그리고 외출 전에 그녀의 외모에 신경 쓸 때 더 숙달된 느낌을 받았다.

앨리샤는 그녀의 가족(그녀는 남자 친구인 빌을 가족의 일원으로 포함한다)을 소중하게 생각한다. 그녀는 가족 구성원을 위한 사랑이나 지원을 표현하는 모든 활동이 그녀에게 좋은 느낌을 주었고, 종종 4 또는 5의 평점을 받았다.

2단계: 새로운 활동을 일정을 위한 시간 확인

일단 첫 주를 위한 당신의 주간 활동 일정을 작성했다면, 한 주 동안 추가적인 즐거움, 숙달, 그리고 가치 기반 활동을 계획할 수 있는 시간을 찾아봐라. 당신에게 즐거움이나 숙달감을 주지 않는 선택적인 활동에 참여하는 최소한 10시간을 확인하라. 새로운 즐거움이나 숙달된 활동을 계획하여 이득 없는 오래된 활동을 대체할 수 있는 매일 1~2시간씩 시간을 낼 수 있는지 확인하라.

3단계: 새로운 즐거움, 숙달, 가치 기반 활동을 선택하고 일정 잡기

첫 주에 대한 즐거움과 숙달 등급을 분석하는 것은 새로운 즐거움과 숙달 활동들을 계획하는 데에 방향을 잡을 수 있다. 그러나 아마도 당신이 해왔던 것 이상으로 발전하고 시도할 새로운 활동들을 식별하거나 다시 한번 이전의 활동들에 참여할 필요가 있을 것이다. 당신이 한동안 우울했었다면 새로운 아이디어를 떠올리기에 어려움이 있을 수도 있으므로, 우리는 영감을 위해 일반적인 즐거움과 숙달 활동 목록을 제공했다. 당신은 또한 친구들이나 가족과 상의하여 아이디어를 얻을 수도 있다.

즐거운 활동

- 친구나 가족 방문하기
- 친구나 가족에게 전화하기
- 영화나 연극 보러 가기
- 비디오 또는 TV 보기
- 운동하기
- 스포츠하기
- 게임하기
- 컴퓨터 활동하기
- 인터넷 검색
- 인터넷 채팅하기
- 음악 듣기
- 주말 외출
- 걷기 또는 하이킹
- 쇼핑
- 뜨거운 목욕하기
- 독서
- 정원 가꾸기
- 글쓰기
- 외식하기
- 좋아하는 음식 먹기
- 안아 주거나 터치하기
- 마사지 받기
- 성적인 활동
- 드라이브하기

- 휴가 계획
- 취미 활동
- 수집
- 공예
- 태양 즐기기
- 뜨거운 음료 마시며 휴식하기
- 오디오북 또는 휴식 안내된 녹음 듣기
- 소풍
- 좋아하는 장소에 가기
- 평화로운 곳에 앉아 있기
- 편지 쓰기
- 예술 활동 참여하기
- 뉴스 시청 또는 읽기

이 목록은 당신에게 즐거움을 줄 수 있는 다양한 활동 가능성 중 일부만 포함되어 있다. 아래 공간에 당신이 즐겁게 할 수 있는 활동에 대한 아이디어를 기록하라. 당신이 즐겨왔던 것들을 수년 동안 회상해 보라. 당신이 지금까지 한 일 중 재미있었던 모든 것을 기억하려고 노력하라. 위의 목록을 검토하고, 당신에게 즐거운 일반적 범주 안에서 특정 활동들을 확인하고자 애쓰라. 예를 들어, 게임을 할 때 당구나 카드를 즐길 수도 있다. 공예를 하면서 자수나 또는 모형 비행기 만들기를 즐길 수도 있다. 예술적인 추구는 화랑에 가거나 시 쓰기를 의미할 수도 있다. 친구에게 전화하기나 방문하는 것에 관해서는 당신이 더 많은 시간을 함께하고 싶어하는 특정 사람들이 있을 수 있다. 지금 시간을 내어 아래의 모든 빈칸들을 당신이 즐겨왔거나 미래에 즐길 수 있다고 상상할 수 있는 구체적인 활동들로 채우라.

나의 즐거운 활동 리스트

만일 당신이 과거에 즐거워했던 많은 일을 즐기고 있는 것 또는 관심을 갖는 것을 상상하는 것이 현재 어렵다고 해도 놀라지 말라. 그것들은 번거롭거나 부담스러워 보일 수도 있다. 이는 우울증 때문이다. 당신이 한 주에 더 즐거운 활동을 포함하기 시작한다면, 비록 그 활동들이 지금은 재미없어 보일지라도, 당신은 기분이 더 좋게 느낄 것이다. 지금 당장 목록에서 5~7가지 즐거움 활동을 선택하여 다음 주 일정을 선택하라.

당신은 또한 새로운 숙달 활동을 추가할 필요가 있다. 종종 이것들은 간과했던 자기 관리 활동들이다. 당신은 식료품을 사거나, 심부름을 하거나, 집안을 청소하거나 정리하거나, 편지를 쓰거나, 중요한 전화를 해야 할 수도 있다. 당신이 우울하거나 무기력할 때, 이런 일상적인 일들조차도 불가능할 정도로 어렵게 보일 수도 있다. 다음은 일주일에 계획할 수 있는 몇 가지 일반적인 숙달 목록이 있다.

숙련 활동들

- 쇼핑
- 은행 가기
- 아이들 숙제 도와주기
- 직장에서의 도전적 과제 처리
- 옷을 접어 정리하기
- 문제 해결하기

- 아이들의 취침 시간 지도하기
- 목욕하기
- 따뜻한 식사 준비하기
- 청구서 정산하기
- 오전 9시 전에 기상하기
- 개 산책시키기
- 수리하기
- 청소하기
- 설거지하기
- 운동이나 스트레칭하기
- 갈등 해결하기
- 세탁하거나 세탁소에 가기
- 정원 가꾸기
- 심부름
- 출근하기
- 정리 정돈하기
- 가정 환경 개선 또는 장식하기
- 자동차 정비하기
- 업무상 전화하기
- 전화 회신하기
- 일기 쓰기
- 자조적인 활동하기
- 영적인 또는 종교적인 활동 참여하기
- 몸 단장
- 머리 깎기
- 옷 차려입기
- 편지 쓰기
- 아이들을 위한 활동 준비
- 예술 활동 참여
- 아이들을 활동 장소에 태워다 주기

즐거운 활동과 마찬가지로 이것들은 숙달 활동에 대한 많은 가능성 중의 일부에 불과하며 대부분은 상당히 일반적이다. 목록을 점검한 후, 당신에게 숙달 또는 성취감을 줄 구체적인 활동 목록을 만들라. 지금 시간을 내어 아래의 모든 빈칸을 일주일에 계획할 수 있는 숙달 활동으로 채운다.

나의 숙달 활동 목록

____

____

____

____

____

____

____

지금 당장 당신이 피해 왔던 과제들에 특별히 초점을 맞추어 앞으로 한 주 동안 실시할 5~7가지의 숙달 활동들을 선택하라.

당신의 주간 활동 스케줄에 자신과의 약속을 정하라. 만일 당신이 운전면허 갱신을 미루어왔다면, 그 일을 완수할 확실한 시간을 써넣어라. 그러나 하루에 하나 이상의 추가 숙달 활동을 시도하지는 말라. 그것은 너무 거세게 몰아가는 것이고, 당신을 압도되는 느낌을 줄 수 있다.

첫 번째 주부터의 주간 활동 일정에서 비생산적이었고 기쁨도 성취감도 없었던 시간을 찾아보라. 이것은 당신에게 성취감을 줄 수 있는 숙달 활동을 대체할 이상적인 시간이다.

일부 숙달 활동들은 너무 복잡하여 한 시간 안에 완료할 수 없거나 한 번에 처리할 때 너무 압도적일 수 있다. 이러한 경우 활동을 15분 또는 그 안에 완료할 수 있는 더 작은 단계들로 나누는 것이 도움이 될 수 있다. 예를 들어, 거실의 외관을 개선하려는 계획은 새로운 포스터를 구매하여 거는 결정으로부터 시작하여 많은 단계를 포함할 수 있다. 일부 숙달 활동들은 과정의 각 단계를 진행하면서 2주 이상 걸릴 수 있다.

다음 페이지에서 당신은 앨리샤가 동원된 프로그램의 두 번째 주에 계획한 새로운 활동을 보여주는 주간 활동 일정이 채워진 것을 볼 수 있다. 앨리샤는 일반적으로 조금이라도 공부를 하려고 애를 썼다. 첫 주간 그녀의 활동 기록이 전날 공부했던 수업에서의 더 큰 숙달을 보여 주었기 때문에 그녀는 매일 수업 전에 2시간의 학습 시간을 예약하고 중간에 한 시간의 휴식을 취했다.

앨리샤의 숙달 목록은 새 수표 주문하기, 세탁하기, 음식 쇼핑과 항목이 포함되었다. 그녀는 TV를 보거나 곰곰이 생각했을 때 이러한 항목을 그녀의 주간으로 통합했다. 새로운 즐거운 활동을 위해 그녀는 새로운 음악 듣기, 욕조에서 책 읽기, 백보드 테니스 하기, 하이킹, 그리고 산책과 같은 항목들을 선택했다. 이 모든 활동은 그녀가 과거에 즐겼던 모든 활동들이고, 다음 주에 기꺼이 시도할 수 있는 활동이었다.

새로운 숙달, 즐거운 활동들을 확인한 다음은, 이제 핵심 가치와 의도를 검토할 때이다. 가장 중요한 영역과 가치를 나열한 11장에서 앞으로 몇 주 동안 생각할 수 있는 만큼 가치 기반 의도들을 아래의 공간에 만들라.

영역	가치 기반 의도

앨리샤에게 그녀의 가치 기반 의도들은 신체 건강을 위한 요가, 엄마에게 전화를 걸어 도움을 주는 것, 그리고 오빠와 친구에게 전화하는 것이 포함되었다. 앨리샤는 또한 지역사회에 기여하기를 원했고, 그래서 그녀는 집 근처의 여성 보호소에서 자원봉사를 신청했다. 그녀의 남자친구인 빌이 목의 통증으로 고생하고 있었기에 그녀는 그의 물리치료사가 제안했던 스트레칭을 해 주기로 스케줄을 잡았다.

앨리샤가 주간 활동 일정에 항목을 기록했을 때, 그녀는 그것을 자신에 대한 약속으로 여겼다. 그것을 그녀가 존경하고 실망시키고 싶지 않은 사람과의 약속으로 생각했다. 우리는 당신이 똑같이 하기를, 그리고 숙달 활동에 대한 헌신만큼 즐거움 활동에 대한 헌신을 중요하게 여길 것을 권장한다. 한 주의 즐거운 활동 수를 증가시키는 것은 우울증을 극복하여 당신의 삶을 균형 잡힌 상태로 회복하기 위한 필수적인 단계이다.

4단계: 새로운 활동에 대한 즐거움, 숙달 및 가치 조정 수준 예측

새로운 활동 계획의 중요한 부분은 그 활동이 당신에게 어떤 느낌을 줄지 예상하는 것이다. 다음 주를 위한 새로운 주간 활동 일정을 완성하였으므로, 지금 시간을 내어 각 활동에서 얻을 수 있는 즐거움, 숙달, 가치 조정을 얻을 것인지 예측하는 시간을 가지라. 즐거움 활동에는 P1에서 P10까지, 숙달 활동에는 M1부터 M10까지를, 가치에 대해서는 V1에서 V10까지의 동일한 척도를 이용하는데, 여기서 10은 최고 수준을 나타낸다. 그런 다음 등급에 동그라미를 표시하라. 다음은 앨리샤의 평가가 포함된 두 번째 주에 대한 주간 활동 일정이 있다. 그녀가 백보드 테니스를 하는 것에 P1으로 예측한 것은 그녀가 그 활동으로부터 기대하는 것이 약간의 즐거움을 나타낸다. 그녀가 저녁 식사와 영화를 보기 위해 외출하는 것에 대한 그녀의 P3 예측은 그녀가 적당하게 좋은 시간을 보낼 것으로 예상했다.

앨리샤의 주간 활동 일정 – 2주

	월	화	수	목	금	토	일
6 a.m.							
7 a.m.							
8 a.m.	요가 (V3)	요가 (V3)		요가 (V3)	요가 (V3)		
9 a.m.		새 수표 구매 전화 (M2)		백보드 테니스 (P1)			요가 (V3)
10 a.m.						채소 쇼핑 (M1)	공부 (M2)
11 a.m.							공부 (M2)
12시 정오						숲 산책 (P2)	
1 p.m.							호수 산책 (P3)
2 p.m.							
3 p.m.							

	월	화	수	목	금	토	일
4 p.m.						엄마 돕기 (V4)	
5 p.m.	새 음악 쇼핑 (P2)	빌 목 마사지 (V4)	엄마, 형제들 전화 (V3)			엄마 돕기 (V4)	여성 쉼터 자원봉사 (V4)
6 p.m.			수잔에게 전화 (V4)		솔레노에서 저녁 식사 (P3)		
7 p.m.	음악 듣기 (P3)	공부 (M2)	미뤘던 빨래 (M1)	공부 (M2)	솔레노에서 저녁 식사 (P3)		
8 p.m.		음악 듣기 (P2)	샌디에게 전화 (P2)	욕조에서 소설 읽기 (P3)	영화 (P3)	"새로운 삶" 팟캐스트 청취 (V3)	
9 p.m.		공부 (M2)		공부 (M2)	영화 (P3)		
10 p.m.			옷 개기 (M1)	비디오 보기 (P2)			
11 p.m.				비디오 보기 (P2)			
12–6 a.m.							

대부분의 우울한 사람들은 그들이 계획한 활동 동안에 느끼는 기쁨이나 성취량에 대한 아주 보수적인 예측을 한다. 희망을 느끼지 않아도 괜찮다. 계획한 활동에서 좋은 감정을 기대하지 못할 수도 있다. 그러나 어쨌든 수행하고 어떤 일이 발생하는지 평가하라.

5단계: 즐거움, 숙달, 가치 조정의 실제 수준을 예측한 가치와 비교

한 주 동안 동그라미로 표시된 예측 옆에 각각의 새로운 활동에 대한 실제 즐거움, 숙달 또는 가치 정렬 등급을 기록하라. 당신은 실제 평점이 예측보다 더 높은 것을 발견할 가능성이 있다. 앞서 언급했듯이, 우울증은 당신을 비관적으로 만드는 경향이 있다. 당신의 예측을 즐거움, 숙련, 가치 조정 실제 수준과 비교하면 우울증이 어떻게 당신의 사물에 대한 관점을 어떻게 왜곡하는지를 인식하는 데 도움을 준다. 당신의 새 활동들이 더 즐길만하고 기대했던 것보다 더 만족스럽다는 사실은 당신에게 "새로운 무언가로 나를 괴롭히지마, 많은 일이고 여전히 기분이 좋지 않을 거야."라고 말하는 내부의 실망스러운 목소리를 거부하는 것에 도움을 줄 수 있다. 다음은 앨리샤의 두 번째 주 이후의 주간 활동 일정이다. 여기에는 새로 예정된 활동에 대한 실제적인 즐거움, 숙달, 가치에 대한 평가가 표시되어 있다.

앨리샤의 주간 활동 일정-2주

	월	화	수	목	금	토	일
6 a.m.							
7 a.m.							
8 a.m.	요가 (V3) V5	요가 (V3) V5		요가 (V3) V4	요가 (V3) V4		
9 a.m.		새 수표 구매 전화 (M2) M3		백보드 테니스 (P1) P4			요가 (V3) V5
10 a.m.						채소 쇼핑 (M1) M4	공부 (M2) M3
11 a.m.							공부 (M2) M3
12시 정오						Muir 숲 산책 (P2) 가지 않음	
1 p.m.							Merced 호수 산책 (P3) P4
2 p.m.							

	월	화	수	목	금	토	일
3 p.m.							
4 p.m.						엄마 돕기 (V4) V5	
5 p.m.	새 음악 쇼핑 (P2) P4	친구 빌 목 마사지 (V4) V5	엄마, 형제들 전화 (V3) V5			엄마 돕기 (V4) V5	여성 쉼터 자원봉사 (V4) V7
6 p.m.			수진에게 전화 (V4) V4		솔레노에서 저녁 식사 (P3) P6	"새로운 삶" 팟캐스트 청취 (V3) V5	
7 p.m.	음악 듣기 (P3) P5	공부 (M2) M3	미뤘던 빨래 (M1) M4	공부 (M2) M4	솔레노에서 저녁 식사 (P3) P5		
8 p.m.		음악 듣기 (P2) P4	샌디에게 전화 (P2) P5	욕조에서 소설 읽기 (P3) P5	영화 (P3) P4		
9 p.m.		공부 (M2) M3		공부 (M2) M4	영화 (P3) P4		
10 p.m.			옷 개기 (M1) M3	비디오 보기 (P2) P4			
11 p.m.				비디오 보기 (P2) P4			
12–6 a.m.							

앨리샤는 평소에 자신이 생각했던 것보다 더 많은 일들을 즐겼다는 것을 알고 놀랐다. 특히 앨리샤는 새로운 저녁 활동에서 그녀가 예상했던 것보다 훨씬 더 큰 성취감과 기쁨을 느꼈고, 여성 쉼터에서의 자원봉사 활동은 특히 만족스러운 것이었다. 그녀는 텔레비전이 그녀를 마비시키고 그녀의 우울증을 가중시키고 있다는 것을 깨달았다. 새로운 활동은 그녀를 소파에서 내려놓고 기분이 나아질 기회를 제공하는 일을 하는 방법이었다.

두 번째 주가 지난 후, 새로운 주간 활동 일정에 9가지 숙달, 즐거움 그리고 가치 기반 항목의 조합을 추가하는 목표를 설정하라. 이전에 추가한 항목이 기분이 좋고 반복하기에 실용적이면 계속 사용하라. 그러나 단순히 효과가 없는 것들은 주저하지 말고 생략하라.

앨리샤의 경우, 3주 차에 주말에 TV 시간을 바꾸는 데 집중하기 시작했다. 그녀는 목록에서 추가적인 항목들을 선택했고, 주말 TV의 끝없는 시간들을 대체하는 데에 이전 주간의 성공(음악 듣기, 친구들에게 전화하기, 욕조에서 책 읽기, 테니스)들을 이용했다. 이렇게 노력하는 동안 앨리샤는 주말에 예정된 활동이 있을 때 훨씬 더 기분이 좋아졌다는 것을 알았다. 이는 그녀를 움직이도록 만들었고, 비록 그녀가 때로 소파가 그리웠지만, 더 많이 할수록 덜 우울하다는 것을 알게 되었다.

유의 사항

어떤 사람들은 새로운 것을 할 시간이 없다고 생각한다. 그들의 주간 활동 일정은 우울증 극복을 위한 중요한 개입이므로 일상 활동의 일부를 제한하거나 중단해야 할 수도 있다. 첫 번째 주간 활동 일정을 살펴보고 그 활동이 절대적으로 필요하지 않은 칸에 체크 표시를 하라. 이는 당신이 새로운 즐거움, 숙달, 그리고 가치 기반 활동들로 대체할 수 있는 시간들이다.

새로운 활동을 추가한 지 4주 또는 5주 후에는 하루가 꽉 차고 있음을 알게 될 것이다. 이 시점에서, 약간의 영양분을 제공하는 새로운 활동 몇 가지를 없애기 위하여 일정량의 가지치기를 할 수 있다. 이 단계에서 매주 당신이 추가하는 새로운 활동의 수를 줄일 수도 있다. 그러나 계속해서 주간 활동 일정에 대한 계획을 세워야 한다. 활동들을 기록하면 그 활동을 할 가능성이 높아진다. 당신의 우울증 수준이 크게 개선될 때까지 주간 일정에 계획된 활동을 계속 채우라.

제13장
단기 노출

이 장에서 설명하는 단기 노출은 불안과 공포의 치료에 큰 영향을 미친 두 가지 선구적 기술인 체계적 둔감법(systematic desensitization)과 스트레스 면역(stress inoculation)의 결과이다.

체계적 둔감법은 1958년 행동 치료사 조셉 울프(Joseph Wolpe)에 의해 개발되었다. 울프는 불안한 사람들이 공포와 관련된 스트레스 장면의 계층 구조를 개발하도록 도왔다. 위계질서는 불안감이 거의 없는 장면부터 무시무시한 이미지까지 확장되었다. 다음으로 그는 점진적인 근육 이완 훈련을 제공했고, 불안을 0으로 낮추는 목표로, 깊은 이완과 함께 무서운 장면에 둔감하게 사람들을 도왔다. 이 목표는 이 기법의 강점이자 동시에 약점이었다. 사람들은 예전에는 불안을 유발했던 상황에서 긴장을 풀었을 때 엄청난 성취감과 자유를 느꼈다. 그러나 불안이 다시 밀려오기 시작하면 어떻게 될까?

이 문제를 해결하기 위해 도널드 마이켄바움(Donald Meichenbaum)은 스트레스 면역을 개발했다. 그의 저서 《인지 행동 수정》(1977)에서 그는 공포 반응이 두 가지 주요 요소의 상호작용으로 생각할 수 있다고 주장했다. 고양된 생리적 각성(심장 및 호흡 속도 증가, 발한, 근육 긴장, 오한, 목구멍의 덩어리 등)과 당신의 상황을 위험하고 위협적인 것으로 해석하고 당신의 생리적 각성을 두려움으로 여기는 생각, 실제로 스트레스가 되는 상황은 당신의 정서적 반응과는 별로 관련이 없고, 당신의 위험에 대한 평가와 당신의 신체 반응을 해석하는 방법은 당신을 불안하게 만드는 실제적인 힘이다.

울프의 체계적 둔감화처럼, 마이켄바움의 스트레스 면역 기법은 스트레스가 증가하는 장면의 계층 구조와 깊은 이완의 훈련을 포함한다. 또한, 위험과 신체적 감각에 대한 부정적인 생각에 대처하는 데 사용할 수 있는 대처 생각의 개인 무기고를 개발하는 것과 관련이 있다. 노출 장면에서 불안이 높아지면, 사람들은 이완 기술과 함께 대처 사고를 사용하고, 그 장면을 짧게 자르기보다는 그 안에 머물도록 지시했다.

더 최근에는 인지 행동 전문가와 연구자들이 노출 중이나 노출 전이 아닌 노출 후에 이완과 대처 문구를 사용하는 것이 가장 좋다는 것을 발견했다. 노출만으로도 둔감화 또는 습관화 효과가 증대되고, 이완과 대처가 그 장면의 은밀한 회피 형태가 될 위험이 없다.

단기 노출은 심상과 실제(실생활) 프로세스를 모두 사용하여 수행할 수 있다. 동일한 지침이 두 가지 모두에 적용된다.

학습 효과

스트레스 면역과 체계적 둔감법은 수십 개의 연구에서 다양한 공포증에 효과적인 것으로 입증되었다. 그러나 그 효과는 실제 노출에 따라 달라진다. 다시 말해서, 불안 치료 프로그램을 성공적으로 마치려면 당신이 피했던 일들을 실제로 해야 한다.

일반적으로 장기간의 이미지 노출에 이어 단기 심상 노출은 과거 외상에 대한 기억을 둔감하게 하는 데 효과적이다. 그러나 외상후스트레스 장애로 인한 현재 회피 증상에 대해서는 단기 심상 노출, 그리고 이후 장기 실생활 노출을 사용한다.

단기 노출은 공포증이 없는 범불안이나 공황장애의 치료를 위한 우선적인 선택은 아니다. 일반적인 불안의 경우 6장의 '걱정 조절' 접근 방식이 더 도움이 되고, 공황의 경우 7장의 '공황에 대처하기'가 권장된다. 강박장애와 관련된 증상을 치료하기 위해 더 효과적인 접근법이 다음 장 '장기 노출'에 제시되는데, 이 장에서는 공포증에 대한 생체 노출에서 장기간 사용하고 회피 행동 없는 단순 강박관념에 대한 장기간 심상 노출을 사용한다.

단기 노출은 완벽주의를 퇴치하는 데에도 도움이 된다.

학습 시간

단기 노출에 필요한 이완 기법을 배우는 데는 2~4주가 걸릴 것이다. 당신은 그 시간 동안 당신의 위계를 구성할 수 있다. 일단 장면의 체계적으로 시각화하는 연습을 시작하면, 당신은 아마 처음 며칠 안에 결과를 알 수 있을 것이다. 그러나 평균적인 공포증은 상상의 장면과 실제적 노출법으로 효과적으로 치료하는 데에 1~4주가 걸릴 것이다.

공포증에서 완전히 회복하려면, 심상 노출에서 당신이 상상하는 상황에 대한 실생활 노출을 행해야 한다. 당신이 피했던 실생활 상황에 들어가는 법을 배울 때만 당신의 두려움에 직면할 수 있다는 확신이 생길 것이다.

학습 지침

단기 노출 학습은 6단계이다.

1. 이완 기술 배우기
2. 대처 사고 개발하기
3. 작업할 두려움 선택하기
4. 위계 구축하기
5. 단기 심상 노출 수행하기
6. 단기 실생활 노출 수행하기

1단계: 이완 기술 배우기

5장에서 이완 기술을 배우지 않았다면, 지금 해당 장의 작업을 시작하도록 하라. 복식호흡 배우기로 시작하라. 일단 이완 느낌을 확실히 만들 수 있게 되면 근육이 모든 긴장을 풀었을 때의 느낌을 알려주는 점진적 근육 이완(PMR)으로 넘어가라.

PMR을 숙달하고 몸 안의 주요 근육군을 이완할 수 있을 때, 긴장 없는 이완을 연습하라. 이 기술은 PRM에서와 같이 동일한 순서의 근육군을 사용하지만, 이완 전에 근육을 긴장시킬 필요는 없다. 대신 당신은 긴장을 풀고 놓아주기를 원할 것이다.

당신이 마지막으로 배우게 될 기술은 신호 조절 이완이다. 이렇게 하면 일련의 심호흡을 하고 신호 단어나 문구를 사용하여 편안하고 평화로운 감정을 유발하여 전신을 이완할 수 있다. 이 이완 기술을 배우는 동안 단기 노출의 2단계와 3단계로 이동하여 작업할 두려움을 선택하고 위계 구조를 형성할 수 있다. 이완 훈련을 완성할 때쯤이면 당신의 위계에서 스트레스가 많은 장면을 시각화하는데 둔감해질 준비가 될 것이다.

2단계: 대처 사고 개발하기

당신은 각 장면 이후의 이완과 함께 사용할 두세 가지 대처 사고를 개발해야 한다. 이것이 당신의 이완 반응을 강화하고, 실제 상황에서 불안한 감정에 대처하는 능력에 대한 자신감을 키울 것이다.

다음의 대처 사고 목록은 당신이 사용할 수 있는 생각에 대한 몇 가지 좋은 아이디어를 제공할 것이다.

- 이 느낌은 편하지도, 유쾌하지도 않지만 난 그것을 수용할 수 있다.
- 나는 불안할 수 있지만, 여전히 이 상황에 대처할 수 있다.

- 나는 이러한 감각들을 다룰 수 있다.
- 이건 내가 두려움에 대처하는 방법을 배울 수 있는 기회이다.
- 이것은 지나갈 것이다.
- 나는 이 일을 끝까지 견뎌낼 것이다. 그것이 내게 전이되도록 내버려 둘 필요는 없다.
- 그저 숨을 쉬고 긴장을 풀면 된다.
- 나는 내가 필요한 모든 시간을 가지고 긴장을 풀 수 있다.
- 나는 전에도 견뎌 냈고, 이번에도 견뎌 낼 것이다.
- 나는 불안에도 불구하고 내가 해야 할 일을 할 수 있다
- 이 불안이 나를 해치지 않을 거고, 그냥 기분이 안 좋을 뿐이다.
- 이것은 투쟁-도피 반응이다. 그것들은 나를 해치지 않을 것이다.
- 이것은 단지 불안이다. 나는 그것이 나에게 영향을 미치도록 내버려 두지 않을 것이다.
- 나에게 심각한 일은 일어나지 않을 것이다.
- 싸우고 저항하는 것은 도움이 되지 않으므로 그냥 넘어가도록 하겠다.
- 이건 위험하지 않다.
- 그래서 어쩌라고?

바로 지금, 당신의 위계의 장면 다음에 사용할 두세 가지 좋은 대처 방법을 생각해 보라. 특정 대처 방법을 생각해 보라. 특정한 대처 방법이 도움이 되지 않는다면 더 효과적인 것으로 대체하라. 실험하는 것은 좋은 것이다.

3단계: 작업할 두려움 선택하기

거의 모든 사람은 정말로 두려워하는 것이 있고, 많은 사람이 한 가지 이상의 심각한 공포증을 가지고 있다. 만일 당신이 하나의 두려움이 있고 그것에 대해 작업할 준비가 됐다면, 이 섹션은 건너뛰라. 그러나 여러 공포증이 있고 어떤 공포증을 먼저 치료해야 하는지, 아니면 아예 치료해야 하는지 확실하지 않다면 각각의 공포증에 대해 다음과 같은 간단한 평가 연습을 하라. (당신은 추가적인 두려움을 평가할 수 있도록 사본을 만들고 책의 버전을 공백으로 남겨둘 수 있다. 또한, http://www.newharbinger.com/45489에서 연습지 사본을 다운로드할 수 있다.)

두려움 평가 워크시트

두려움 1: ____________________

당신의 두려움은 얼마나 괴로운가?

0 1 2 3 4 5 6 7 8 9 10
전혀 아님 극심

당신은 얼마나 자주 두려움을 겪는가?

0 1 2 3 4 5 6 7 8 9 10
전혀 아님 지속적으로

두려움이 당신을 얼마나 제한하는가?

0 1 2 3 4 5 6 7 8 9 10
전혀 아님 극심

두려움 2: ____________________

당신의 두려움은 얼마나 괴로운가?

0 1 2 3 4 5 6 7 8 9 10
전혀 아님 극심

당신은 얼마나 자주 두려움을 겪는가?

0 1 2 3 4 5 6 7 8 9 10
전혀 아님 지속적으로

두려움이 당신을 얼마나 제한하는가?

0 1 2 3 4 5 6 7 8 9 10
전혀 아님 극심

두려움 3: ____________________

당신의 두려움은 얼마나 괴로운가?

0 1 2 3 4 5 6 7 8 9 10
전혀 아님 극심

당신은 얼마나 자주 두려움을 겪는가?

0 1 2 3 4 5 6 7 8 9 10
전혀 아님 지속적으로

두려움이 당신을 얼마나 제한하는가?

0 1 2 3 4 5 6 7 8 9 10
전혀 아님 극심

이제 이러한 각 두려움이 당신에게 미치는 영향에 대한 간략한 프로필을 가지고 있다. 각 두려움에 대해 세 가지 등급을 더하여 총점수가 가장 높은 두려움을 결정하라. 이것을 먼저 작업하고 싶을 것이다. 그러나 평가한 세 가지 요소 중 하나가 다른 요소보다 더 중요하다고 판단할 수도 있다. 이 경우 해당 요소에 대해 가장 높은 점수를 받은 두려움에 대해 작업을 시작하는 것이 좋다. 예를 들면, 많은 사람은 공포증이 삶을 얼마나 많이 제한하는지보다는 얼마나 고통스럽거나 자주 발생하는지에 대해서는 관심을 덜 갖는다.

어떤 두려움으로 시작할 것인지를 선택하는 것은 당신의 결정이다. 일단 그것을 선택했으면 4단계로 이동하라.

4단계: 위계 구축하기

만일 하나의 단순한 공포증이나 외상적인 기억에 대해 작업하고 있다면 장면의 위계를 만드는 일을 생략할 수 있다. 하나의 장면만 단기 노출을 시도하고자 한다면, 60초 동안 장면에 자신을 노출시키고 그 시간 동안 그 장면에 머물 수 있다면 축하한다. 압도되거나 현장에서 일찍 물러나면 긴장을 풀고 두 번 더 시도해 보라. 만일 아직도 60초 동안 그 장면에 머물 수 없다면, 단일 장면 접근이 너무 강렬한 것이므로 당신은 이 단계로 돌아와 위계를 구축해야 한다.

노출 위계는 6개에서 20개의 장면으로 이루어진다. 최소의 것에서 가장 위협적인 것까지 상대적으로 부드러운 등급을 가진 이 많은 위계를 수행하려면 다음의 4가지 변수를 조작할 수 있다:

1. **공간적 근접성:** 당신이 두려운 대상 또는 상황에 물리적으로 얼마나 가까운가. 예를 들어, 당신이 눈길 위에서 운전하기를 두려워한다면, 매년 스키 여행을 가면서 산에 가까워질수록 더 두려울 것이다. 자동차가 산으로 가는 첫 번째 긴 경사에 도달하고, 길가에 떠 있는 첫 번째 표류물을 볼 수 있을 정도로 높은 높이에 있는 것을 상상하는 위계적 장면을 만들 수 있다.

2. **시간적 근접성 또는 지속 시간:** 두려운 대상이나 상황에 시간적으로 얼마나 가까운가. 또는 당신이 그것에 노출되는 데 보내는 시간, 예를 들면 지하철의 공포증에 대한 위계에는 지하철 탑승 시간에 점점 더 가까워지는 장면이 있거나 점차적으로 더 긴 탑승 시간이 나열될 수 있다.

3. **위협의 정도:** 현장이 얼마나 어렵고 두려운가. 예를 들어, 엘리베이터에 대한 두려움이 있으면, 당신은 올라가거나 내릴 층을 변경함으로써 위협의 정도를 조작할 수 있다.

4. **지원의 정도:** 위협적인 장면에서 상대방을 얼마나 가까이 지원하는가. 예를 들어, 고속도로에서 운전하는 것이 두려운 경우 보조자가 조수석 옆에, 뒤에서, 뒤에서 보이지 않는 곳에 있을 수 있다. 도움이 필요할 때를 대비하여 전화를 걸면 된다.

위계에 대한 장면들을 생각할 때 이 네 가지 변수들을 모두 이용할 수 있다. SP는 공간적 근접성, TP는 시간적 근접성, T는 위협 수준, S는 지원 수준으로 표시된 다음 세 가지 샘플 위계가 작동 방식을 확인하는 데 도움이 된다. 이러한 위계가 어떻게 만들어졌는지 조사하면 변수를 사용하여 다양한 장면을 만드는 방법을 더 잘 이해할 수 있다.

고속도로 운전 공포증에 대한 위계		
변수	등급	장면
TP	1	연습 전날 고속도로 운전에 대해 생각하기
SP	2	진입로를 바라보는 골목길에 주자한 차에 앉아 있기
T	3	다른 사람과 함께 고속도로를 달리기
S	4	앞 좌석 보조자와 함께 하나의 출구로 운전하기-교통량이 적음
T	5	앞 좌석에서 보조자와 함께 하나의 출구로 운전하기-교통체증
S	6	하나의 출구로 혼자 운전-교통량이 적음
T	7	하나의 출구로 혼자 운전-교통체증
T, S	8	앞 좌석 보조자와 함께 두 개의 출구로 운전하기-교통체증
S	9	뒷좌석 보조자와 함께 두 개의 출구로 운전하기-교통체증
S	10	혼자 2개의 출구로 운전하기-교통 체증
T, S	11	앞 좌석 보조자와 함께 4개의 출구로 운전하기-교통량이 적음
T, S	12	뒷좌석 보조자와 함께 4개의 출구로 운전하기-교통체증
S	13	혼자 4개의 출구로 운전하기-교통량이 적음
S	14	혼자 4개의 출구로 운전하기-교통체증
T, S	15	앞 좌석 보조자와 함께 6개의 출구로 운전하기-교통체증
S	16	혼자 6개의 출구로 운전하기-교통량이 적음
T	17	혼자 6개의 출구로 운전하기-교통체증
T	18	혼자 8개의 출구로 운전하기-교통체증

주사 맞기 공포증에 대한 위계		
변수	등급	장면
T	1	미성년자가 주사를 맞는 장면이 있는 영화 보기
T	2	친구와 독감 예방주사를 맞는 것에 대해 이야기하기
T	3	핀으로 손가락 찌르기
T	4	비의약품성 식염수 주사 예약
SP	5	의료센터로 운전하기
SP	6	의료센터 주차장에 주차하기
T, SP	7	대기실에 앉아 주사에 대해 생각하기
SP	8	진료실에 들어가기
TP	9	주사 도구를 들고 들어오는 간호사
TP	10	주사기를 채우는 간호사
T	11	면봉에 알코올 냄새 맡기
TP	12	간호사의 손에 든 피하주사 보기
T	13	오른팔에 작은 식염수 주사 맞기
T	14	왼쪽팔에 더 큰 식염수 주사 맞기
T	15	팔에 독감 예방주사 맞기
T	16	혈액 샘플 채취

벌 근처에 있는 공포에 대한 위계		
변수	등급	장면
T	1	벌 사진 보기
TP	2	나중에 뒷마당에서 연습할 계획
SP	3	문 앞에 서서 뒷마당 바라보기
SP	4	뒷문 근처에 서 있기-1분 동안
TP	5	뒷문 근처에 서 있기-3분 동안
SP	6	달리아(벌들이 많이 있는 곳)의 중간에 서 있기-1분
TP	7	달리아(벌들이 많이 있는 곳)의 중간에 서 있기-3분
SP	8	윙윙거리는 소리가 들릴 정도로 가까이 서 있기-1분
TP	9	윙윙거리는 소리가 들릴 정도로 가까이 서 있기-3분
SP	10	달리아 옆에 서 있기(벌들이 사방에 있음)-1분
TP	11	달리아 옆에 서 있기-2분
TP	12	달리아 옆에 서 있기-5분

실제 노출을 위한 계획

가능한 각 장면을 당신이 실생활에서 의도적으로 할 수 있는 것으로 만들라. 예를 들어, 뱀에 대한 두려움을 생각해 보라. 숲을 걷다가 뱀을 보는 위계의 장면들은 당신이 실생활에서 대처 기술을 연습할 준비가 됐을 때에는 설정하기가 어렵다. 뱀을 파는 가게에서 유리 용기에 점점 더 가까이 다가가 결국 뱀을 만지고 집어 드는 장면을 갖는 것이 좋다.

위계 구축 시작하기

첫 번째 두려움에 대한 위계를 구축하려면 약간의 불안만 유발하는 방식으로 당신이 두려워하는 대상이나 상황을 경험하는 한 시나리오를 생각하는 것으로 시작하라. 공간이나 시간에서 멀리 떨어져 있는 자신을 상상할 수 있고, 옆에 지원 인력이 있거나 상황의 약간 위협적인 측면만 처리하는 자신을 상상할 수 있다.

다음으로, 당신의 두려운 대상이나 상황과 관련하여 상상할 수 있는 최악의 경험을 상상하라. 예를 들면, 만일 당신이 대중 연설을 두려워한다면, 많은 대중 앞에서 긴 발표를 하는 것을 상상할 수도 있다. 또는 혼잡한 극장이나 출구에서 멀리 떨어진 교실을 두려워한다면, 방이 답답하고 출구로 가려면 자기 자리에 있는 많은 사람을 가로질러 지나가야 할 매우 폐소공포증적인 장면을 만들 수 있다. 네 가지의 변수에 대해 생각해 보고 그 장면들을 상상할 수 있는 한 위협적으로 만들기 위해 그것들을 조작할 수 있는 방법들에 대해 생각해 보라. 즉 당신의 모든 장면들을 실생활에서 복제할 수 있는 것으로 만들 것을 기억하라.

가장 덜 강렬한 항목과 가장 강렬한 항목을 식별했으면 빈 종이에 기록하라.

중간 장면들 채우기

이제 공포증과 관련하여 강도가 증가하는 6~18개의 추가 장면들을 상상하라. 처음에는 네 가지 변수를 염두에 두고 가능한 많은 장면을 생각하며 브레인스토밍을 하라. 다양한 정도의 시간적, 공간적 근접성을 생각하라. 위협의 정도를 높여라. 나중에 지원 인력을 활용하기를 계획할 수 있다면, 실생활 노출에서 당신의 위계 안으로도 다양한 수준의 지원을 구축하라. 생각나는 대로 아이디어를 기록하라.

6~18개의 장면이 있으면 별도의 종이에 적어 가장 위협적이지 않은 장면(1번)부터 가장 위협적인(가장 높은 숫자) 장면까지 순위를 매겨라. 이 시점에서 당신은 새 종이에 항목을 순서대로 다시 쓰고 싶을 수 있다.

당신의 위계를 검토하고, 두려움의 점진적 증가가 전체적으로 거의 동일한지 확인하라. 어떤 이익들이 다른 것들보다 의미 깊게 크다면, 당신은 부가적인 장면들로 그 차이를 채울 필요가 있다. 만일 어떤 이익이 너무 적다면, 그 항목들을 빼고 변수들을 조절하여 그것들이 다른 수준의 두려움을 불러일으킨다. 그 단계들이 거의 균일해질 때까지 그 작업을 계속하라.

위계 마무리하기

다음의 체계 양식 사본에 등급 순서에서 마무리된 체계를 기록하고, 책의 공란인 버전은 남겨 두어 당신이 다른 공포증에 사용할 수 있도록 사본을 남겨 두어라. 이제는 '장면'란을 채워넣어라. 체계 항목의 더 많은 줄이 필요하면, 단지 빈 체계 양식의 또 다른 사본을 이용하고 그에 따라 등급을 수정하라. (당신은 또한 http://www.newharbinger.com/45489에서 사본을 다운로드할 수 있다.)

________________를 위한 위계

등급	장면	대처 사고

5단계: 단기 심상 노출 수행

단기 노출 순서는 네 가지 단계가 있다.

A. 장면을 시각화한다.

B. 장면을 멈추고 자신의 불안을 평가한다.

C. 긴장을 풀고 장면 후에 대처 사고를 이용한다.

D. 불안이 감소할 때까지 B에서 D까지의 단계를 반복하고, 그다음 장면으로 옮겨간다.

A. 장면을 시각화한다.

위계의 첫 번째 장면부터 시작하라. 타이머를 60초로 설정하고(원한다면 더 긴 노출을 할 수도 있다), 다음으로 그 장면을 시각화하고 1분 동안 온전히 그대로 있으라. 그것에 생명을 불어넣으라. 그 상황을 보고, 무슨 일이 일어나고 있는지 들어보고, 신체적 감각을 느껴 보라. 그 장면 안에 어떤 대상이나 사람들이 있는가? 어떤 색이 보이는가? 빛의 질이 어떤가? 무언가 냄새가 나거나 온도가 느껴지거나, 당신의 피부에 닿는 느낌이 있는가? 목소리, 바람 또는 똑딱이는 시계 소리 등과 같은 소리가 들리는가? 그 장면에서 불안해하는 자신을 상상하지 말라. 당신이 그 장면 안에 있으면, 스스로를 편안하고 자신감 있는 모습으로 보라. 당신의 마음이 그 장면으로부터 멀어지면 세부적인 것들에 다시 초점을 맞추고 집중하라.

그 장면에서 당신의 대처 사고나 이완 기술을 사용하지 말라. 나중을 위해 그것들을 아껴 두라. 당신이 너무 화가 나서 60초가 지나기 전에 그 장면을 시각화하기를 그만둔다면, 이완 운동을 하고 다시 시도해 보라. 이것이 3회 연속 일어나면, 그 장면은 너무 강렬한 것이다. 당신의 위계에서 관리할 수 있는 장면을 2~3개 더 세분화할 필요가 있다.

B. 불안을 평가한다.

타이머가 울릴 때, 그 장면을 떠나고 0에서 10까지의 척도로 당신의 불안 수준을 매겨라. 여기서 0은 불안이 없음을, 10은 당신이 느껴 본 적이 없는 최악의 공포를 나타낸다.

C. 각 장면 후에 긴장을 풀고 대처 사고를 이용한다.

당신의 위계 항목들을 시각화한 후 긴장을 풀고 당신의 대처 사고를 이용하라. 만일 그 장면이 중간 정도의 불안만을 야기한다면, 당신은 신호 조절 이완을 활용하고 자신을 진정시키는 데 시간을 할애할 수 있다. 만일 당신이 장면 중 불안을 많이 느낀다면, 점진적 근육 이완이나 긴장 없이 이완을 하는 데에 추가 시간을 들여라. 이 강력한 기술은 당신이 더 깊은 수준의 평안을 얻는 데에 도움을 줄 수 있다.

D. 불안 수준이 감소할 때까지 A부터 D까지의 단계들을 반복하고, 그다음 장면으로 옮겨간다.

당신의 등급이 4 또는 그 이상이라면, 같은 장면을 다시 찾아가라. 일단 당신의 등급이 3 또는 그 이하로 내려가면, 당신의 위계의 다음 장면으로 옮겨가라. 일반적으로 장면의 감도를 낮추려면 최소한 두 번의 노출이 필요하다. 그러나 가장 낮은 등급의 장면은, 만일 당신의 불안이 처음부터 낮은 경우라면 한 번만 노출하면 된다.

가능하다면 매일 연습하라. 첫 번째 연습 세션은 약 20분 동안 지속되어야 한다. 나중에 세션을 최대 30분 정도로까지 연장할 수 있다. 주된 제한 요인은 피로이다.

각 연습 장면 동안 1~3개의 위계 항목들을 숙달할 것으로 예상된다. 새 연습 세션을 시작할 때는, 성공적으로 마쳤던 마지막 세션으로 돌아가라. 이것이 더 많은 불안을 유발하는 새로운 항목들을 직면하기 전에 당신의 이득을 통합하는 데 도움이 된다. 당신의 위계에서 가장 높은 항목을 숙달할 때까지 장면을 계속 시각화하고 대처하라.

6단계: 단기 실생활 노출을 수행한다.

대부분의 경우에 동일한 위계를 사용하여 두려운 상황에 대한 실생활 노출을 연습할 수 있다. 위계에서 처음 세 개 또는 네 개의 장면을 시각화한 후 돌아가서 첫 번째 장면에 대한 실제 노출을 시작한다. 당신의 상상과 현실에서의 작업은 서로를 강화할 것이다.

실제 상황에서 쉽게 연습할 수 없는 항목이 있으면 수정할 수 있도록 수정하라. 그 항목들을 '층 사이에 갇힌 엘리베이터'로 생각하라. 이것은 분명히 주문형으로 만들 수 없는 것이다. 그러나 당신은 그것을 "바클

레이 빌딩의 엘리베이터 안에 서 있는데, 문이 닫히고 엘리베이터가 (당신이 버튼을 누르지 않아서) 오랫동안 움직이지 않는다."로 수정할 수 있다. 이것은 바닥 사이에 끼어 있는 것과는 다르지만 같은 감정을 불러일으킨다.

실생활 상황이 정확히 60초 동안 지속되도록 하는 것은 어려울 수 있다. 경우에 따라 더 긴 노출 시간을 설정하거나 설정해야 할 수 있다. 불안이 상승할 때 빨리 빠져나오지 말고 당신이 정해진 시간 동안 그 상황 내에 머무르기만 하면 된다.

사례

주요 의류 회사의 제품 관리자인 제니퍼는 그룹 앞에서 연설해야 하는 회의, 특히 분기별 제품 발표를 해야 하는 회의에 극도의 공포감이 있었다. 그녀의 불안은 가장 최근 발표 이후 그녀가 제품 라인과 제조 계획에 대해 엉성하고 무질서한 설명을 했다는 비판을 받았을 때 크게 증가했다.

제니퍼가 점진적 근육 이완, 긴장 없는 이완, 그리고 신호 조절 이완을 배우는 데 약 3주가 걸렸다. 그 기간 동안 그녀는 다음의 위계를 구축했다. 그녀는 다음 3가지 대처 방식을 선택했다. "나는 이 감정을 받아들이고 내가 해야 할 일을 할 수 있어." 그리고 "이 불안이 날 해치지 않을 거야, 내가 감당할 수 있어."

그룹 발표 회의를 위한 위계

등급	장면
1	2주 안으로 예정된 제품 기획 회의
2	회의 한 주 전에 발표에 필요한 자료를 모으려고 노력하기
3	회의 전날 밤 발표 자료를 집으로 가져오기
4	10시 회의의 아침에 직장에 도착하기
5	회의 장소로 들어가서 인사하고, 내 앞의 책상에 서류 쌓기
6	잘 준비된 다른 제품 발표 듣기
7	내 제품 라인 소개
8	말하기 시작하고 내게 기대에 찬 얼굴로 주위를 돌아보기
9	끝은 아직도 먼 것같이 느껴짐. 모두가 집중하여 나를 보는 걸 보며, 그들이 무슨 생각을 하는지 알 수 없음.
10	마지막에 아무 반응도 없고 사람들이 무슨 생각을 하는지 알 수 없음.

제니퍼는 단기 노출 과정을 주의 깊게 따랐다. 그녀는 처음 두 항목이 쉽고 약간의 불안을 불러일으킴을 알았다. 그녀는 3번째 장면에서 중간 정도의 불안을 느꼈고, 4번째 장면에서 현저한 불안을 처음 경험했다. 그녀는 이 장면을 0에서 10까지의 척도 중에서 8로 평가했다. 이후 그녀는 점진적인 근육 이완을 했다. 4번째 장면에 3번째 노출에서 제니퍼는 가벼운 불안으로 그 장면을 경험할 수 있었고, 그녀는 10점 만점에 3점으로 평가했으며, 계속하여 옮겨갈 수 있었다.

매일 20분 세션으로 작업을 하면서 그녀는 먼저 시각화하고, 다음은 휴식을 취하여 그녀의 위계의 9번째 항목에 도달할 때까지 그녀는 장면을 진행했고, 여기서 그녀는 가장 높은 불안을 연이어 여섯 번 경험했다. 그녀는 그 항목을 두 개의 별도 장면들로 나누기로 결정했다. 첫 장면은 '아직 끝이 멀고도 험난한 느낌'이었다. 그녀는 스스로 세 번 더 시각화를 한 후에 그 장면을 더 쉽게 대처할 수 있었고, 그것에 둔감해진 자신을 발견했다. 두 번째 장면인 "모두가 집중하며 나를 보는 것을 보는데, 그들이 무슨 생각을 하는지 알 수 없어."는 더 어려웠다. 그녀는 극심한 불안을 두 번 더 경험했지만 세 번째 시각화에서 그녀의 두려움은 감소했다. 4번 더 시각화로, 제니퍼는 거의 걱정 없이 그 장면을 경험할 수 있었다.

제니퍼는 다음 제품 발표를 준비하면서 실생활에서 동일한 위계를 활용했다. 그녀의 실제 작업 일정의 현실은 그녀가 심상 작업에 사용했던 위계로부터 약간의 방향 전환을 필요로 했다. 예를 들면, 마지막 순간에 그녀의 발표가 의사 일정의 조금 더 이른 시점으로 옮겨졌고, 그래서 그녀는 발표를 하기 전 앉아서 다른 사람들의 발표를 들을 시간을 갖지 못했다. 그녀는 물 한 컵을 마시면서 그녀의 놀라움과 불안을 감추고, 그녀의 발표를 진행했다.

그 노출 작업은 효과가 있었다. 제니퍼는 단지 경미하거나 중간 정도의 불안만을 가진 채로 실제 발표를 해낼 수 있었다. 그녀는 자신의 불안을 완전히 없애지는 못했지만, 매우 중요한 일을 달성했다. 바로 두려운 느낌을 수용하는 능력을 개발하여, 그녀의 직업의 도전에 대처할 수 있다는 것이다.

유의 사항

당신이 공포증 때문에 이 장을 진행해 왔지만, 단기 노출이 당신의 공포를 완전히 해결하지 못했다면, 14장 '지속 노출'로 넘어간다. 하지만 장기 상상 노출이 아니라 단지 장기간의 실제 노출만을 연습해야 한다는 것에 주목한다. 만일 단기 노출을 연습하는 데 어려움을 겪는다면, 두 가지 일반적인 문제 중 하나 때문일 수 있다. 시각화의 어려움 또는 잘못 구성된 위계이다.

시각화의 어려움

만일 시각화 장면이 단조롭고, 비현실적이고, 실생활 장면에서 느낄 수 있는 고통을 불러일으키지 않는 것처럼 보인다면 당신은 아마도 사물을 명확하게 시각화하는 데 문제가 있을 수 있다.

당시의 상상력을 강화하기 위해 모든 감각을 동원해 장면들을 더욱 생생하게 하도록 할 질문을 하라.

- **시각**: 장면에 어떤 색이 있는가? 벽, 풍경, 자동차, 가구 또는 사람들의 옷은 어떤 색인가? 빛이 밝은가, 어두운가? 탁자 위의 책, 애완동물, 의자, 양탄자 등 어떤 세부 사항이 있는가? 벽에는 어떤 그림들이 있는가? 표지판에서 어떤 단어를 읽을 수 있는가?
- **소리**: 목소리의 톤은 어떤가? 비행기, 자동차, 개 짖는 소리, 또는 음악과 같은 주변 소음들이 있는가? 나무 사이로 바람이 부는가? 당신 자신의 목소리가 들리는가?
- **촉각**: 손을 뻗어 사물들을 느낀다고 상상하라. 그것들이 거친가 또는 매끄러운가, 단단한가 부드러운가, 둥근가 또는 납작한가? 날씨는 어떤가? 덥거나 추운가? 가려운가, 땀이 나는가, 또는 재채기가 날 것 같은가? 무엇을 입고 있나? 그 옷이 피부에 맞닿아 어떻게 느껴지는가?
- **미각**: 무엇을 먹거나 마시고 있는가? 그것들이 달거나, 시거나, 짜거나 혹은 쓴가?

또한, 장면 중 하나의 실제 설정으로 이동하여 심상과 인상을 수집하고 세부 사항을 기억하는 연습을 하는 것도 도움이 된다. 만일 생생하고 연상되는 장면을 만들려는 시도가 효과가 없다면, 실생활에서의 노출을 하는 것으로 전환하라.

잘못 구성된 위계

특정 장면을 반복해도 불안이 줄어들지 않는다면 더 점진적인 단계를 가진 위계를 재구성할 필요가 있을 것이다.

만일 장면을 명확히 시각화하고 불안을 거의 또는 전혀 경험하지 않는다면, 아마 장면 간의 더 가파른 단계를 가진, 또는 장면들 안에 보다 다양한 콘텐츠를 사용하여 위계를 재구성할 필요가 있을 수도 있다.

만일 당신의 장면을 명확하게 시각화하고 불안정한 수준의 불안을 경험한다면, 당신의 위계의 장면들은 아마도 강도와 관련하여 균일한 간격을 유지하지 않을 수 있다. 위계를 재구성하고 다시 시도해 보라.

제14장

지속 노출

지속 노출(Prolonged Exposure)은 의도적으로 두려운 상황을 상상하거나 강박적인 사고를 즐기는 간단한 기술이다. 이미지를 피하거나 중화시키지 않고, 마침내 이미지에 싫증이 나서 이미지가 당신을 화나게 할 힘을 잃을 때까지 마음속에 품고 있다. 지속 노출은 단기 노출보다 더 많은 둔감화와 습관화 효과를 제공하지만 더 어렵고, 때로는 그 과정을 견디기가 어렵다.

지속 노출은 오랜 역사를 가지고 있다. 1967년 토마스 스탬플(Thomas Stampfl)은 그가 이름을 붙인 '내파 요법(implosion therapy)'이라고 부르는 치료법에 대해 보고했다(Stampfl과 Levis). 그는 공포증 환자들이 자신이 두려워하는 상황을 6시간에서 9시간 동안 지속해서 언어적으로 묘사한 후 공포증 환자들의 두려움이 사라지거나 '내파'될 것이라는 사실을 발견했다. 그러나 대부분의 치료사들과 내담자는 이 기법이 1980년대 초에 생리학적으로 모니터링되는 내파 요법을 고안해 낼 때까지는 너무 시간이 많이 걸리고 지친다는 것을 알게 되었다. 그는 혈압 바이오피드백을 사용하여 내담자의 두려움 위계에서 가장 혼란스러운 문구와 심상을 찾아냈다. 심상을 강화함으로써 그는 초기 노출 세션에 필요한 평균 시간을 2시간으로 줄였고, 이후의 세션들은 30분 정도로 단축할 수 있었다(Wanderer 1991).

그럼에도 이것은 꽤 많은 업무 시간이 들었고, 깔끔한 50분 단위로 맞아떨어지지는 않았다. 그래서 그는 또 하나의 기술적 보조인 루프 테이프(Loop Tape)를 이용했다. 그는 내담자들에게 혈압 모니터에 연결된 상태에서 3분간 지속되는 루프 카세트 테이프에 그들의 두려운 심상을 기록하도록 요청했다. 모니터가 내담자의 지속적인 최대 각성에 도달했을 때, 테이프 녹음기를 중지하고 최대의 반응을 유도해 냈던 루프를 캡처했다. 그런 다음 내담자는 그 테이프를 집으로 가져가서 과제로 실제 노출 세션을 수행할 수 있었다. 완더러(Wanderer) 박사는 나중에 많은 내담자가 그들의 각성을 스스로 모니터링하고 집에서 루프 테이프를 만들 수 있다는 것을 발견했다.

심리학자 폴 살코브키스(Paul Salkovskis)와 존 커크(Joan Kirk, 1989)는 강박적 사고를 치료하기 위한 30초 분량의 루프 테이프를 이용하는 방법을 개발했다. 그들은 내담자에게 테이프를 듣는 동안 강박관념을 피하거나 없애려고 하지 말고 테이프의 내용에 집중하도록 지시했다.

지속 노출은 또한 장기간 노출될 수 있는 실제 상황을 찾아 생체 내(실제 생활)에서 치료하는 방법이다. 수행될 수 있다. 실제 상황에 대한 지속 노출은 간단한 심상이나 생체 내 노출로 해결할 수 없는 공포증을 치료하는 것이다.

학습 효과

지속적 심상 노출은 유해하거나 수용할 수 없는 것들을 행하거나 말하는 것의 두려움과 같은 강박적인 행동이 동반하지 않는 강박적인 사고를 줄이는 데 매우 효과적이다. 또한, 외상후스트레스장애가 있는 사람들을 과거 외상의 이미지에 둔감하게 하는 데 사용된다(Foa, Hembree와 Olaslov Rothbaum 2007).

지속적 실생활 노출은 공황이나 뱀, 높은 곳, 좁은 공간, 고속도로 등에 대한 두려움과 같이 단기 노출에 반응하지 않는 단순 공포증에 아주 효과적이다. 또한, 오염에 대한 두려움이나 해를 입히는 것과 같은 강박장애와 관련된 두려움에 대해 사람들을 둔감하게 하는 데 사용된다.

지속 노출은 장기간에 걸쳐 혈압이 상승하므로 고혈압이 있거나 심장 발작 또는 뇌졸중의 가족력이 있는 경우 이 방법을 사용해서는 안 된다. 연장 노출은 또한 자살이나 다른 사람을 해치는 것과 같은 두려운 행동을 할 가능성이 있는 경우에도 금지한다(McMullin 1986).

학습 시간

지속 노출은 강렬하지만 상대적으로 단순하다. 지속적 심상 노출의 경우 녹음을 하는 데에 1시간 정도 걸리고, 불안 수준을 거의 0으로 줄이기 위해 최소 1시간 동안 3~10회의 노출 세션이 필요하다. 당신이 13장에서의 두려운 경험에 대한 위계를 가지고 있다면, 그 위계의 각 단계에 대해 이 과정을 반복해야 할 것이다.

지속적 실제 노출의 경우, 고통이 크게 줄어들 때까지 두려운 상황을 유지하면서 위계 구조의 각 항목을 검사하고, 불안이 0에 가까울 때까지 각 노출을 반복하도록 한다.

학습 지침

제13장의 '단기 노출'을 학습했다면, 이 장의 접근법은 상상 장면의 사용과 나중에 실제 상황을 사용하는 두 접근법 모두 다소 유사하다는 것을 알게 될 것이다. 그러나 몇 가지 중요한 차이점이 있다. 지속 노출은 분명히 더 긴 노출을 필요로 하고, 또한 심상 기반 노출을 하는 동안 오디오 녹음을 이용한다. 그리고 중요한 것은 지속 노출은 이완 기술이나 대처 방법을 이용하지 않는다. 사실 이러한 전략들은 지속 노출에서는 금지된다.

지속적 심상 노출

지속적 심상 노출은 다섯 단계로 된 과정이다:

1. 강렬한 공포 이미지를 기록한다.
2. 녹음을 들어본다.
3. 5분마다 자신의 불편함을 평가한다.
4. 최대 불편함이 절반으로 줄어들면 중지한다.
5. 초기 불편함이 0에 가까울 때까지 2~4단계를 반복한다.

절차를 시작하기 전에 모든 지침을 읽고 3단계의 불편 등급 차트를 복사하라.

1단계: 강렬한 공포 이미지를 기록한다.

당신은 디지털 녹음기나 마이크와 같은 음성 녹음 수단과 컴퓨터의 녹음 소프트웨어가 필요하다. 당신이 두려워하는 이미지의 목록을 작성해야 할 경우를 대비하여 필기구와 종이, 간편한 녹음기를 가지고 편안한 의자에 앉는다.

눈을 감고 잠시 몸에 집중하여 다음과 같은 기본적인 수치를 알 수 있다. 기분이 어떤가? 얼마나 빠르고 깊이 호흡하는가? 심장 박동을 느낄 수 있는가? 신체의 다양한 부분이 얼마나 차갑고 따뜻한가? 통증이나 아픔, 배고픔, 메스꺼움, 또는 다른 내부 감각이 있는가? 나중에 언제 당신의 몸 상태가 변할 때 더 명확하게 알 수 있도록 지금 기분을 확인하라.

스스로에게 다음 질문들을 하는 동안 눈을 뜨거나 감고 있어도 된다:

- 내가 극복하고 싶은 가장 중요한 것은 무엇인가?
- 나는 접근하고 싶은 것을 피하고 있는 것은 무엇인가?
- 나는 하고 싶은 일 중 두려운 것은 무엇인가?
- 무엇이 나를 가로막고 있는가?
- 이 상황에서 나에게 무슨 일이 일어날까 두려운가?
- 어떤 생각이 자주 내 마음을 괴롭히는가?
- 어떤 걱정을 마음속에서 지우기 어려운가?

당신이 작업하고자 하는 공포증이나 집착에 대한 명확한 생각이 있을 때 녹음기를 작동시키고 그것에 대해 말하기를 시작하라. 말하기 시작하는 것이 어렵다면 연필과 종이를 사용하여 무서운 상황이나 문구를 적은 각 장면이나 생각을 큰 소리로 읽어라. 각각에 대해 자세히 설명하고 그것이 얼마나 무서운지 확인하라.

마치 실제로 일어난 일처럼 당신이 두려워하는 것을 가능한 한 가장 생생하게 묘사하라. 예를 들어, 고소공포증을 치료사에게 연계시킬 수도 있으므로 당신의 고소공포증을 추상적인 방식으로 묘사하지 말라.

나는 높은 곳에 있을 때 가끔 긴장한다. 창밖이나 난간 너머로 떨어질까 봐 두렵다.

위 문장 대신에, 당신이 보고 있는 영화에서 일어나고 있는 것처럼 당신이 두려워하는 것을 기술하라.

나는 시어즈타워의 전망대 쪽으로 걸어간다. 나는 발을 헛디뎌 난간에 부딪혀 넘어졌다. 난간은 부서지고, 난간 가장자리는 넘어졌다. 허공에서 흔들리며 비명을 질렀다.

마찬가지로, 당신이 일련의 강박적인 사고를 기록하고 있다면, 그것에 대해 건조하고 분석적으로 생각하지 마라.

나는 내 아이가 아플 거라는 생각을 멈출 수가 없어.

위 문장 대신에, 당신의 최악의 악몽을 마치 그 순간에 일어난 것처럼 묘사하라:

나는 갑자기 내가 온종일 아기에게 먹을 것을 주지 않고 기저귀를 갈아 주지 않았음을 깨닫는다. 나는 방으로 달려들어가 아기가 침대에서 똥과 구토물로 뒤덮인 채 경련을 일으키는 것을 발견했다. 나는 아기의 몸부림치는 몸을 들어 올리고, 아기는 내 품 안에서 축 늘어졌다. 나는 아기가 죽었음을, 죽었다는 것을, 생명이 다했음을 알았다. 그건 모두 내 잘못이다.

"나는 볼 필요가 없도록 몸을 외면한다.", "나는 생각하지 않으려고 노력한다.", "나는 방에서 도망친다." 등과 같이 당신의 두려움을 회피하는 묘사는 포함하지 말라. 마찬가지로, 어떤 중립적인 사고도 묘사하지 말라. 무력화는 여러 형태를 취할 수 있다. 강박관념의 경우, 무력화는 숫자 세기, 무의미한 철자 반복하기, 마법 주문, 기도, 또는 확언과 같은 당신의 마음속에서 강박적인 생각을 중화하기 위해 당신이 일반적으로 하는 어떤 것이라도 강박적인 정신 의식이 될 수 있다.

공포증의 경우에는, 무력화가 당신 자신에게 당신의 두려움이 불균형하다는 것, 즉 다리가 실제로 무너지지 않을 것이라는 것을 스스로 상기시키는 것일 수도 있다. 또는 그것은 "일어날 일은 일어난다." 또는 "잊어버리고 떠나보내라." 등과 같은 문구를 사용하는 것이 포함될 수 있다. 그러한 생각은 인지 치료의 다른 응용 프로그램에서 대처하는 가치가 있을 수 있지만, 지속 노출에는 당신이 모을 수 있는 최악의, 미친, 가장 안심할 수 없고 완화되지 않은 공포 이미지에 빠져야 한다. 당신 자신을 두려움으로부터 벗어날 수 없도록, 잠시도 쉬지 마라.

시각, 소리, 냄새, 맛, 통증, 질감, 온도 등과 같은 신체적 감각들을 포함한다. 모든 오감(五感)을 사용하는 것은 당신의 장면들을 더욱 생생하게 한다. (생생한 심상 작성에 대한 자세한 내용은 16장 '시각화를 통한 핵심 신념 바꾸기'의 '유의 사항'을 참조하라.)

당신이 두려움을 느끼기 시작할 때까지 계속 말하고 세부 사항을 추가하라. 당신의 신체적 반응을 추적하라. 호흡이 빨라지고 더 얕아져야 한다. 당신의 배에서 깊게 숨을 쉬지 않고 가슴 중앙에서 숨을 쉬고 있음을 알 수 있다. 땀이 나기 시작할 수도 있다. 손이 축축하고 속이 메스꺼울 수 있다. 울기 시작하거나 울고 싶을 수도 있다. 몸이 떨리거나 머리가 아플 수도 있다.

당신의 몸이 떨리거나 울고 있다 하더라도 말하기를 멈추지 말라. 자신에게 "내가 표현하는 것보다 더 나쁜 게 무엇이 있을까?"라고 묻기를 계속하라. 당신이 할 수 있는 신체적 반응을 사용하여 가능한 한 겁을 먹고 화를 내라.

당신의 각성이 최고조에 달하고 더 이상 화를 낼 수 없을 때 녹음을 중지하라. 당신이 녹음한 내용을 재생하고 가장 속상한 내용을 2~3분 분량으로 편집하라.

어떤 사람들은 녹음기에 말을 하는 것에 관한 한, 그들 뒤에 청중이 없음에도 무대 공포증을 갖는다. 만일 이것이 당신의 경우라면, 당신이 사용할 수 있는 녹음을 얻기 전에 오랜 시간 동안 연습을 해야 할 수도 있다. 당신은 대본을 쓰고 그것을 읽어야 할 수도 있다.

2단계: 녹음을 들어본다.

편안하게 의자에 앉는다. 연필과 불편 등급 차트 사본을 준비한다. 원한다면 이어폰을 착용한다. 장면을 반복적으로 재생하도록 컴퓨터나 디지털 녹음기를 설정한다. 당신의 장비에 이런 기능이 없다면, 수동으로 재생하라. 재생 버튼을 누르고, 소리가 크게 잘 들리고, 당신의 의식을 채우고 실제로 당신에게 영향을 미칠 때까지 볼륨을 높인다.

최소한 한 시간 동안 주의를 기울여 듣는다. 가능한 한 최대한 녹음 내용을 활용하도록 하라. 강박적 사고로 작업을 하고 있다면, 숫자 세기, 무의미한 음절 반복, 가장 좋아하는 기도문 또는 긍정 등을 말하는 것과 같은 생각이나 의식을 무력화하는 것을 피한다. 공포 이미지로 작업한다면, "이것은 절대로 일어나지 않을 거야.", "그건 곧 끝날 거야.", "실제로 이렇게 나쁘지 않을 거야." 등과 같은 긍정적인 반박으로 이에 대해 논쟁하지 않도록 한다.

3단계: 5분마다 불편함을 평가한다.

불편 등급 차트 사본을 사용하여 0에서 10까지의 불편함을 평가하라. 0은 불안이 없음을, 10은 당신이 느꼈던 최악의 불편함을 나타낸다. (당신은 사본을 http://www.newharbinger.com/45489에서 다운로드할 수 있다.) 각 5분 간격마다 적절한 불편 정도 옆에 체크 표시 또는 ×를 표시하라.

지속 노출은 너무 불쾌하여 5분 간격이 언제인지 확인하려고 손목시계나 시계를 자주 엿볼 수 있다. 시간 추적에 어려움이 있다면, 5분마다 알려 주도록 타이머를 사용한다.

당신은 처음 10분에서 20분 동안 불편함 등급이 증가한다는 것을 알 수 있다. 그에 대해 낙담하거나 걱정하지 말라. 그건 정상이다.

불편 등급 차트

10																		
9																		
8																		
7																		
6																		
5																		
4																		
3																		
2																		
1																		
0																		
분.	5	10	15	20	25	30	35	40	45	50	55	60	65	70	75	80	85	90

4단계: 최대 불편함이 절반으로 줄어들면 중지한다.

한 시간 동안 또는 불편함이 세션 중에 도달한 최고 수준의 50%로 줄어들 때까지 계속해서 녹음을 듣는다. 너무 성급하게 중지하지 않도록 한다. 그것은 일종의 회피이며, 보상처럼 작용하여 당신의 두려움이나 강박관념을 강화할 것이다. 다음번에 당신의 반응을 더 강렬하게 만들 수 있다.

5단계: 초기 불편함이 0에 가까울 갈 때까지 2~4단계를 반복한다.

회복을 위해 몇 시간 또는 하루를 주고, 그런 다음 2, 3, 4단계를 위한 지침을 따르면서 다시 녹음을 들어라. 다음에 녹음을 들을 때 불편함의 정도가 더 크다는 것을 알게 될 것이다. 세션 시작 시 이전 세션 종료 시보다 높지만 이전 세션의 최고점만큼 높지는 않다. 이는 정상적인 불편함 '반등(Rebound)'이다.

매일 노출 세션을 예약하고 거의 0에 가깝게 빠르게 떨어지는 최소한의 불편함 수준에서 세션을 시작할 수 있을 때까지 똑같은 녹음으로 작업하기를 계속하라. 각각의 공포증이나 강박관념에 대해 그 지점에 도달하기 위해서는 아마도 3번에서 10번 정도 걸릴 것이다

만일 당신이 두려운 이미지 위계를 사용하고 있다면, 항목에 대한 불편함이 0에 가까우면 당신의 위계의 다음 항목으로 옮겨가라. 이 새 장면을 가능한 가장 혼란스러운 설명을 사용하여 이 새로운 장면을 기록하고 같은 방식으로 진행한다. 아래에서 전체 과정이 어떻게 작동하는지 확인하는 데 도움이 되는 몇 가지 사례를 제시하였다.

사례

우편배달부인 로버트는 큰 개와 마주치면서 몇 번 가까이에서 위기 상황을 겪은 결과 개 공포증을 갖게 되었고, 최근에는 현관에서 대형 도베르만에게 공격을 받았다. 개가 계단을 올라오자, 로버트는 출구를 막았지만, 여러 차례 물리고 말았다. 그는 개 주인이 개를 쫓아낼 때까지 10분 이상을 그 개 때문에 갇혀 있었다. 그는 휴가를 떠나서 공포증을 혼자 이겨 내기로 결정했다.

그는 작은 디지털 녹음기를 구매해서 그가 가장 두려워하는 상황을 녹음하고자 했다. 그러나 그의 마음은 계속 공허하여 그 장면을 매우 끔찍하거나 생생하게 만들 수가 없었다.

녹음을 위한 심상을 개선하기 위해 로버트는 그가 생각할 수 있는 가장 두려운 개 이미지들의 목록을 작성했다. 그런 다음 그는 눈을 감고 한 번에 하나씩 시각화하여 가장 강렬한 공포 반응을 유발하는 것을 알아차렸다. 최악의 장면은 두 마리의 독일산 셰퍼드에게 공격당하고 끌려가는 장면이었다.

이제 그는 작업을 할 대상이 생겼다. 녹음기를 작동시키면서 그는 몸 안에 강한 불안 반응을 느낄 때까지 장면을 자세히 설명했다. 로버트는 탈출, 두려움으로부터의 안도감, 대처 또는 다른 중화적인 사고와 관련한 이미지를 포함하지 않으려고 주의하였다. 예를 들어, 어느 시점에서 그는 개를 지나쳐 달아나 자유를 얻으려는 시도를 포함했지만, 자신의 오류를 깨달았고 그 장면을 빼도록 편집했다. 그의 최종 편집된 그의 마지막 테이프에서 모든 이미지가 동일한 덫에 걸린 공포의 경험을 유지했다. 다음은 로버트가 녹음한 최종 스크립트이다.

> 독일산 셰퍼드들이 입에 거품을 물고 돌진해 오고 있다. 셰퍼트들의 이빨은 내 피로 빨갛다. 그들 중 하나가 내 팔을 공격했고, 이빨로 내 살 깊은 곳을 물고 있다. 나는 셰퍼트를 떨쳐버리려고 애쓰지만, 셰퍼트는 내 팔에 매달려 있고, 더 깊이 물고 있다. 그 이빨이 뼈를 우두둑 깨물고 있음을 느낄 수 있다. 내 다리에 타는듯한 통증을 느낀다. 다른 개가 내 종아리를 공격했고 나를 쓰러뜨리려 하고 있다. 그 개들의 뜨거운 숨결과 날카로운 송곳니를 느낀다. 사나운 으르렁 소리를 듣는다. 그 개들이 돌진하고, 으르렁거리고, 내 길을 막고 있다. 그들은 나를 죽이고 싶어 하고, 내 목을 물어 뜯고 싶어 한다. 내 옷은 붉게 물들었고, 상처에서는 피가 쏟아져 나온다. 개들은 나를 끝장낼 수 있는 곳에서 나를 쓰러뜨리려고, 턱으로 내 목을 깨물고, 내 목정맥을 찢고 있다. 타는 듯한 통증이 내 몸을 짓누른다. 나는 넘어지기 직전이 되어 비틀거리고, 내가 죽을 거라는 걸 안다.

로버트의 녹음은 그 끝부분이 시작으로 되돌아가도록 순환했을 때 흐름이 좋았기 때문에 특별히 효과가 있었다. 현장에서 목이 삐걱거리다가 장면의 처음에 갑자기 다시 일어서는 모습을 상상해야 했던 어색한 전환은 없었다. 로버트는 결과에 대한 두려움으로 교묘하게 목을 조르고 있었다.

녹음이 끝나고 로버트는 이어폰을 하고 편안한 의자에 앉았다. 그는 눈을 감고 한 시간 동안 섬뜩한 장면을 들었는데, 그 장면에 정신을 집중하기 위해 열심히 노력했다. 그의 생각이 그 장면으로부터 멀어지기 시작할 때마다, 그는 다시 집중해야 했다. 예를 들어, 그가 개를 쓰러뜨리거나 지나가는 사람이 도움이 되기를 바라는 등 중화적인 이미지나 생각이 들면 그는 즉시 그것을 차단했다.

로버트는 5분마다 그의 불안 수준을 차트에 표시했다. 다음 페이지에 그의 첫 노출 세션의 기록이 있다. 그는 불안을 최고점의 50%까지 낮추기 위해 한 시간 이상을 들여야 했다는 점을 주목하라.

로버트의 첫 번째 불편 등급 차트

분.	5	10	15	20	25	30	35	40	45	50	55	60	65	70	75	80	85	90
10																		
9			×	×														
8		×			×	×			×									
7							×											
6	×							×		×	×							
5												×	×					
4														×	×			
3																		
2																		
1																		
0																		

다음 3일 동안 이어지는 세 세션은 점차 쉬워졌다. 다음은 로버트의 5번째이자 마지막 세션의 차트이다. 로버트는 처음에 잠깐 불안을 느낀 후 남은 세션 동안 불편함을 느끼지 않았다.

로버트의 5번째 불편 등급 차트

10																		
9																		
8																		
7																		
6																		
5																		
4																		
3																		
2		×																
1	×		×	×														
0					×	×	×	×	×	×	×	×						
분.	5	10	15	20	25	30	35	40	45	50	55	60	65	70	75	80	85	90

로버트의 개에 대한 두려움은 개 공원 근처를 걷거나 큰 개를 기르는 친구들을 방문할 수 있을 정도로 줄어들었다. 그는 필요하다면 예전 우편물을 배달하던 경로를 걸을 수도 있다고 생각했다. 다행스럽게도, 소송 결과 학교로 돌아가 다른 직업 훈련을 할 수 있을 만큼 충분히 큰 합의금을 얻었다.

메이 린의 외상 기억

32세의 첼리스트인 메이 린(May Lin)은 3년 전 리허설을 마치고 집으로 돌아오는 길에 총을 들이댄 강도의 습격을 당했다. 그녀는 그 습격의 기억들에 둔감해지기 위해 지속 심상 노출을 사용했다. 그녀의 작업실의 컴퓨터는 이미 음악을 녹음할 수 있도록 설정되어 있었기에, 두려운 장면을 녹음할 수 있는 편리한 수단을 갖추고 있었다. 그녀는 세부 사항을 상기하기 위해 당시 강도 사건에 대한 경찰 보고서를 참고했고, 몇 차례 수정 후 다음과 같은 초안을 생각해 냈다.

나는 주차장으로 걸어가는데 평소보다 어둡다는 것을 알았다. 발밑에서 유리가 짓밟혀 부서지는 소리를 듣고 누군가 보안등을 깨뜨렸다는 것을 깨닫는다. 아드레날린의 충격이 내 가슴에 펀치처럼 느껴진다. 나는 내 차 방향으로 빨리 걷는다. 겨우 세 줄밖에 안 되지만 1마일처럼 보인다. 어두운색 스웨터를 입은 키 큰 남자가 내 앞에 어렴풋이 보이고, 내 얼굴 앞에 금속성의 무언가를 쥐고 있다.

총이다! 그는 들짐승처럼 소리를 지른다. 나는 첼로 케이스를 몸에 껴안고 그에게서 멀어지게 한다. 그는 나를 밀치고, 나는 땀 냄새를 맡는다. 그가 내 지갑을 움켜쥐고 내가 균형을 잃도록 잡아당긴다. 나는 첼로 위로 넘어지지 않으려고 몸을 비튼다. 내 지갑의 끈이 팔에 걸려 있고, 첼로와 엉킨다. 나는 넘어져서 오른쪽 무릎과 팔꿈치를 부딪친다. 그는 지갑 끈이 느슨해지기 전에 그 끈을 잡고 나를 끌어당기고, 나는 어깨 피부 위로 아스팔트와 부서진 유리들이 갈리는 것을 느낀다. 그는 내내 짐승처럼 말없이 으르렁거린다. 마침내 내 지갑을 가지고 달아난다. 나는 온몸이 젖었고 토할 것처럼 흔들린다. 가슴속에 심장이 해머처럼 두드리고 있고, 내가 입술을 깨물었던 입 안에서 피가 난다.

메이 린(May Lin)은 생생한 광경, 소리, 냄새, 맛, 그리고 촉각을 포함했다. 그녀는 그렇게 하는 것이 공격의 두려움을 감소시킬 것으로 보였기 때문에 강도가 그녀의 첼로를 가져가지 않았다는 안도를 표현하는 문장을 삭제했다.

그녀는 녹음을 반복하여 재생하도록 컴퓨터를 설정했고, 5분마다 울리도록 폰에 알람을 설정했다. 처음 한 시간 동안 그 녹음을 듣는 것은 아주 두려웠다. 그녀의 공포 등급은 첫 번째 세션의 반 이상 동안 10점 만점에 9점 정도였다. 그녀는 매일 아침 1시간씩 녹음을 듣고 첼로를 연습하기 전에 녹음을 하기로 결심했다. 8일 째 아침에는 그녀의 불안 수준이 3 이상을 오르지 않았고, 그녀의 불안은 단 20분 만에 50%까지 감소하였으며, 그 장면이 거의 지루하다는 걸 알았다.

폴의 신성 모독에 관한 강박관념

깊고 오랜 믿음을 가진 아주 신앙심이 깊은 사람인 폴은 신성 모독에 관한 강박적인 생각들로 괴로웠다. 그는 수년 동안 이 문제를 가지고 살아왔고 이러한 강박적인 생각이 사라지기를 바랐지만, 오히려 계속 악화됐다. 그는 이 생각을 점점 자주 경험했고, 그가 그럴 때마다 그는 죄책감을 느꼈고 영원한 저주를 두려워했다. 그의 치료사의 제안에 그는 며칠 동안 사고 일지를 작성했고, 모든 혼란스러운 생각이 들 때마다 기록했다. 그런 다음 그 목록을 사용하여 하나님, 마귀, 성서에 관한 무작위 진술로 가득 찬 원고를 녹음했다. 세 차례에 걸쳐 그는 그 녹음을 들으려 했지만, 그는 너무 화가 나서 몇 분 후에 중지해야 했다. 그가 녹음한 자료는 그가 한 번에 처리하기에는 너무 벅찼다.

그래서 그는 그것을 최소한의 것부터 가장 짜증나는 것까지 세 부분으로 나누었고, 세 가지 다른 녹음을 했다.

> 녹음 1: 성경을 읽는다는 건 진짜 시간 낭비다. 성경은 고대의 철없는 소리들의 무작위 수집이다. 그것은 사막에서 더러운 낡은 항아리에서 누군가가 발견한 먼지 투성이의 파피루스 더미에 불과하다. 소위 모든 거룩한 책들은 하나님의 말씀과는 전혀 관련이 없다. 그것들은 무의미한 우주를 이해하려는 원시인들의 한심한 시도일 뿐이다. 묵시록과 휴거에 관한 모든 것은 인류에 대한 큰 웃음거리에 불과하다.
>
> 녹음 2: 예수는 단지 사람이었다. 그는 개인적인 구원자가 아니다. 그는 나와 아담을 구분하지 못한다. 사실, 그는 죽고 사라졌기 때문에 아는 사람이 없다. 그는 하나님의 아들이 아니었다. 그는 단지 중동의 엉터리일 뿐이다. 다른 괴짜 무리에 의해 그들이 종교라고 부르는 신성 모독적인 쓰레기 더미의 상징으로 뽑힌 괴짜였다. 오늘날의 모든 현대 기독교는 단지 사기에 불과하다. 가난한 사람들의 돈을 빼내려는 방법일 뿐이다. 나와 같은 진정한 신자들은 속고 있는 바보들이다.
>
> 녹음 3: 신의 역할은 끝났다. 그는 책임을 지지는 않는다. 세상의 모든 고통, 악 그리고 고난을 생각하면, 신이 우리를 버리신 것이 분명하다. 그는 우리를 버리고 떠났다. 그는 우리를 전혀 지켜보고 있지 않다. 신이 우연히 우리의 길을 빤히 쳐다본다면, 그는 우리를 비웃고 재미 삼아 누군가를 때린다. 신이 존재하지 않는다면 더 좋겠지만, 그게 쉽지는 않다. 그는 존재한다. 그는 상관하지 않는다. 만일 누군가 책임이 있다면 그건 사탄이다.

폴은 각 녹음에 둔감해지기 전에 평균 6회의 연장 노출을 했다. 그의 3주 동안의 연장 노출은 힘들었지만, 그 시간이 끝날 무렵 그는 처음에는 불안 수준이 10점 만점에 4점에 불과했고 10분 이내에 1 또는 2

로 떨어졌던 가장 짜증나는 녹음을 들을 수 있다. 결국, 폴은 강박적 사고가 덜 자주 발생했으며, 오래 계속되지 않았고, 그가 지속 심상 노출을 연습하기 전처럼 그를 화나게 하지 않는다는 것을 발견했다.

지속적 실생활 노출

지속적인 공포증과 외상후스트레스장애 및 강박장애의 회피 증상에 대해서는 생체 내, 즉 바깥의 실제 세계에서 지속 노출을 연습해야 한다. 개싸움에 뛰어들거나 실제 비행기 추락 사고를 준비하는 것은 실제적이거나 안정적이지는 않기 때문에 당신은 창의적이어야 한다. 적당히 고통스러운 것부터 매우 무서운 것까지 다양한 실제 상황의 위계 구조를 개발하는 것이 좋다. (효과적인 위계 구조를 만드는 방법에 대한 자세한 지침은 13장 '단기 노출'을 참조) 그런 다음 불안 수준이 최고 수준의 50%로 떨어질 때까지 가장 덜 고통스러운 것부터 시작하여 지속적으로 각 상황에 두라. 당신의 불안 수준이 0에 가까울 때까지 매일 같은 노출을 연습한다.

지속적 실시간 노출을 연습할 때에는 지속적 심상 노출을 위한 것과 똑같은 규칙을 따른다:

- 당신을 두렵게 하는 세부 사항에 집중한다.
- 주의를 산만하게 하거나 거리를 두어서 도망가지 않는다.
- 이완 운동이나 마음을 진정시키는 의식을 수행하지 않는다.
- 0에서 10까지의 동일한 척도 위에서 당신의 불안 수준을 지속적으로 평가한다. 여기서 10은 당신이 겪었던 최악의 불안을 뜻한다. 이를 위해 이 장의 앞부분에 있는 불편 등급 차트를 활용할 수 있다.
- 상당한 둔감화 효과를 경험할 때까지 그 상황을 유지한다. 그 시간 동안 당신의 불안은 절반으로 또는 그 세션의 최고 수준의 절반으로 줄어든다.

지속적 실생활 노출되는 내용은 개인과 공포증, 강박관념에 따라 매우 다양하기 때문에 어떻게 진행해야 하는지에 대한 보다 정확한 윤곽을 제시하기 어렵다. 따라서 이 프로세스가 실제 생활에서 어떻게 작동하는지 확인할 수 있도록 두 가지 사례를 제공한다.

샤비의 오염 공포증

강박장애를 가진 26세의 여성인 샤비(Chavi)는 세균과 오염에 관련된 무서운 두려움이 있었다. 그녀의 회피는 너무 극단적이어서 광학기기 회사에서의 그녀의 직업과 친구와의 관계를 위협할 정도였다. 그녀는 세균에 대한 두려움 때문에 지속적 실생활 노출을 활용하기로 결정했고, 실생활 오염 경험의 위계 구조를 만드는 것으로 시작했다.

오염 두려움에 대한 위계	
1	다섯 손가락으로 옷장 앞 손잡이를 단단히 잡는다.
2	바닥에 손을 평평하게 대고 거실 바닥을 만진다.
3	거실 바닥에 다리 뒤쪽을 완전히 닿게 하여 앉는다.
4	직장의 계단 난간을 손을 완전히 닿게 하고 만진다.
5	화장실에서 멀리 떨어진 내 욕실 바닥을 손으로 바닥을 만진다.
6	욕실 바닥에 앉고 뒷다리가 완전히 닿도록 한다.
7	완전히 손으로 내 변기를 만진다.
8	변기를 만진 후 손으로 지갑을 오염시키고, 그것을 그냥 그대로 둔다.
9	종이 커버도 없이 맨살로 공중화장실에 앉는다.

샤비는 미묘한 형태의 회피 행위를 막기 위해 그녀 자신을 위해 엄격한 규칙을 만들어야 했다. 물체와 표면과의 완전한 접촉에 대한 구체적인 지침을 포함하는 것 외에도, 그녀는 노출 시간이 끝난 후 즉시 손을 씻지 않고 다음 식사 직전까지 기다렸다. 그녀는 또한 아침 첫 번째 일 외에는 어떤 샤워도 하지 못하게 했다.

그녀는 종종 세균이 득실거리는 것처럼 느꼈음에도 불구하고, 그녀의 위계 구조에서 처음 네 가지 항목을 검토하는 데 2주를 보냈고 성공적이었다. 그리고 나서 그녀는 욕실 바닥을 만지는 것에 대해 겁을 먹고 한 달 동안 지속적 실생활에 노출 연습을 중단했다. 그녀는 첫 장면부터 다시 시작해야 했지만, 이번에는 약 6주 만에 성공적으로 그녀의 위계 질서를 완성했다. 몇 년 만에 처음으로, 샤비는 끊임없는 불안과 그녀의 오래된 청소 의식을 숨길 필요 없이 평범한 사람처럼 여행하고 외식을 할 수 있었다.

카라의 외상후스트레스장애 회피

수년 전, 41세의 교사인 카라(Kara)는 주 경찰에 의해 해산된 정치 집회에 참가했었다. 경찰은 물대포와 최루탄을 사용했고, 그로 인한 혼란 속에서 카라는 발목이 부러졌다. 그러나 그녀는 발목이 회복된 후에도 그 사건을 떠올리게 하는 모든 것에 괴로워했다. 많은 인파와 시끄러운 소음에 겁을 먹었고, 그 결과로 평화롭고 안전한 작은 마을로 이사하였으나, 여전히 기억에 괴로워하며 매우 안전한 상황조차 피하는 자신을 발견했다. 집회에서의 원래 장면의 두려움을 줄이기 위해 지속적 심상 노출을 사용했지만, 현실 세계에서 여전히 매일 매우 긴장했기 때문에 지속적 실생활 노출을 시도하기로 결정했다. 그녀는 참여할 수 있는 무서운 상황의 위계 구조를 만드는 것으로 시작했다.

외상후스트레스장애 위계	
1	토요일 오후에 시내를 한 시간 동안 걷는다.
2	베나수엘라 혁명에 관한 다큐멘터리 시청한다.
3	물대포가 생각나는 시끄러운 세차장 대기실에 앉는다.
4	붐비는 일요일 아침, 중앙 광장에 한 시간 동안 앉아 있다.
5	시끄러운 노천 카페에서 친구와 점심을 먹는다.
6	노천 카페에서 혼자 점심을 먹는다.
7	혼잡한 러시아워에 지하철을 탄다.
8	붐비는 댄스 클럽에서 한 시간을 보낸다.
9	새해의 불꽃놀이에 참석하라.

카라는 바쁜 토요일 오후 시내 산책을 시작했다. 소음과 사람들이 처음에는 그녀를 많이 속상하게 했지만, 그녀는 계속 걷고, 보고, 듣고 있었다. 한 시간 동안 그녀의 불안 수준은 8에서 최고조에 이르렀다가 마지막 15분 동안 2 또는 3으로 감소하였다. 그녀는 위계 구조를 통해 계속 작업했고 때로는 두려움이 거의 0에 가까워지기 전에 같은 활동을 2~3번 반복해야 했다. 위계 구조의 마지막 항목에 도달하는 데에 4개월이 걸렸고, 그때쯤에는 새해 불꽃놀이는 너무 늦었기 때문에 그녀는 주말마다 불꽃놀이가 열리는 지역 테마파크 방문하는 것으로 대체했다. 그녀는 친구와 테마파크에서 개최된 십대들의 밤 행사에 갔다. 테마파크에는 소란스러운 젊은이들로 가득했지만, 실제로 저녁을 즐기고 있는 자신을 발견하고 놀랐고 기뻤다.

15장

핵심 신념 점검하기

핵심 신념은 세상에서 자신의 정체성에 대한 가장 기본적인 가정이다. 예를 들면, 그것들은 당신을 아름답거나 못생겼거나, 합당하거나 가치가 없거나, 사랑스럽거나 사랑스럽지 않은 것으로 묘사한다. 이러한 핵심 신념은 주로 어린 시절에 형성되며, 성인이 된 대부분의 행동에 영향을 끼친다. 그것들은 당신이 안전하고, 유능하고, 강력하고, 자율적이고, 사랑받는다고 믿는 정도를 결정한다. 그것들은 또한 당신의 소속감, 다른 사람들에게 어떻게 대우받을 것인지의 기본적인 그림 등을 형성한다.

이 신념으로부터 당신은 당신의 행동을 지배하는 규칙을 만든다. 그 믿음이 긍정적이라면, 당신에게 어떻게 살아야 하는지 알려 주는 규칙이 현실적이고 융통성이 있을 것이다. 그 반대의 경우도 마찬가지이다. 부정적인 믿음은 제한적이고 두려움에 의해 움직이는 부정적인 규칙을 만들어 낸다.

예를 들면, 버트(Bud)는 어린 시절 부모님이 그를 바보라고 불렀을 때 그것을 믿었던 예술가이다. 그는 '나는 바보야'라는 부정적인 핵심 신념을 형성했고, 그것은 다시 이 부정적인 규칙들을 만들어냈다:

- 보조금을 신청하지 말자. 누가 내 아이디어를 원하겠어?
- 수학적인 건 어떤 것도 하지 말자. 나는 두뇌가 없어.
- 논쟁하지 말자. 사람들은 내가 멍청하다는 것을 알게 될 거야.
- 너무 많이 말하지 말자. 사람들은 내가 얼마나 아는 게 없는지 알게 될 거야.

핵심 신념과 관련 규칙들은 인격에 매우 기본적이어서 그걸 아는 사람이 거의 없다. 그러나 당신 삶의 모든 부분이 이러한 신념과 규칙에 의해 결정되고 그것들은 당신의 자동적 사고에 막대한 영향을 미친다. 어느 상호작용에서도 버드의 자동적 사고는 그에게 그의 어리석음을 생각나게 했고, 그를 부정적인 판단과 거절을 예상하도록 이끈다: "이런, 바보!", "정말 바보 같은 말이야.", "사람들이 네가 글을 읽을 수 있는지 궁금해하고 있어.", "바보", "입 다물어, 너 스스로 바보로 만들고 있어." 등등.

요약하면, 핵심 신념은 당신 인격의 기초이다. 그것들은 당신이 할 수 있는 것과 할 수 없는 것을 결정하는 규칙과 당신의 세계에서 사건을 어떻게 해석할 것인지를 결정하는 자동적 사고의 기초이다. 그러나 당신은 부정적인 핵심 신념을 바꿀 수 있다. 이 장은 심리학자인 아론 벡(Aaron Beck)과 아서 프리먼(Arthur Freeman, 1990), 도널드 마이켄바움(Donald Meichenbaum, 1988), 제프리 영(Jeffrey Young, 1990), 그리고 메튜 맥케이(Matthew McKay)와 패트릭 패닝(Patrick Fanning, 1991)에 의해 개발된 접근법을 기초하여 당신에게 이러한 신념들을 식별하고, 검증하고, 수정하는 방법을 알려 줄 것이다.

학습 효과

이 장의 기술은 당신의 핵심 신념을 식별하고, 그 진실성을 검증하고, 당신에게 도움이 되지 않는 신념을 변경하는 과정을 시작하는 데 도움을 줄 수 있다. 이 과정은 불안, 우울증, 완벽주의, 미루기, 사회 공포증, 낮은 자존감, 그리고 수치심과 죄책감을 완화할 수 있다.

아동 학대의 피해자, 위기에 처한 사람, 약물 중독자는 정신건강 전문가의 지도하에 핵심 신념에 힘써야 한다.

학습 시간

당신이 핵심 신념을 확인하고, 하나의 핵심 신념의 타당성을 검증하고, 그다음 그것과 관련된 규칙들을 바꾸는 데에는 8~12주가 걸릴 것이다.

학습 지침

당신의 핵심 신념을 확인하고, 평가하고, 변경하는 7단계의 과정이 있다:

1. 핵심 신념을 확인한다.
2. 부정적인 영향을 평가한다.

3. 핵심 신념을 기반으로 규칙을 식별한다.
4. 재앙적 예측을 생성한다.
5. 검증할 규칙을 선택한다.
6. 규칙을 검증한다.
7. 핵심 신념과 규칙을 새로 작성한다.

1단계: 핵심 신념을 확인한다.

당신은 아마도 당신의 핵심 신념 중 한두 가지를 알고 있을 것이다. 그러나 그들 중 많은 사람이 의식이 없을 수 있다. 당신이 인식하지 못하고 있는 핵심 신념들을 알아내기 위해 2장의 생각 일지를 사용하여 일주일 동안 자동적 사고를 추적하고 부정적인 감정을 경험할 때마다 생각을 기록하라.

당신이 불안, 슬픔, 상처, 죄책감 등을 느낄 때마다 그 경험을 감정과 관련된 자동적 사고와 함께 당신의 생각 일지에 기록하라. 일지 목록을 당장 작성할 수 없다면 하루가 끝날 때까지 작성하라.

다음은 철물점의 31세 계산원이자 편부모인 자넷(Janet)의 예가 있다. 그녀는 자신의 아들인 브래드(Brad)에게 부족한 엄마라는 생각에 시달렸고, 또한 그녀는 남자 친구 조지(George)에게도 자기주장을 펼치는 데 어려움을 겪고 있었다.

자넷의 생각 일지

상황 언제? 어디서? 누가? 무슨 일이 있었는가?	**감정** 한 단어 요약 등급 0~100	**자동적 사고** 불쾌한 감정을 느끼기 직전과 도중에 무엇을 생각하고 있었는가?
나는 내 세금에 대해 작업을 시작해야 해.	불안 40	나는 이것을 이해하지 못한다. 내가 이것을 할 수 있다고 생각하게 만드는 것은 무엇인가?
전동 드라이버는 내가 필요할 때면 사라져.	분노 50	무언가를 고치러 갈 때마다 도구를 찾을 수가 없어. 좀 더 정돈 좀 해야겠어.
요리를 하고 있는데, 난 필요할 때마다 냄비 홀더를 찾을 수가 없어.	분노 20	이 집안은 돼지우리야. 말끔하게 하는 데 오래 걸리지 않을 거야. 그냥 난 미루고 있는 거야.

수표책을 결산 중인데 청구서를 지급할 돈이 없어.	불안 85	외식 비용 많이 쓰는 거 그만둬야지, 그렇지 않으면 돈이 하나도 없을 거야. 난 지출을 자제하지 못해.
아들이 집안일을 도와주지 않으니까 가지 않겠다고 말하고도 그를 영화관에 데려갔어.	분노 35	나는 좋은 엄마가 아니야. 나는 너무 연약하고 속상해하는 엄마 이미지야.

만일 당신이 자동적 사고를 기억할 수 없다면, 시각화를 사용하여 상황의 세부 사항을 기억하는 데 도움이 된다. 근육을 이완하고 다음으로 기억하고자 하는 사건을 상상해 보라. 그 상황을 보고 슬픔, 불안, 분노, 또는 다른 어려운 감정을 느껴 보라. 마음속으로 당신의 다른 감각을 불러내서 냄새 맡고, 듣고, 맛을 보고, 또 그 상황을 느끼도록 하라. 그다음 주의 깊게 당신의 자동적 사고를 들어보고, 그것들을 당신의 생각 일지에 기록하라. 당신이 생각 일지를 일주일 동안 쓴 다음, 부정적인 감정과 관련된 핵심 신념들을 드러내기 위해 다음의 두 가지 기법–래더링과 주제 분석–을 사용할 수 있다.

래더링(Laddering)

래더링은 당신이 그것을 토대로 하는 핵심 신념에 이를 때까지 당신의 생각 일지에 있는 자동적 사고의 의미를 통해 단계적으로 작업함으로써 핵심 신념을 밝힌다. 당신의 생각 일지에서 자동적 사고를 선택하는 것으로 시작하라. 이제 "만약 (당신의 생각)이라면? 이것은 무엇을 의미하는가?" 당신의 감정에 대한 설명보다는 자신에 대한 믿음으로 이 질문에 답하라. 감정은 핵심 신념으로 이어지지 않지만 자기 진술은 핵심 신념으로 이어진다.

다음은 자넷이 그녀의 일지에서 "나는 내 지출을 통제할 수가 없어."라는 진술을 쓴 것이 있다.
내가 지출을 통제할 수 없으면 어떻게 하지? 이게 무엇을 의미할까?
그것은 내가 파산할 거라는 뜻이다.
만약 내가 파산한다면? 이것은 무엇을 의미하는가?
그것은 내 인생이 무너질 것이라는 의미이다.
내 인생이 무너지면 어떻게 하지? 이것은 무엇을 의미하는가?
그것은 내가 내 삶을 통제할 수 없다는 의미이다.
내 삶을 통제할 수 없다면 어떻게 하지? 이것은 무엇을 의미하는가?

그것은 내가 속수무책이라는 것을 의미한다.

여기서 자넷은 "나는 속수무책이다."라는 부정적인 핵심 신념을 발견했다: 이것은 그녀가 그것이 사실인지 확인하기 위해 신념에 도전할 수 있게 해 주었다.

이제 당신의 일지에서 하나의 진술을 선택하고, 별도의 종이에 그 진술을 지지하는 핵심 신념을 드러내기 위해 이 래더링 기법을 이용하라.

주제 분석

주제 분석은 핵심 신념을 밝혀내는 또 다른 방법이다. 생각 일지에 나열된 문제 상황을 검토하고 이러한 상황을 통해 실행 중인 주제 또는 공통 실마리를 검색한다. 이것이 어떻게 작동하는지 보려면 아티스트 버드(Bud)가 녹음한 다음 상황들을 고려해 보라.

- 보조금 신청
- 갤러리에서 내 작품 전시 준비
- 학부모회 앞에서 연설하도록 요청받는 경우
- 친구에게 조언을 구하는 경우
- 고속도로에서 운전

버드는 이 상황들을 검토했을 때, 그는 고속도로에서 운전하는 것을 제외하고는 모든 것이 자신을 판단 앞에 드러내는 것에 대한 불안을 나타냈음을 깨달았다. 그는 다른 사람들의 기대에 부응하지 못할 것이라는 기본적인 신념을 발견했다. 그는 자격이 없다고 느꼈다.

당신은 또한 상황에서보다는 자동적 사고에서 주제들을 찾을 수도 있다. 자넷이 그녀의 생각 일지를 검토했을 때, 그녀는 자신이 "나는 더 정돈될 필요가 있어.", "이 집은 돼지우리 같아." 그리고 "나는 단지 일을 미루고 있는 거야." 등과 같은 말로 자신을 반복적으로 질책하고 있음을 알았다. 이것이 그녀의 핵심 신념 중 하나가 게으르다는 것을 이해하는 데 도움이 되었다.

지금 바로, 일지를 분석하여 핵심 신념을 찾아라. 문제 상황이나 당신의 생각에 만연한 주제를 찾고, 그것을 기록하라.

2단계: 부정적인 영향을 평가한다.

두 가지 이상의 핵심 신념을 확인했다면, 당신의 일, 기분, 관계, 건강, 그리고 삶을 즐기는 능력에 끼쳐지는 부정적인 영향에 따라 순위를 매기라. 그러지 말아야 할 강력한 이유가 없다면, 가장 부정적인 영향을 미치는 신념에 대해 작업을 시작하라.

3단계: 핵심 신념을 기반으로 규칙들을 식별한다.

당신의 삶에 강한 부정적인 영향을 미치는 핵심 신념을 확인했다면, 이제 그것의 진상을 탐구할 시간이다. 핵심 신념들은 너무 주관적이기 때문에 당신은 그것들을 직접 검증할 수는 없다. 그러나 핵심 신념들로부터 파생된 규칙들을 테스트할 수는 있다.

이 규칙들은 당신이 어떻게 행동해야 하는지에 대한 행동 청사진을 제공하고, 당신에게 고통과 재앙을 피하는 데에 도움이 되도록 설계된 규칙들을 제공한다. 예를 들어, 당신이 가치가 없다는 핵심 신념을 가지고 있다면, 전형적인 규칙은 "아무것도 요청하지 말라.", "싫다고 말하지 말라.", "누구에게도 화내지 말라.", "항상 지지하고 베풀어라.", "절대로 실수하지 말라.", "결코 폐가 되지 말라." 등과 같은 것들이 될 것이다. 다음의 연습이 당신이 연구하고 있는 핵심 신념으로부터 파생된 규칙들을 알아내는 데에 도움을 줄 것이다.

종이 맨 위에 당신이 탐구하고 질문하고 싶은 핵심 신념을 써 보라.

다음으로, 다음의 기본 규칙 체크리스트(McKay와 Fanning 1991에서 각색됨)를 주의 깊게 읽는다. 각 항목에 "만일 내 핵심 신념이 사실이라면, 이 상황에서 내가 해야 할 일과 하지 말아야 할 일은 무엇인가?"를 물어보라.

정직하라. "내 신념에 대처하기 위해 실제로 무엇을 해야 하는가? 내 자신을 어떻게 보호할까? 어떻게 해야 하나? 내가 어떻게 행동해야 한다고 생각하나? 내 인식의 한계는 무엇인가?" 등을 자신에게 물어보라. 당신의 규칙을 발견할 때 그것들을 기록하라.

기본 규칙 체크리스트

- 다른 사람을 대하는…
  - 분노
  - 필요, 욕망, 또는 요구
  - 실망 또는 슬픔
  - 철수
  - 칭찬 또는 지원
  - 비판
- 실수 다루기
- 스트레스, 문제, 또는 손실 처리
- 위험 감수, 새로운 것 시도, 도전
- 대화하기
- 자신의 표현…
  - 필요
  - 감정
  - 의견
  - 통증
  - 희망, 소망, 또는 꿈
  - 제한 또는 거절
- 지원 또는 도움 요청
- 존재…
  - 홀로
  - 낯선 사람과
  - 친구들과 함께
  - 가족들과 함께
- 다른 사람을 신뢰
- 친구 사귀기
  - 누구를 찾을 것인가
  - 행동하는 방법
- 섹스 파트너 찾기
  - 누구를 찾을 것인가
  - 행동하는 방법
- 지속적으로 낭만적인 관계에 있는 것
- 성적 관심 표현하기
- 일하기
- 아이들 다루기
- 질병 치료 또는 건강 유지
- 레크레이션 활동 참여
- 여행
- 환경 유지

자넷은 "나는 무력하다"는 핵심 신념에 대한 기본 규칙 체크리스트를 사용하여 다음 규칙을 발견했다:

- 남자 친구와 기분 좋은 상태를 유지하려고 눈치를 본다.
- 집을 사지 않는다.
- 파티에서 대화를 시작하지 않는다.
- 신용카드에 관한 한 나를 믿지 않는다.
- 독립적인 결정을 내리지 않는다.
- 새로운 경력을 쌓기 위해 학교로 돌아가지 않는다.
- 문제를 해결하려고 하지 않는다.

4단계: 재앙적 예측을 생성한다.

다음으로, 각 규칙을 어겼을 때의 결과를 고려하라. 당신은 아마 각 규칙은 명령을 무시할 경우 상황이 어떻게 귀결될지에 대한 재앙적 가정을 기반으로 한다는 것을 알게 될 것이다. 이는 당신이 진정한 정서적 또는 육체적인 위협에 대처하기 위해 이러한 규칙들을 개발했기 때문이다. 그러나 이러한 규칙들은 더 이상 필요하지 않을 것이고, 이를 위반한 결과는 더 이상 재앙적이거나 불쾌하지도 않을 것이다.

당신이 열거한 각 규칙에 대해 당신이 그것을 무시할 때 일어날 거라고 생각하는 것을 기록하라. 당신의 감정뿐만 아니라, 당신이 관찰하고 검증할 수 있는 객관적인 결과들까지 포함하라.

예를 들어, 자넷은 "남자 친구를 기분 좋게 하려고 눈치를 본다"는 규칙을 깨는 것에 대한 이 결과들을 확인했다.

- 그는 나를 떠날 거야.
- 그가 내 아들에게 화를 낼 거야.
- 나는 화를 낼 것이고, 그가 나를 상심하게 할 거야.

다음은 "문제를 해결하려고 하지 말라"라는 규칙을 어겼을 때 그녀가 예상한 결과들이다.

- 나는 어떤 해결책도 생각해 내지 못할 것이고 우울해질 거야.
- 내 해결책은 어리석은 것일 것이고 효과가 없을 거야.
- 남자 친구가 내 해결책을 비웃을 거야.

5단계: 검증할 규칙을 선택한다.

핵심 신념과 관련된 몇 가지 규칙을 알아냈으므로, 당신은 그것들을 검증할 준비가 되었다. 그러나 먼저 검증할 규칙을 선택해야 한다. 검증할 좋은 규칙을 선택하는 5가지의 지침이 있다.

- 검증할 상황을 설정하기 쉬운 규칙을 선택하라. 자넷은 관련된 시간, 에너지, 돈 때문에 "집을 사지 말라"는 규칙을 검증할 수 없다. 그러나 그녀는 남자 친구와 단호한 태도를 보이는 것의 효과를 쉽게 검증할 수 있다. 그 상황은 아주 구체적이어야 한다. 예를 들어, 버드는 "논쟁하지 말라"는 규칙을 검증할 수 없다. 더 나은 선택은 "온수기 요금에 대해 배관공과 논쟁하지 말라"는 것과 같은 것이다.
- 기본 핵심 신념을 직접 검증할 수 있는 규칙을 선택하라. 만일 자넷이 "파티에서 대화를 시작하지 말라"는 규칙을 검증했다면, 그녀는 자신이 무력하다는 그녀의 핵심 신념을 검증하지는 않을 것이다. 그러나 만약 그녀가 "새로운 경력을 개발하기 위해 학교로 돌아가지는 말라" 또는 "독립적인 결정을 하지 말라"와 같은 규칙을 검증한다면, 그 결과는 분명히 핵심 신념에 도전할 수 있을 것이다.
- 규칙은 단지 주관적인 감정을 암시하는 것이 아니라, 행동 반응(당신과 다른 사람들의 반응)을 명확하게 예측할 수 있도록 허용해야 한다. 버드의 경우, 그것은 배관공이 청구서에 이의를 제기할 경우 어떻게 반응할지 예측하는 것을 의미한다.
- 결과는 비교적 즉각적이어야 한다. 만약 자넷이 그녀의 핵심 신념과 싸우기 위해 집을 사기로 결정한다면, 그녀는 새집을 찾고, 사고, 이사할 때쯤이면 그녀는 추진력을 잃을 것이다.
- 관련된 공포의 양이 상대적으로 적은 규칙을 선택하거나 약간 위험한 규칙에서 매우 위험한 규칙까지 점진적으로 검증할 수 있는 규칙을 선택하라. 자넷은 단기 지역 대학 과정에 등록함으로써 "새로운 경력을 쌓기 위해 학교로 돌아가지 말라"는 규칙을 검증할 수 있었다. 만약 성공한다면, 그녀는 더 도전적인 주립대학 과정들로 옮겨갈 수 있을 것이다.

6단계: 규칙을 검증한다.

검증할 규칙을 선택한 후에는 그것을 검증할 실제 상황을 찾아야 한다. 다음의 6단계 과정은 규칙을 어기면 어떤 일이 벌어질지 명확히 하고 실제의 결과를 비교하는 데 도움이 된다.

A. **초기 검증을 수행할 비교적 낮은 위험군의 상황을 파악하라.** 자넷은 많은 시간이나 돈을 들이지 않았기 때문에 지역 사회 대학에서 목공 수업에 등록하기로 결정했다.

B. **예측 일지를 시작하라.** 당신의 핵심 신념을 토대로 사람들의 행동 반응을 포함하여 재앙적인 결과가 무엇인지에 대한 구체적인 예측을 작성하라. 버드의 사례를 이용하자면, 그는 배관공이 그를 조롱하고 더 이상 일을 하기를 거부할 것이라고 예측했다. 당신은 예측에 감정을 포함할 수 있으나, 관찰 가능한 결과에 대해서만 추가할 수 있다.

C. **규칙을 어기기 위해 자신과 계약하라.** 특정 시간, 장소, 상황에서 당신의 규칙 검증을 시행하라. 가능하다면 지원 인력을 참여시켜라. 지원 인력에게 당신의 계획을 알려주고, 그 사람에게 당신의 검증 결과를 보고하라.

D. **새로운 행동의 대본을 만들라.** 무엇을 할 것인지 시각화하라. 친구와 함께 검증할 역할극을 하거나, 당신의 실제 실행을 녹음기로 녹음하라. 당신이 피하고 싶어 하는 바로 그 결과를 초래하지 않으려면 당신의 목소리 톤과 몸짓 언어가 차갑거나, 겁나거나 또는 아니면 부정적이지 않은지를 점검하라.

E. **새로운 행동을 검증하고 데이터를 수집하라.** 예측 일지에서 당신의 검증 결과를 기록하라. 예측에서 발생한 특정 부분과 발생하지 않은 부분을 기록하라. 만일 사람들이 당신의 검증에 어떻게 반응했는지 분명하지 않다면, 그들에게 그것에 대해 물어보라. 다음은 당신이 시도해 볼 수 있는 몇 가지 질문이다.

- "제가 한 말에 어떤 반응이 있으셨나요?"
- 제가 ____________을 말했을 때 당신이 ____________을 느꼈을 거라는 인상을 받았습니다. 그것에 대한 어떤 것이 있었나?
- 제가 ____________한 것에 대해 당신은 괜찮은가?

당신의 예측 일지에 수집한 다른 데이터와 함께 이러한 질문들에 대한 대답을 기록하라. 검증을 하는 동안 다른 사람들은 어떻게 보였는가? 뭐라고 했는가? 무슨 일이 있었는가?

F. 규칙을 검증할 더 많은 상황들을 선택하고, 각 검증에 대하여 B~E단계를 반복하라. 당신의 위험을 점차 높이는 상황을 선택하라. 당신이 규칙을 어기는 검증에 대한 더 많은 긍정적인 결과를 얻을 때 당신의 핵심 신념은 수정될 것이다.

버드는 "논쟁하지 말라"는 그의 규칙을 여러 번 검증했다. 그의 예측 일지는 그의 기대를 나열했고, 실제로 일어났던 일들, 즉 사람들의 반응과 그의 반응들을 나열했다. 그는 80%의 사람들이 그의 주장을 존중하며 경청했고, 60%의 사람들이 그의 주장의 결과로 실제로 그들의 행동을 변화시켰다는 것을 발견했다. 그는 사람들이 그의 주장을 20%만 짜증나게 하거나 무시했다는 사실에 놀랐다. 그는 비록 몇몇 사람들이 그가 그들과 논쟁할 때 그를 개인적으로 공격했지만, 그의 성공이 그로 하여금 그 공격들에 대응하여 회복하는 데 도움을 주었다고 언급했다.

시간이 지남에 따라 버드의 검증 상황은 더 자발적이 되었다. 그는 이전에 피할 수 있었던 상황에 적극적으로 대처했다. 당신도 비슷한 것을 경험해야 한다. 시간이 지남에 따라 성공으로, 당신은 규칙을 어길 기회를 찾기 시작할 것이다. 때때로의 좌절은 거의 불가피하지만 당신의 예측 일지 안의 데이터는 당신에게 그 좌절을 객관적으로 볼 수 있다.

7단계: 핵심 신념과 규칙을 새로 쓴다.

당신의 규칙을 충분히 검증하고 당신의 예측 일지에 데이터를 기록한 후, 당신의 핵심 신념을 다시 작성하라. 일지 안의 정보를 일반화하라. 그러나 일반화를 뒷받침하고 이를 새로운 핵심 신념으로 확고히 하는 데 도움이 되는 특정 사실도 포함하라.

예를 들면, 자넷은 가난한 엄마가 되는 것에 대한 핵심 신념을 다음과 같이 다시 썼다. "나는 보통 유능한 엄마이다. 특히 일 때문에 피곤하지 않을 때는 엄마로서 애정이 넘치고 자제심이 강하다." 버드는 다음과 같이 그의 새로운 핵심 신념을 썼다. "나는 충분히 똑똑하고, 사람들과 잘 소통하고 있어. 내 주장을 말할 때 대부분의 사람들이 존중하는 반응을 보인다."

다음으로, 수정된 핵심 신념을 새로운 규칙을 작성하기 위해 사용하라. '나'라는 인칭과 현재 시제를 사용하고, 명령이나 제한이 아닌 확인으로 새 규칙을 작성한다. 가능하다면 미래 시제로 작성된 규칙과 함께 예측들을 포함하라. 버드가 고안한 새로운 규칙은 다음과 같다.

- 나는 특히 말하기 전에 생각할 때, 나의 입장을 잘 주장할 수 있다.

- 나는 내가 존경하는 사람들의 비판을 바보같이 느끼지 않고 받아들일 수 있다.
- 나는 사람들의 반대에 대해 생각할 수 있고, 무엇이 옳은지를 스스로 결정할 수 있다.
- 나는 지지해 주는 사람들과 아이디어를 짜낼 수 있고 받아들여진다고 느낄 수 있다.

당신이 새로운 규칙을 쓸 때, 그것들은 다른 사람, 당신 자신을 그런 존재로 보아왔던 것보다도 더 긍정적인 다른 사람인 것처럼 보일지도 모른다. 당신의 핵심 신념을 실천하는 것은 당신을 극적으로 변화시킬 수 있다. 이러한 이유로, 당신은 새로운 규칙의 타당성을 확신할 수 없을 수도 있다. 이건 괜찮다. 당신은 규칙과 핵심 신념을 뒷받침하는 상호작용, 이벤트, 대화를 기록하는 증거 일지를 통해 새 규칙이 유효한지 확인할 수 있다. 이것은 당신의 새로운 핵심 신념을 강화해 줄 것이다. 당신의 새로운 규칙을 뒷받침하는 상황이 생길 때마다, 무슨 일이 일어났고 무슨 뜻인지 기록하라. 다음은 버드의 증거 일지에서 얻은 몇 가지 예이다.

일어난 일: 나는 파티에서 사소한 게임을 했고 비록 이기지는 못했지만 샘과 신디만큼 많은 질문에 답했다.

그것이 의미하는 것: 나는 생각이 필요한 게임에서 내가 원하는 만큼 유지할 수 있다.

일어난 일: 나는 샐(Sal)에게 내 쇼에 대한 광고를 더 해달라고 부탁했다. 나는 내가 할 말을 준비했고, 그것을 말했다. 나는 박식하게 들렸고, 샐은 쇼를 위해 더 많은 예산을 책정했다.

그것이 의미하는 것: 만일 내가 어려운 과업들을 미리 문서화한다면, 나는 다른 사람 못지않게 잘할 수 있다.

만일 당신이 당신의 일지에 기록하는 것을 기억하지 못한다면, 기억을 상기시키도록 3시간마다 울리는 알람을 설정하라. 알람이 울릴 때, 당신의 증거 일지에 기록할 상황에 대하여 이전 3시간 기간을 검토하라. 직장에서, 차 안에서, 또는 당신이 그것들을 사용할 기회가 생길 어느 곳에서나 일지를 가지고 다니거나 노트북을 지녀라. 잠자리에 들기 전, 증거 일지에 기록할 추가 항목이 있는지 당신의 하루를 돌아보라.

특정 영역에서 규칙을 검증함으로써 적극적으로 당신의 새로운 신념을 검증하고 강화하도록 노력하라. 아마 당신은 지지해 주는 친구와 또는 아침에, 또는 커피숍에서 규칙들을 검증할 수 있을 것이다. 나중에 결과가 덜 위협적이거나 당신이 새로운 신념에 더 편안해졌을 때 위험을 확장하거나 영역을 넓힐 수 있다.

사례

긴급 구조원인 산드라(Sandra)는 같은 분야에서 더 높은 임금을 받는 직업을 원했지만, 그녀는 훈련을 받고 다른 직위에 지원하는 것을 두려워했다. 그녀는 자신의 과묵함을 극복하는 것을 돕기 위해 그녀의 핵심 신념들 중 일부를 바꾸기로 결심했다.

그녀는 생각 일지를 계속 작성했고 래더링과 주제 분석을 통해 그 의미를 탐구했다. 그녀는 자신이 무능하고 안전하지 않다고 느낀다는 것을 발견했다. 그녀는 자신의 안전 부족("나는 안전하지 않아")이 그녀의 삶에 가장 큰 부정적 영향을 끼쳤다고 판단했고, 이 핵심 신념을 먼저 공격하기로 결정했다.

그녀는 이 핵심 신념에서 몇 가지 규칙을 만들었는데, 그중 하나는 그녀가 시험하기로 결심한 것이다. "당신은 직장을 잃을 것이기 때문에 당신의 상사에게 절대 질문하지 마세요." 그녀는 남편의 도움을 받아 이 규칙에 대한 첫 번째 검증을 작성했고, 다음으로 그녀는 사장에게 저녁 시간 가장 바쁜 시간 동안 휴식이 필요함을 말했다.

그녀는 자기 회사의 사장이 가장 바쁜 시간대 동안의 휴식 요청에 편의를 제공해 준 것에 유쾌할 정도로 놀랐고, 더 위험한 검증으로 진행해 갔다. 마침내 그녀는 자신의 핵심 신념을 "나는 회사 사장이 내 요청에 편의를 도모해 줄 정도로 능숙하고 인정받고 있으므로 나는 직장에서 상당히 안전해."라고 다시 썼다.

산드라는 자신의 새로운 핵심 신념과 새 규칙들을 검증할 기회를 찾았다. 결과적으로 그녀는 특별 훈련을 받았고, 부서 내에서의 전보를 요청했다. 장기적으로 그녀는 간호학교에 다닐 계획이다.

제16장

시각화를 통한 핵심 신념 바꾸기

2장 '자동적 사고(생각) 발견하기'를 통해 아마 당신에게 깊이 자리한 핵심 신념 중 일부를 반영하는 몇 가지 자동적 사고를 확인했을 것이다. 마찬가지로, 만약 당신이 15장 '핵심 신념 점검하기'를 통해 당신의 삶에 부정적인 영향을 미치는 몇 가지 핵심 신념을 발견했을 것이다. 핵심 신념은 어린 시절의 경험에 뿌리를 두고 있다. 당신은 아마 4세에서 12세 사이 때부터 이러한 신념을 가지고 있었던 것을 기억할 수 있다. 이 장에서는, 당신 내면의 아이를 시각화함으로써 이러한 핵심 신념을 바꾸는 강력한 기술을 배울 것이다. 그것은 매튜 맥케이(Matthew McKay)와 패트릭 패닝(Patrick Fanning)의 초기작인 《Prisoners of Belief(신념에 갇힌 사람들, 1991)》에서 큰 부분을 차지한다.

심리학적으로 말하자면, 과거를 바꿀 수 없다는 것은 사실이 아니다. 비록 당신에게 일어났던 일이나 당신이 한 일을 변경할 수는 없지만, 당신은 내면의 시각화를 사용하여 기억을 재구성하여 고통을 줄이고 현재 삶에 방해가 되지 않도록 할 수 있다. 이 기술은 당신의 무의식이 시간을 믿지 않기 때문에 효과가 있다.

당신의 무의식적인 마음에는 당신이 6개월 때 일어났던 일들이 어제 일어난 일처럼 중요하고 즉각적일 수 있다. 마음속 깊은 곳에서, 당신의 유아적 성격 전체가 세세하게 살아남는다. 이 내면의 아기는 당신의 이전 버전에 대해 알지 못한다. 그것은 아이의 필요, 능력, 세상에 대한 이해를 가진 유아로 남아 있다.

마찬가지로 당신 안에 두 살 된 아기가 있고, 두 살 된 아이의 자기 중심적이고 반대되는 감정을 가지고 있다. 태어날 때부터 현재의 나이에 이르기까지 셀 수 없이 많은 버전의 당신의 모습이 있다.

내면의 아이는 재미있는 비유 그 이상이다. 그것은 어른들이 때로 유치하게 또는 미성숙하게 행동하는지 그 이유를 설명해 준다. 스트레스받는 사건은 어린 시절의 트라우마를 연상시키고, 그들의 젊은 버전을 일깨운다. 그다음으로 그들은 두 살이든 다섯 살이든 열 살이든 여전히 같은 나이인 것처럼 반응한다.

어렸을 때 당신이 겪은 고통스러운 감정은 당신에 대한 부정적인 생각이라는 형태로 당신을 괴롭힐 수 있다. 초기부터 충족되지 않은 욕구는 오늘날까지 여전히 당신을 몰아넣을 수 있다.

학습 효과

풍부한 사례 보고에 따르면 내면아이의 시각화는 부정적인 핵심 신념을 바꾸고, 우울증을 감소시키고, 낮은 자존감을 높이고, 수치심과 죄책감의 만연된 감정을 완화시킬 수 있다는 것을 보여 준다. 하지만 내면 아이(Inner-Chlid)의 시각화에 대한 주요 연구는 현재까지 수행되지 않고 있다.

학습 시간

이 장은 여섯 가지의 다른 발달 단계에 대한 내면아이의 시각화에 대한 지침을 제공한다. 당신이 하루에 하나의 발달 수준에 맞추어 작업을 한다면, 당신의 핵심 신념과 기억에 맞춘 안내 이미지를 기록하는 데에 약 한 주가 걸릴 것이다. 효과를 극대화하기 위해 하루에 두세 번, 하루에 10분에서 20분 동안 내면아이의 시각화를 연습하라. 당신은 처음부터 인식의 변화를 경험하기 시작할 것이고, 당신의 녹음을 듣고, 그들의 이미지를 다듬고, 다른 핵심 신념들을 탐구할 때 몇 주 안에 중요한 결과를 보게 될 것이다.

학습 지침

내면 아이의 시각화는 부모 양육으로 알려진 접근 방식의 한 측면으로 그 내면의 아이와 함께 오래된 고통스러운 감정을 해결하고 오래된 욕구를 상징적으로 충족시키는 것이다. 이 작업은 종종 알코올 중독자의 성인 아이 또는 아동기의 성적, 신체적 학대 피해자들을 위한 12단계 회복 프로그램의 일부이다. 이 강력한 기법들은 자신과 세상에 대한 오랜 부정적인 핵심 신념과 싸워온 이들에게도 효과적이다.

다른 핵심 신념들은 다른 시기에 형성된다. 이 장에서의 접근은 존 브래드쇼(John Bradshaw, 1990)가 개략적으로 설명한 발달 단계로 구분된 시각화를 사용한다. 그러나 다른 두 사람의 경험은 동일하지 않고, 당신의 경험은 여기 제시된 단계와 일치하지 않을 수도 있다. 만일 당신이 이것이 사실이라고 생각한다면, 초기 트라우마에 해당하는 연령과 일치하도록 시각화를 조정하기만 하면 된다.

당신 내면의 아이를 시각화할 때, 당신은 현명하고, 경험 풍부한 성인인 당신이 어렸을 때 자신의 부정적인 핵심 신념 중 하나에 기여했다고 생각하는 특정 장면이, 특히 힘든 시기에 자신을 방문하고 있다고 상상하라. 당신이 얻은 지혜와 어려운 시기에 대처하기 위해 개발한 기술을 어린 자신에게 나누어 주라. 보다 긍정적이고 정확한 신념으로 어린 시절의 장면에서 형성된 부정적인 신념에 맞서라. 당신의 상상 속에서, 실제로 그 시기에 당시에는 필요했지만 갖지 못했던 완벽한 부모나 친구가 되어라.

당신의 무의식은 시간을 믿는 것만큼 현실을 믿지 않는다. 다시 말해, 실제 경험과 꿈 또는 환상을 구분하지 않는다. 당신이 상상 속에서 내면의 아이에게 주는 좋은 조언과 지원은, 그 일이 있은 지 몇 년이 지난 후에 마치 당신이 문제의 트라우마가 발생했을 때 그것을 받은 것처럼 당신의 무의식에 의해 처리되고, 저장되고, 사용될 수 있다. 같은 기억의 모순된 두 가지 버전을 가지고 있다는 사실은 여러분의 의식이 필요로 하는 일종의 논리를 고집하지 않기 때문에 여러분의 무의식을 괴롭히지는 않는다.

이러한 시각화로 성공하려면 신체적으로 긴장을 풀 수 있어야 하며, 온몸에 근육의 긴장을 풀 수 있어야 한다. 만일 당신이 이것을 하는 데에 문제가 있다면, 5장 '이완(긴장 완화)'에서 몇 가지 효과적인 방법을 위한 지침을 찾을 수 있을 것이다.

이 기법은 당신이 시각화 지침을 기록하고 필요에 따라 기록 및 자동적 사고에 맞게 변경할 때 가장 잘 작동할 것이다. 당신이 녹음을 할 때, 자주 휴식을 가지고 천천히 분명하게 말하라.

이 장에서의 시각화는 아주 강력한 정서적 경험이 될 수 있다. 만일 당신이 시각화 동안 언제라도 당신의 느낌에 압도당함을 느끼기 시작하면, 눈을 뜨고 즉시 멈추라. 신뢰하는 친구나 정신건강 전문가와 논의할 때까지는 계속하지 말라. 이것은 심각한 정신질환의 병력이 있는 경우 특히 중요하다. 만일 당신이 어릴 때 신체적, 성적, 정서적 학대를 받았다면, 내면의 아이 작업을 하기 전 정신건강 전문가와 상담해야 한다.

다음 시각화를 한 세션에서 모두 수행하려고 하지 말라. 상쾌하게 지낼 수 있도록 하루에 한두 번 하라. 이는 또 당신으로 하여금 결과를 받아들이고 정서적인 영향을 가라앉힐 충분한 시간을 가질 수 있도록 보장할 것이다.

당신의 영아기 시각화

팔과 다리를 교차하지 않고 등을 대고 눕는다. 눈을 감고 당신이 가장 좋아하는 이완 방식을 이용하여 휴식을 취한다.

당신 안에 길, 숲, 초원, 건물, 개울, 그리고 분수가 있는 공원과 같은 풍경이 있다고 상상한다. 이 공원 안에서 당신의 삶의 모든 시간, 당신의 모든 연령과 모든 장소에서 당신이 살아온 모든 모습들을 발견할 수 있다. 당신의 내부 세계는 당신에게 일어났던 모든 것들과 당신이 생각하거나 꿈꿔 왔던 모든 것들이 포함되어 있다.

공원 안의 길을 따라 걷고 있다고 상상해 보라. 이 길은 시간을 가로지른다. 당신은 이 길을 따라 걷는 것만으로도 당신의 과거 어느 때라도 찾아갈 수 있다. 당신이 걸어갈 때, 당신은 멀리서 떨어져 있는 구조물을 발견한다. 당신은 다가가서 그것이 당신이 아이였을 때 살았던 곳임을 깨닫는다. 만일 당신이 당신의 첫 번째 집을 실제로 기억해 내지 못한다고 해도, 그냥 그것이 얼마나 맞게 보이건 아니건 그냥 그것이라고 상상하라.

집으로 들어가 당신이 아이였을 때 잠을 잤던 방으로 가보라. 다시 말하지만, 만약 그것이 어떻게 생겼는지 기억나지 않는다고 해도 괜찮다. 방으로 들어가 유아용 침대나 침대를 찾아보라. 그쪽으로 가서 거기 잠들어 있는 아이를 보라. 이 아이가 유아기의 당신이다. 아기의 작은 손가락, 작은 입, 가는 머리카락을 자세히 보라. 모포의 색상과 질감을 주목하라. 아기가 무엇을 입고 있는가? 더 많은 세부 사항을 더하면 더 할수록 그 순간은 당신에게 더욱더 현실적이 될 것이다.

아이가 깨서 울기 시작한다고 상상하라. 당신의 엄마, 아빠, 또는 당신을 돌보는 사람이 방으로 들어오는 것을 보라. 그 사람은 성인인 당신을 볼 수 없다. 당신은 보이지 않는다. 당신을 돌보는 이가 당신을 어설프게 다루는 것을 지켜보라. 화를 내거나 거칠게 대하거나 안아 주지 않는 것, 당신이 사실은 기저귀를 갈아주어야 할 때 먹이려고만 하고, 당신이 그냥 같이 있어 주기를 바랄 때 당신을 바꾸려고만 하는 것 등, 당신의 아이가 안달하고 소란을 피우는 것을 보고 들으라.

이제 당신은 돌보는 이를 방에서 나가게 하라. 아이 자아가 다시 울기 시작한다. 이번에는 아이를 스스로 일으켜 세우라. 아이 자아를 안아 주라. 병에서 우유를 주라.

다음 문구로 아이의 마음을 달래고, 원하는 경우 다시 표현하고, 당신이 맞다고 생각되는 다른 말을 추가하라. 아이의 울음소리가 멈추고 차분함과 만족감으로 대체되는 과정을 관찰하라.

- 세상에 온 걸 환영해.
- 네가 여기 있어 기뻐.
- 너는 특별하고 독특해.
- 너를 사랑해.
- 나는 결코 너를 떠나지 않을 거야.
- 너는 살아남기 위해 최선을 다하고 있어.

다음으로, 당신의 관점을 바꾸고 침실 전체 장면을 다시 경험하라. 이번에는 당신의 어린 자아라고 상상하면서 당신이 자고 있고, 당신이 울고 있고, 그리고 당신을 돌보는 이가 들어오고 돕지 못한다고 상상하라. 다음으로 당신 성인 자아가 당신을 위로할 때 당신은 더 평온을 느낀다.

이 두 번째 장면에 가능한 많은 시간을 할애하고 세세한 부분까지 아낌없이 쓰라. 다하고 준비가 되면 눈을 뜨고 휴식을 취하라. 이것은 당신이 압도되거나, 무력하거나 또는 불안할 때 하기에 좋은 시각화이다.

당신의 유아기 시각화

조용한 곳에서 휴식을 취하고 내면의 아이로 이어지는 길에 있는 자신을 보라. 이번에는 마음 속에 있는 세부 사항들, 즉 당신의 내면 세계의 향기, 시각, 소리, 촉각에 마음을 집중하는 데 시간을 할애하라. 어떤 종류의 나무가 있고 어떤 종류의 흙이 발밑에 있는지 주목하라.

다음으로, 당신이 기억할 수 있는 가장 초기의 장면 중 하나를 시각화하라. 당신이 한 살 또는 세 살이었던 때를 선택하라. 그때의 기억이 없다면, 가족들이 들려준 이야기나 가족사진에서 한 장면을 만들어 볼 수 있다. 당신이 불행했을 때, 당신에게 상처를 주는 일이 일어났을 때를 상상해 보라. 당신이 무언가를 깨뜨렸을 수도 있고, 누군가 당신을 버리거나 잃어버렸을 수도 있고, 무언가를 빼앗겼을 수도 있고, 아니면 당신이 매를 맞거나 혼났을 수도 있다.

그 상황에서 자신을 보라. 어떤 옷을 입고 있는가? 머리는 무슨 색인가? 얼마나 긴가? 당신 내면아이의 표정을 주목하라.

고통스러운 장면이 시작하는 것을 지켜보라. 내면아이가 모든 세부 사항을 알아차리고 얼마나 화가 났는지 보라.

장면이 끝나면 아이를 다른 방이나 다른 안전한 곳으로 따로 데려가라. 다음 문장으로 자신을 소개하고 내면의 아이를 위로하고, 원한다면 다시 표현하고 당신에게 옳다고 생각되는 다른 문장을 추가하라.

- 나는 너야. 나는 네가 다 자란 미래에서 왔어.
- 나는 네가 필요로 할 때마다 너와 함께하고, 너를 도와주려고 왔어.
- 난 널 사랑해.
- 너와 같은 아이는 처음이야.
- 나는 지금 그대로의 너를 좋아해.
- 나는 결코 너를 떠나지 않을 거야.
- 넌 네 또래의 아이에게 맞게 정상적으로 행동하고 있어.
- 그건 너의 잘못이 아니야. 넌 그 문제에서 선택의 여지가 없어.
- 탐색하는 것은 정말 괜찮아.
- 네가 세상에 대해 배우는 동안 내가 지켜줄게.
- 너는 거절할 권리가 있어.
- 화가 나거나 무섭거나 슬픈 건 괜찮은 거야.

당신의 어린 자아를 안아 주고 필요할 때마다 돌아올 거라고 약속하라. 작별 인사를 하고 돌아서서 그 방을 나오라.

이제 당신의 관점을 바꾸라. 두 살 또는 세 살의 관점에서 그 장면을 다시 생각하라. 모든 행동, 시각, 소리, 그리고 냄새를 포함하라. 당신의 나이 들고 더 현명한 자신의 말에 귀 기울이고 위로를 받아라.

준비가 되면 언제든지 세션을 마치고 휴식을 취하라. 이는 당신이 혼란스럽고, 버림받거나, 낙담하거나, 수치심을 느낄 때마다 할 수 있는 좋은 시각화이다.

당신의 취학 전 아동기 시각화

조용한 장소에서 이완하고 당신의 내부 세계로 빠져 보라. 당신이 1학년에 입학하기 전인 4, 5, 6세이던 때에 살았던 곳에 이를 때까지 시간을 거슬러 올라가는 길을 탐색해 보라. 당신이 겁을 먹었거나 불행했던 때를 선택하라. 사촌과 싸웠을 수도 있고, 아빠가 술에 취해 집에 오거나, 엄마가 신경질적이거나, 시골 시장에서 당신이 길을 잃거나, 또는 유치원에서 괴롭히는 친구가 당신을 위협하거나 공격했을 수도 있다.

그 장면에서 당신 유치원 때의 모습을 보라. 다른 사람 눈에 띄지 않게 지켜보라. 당신은 키가 얼마나 되었나? 말랐는지 아니면 통통한가? 어떤 옷을 입고 있는가? 주위에 좋아하는 장난감이 있는가? 당신의 눈은 어떤 색인가? 당신의 피부 톤은 어떤가? 목욕을 한 후 생생하고 홍조인가, 밖에서 놀다 와서 덥고 먼지 투성인가?

트라우마 장면이 전개될 때, 당신의 취학 전 자아가 얼마나 무섭고 혼란스러운지 주목하라. 충분한 기술과 지식이 없음에도 불구하고, 당신의 내면아이가 어떻게 이해하고 일을 바로잡으려고 하는지 주목하라. 고통스러운 장면이 끝나면 당신 내면의 아이를 안전한 곳으로 데리고 가서 같이 앉아라. 당신의 어린 자아를 팔로 감싸고 당신이 미래에서 찾아왔으며 당신의 어린 자아가 당신을 의지할 수 있음을 설명하라.

당신 내면의 아이에게 다음과 같은 말을 하고, 마음에 들면 다시 말하고, 자신에게 맞는 다른 말을 추가하라.

- 나는 너를 사랑해.
- 이 세상에서 너와 같은 사람은 너밖에 없어.
- 나는 그대로의 네가 좋아.
- 너는 너의 최선을 다하고 있어.
- 너는 단지 일어나고 있는 일을 바꿀 큰 힘이 없을 뿐이야.
- 그건 네 잘못이 아니야.
- 나는 네가 스스로를 보호하는 방법을 알아내도록 도움을 줄 거야.
- 울어도 괜찮아.
- 너 자신을 위해 생각하는 거 너 잘하잖아.
- 상상하는 거 잘하잖아.
- 현실과 상상을 구분하는 거 도와줄게.
- 네가 원하는 것을 부탁할 수 있어.
- 내게 어떤 질문을 해도 괜찮아.

당신 내면의 아이가 막 일어났던 일을 어떻게 해석하고 있는지 감지하려고 노력하라. 아이가 생각하는 어떤 일이 일어나고 있는가? 아이는 무슨 일이 일어나고 있다고 믿는가? 그것은 아이에게 자신의 가치, 사랑스러움, 안전, 소속감 등에 대한 의미는 무엇인가? 그 아이는 혼란스러워서 사물을 이해하려고 한다. 당신의 내면의 아이에게 일어났던 일에 대해 순수하고 비난받지 않게 설명하라. 아이의 행동을 긍정적으로 해석할 수 있는 방법이 있다면 지금 해 주어라. 당신 내면의 아이를 안아 주고, 곧 다시 보게 될 거라고 말해 주고 나오라.

이제 관점을 바꿔서 그 아이의 관점에서 고통스러운 장면을 재현하라. 수치심, 분노, 혼란 또는 두려움을 실제로 경험하라. 당신이 그 느낌을 겪지 않는다면, 당신은 시각화의 모든 이점을 얻지 못할 것이다. 당신의 예전 모습에 주의 깊게 귀를 기울이고 당신이 잘못되지 않았다는 것, 여러분이 최선을 다하고 있었다는 것을 인지하라.

다음은 이전의 내면아이 시각화에서 수행하지 않은 단계이다. 다시 한번 당신의 아이 입장에서 고통스러운 장면을 다시 한번 되새겨 보라. 그러나 이번에는 마치 당신이 미래의 자신을 알고 있고 당신의 미래 자신이 준 긍정적인 메시지를 이미 이해하는 것처럼 경험하라. 이번에는, 당신이 이전에 몰랐던 것을 알고 있다. 모든 것이 잘 될 것이라는 것, 당신은 살아남을 것이고, 당신의 잘못이 아니라는 것 등이다.

이번에는 현장에서 고통을 덜 느껴라. 만약 그것이 옳다고 느낀다면, 당신은 기억을 바꾸고 실제와 다르게 반응할 수 있다. 예를 들면, 만일 당신이 시장에서 길을 잃었다면, 앉아서 우는 대신에 어른을 찾아 도움을 청할 수도 있다. 또는 부모님의 다툼을 들으며 겁먹고 당신의 방 안에 혼자 있다면, 당신은 그들의 말을 떠나보내도록 혼자 노래 부르는 것을 상상할 수도 있다.

당신이 무엇을 하든, 그 당시에 다르게 반응하지 않았다고 스스로를 탓하지 말라. 당신은 실제로 할 수 있는 최선을 다하고 있었던 것이다. 또한, 당신의 장면에서 다른 사람들의 행동을 바꾸지 말라. 상상 속에서조차 다른 이들의 행동을 바꿀 수 없다는 것을 기억하는 것이 중요하다. 당신은 오직 당신 자신의 행동만 바꿀 수 있다.

준비가 되면, 그 장면을 마치고 휴식하라. 당신은 이 시각화를 여러 번 반복할 수 있고, 당신의 삶에서의 이 시기로부터 당신이 가진 다양한 어려운 기억들을 다룰 수 있다. 이는 당신이 의존적이거나, 부끄럽거나, 죄책감을 느낄 때 할 수 있는 좋은 연습이다.

당신의 학령기 아동 시각화

이 시각화는 이전의 것과 동일한 패턴을 따른다. 긴장을 풀고 7~10세까지의 장면을 상상하라. 당신은 2학년 전체 앞에서 망신을 당했거나, 아버지가 축구 선수권 대회에 나타나지 않았거나, 당신을 어리석거나 서툴거나 미숙하다고 느끼게 하는 어떤 일이 있었을 수도 있다. 아픈 기억을 되새기며, 먼저 미래의 자신의 관점에서 펼쳐지는 장면을 지켜보라.

그 장면의 마지막에, 학창 시절의 자신을 한쪽으로 치워라. 다음 문장을 자신에게 말하고, 당신이 원한다면 당신 자신의 단어로 다시 말하고, 이 책의 앞장에서 특히 유용하다고 발견한 대인이나 균형 잡힌 생각을 추가하라.

- 학교에서의 너의 방식은 괜찮아.
- 나는 너를 지켜 줄 거야.
- 새로운 아이디어나 방법을 시도해 보는 것도 괜찮아.
- 너는 스스로 결정을 할 수 있어.
- 동의하지 않아도 괜찮아.
- 너는 너의 감정을 믿어도 돼.
- 두려워하는 것도 괜찮아.
- 우리는 무엇이든 이야기할 수 있어.
- 너는 너의 친구들을 선택할 수 있어.
- 옷을 어떻게 입을 것인지는 너의 일이야.
- 너는 너의 나이에 맞게 정상적으로 행동하고 있어.
- 이 문제에 대한 선택의 여지가 없어. 네가 할 수 있는 것은 아무것도 없어. 너는 살아남기 위해 최선을 다하고 있는 거야.

당신이 취학 전 아동기 시각화 동안에 했듯이, 당신 내면의 아이가 그 어려운 일을 어떻게 해석하고 있는지 감지하려고 노력하라. 자녀의 사랑스러움, 통제력, 안전 등의 측면에서 그것이 자녀에게 무엇을 의미하는지 이해하라. 다시 한번 당신 내면의 아이가 그 일에 대해 비난받지 않도록 하는 설명을 해 주어라. 그리고 아이의 행동을 긍정적으로 해석할 수 있는 방법이 있다면, 지금 제안하라.

그 장면을 두 번 더 반복하라. 첫째, 학창 시절 자신의 관점에서 모든 오래된 고통스런 감정을 느끼지만 그 장면의 마지막에 당신의 미래 자아에 대한 도움과 지지를 느끼라. 그런 다음 미래의 기술과 지식을 가지고 학창 시절의 모습으로 장면을 재현하라. 이번에는 원하는 경우 장면에서 학창 시절 자신의 반응 방식을 변경할 수 있다. 단지 그 장면에서 다른 사람들의 행동을 바꾸지 말라.

준비가 되면, 시각화를 끝내고 휴식을 취하라. 당신의 내면아이에게 생명을 불어넣고 자신을 새롭게 된 것을 축하하라. 현재 부정적인 신념과 자동적 사고의 원인이 된 것으로 확인된 다양한 학창 시절 기억에 대해 이 시각화를 반복할 수 있다. 이것은 당신이 자신의 능력에 대해 낙담할 때마다 하면 좋은 시각화이다.

당신의 청소년기 시각화

이 시각화는 이전의 것과 같은 패턴을 따른다. 이번에는 긴장을 풀고, 당신의 과거로 들어가 대략 11~15세까지 청소년기의 고통스러운 일을 찾아보라. 대부분 사람에게, 이때는 많은 혼란-부모님에 대한 반항, 학교에서의 갈등, 격렬하고 폭풍 같은 또래 관계, 새롭고 강력한 성적 감정과 같은 많은 관련된 고통스러운 일들과 함께 혼란이 많은 시기이다.

먼저 어른의 관점에서 선택한 기억을 관찰하고, 그 일들이 전개되는 것을 지켜보라. 다음으로 당신의 사춘기 자아를 안전한 곳으로 데리고 가서, 이전의 시각화에 도움이 되었다고 생각되는 다른 말을 추가하여 다음과 같은 말을 자신의 말로 공유하라.

- 너는 사랑할 적절한 사람을 찾을 수 있어.
- 너는 인생에서 의미 있는 일을 찾을 수 있어.
- 부모님들의 의견에 반대해도 괜찮아.
- 너는 독립적인 사람이 되고 있어.
- 너는 안전하게 성적인 실험을 할 수 있어.
- 혼란스럽고 외로움을 느끼는 것은 괜찮아.
- 너는 인생에 대해 새롭고 흥미로운 생각을 많이 가지고 있어.
- 이제 자신에 몰두해도 괜찮아.
- 상반되는 감정을 갖는 건 정상이야.
- 당황스럽고 어색해도 괜찮아.
- 자위해도 괜찮아.
- 네가 아무리 멀리 가도 나는 여기 있을 거야.
- 너는 네 나이에 맞게 정상적으로 행동하고 있어.
- 종종 너는 그 문제에 선택의 여지가 없어.
- 너는 살아남기 위해 최선을 다하고 있는 거야.

그다음, 당신의 어른스럽고 합리적인 신념들을 당신의 사춘기 내면의 아이와 공유하라. 다시 한번 그 일들에 대해 당신의 젊은 자아가 비난받을 일이 없는 상태가 되도록 하는 설명을 해라. 청소년의 행동을 긍적으로 해석할 수 있는 방법을 찾아보라.

이전과 같이 청소년기의 관점에서 그 장면을 두 번 다시 생각해 보라. 한 번은 그곳에서 미래의 자아와 함께 하며 원래의 고통을 느끼기 위해서, 그리고 한 번은 당신의 미래 기술과 지식을 가진 청소년으로서 아마도 당신의 행동을 바꾸고 실제의 일과는 다르게 반응할 것이다.

끝나면 휴식을 취하라. 이 연습을 반복하여 청소년기의 다양한 아픈 기억을 치유할 수 있다. 이것은 언제든지 할 수 있는 좋은 시각화이지만, 당신이 성에 대해 혼란을 느끼거나 권위와 갈등 중일 때 특히 좋을 것이다.

당신의 청년기 시각화

이전의 시각화에서와 똑같은 단계를 따라 당신의 청년기의 고통스러운 장면을 찾아가라. 그 장면을 본 후, 당신의 청년기 자아와 상의하고, 다음 문장을 자신의 말로 공유하며 이전 시각화에 도움이 되었다고 생각되는 대체 문장을 추가하라.

- 너는 사랑하고 사랑받는 법을 배울 거야.
- 나는 네가 세상을 변화시킬 것을 알아.
- 너는 너의 방식대로 성공을 할 수 있어.
- 너는 너의 나이에 맞게 정상적으로 행동하고 있어.
- 너는 살아남기 위해 네가 할 수 있는 최선을 다하고 있어.
- 종종 너는 그 문제에 선택의 여지가 없어.

다시 한번, 당신의 청년기 자아에 대해 연민의 관점을 취하는 고통스러운 사건에 대해 설명하라. 당신의 청년기 행동을 긍정적으로 해석할 수 있는 방법을 찾아보라.

다음으로 기억할 수 있는 모든 좌절과 고통과 함께, 당신의 미래의 자아와 함께, 당신의 청년기 관점에서 그 기억을 경험하라. 그 장면을 당신의 청년기의 모습으로, 그러나 당신의 미래 기술과 지식으로 다시 한번 되돌아보는 것으로 마무리하라. 원한다면 당신 자신에게 다르게 행동하라.

당신이 성인의 삶을 자신의 방식대로 처리할 수 있다는 것을 알고 현재로 돌아오라. 당신의 자동적 사고에 기여한 다양한 기억을 치유하기 위해 당신의 청년기 삶의 장면들을 다시 볼 수 있다. 이것은 당신이 일, 돈, 또는 사랑으로부터의 익숙한 혼란스러운 감정이 있을 때면 언제든지 할 수 있는 좋은 시각화이다.

사례

팸(Pam)은 지속적인 우울증, 낮은 자존감, 만연한 수치심으로 치료를 받고 있는 식료품점의 점원이었다. 그녀의 주요 자동적 사고 중 일부는 '나는 실패자', '주의가 산만한 사람', 그리고 '겁쟁이'였는데, 보통 마르고, 키가 작고, 보잘것없는 어린 소녀로서의 이미지를 동반했다.

그녀는 몇 주 동안 간헐적으로 내면의 아이 시각화를 하였다. 몇몇 장면들이 특히 강력했다. 한 예로, 그녀는 7월 말 어느 날 그녀의 학창 시절 아이를 찾아갔다. 그녀는 8세였고, 뒤뜰을 떠나지 말라는 엄마의 엄한 지시를 듣고 뒤뜰에서 놀고 있었다. 그녀는 스프링클러에 접근하려고 몰래 앞뜰로 갔다가 문이 열린 채로 그 자리를 떠났다. 그 순간 그녀의 엄마가 개를 풀어 놓았는데 그 개는 문밖으로 뛰어나와 거리로 뛰쳐나갔다. 팸은 개를 쫓기 시작했고, 그러다가 지나가는 자동차에 치일 뻔했다.

그녀의 엄마는 팸을 거리에서 집으로 끌고가 벽장으로 던지며 계속 소리를 질렀다. "뒤뜰에만 있으라고 말했을 텐데. 넌 도대체 무슨 생각을 하는 거야? 이 멍청한 바보야, 개를 내보내서 둘 다 죽을 뻔했잖아. 너 거기서 꼼짝 말고 있어." 그리고 엄마는 개를 잡으러 나갔다.

팸의 성인 자아는 벽장으로 가서 말한다. "진정해, 팸. 괜찮을 거야. 나는 너의 미래 자아야. 전에 너를 도와준 적이 있고, 또 너를 도와줄 거야. 나는 널 사랑해. 너는 최선을 다하고 있었어. 너는 단지 문을 닫는 걸 잊었을 뿐이야. 그건 네 또래의 사람에게는 흔한 일이야."

그녀는 학창 시절의 자신의 행동을 재해석했다. "너는 단지 스프링클러를 만져서 시원해지고 싶었을 뿐이야. 스스로 해 보려고 하는 건 좋은 거야." 그녀는 엄마의 흥분도 설명해 주었다. "엄마는 네가 바보 같아서 화난 게 아니야. 엄마는 정말 무서웠던 거야. 네가 차에 치일 거라고 생각했고, 그게 엄마를 두렵게 만든 거야."

팸은 어린 자아의 입장에서 공포와 수치심을 강하게 느꼈다. 그 후 그녀의 나이 든 자아에 의해 큰 위로를 받으며 그 장면을 다시 한번 회상했다. 그리고 그녀는 성인 자아의 지식과 기술의 혜택으로 그 기억을 되살리면서 그 장면을 다시 경험했다.

팸의 다른 강력한 장면은 사춘기 시절이었다. 그녀가 16세였을 때, 인기 있는 남자아이가 그녀를 집까지 차를 태워 주었다. 가는 도중 그는 공동묘지 부근에 차를 세웠다. 그곳은 주차하고 네킹(Necking)을 하는 곳으로 소문난 곳이었다. 팸은 그를 거절하는 것을 두려워했다. 그가 키스하고 가슴을 만지는 것을 허락했다. 그가 더 진도를 나가려고 했을 때, 그녀는 울기 시작했다. 그는 말없이 거칠게 차를 몰고 가 그녀의 집 앞에 내려 주었다. 다음날 그는 그녀가 누구인지 모르는 것처럼 행동했고, 그의 친구들 앞에서 그녀를 "앙상한 작은 나무토막"이라고 불렀다.

팸은 그녀의 사춘기 자아를 옆으로 데려가는 성인 자아를 시각화했다. "잘 들어봐" 그녀는 자신에게 말했다. "너는 다른 사람들이 부르는 그런 애가 아니야. 혼자라도 괜찮아. 두려워도 괜찮아. 천천히 해요. 난 네가 살아남을 거라고 말해 주려고 여기 왔어. 이 남자애는 중요치 않아. 네가 중요해. 곧 너는 더 편안하고 자신감이 생길 거야."

팸이 그녀의 사춘기 자아의 입장에서 그 장면을 다시 떠올렸을 때, 그녀는 강한 수치심과 굴욕감을 느꼈다. 그녀는 자신의 성인 자아의 다음의 말을 계속 듣고 싶었다. 그녀는 영원히 겁먹은 처녀가 되지 않을 것이고, 친구가 생길 것이며, 남들과 달라도 괜찮다는 것이다. 다음으로 그녀는 그 장면을 세 번 시각화했는데, 다시 그녀의 사춘기 시절의 관점에서 시각화했지만, 이번에는 그녀의 성인 지식과 기술로 무장하고 있었다. 그녀는 그 남자아이에게 소름끼치는 그의 손을 떼라고 말하고, 그 차에서 내려 집으로 가는 버스를 타는 것으로 구성을 바꾸었다. 그리고 그가 학교 운동장에서 그녀를 조롱했을 때, 그녀는 그냥 미소를 지으며 손가락질해 주었다.

말대답하기

만약 당신의 어린 시절 트라우마가 당신을 학대했거나 방치한 부모나 다른 보호자들과 관련 있다면, 당신은 내면아이 시각화 부분으로 그들에게 말대답을 할 수 있다. 다음 접근법은 제프리 영(Jeffrey Young, 1990)에 의해 개발된 역할 수행 연습에 기초로 한다.

당신은 두 가지 방법으로 말대답을 할 수 있다. 첫 번째 방법은 당신을 학대했던 어른에게 말대답하는 어린아이로 자신을 시각화하는 것이다:

- 당신은 나를 제대로 대하지 않고 있어.
- 당신이 이것을 할 권리는 없어.
- 이것은 당신의 문제이지 제 문제가 아니야.
- 그건 내 잘못이 아니야.
- 당신은 나에게 너무 많은 것을 요구하고 있어.

말대답을 하는 두 번째 방법은 당신의 어린 자아를 학대하거나 무시하는 사람에게 말을 걸기 위해 성인이 한 장면으로 들어가는 모습을 시각화하는 것이다:

- 당신은 당신의 아이를 학대하고 있어.
- 이것은 잘못이야.
- 그것은 당신의 잘못이지, 아이의 잘못이 아니야.
- 물러나요.

당신은 당신의 성인 자아가 당신 내면의 아이를 그 장면으로부터 구출하고, 학대를 멈출 수 있고, 학대자를 쫓아버리거나 공격할 수 있거나, 다른 방법으로 그 상황에 직접 개입하는 대체 시나리오를 만들 수 있다.

유의 사항

만일 당신이 시각화에 어려움이 있는 경우, 다음의 간단한 연습을 시도해 보라. 눈을 감고 아주 익숙한 것을 회상해 보라. 침실 장식, 오늘 아침 식사 때 먹은 것, 최근 또는 어린 시절의 즐거운 경험 등 중립적이거나 기분 좋은 것을 선택하라. 가능한 한 자세히 상상하라. 모양, 색상, 조명 등의 시각적인 자극을 넘어 냄새, 맛, 질감, 온도, 소리, 그리고 신체적인 감각에도 관심을 기울이라. 만일 이러한 감각적인 인상을 당신의 마음속에서 느낄 수 없다면, 그냥 자신에게 언어적으로 그것들을 묘사하라. 당신이 자신에게 아주 익숙한 것을 마음속으로 묘사하기를 연습한다면, 점차 당신의 이미지의 힘을 향상시킬 것이다.

만일 당신이 강한 시각적 이미지를 만들기에 어려움을 갖는다면, 당신은 아마도 후각, 촉각 또는 청각과 같은 다른 감각을 선호하는 잘 발달된 기억을 가지고 있을 것이다. 만일 이것이 사실이라면, 어떤 것이라도 당신에게 가장 쉬운 감각에 동조함으로써 경험을 회상해 보라. 당신이 좋아하는 감각을 계속 연습하면 다른 감각들의 인상이 점점 나타날 것이다. 시각화에 대한 자세한 내용은 5장의 '시각화 기술'을 참조하라.

제17장

분노 조절을 위한 스트레스 예방 접종

분노는 가장 파괴적이고 신체적으로 해로운 감정 중 하나이다. 스트레스 접종 훈련은 1975년 레이몬드 노바코(Raymond Novaco)에 의해 분노 치료로 확대되었다. 그의 저서인 《분노 조절: 실험적 치료의 개발과 평가》에서 그는 모든 분노의 근원이 상황에 대해 생각하는 것이라는 명제를 강력하게 주장한다.

도발이 당신을 화나게 하는 게 아니다. 상처를 주고, 공격적으로 말하는 것이 당신을 화나게 하지는 않는다. 그리고 스트레스를 주고 압도적인 상황들이 당신을 화나게 하지는 않는다. 촉발 사고들이 고통스럽고 스트레스받는 상황들을 분노로 바꾸는 것이다. 촉발 사고들이 다른 대상들을 의도적으로 불필요하게 당신에게 스트레스 상황을 분노로 바꾸도록 초래하는 것으로 책임을 전가하고, 다른 대상들을 적절하고 합리적인 행위들의 규칙을 어긴 것으로 것으로 본다. 만일 당신이 다른 사람들이 의도적으로 당신에게 해를 끼치고 공격한다고 판단하고 당신이 그들의 불합리한 행동의 피해자라고 판단한다면, 당신의 촉발 사고는 휘발유와 같은 역할을 한다.

도발이 일어날 때 당신은 무력하지 않다. 분노는 자동적일 필요는 없다. 스트레스 예방 접종은 당신에게 분노를 촉발했던 낡은 촉발 사고를 대체할 효과적인 대처 사고를 개발하면서 당신의 신체적 긴장을 푸는 방법을 가르쳐 준다.

최근 몇 년 동안 인지 행동 전문가와 연구자들은 노출 중에 대처 사고의 사용을 피하는 것이 최선이라는 것을 알아냈다. 그러나 분노 조절을 위한 스트레스 접종은 이 규칙에 예외이다. 분노를 촉발하는 상황에서, 노출의 목표는 분노를 받아들이고 참는 게 아니라, 당신이 촉발 사고에 대항하는 데 도움이 될 수 있는 대처 능력을 능동적으로 개발하는 것이다.

학습 효과

수많은 연구에서 분노 조절을 위한 스트레스 접종의 효과가 증명되었다(예를 들면, 1987 Novaco). 다른 연구들은 이완 기술과 대처 사고의 조합이 효과적인 분노 관리 치료를 제공한다는 것을 보여 주었다(1986, Hazaleus와 Deffenbacher).

학습 시간

스트레스 접종을 위한 이완 기술을 개발하는 데는 2~4주의 시간이 걸릴 것이다. 일단 이러한 기술들을 익히면, 시각화된 분노 위계 구조를 일주일 이내에 성공적으로 완성할 수 있다.

당신의 새로운 대처 기술을 분노를 유발할 수 있는 실제 상황에 적용하는 것은 더 오래 걸린다. 자연적으로 일어나는 상황을 이용하여 긴장을 푸는 기술과 대처 사고를 실험실로 활용할 필요가 있을 것이다. 실제 분노 관리는 새로운 기술이 자동화되고 자극을 받을 때마다 안정적으로 사용될 수 있기 전에 2~6개월의 힘든 작업이 필요로 할 수도 있다.

학습 지침

분노 조절을 위한 스트레스 접종에는 다섯 단계가 있다:

1. 이완 기술을 배운다.
2. 분노 위계를 구축한다.
3. 위계 항목에 대한 대처 사고를 개발한다.
4. 이미지로 분노 대처 기술을 연습한다.
5. 실생활에서 대처 능력을 연습한다.

1단계: 이완 기술을 배운다.

만일 당신이 이미 그렇게 하지 않았었다면, 당신은 5장의 '이완(긴장 완화)'에 기술된 네 가지 기술을 숙달할 필요가 있다. 점진적 근육 이완, 긴장이 없는 이완, 신호 억제 완화, 그리고 평온한 장면 시각화, 이 모든 절차를 연습할 때까지는 3단계를 진행하지 않도록 한다.

2단계: 분노 위계를 구축한다.

빈 종이를 가지고 당신이 생각할 수 있는 한 많은 분노를 유발하는 상황들을 적는다. 사소한 짜증에서부터 당신을 화나게 하는 것까지 모든 범위의 상황들을 생각하라. 이 목록은 최소한 25가지를 포함해야 한다. 만일 당신이 그 정도로 많이는 생각할 수 없다면, 당신의 분노 에피소드 중 일부를 당신과 관련된 다른 사람들 사이에서 상황이 어떻게 확대되었는지에 따라 별도의 항목으로 나누도록 해 보라.

위계 구축 시작하기

일단 당신의 목록을 완성하면, 새 종이를 한 장 준비하여 맨 위에 가장 적게 분노를 유발하는 항목을 기록하라. 그 페이지의 아래쪽에는 가장 큰 분노와 관련된 항목을 기록하라.

중간 장면 채우기

이제 당신의 가장 낮은 분노 장면과 가장 높은 분노 장면 사이에 채울 수 있는 점진적 강도의 6~18개 항목을 선택할 때이다. 당신이 작성한 첫 번째 목록에 순위를 지정한 다음 순위 순서대로 목록을 다시 작성할 수 있다.

위계 구조를 검토하여 분노의 점진적 증가가 전체적으로 거의 동일한지 확인하라. 어떤 증가가 다른 것들보다 더 의미가 크다면 추가 장면으로 이 차이를 채울 수 있다. 어떤 증가들이 너무 작다면 항목들을 빼거나 수정하여 그것들이 다른 수준의 분노를 유발하도록 하라. 단계가 거의 같아질 때까지 그 작업을 계속하라. 다음은 남편에 대한 분노로 고분분투하고 있는 은퇴한 법률 비서 셀레스트(Celeste)가 작성한 예이다.

셀레스트의 분노 위계	
등급	장면
1	청소부 아주머니가 진공청소기로 단단한 나무 바닥판을 두드린다.
2	국가 부채에 대한 글을 읽는다.
3	식사를 마친 친구가 식사 중인 나를 재촉한다.
4	과속 운전하는 사람들을 보니 사고가 날 것 같아 조마조마하다.
5	고객센터에 전화를 했는데 이 사람 저 사람에게 통화 상대가 바뀌다가 결국 끊겼다.
6	남편이 오래된 차를 차고에 보관하면서 내가 사용하려는 캐비닛을 막고 있다.
7	친구가 누군가 늦으면 화를 내고, 시선을 다른 데로 돌리고, 입을 삐죽인다.
8	남편이 답을 하기 전 내게 질문을 반복하고, 의도적으로 신경을 쓰지 않는 것 같다.
9	여동생이 개인적인 일들에 대해 자세히 캐묻고 나서 다른 사람들에게 수다를 떤다.
10	세금은 계속 오르는데 정부가 다른 나라에 자금을 지원하고 선심성 입법을 제정한다는 신문 기사를 읽었다.
11	나는 파티를 위해 정장을 준비했는데, 남편은 낡은 셔츠를 입고 간다.
12	내가 서두르며 디너 파티를 준비하고 있는데 시댁 식구들은 나이 든 친척에게 도움을 요청한다.
13	남편이 매일 거실에 물건들을 남겨두어 내가 줍고 정리해야 한다.
14	나이 많은 언니가 의사의 권고에도 불구하고 계속 먹어대고 살이 쪄서 걱정스럽고 화가 난다.
15	남편이 아들들을 위해서는 스테이크를 사 주느라 지출하는데, 나는 한 번도 멋진 레스토랑으로 데려가지 않는다.
16	시간제 고용주는 냉정하고 미래 일의 가능성에 대해 약속하지 않는다.
17	집 주변에서 수선할 물건들이 있음에도 남편은 좋은 술이나 자신의 카메라를 위한 도구에 낭비한다.
18	남편이 늦게까지 TV를 보고 다음 날까지 아무것도 하고 싶어 하지 않는다.
19	하루 일을 마치고 피곤할 때 정성스럽게 요리해 줄 것을 기대한다. 하지만 내가 거절하면 냉정하게 대한다.
20	남편이 쉬는 날 시댁에서 너무 많은 시간을 보내서 함께 시간을 보낼 수 없다.

자신의 위계 마무리하기

다음의 위계 양식의 사본에 등급 순서로 당신의 최종 위계를 작성하라(http://www.newharbinger.com/45489에서 사본 다운로드). 이제는 '장면' 열을 채우라. 4단계에서 대처 사고를 추가할 것이다. 만일 위계 항목에 대해 더 많은 행이 필요한 경우 단순히 또 하나의 빈 위계 양식의 다른 복사본을 사용하고 그에 따라 등급을 수정하라.

분노 위계	
등급	장면

3단계: 위계 항목에 대한 대처 사고를 개발한다.

위계의 각 새로운 장면을 시각화할 준비가 될 때 두 가지 이상의 대처 사고를 개발해야 한다. 그렇게 하기 위하여 그 장면을 간략하게 시각화하여, 가능한 한 실제처럼 만든다. 당신이 보는 것, 듣는 것, 그리고 심지어 육체적으로 느끼는 것을 알아차린다. 다음으로, 당신의 촉발 사고에 귀를 기울여 보라. 다른 사람들이 의도적으로 당신에게 해를 끼치고 상처를 준 것에 대해 다른 사람들을 탓하고 있는가? 그들의 기본 행동 규칙을 위반함으로써 잘못됐고 나쁘다고 보는가?

만일 당신의 촉발 사고가 비난과 관련되어 있다면, 당신의 분노를 통제하기 위해 제언된 대처 반응은 다음과 같다.

- 내가 좋아하지 않을 수 있지만, 그들은 최선을 다하고 있어.
- 난 어쩔 수 없는 게 아니야. 난 이 상황에서 내 자신을 돌볼 수 있어.
- 비난은 나를 화나게 해. 화를 내는 건 아무 의미가 없어. 최악의 상황을 가정하거나 성급하게 결론을 내리지 말자.
- 나는 그들이 하는 일이 마음에 들지 않지만, 나는 대처할 수 있어.

다른 사람들이 합리적인 행동의 기준을 위반하는 것처럼 보이는 위반된 규칙과 관련된 촉발 사고가 있는 경우 다음 대처 사고 중 일부가 도움이 될 수 있다.

- 해야 한다는 것을 잊어 버려. 그것들은 나를 화나게 할 뿐이야.
- 사람들은 내가 해야 한다고 생각하는 게 아니라, 그들이 하고 싶은 걸 해.
- 아무도 옳고 그른 게 아니야. 우리는 단지 다른 욕구를 가진 것 뿐이야.
- 사람들이 그들이 원할 때만 변해.
- 나쁜 사람은 없어. 사람들이 그들이 할 수 있는 최선을 다해.

가장 잘 대처하는 생각 중 일부는 단순히 화를 내지 말라고 상기시킨다. 그들은 당신이 자극에 직면한 상태에서 침착하고 긴장을 풀 수 있음을 확인한다. 여기 분노를 다루는 일반적인 대처 사고는 다음과 같다.

- 심호흡을 하고 긴장을 푼다.
- 화를 내는 것은 도움이 되지 않는다.
- 내가 침착함을 유지하는 한, 나는 통제할 수 있다.

- 쉬운 일이야. 천천히 해. 화를 내는 것으로 얻어질 수 있는 건 아무것도 없다.
- 나는 그들이 나에게 오게 두지 않을 거야.
- 내가 화를 내서 다른 사람을 변화시킬 수 없어. 내가 나 자신을 화나게 할 뿐이다.
- 나는 화를 내지 않고 하고 싶은 말을 할 수 있다.
- 침착함을 유지하라. 빈정거리거나 공격하지 마라.
- 나는 침착하고 편안하게 지낼 수 있다.
- 냉정함을 유지하고 판단하지 말라.
- 누가 뭐래도, 내가 좋은 사람이라는 것을 안다.
- 나는 이성적인 상태를 유지할 것이다. 분노는 어떤 것도 해결해 주지 않는다.
- 그들의 주장은 중요하지 않다. 나는 냉정함을 잃지 않을 것이다.
- 너무 화낼 가치가 없다.
- 내가 그런 식으로 본다면 우습다.
- 분노는 긴장을 풀고 대처할 때임을 의미한다.
- 아마도 그들은 내가 화를 내기를 바랄지도 모른다. 내가 그들을 실망시킬 것이다.
- 나는 사람들이 내가 원하는 방식으로 행동하기를 기대할 수는 없다.
- 냉정을 유지하라. 진정하라.
- 나는 이것을 처리할 수 있다. 나는 자제하고 있어.
- 나는 이것을 그렇게 심각하게 받아들일 필요는 없어.
- 긴장을 풀고 대처할 계획이 있다.

만일 이 목록으로부터의 대처 사고 중 어느 것도 당신에게 적합하다고 생각되지 않는다면, 당신 자신의 것을 생각해 내라. 또는 당신은 다른 대처 사고의 요소를 당신이 더 유용하다고 느끼는 요소로 결합할 수 있다. 대처하는 가장 좋은 사고에는 상황을 다루는 구체적인 계획을 포함한다. 당신의 희망을 분명히 말하고 아니라고 말하기, 당신의 욕구를 충족하기 위한 대안을 찾기 등이다. 문제가 되는 상황에서 좋은 계획을 세우면 당신을 덜 무력하게 느끼게 해 줄 수 있다. 그리고 스스로 더 많은 통제력을 가진 것을 경험할 때, 당신은 분노를 덜 느낄 가능성이 있다.

이제 당신 위계의 첫 장면을 위한 둘 또는 세 가지의 가장 잘 대처할 수 있는 생각을 서서히 드러나게 할 때이다. 위계 양식에 제공된 공간에 그것들을 기록하라. 이어지는 각 장면에 대해 이 작업을 수행한다. 다음은 셀레스트의 분노 위계에 대한 대처 사고의 예이다.

셀레스트의 분노 위계		
등급	장면	대응 사고
3	식사를 마친 친구가 식사 중인 나를 재촉한다.	그녀를 너무 심각하게 받아들이지 말 것. 이런 식으로 행동하는 건 부끄러운 것. 그녀는 할 수 없어도 나는 긴장을 풀 수 있음. 너무 성급히 굴지 말자. 화내 봐야 소용 없음.
8	남편이 대답하기 전 여러 번 질문을 반복하게 하고, 의도적으로 무시하는 것 같다.	나쁜 사람은 없다. 사람들은 할 수 있는 최선을 다하고 있다. 왜 그가 그렇게 행동하는지 모르지만, 그것이 나를 화나게 하지는 않을 거야. 화를 내는 것은 내 건강에 좋지 않음.
13	남편이 매일 거실에 물건을 늘어놓고 내가 치워야 한다.	나는 무력하지 않아. 나는 내 주장을 할 수 있어. 우리가 텔레비전을 보기 위해 자리에 앉기 전에 그에게 물건을 치우라고 할 거야. 침착해, 별거 아니야.
17	남편이 늦게까지 TV를 보고 다음 날엔 아무것도 하고 싶어 하지 않는다.	나는 친구와 함께 무언가를 할 거야. 그는 집에 머물러 있을 수 있어. 옳고 그른 사람은 없어. 우린 단지 서로 다른 욕구를 가지고 있을 뿐이야. 그냥 그대로 둬. 그는 그냥 그런 사람이야.

4단계: 이미지로 분노 대처 기술을 연습한다.

이미지로 분노 대처 기술을 적용하는 것은 6단계 과정이다. 다음은 순서의 개요이다.

A. 10분에서 15분 동안 휴식을 취한다.

B. 장면을 시각화한다.

C. 대처하기 시작한다.

D. 분노를 평가한다.

E. 장면 사이에 긴장을 푼다.

F. 분노가 가라앉을 때까지 B에서 E 단계를 반복하고, 다음 장면으로 넘어간다.

A. 10분에서 15분 동안 휴식을 취한다.

점진적 근육 이완, (심호흡을 포함한) 신호 억제 완화, 그리고 당신이 평온하고 안전하다고 느끼는 특별한 장소를 시각화하라. 작업 중인 장면에 대해 준비한 대처 설명을 간략히 검토해 보라.

B. 장면을 시각화한다.

당신 위계의 첫 번째 장면부터 시작하라. 그 장면을 생생하게 재현해 보라. 그 상황을 보고, 무슨 일이 일어나는지를 듣고, 신체적인 차원에서 긴장이 고조되는 것을 느껴라. 당신의 촉발 사고를 기억하라. 그 범죄의 부당함, 잘못된 것, 또는 터무니없음을 스스로에게 상기시켜라. 당신이 그 분노를 실제로 느낄 때 C 단계로 가라.

C. 대처하기 시작한다.

일단 당신의 마음속에 시각화 장면이 분명하고 당신이 화를 느낄 때, 즉시 긴장을 풀고 대처 사고를 이용하기 시작하라. 이 단계에서는 신호 억제 완화를 사용하는 것이 가장 빠른 스트레스 감소 전략이므로 이완을 사용하는 것이 좋다. 당신이 해야 할 일은 몇 번 심호흡을 하고 당신의 신호 단어나 구를 활용하는 것이다.

당신이 신호 억제 조절된 휴식을 이용하여 신체적으로 대처하는 동안 당신의 대응 사고를 생각해 내도록 애쓰라. 그 장면을 시각화하기를 계속하는 동안 자신에게 그것들을 말하라. 약 60초 동안 자극적인 상황을 다루고 시각화하기를 계속하라.

D. 분노를 평가한다.

0에서 10까지의 척도를 사용하여, 0은 분노가 없음을, 10은 당신이 느꼈던 최악의 분노를 나타낸다. 당신이 그것을 끄기 직전에 그 장면에서 경험했던 분노의 등급을 평가할 수 있다. 이때가 당시의 대처 사고를 평가하며 그 순간을 보낼 좋은 시간이다. 효과가 없다고 판명되면 사용하기를 중지하라. 그들 중 아무것도 효과가 없으면 대처 반응의 일반적인 목표로 돌아가, 실험할 하나 또는 두 개의 다른 것들을 찾아라. 만일 당신이 목록에서의 대처 사고를 사용해 왔고 그것들이 효과가 없었다면, 몇 가지 자신의 생각을 떠올려 보라. 당신 스스로 개발하는 것들이 당신에게 더 잘 맞을 가능성이 있다.

E. 장면 사이의 긴장을 푼다.

위계 항목의 시각화 사이에 항상 긴장을 푼다. 만일 그 장면이 중간 정도의 분노만을 유발했다면, 신호 억제 완화를 사용하여 당신의 특별한 장소를 시각화함으로써 자신을 진정시키는 데 시간을 보낼 수 있다. 만일 특정 장면이 정말 당신을 화가나게 하거나 어느 장면 동안 분노를 줄이기에 어려움이 있었다면, 그 장면에 다시 들어가기 전에 점진적 근육 이완이나 긴장 없는 이완을 시도하라.

F. 분노가 가라앉을 때까지 B에서 E 단계를 반복하고, 다음 장면으로 넘어간다.

당신의 등급이 2 이상이었다면 같은 장면을 다시 방문하라. 당신의 분노를 0 또는 1로 등급을 매겼다면 위계의 다음 장면으로 이동한다. 가능하면 매일 연습한다. 당신의 첫 번째 연습 세션은 15분에서 20분 정도 지속되어야 한다. 나중에 세션을 최대 30분까지 연장할 수 있다. 주된 제한 요인은 피로이다. 만일 당신이 지쳐서 장면의 사각화에 어려움을 겪는다면, 좀 더 정신을 차릴 때까지 연습을 미루는 것이 가장 좋다.

각 연습 세션마다 한 개에서 세 개의 위계 항목들을 숙달해야 한다. 새로운 연습 세션을 시작할 때는 항상 성공적으로 마쳤던 마지막 장면으로 돌아가라. 이렇게 하는 것이 더 많은 분노를 유발하는 새로운 항목들을 직면하기 전에 당신의 성취를 공고히 하는 데에 도움이 된다. 당신의 위계에서 가장 높은 등급의 항목을 숙달할 때까지 장면들을 계속 시각화하고 대처하라.

5단계: 실생활에서 대처 기술을 연습한다.

분노 유발 상황은 예측할 수 없이 발생하는 경향이 있기 때문에 새로운 대처 기술을 위해 실제 연습을 계획하는 것은 어렵다. 위계에 자주 발생하거나 예측 가능한 항목이 포함된 경우 당신은 연습할 수 있는 많은 기회를 찾을 수 있다. 당신의 이완 기술과 대처 사고의 실제 연습의 핵심은 분노의 첫 번째 징후를 인식하는 것이다. 당신이 더 일찍 신호 억제 완화와 유용한 대처 사고에 일찍 개입할수록 통제력을 유지할 가능성이 높아진다.

당신이 분노 반응에 있을 것 같은 상황으로 들어간다면 미리 대처 사고를 준비하고, 분노의 첫 도발에 신호 억제 완화를 사용하기로 약속하라. 이제 당신의 위계와 관련된 이미지 기반 연습으로 당신은 신호 억제 완화를 과도하게 학습했을 것이다. 그것은 점점 더 자동화되고 쉽게 할 수 있어야 한다.

만일 당신이 특정 상황에 이완과 대처 사고를 사용하는 것을 기억하기에 어려움을 겪는다면, 따로 시간을 내어 4단계에서와 같은 절차를 사용하여 그 장면을 시각화하고, 대처하는 연습 시간을 갖는다. 상상한 장면으로 추가 연습을 하는 것은 그 상황이 실제 생활에서 나타날 때 당신의 기술을 사용하는 것을 더 잘 기억하도록 만들 수 있다.

사례

중년 대학교수인 샘(Sam)은 그의 직업과 아내인 질(Jill)과의 관계에 모두 영향을 끼쳤던 오랜 분노 문제가 있었다. 가장 화가 난 것은 그가 무례하게 취급당한다고 느꼈던 상황이었다.

이완 기술을 배우는 동안 샘도 그의 위계를 개발하기 시작했다. 그는 약간 짜증나는 상황으로부터 그가 어쩔 수 없이 폭발하는 상황에 이르기까지, 가능한 한 많은 분노 상황을 나열하는 것으로 시작했다. 다음으로 그는 가장 적게 분노를 일으켰던 장면을 알아냈다. "아내가 전화를 받으러 일어나지 않는다. 나는 하던 일을 멈추고 그걸 받아야 한다." 그는 또한 자신을 완전히 격분시켰던 최근 상황도 알아냈다. "한 학생이 내 수업이 '불필요한 수사학'으로 가득하다고 말한다."

극단적 요소가 자리 잡으면서 샘은 그의 위계에 8개의 중간 항목들을 채웠다. 때로 두 가지 항목 중 어느 것이 더 성가신지 알기 어려웠고, 몇 차례 배열을 조정해야만 했다. 사실 위계를 만드는 바로 그 행동은 화가 났고, 샘은 어느 한 시점에 그것을 쓰레기통에 버렸다. 샘의 위계가 있는데, 그가 결국 각 장면마다 발전시킨 대처 생각들을 모두 포함하고 있다. 당신은 샘이 대부분 추천 목록으로부터의 대처 사고를 사용했다는 것을 알아차릴 수 있지만, 때때로 그는 특정 상황에 대처하기 위해 자신의 생각을 포함했다. 그의 몸의 긴장이 분노의 주요 촉발 요인으로 보였기 때문에 샘은 종종 신체적으로 긴장을 풀기 위해 주의사항을 사용했다. 대처 사고가 효과가 없음이 드러났을 때, 그는 목록에서 새로운 것으로 바꾸거나 자신만의 생각을 떠올렸다.

샘은 스트레스 접종 절차를 주의 깊게 따랐고, 각 세션은 점진적인 근육 이완, 신호 억제 완화, 그리고 그의 특별한 장소의 시각화로 시작했다. 시각화 장면 중에 그는 빠른 근육 이완을 달성하기 위해 신호 억제 완화를 사용했다.

샘은 그가 정말 화가 날 때까지 그의 위계 항목들을 시각화하는 데 열심히 노력했고, 그러고서 그는 대처하는 반응을 시작했다. 최악의 문제임이 드러난 장면은 9번 째 항목인, "아내가 '당신이 망쳤어'라고 말한다…"였다. 그는 0점에서 10점까지의 척도에 의하여 그의 분노를 1로 줄일 수 있을 때까지 그 장면을 다섯 번 반복해야 했다. 그가 다음 날 연습을 시작했을 때, 샘은 그 장면으로 5점 수준으로 돌아왔다는 것을 발견했다. 그가 마침내 분노가 사라지기 전에 그 장면에서 세 번 더 시각화하고 대처해야 했다.

실제 분노 관리에서 샘은 가장 자극적인 상황을 다루기 위해 신호 억제 완화와 몇 가지 일반적인 대처 사고를 사용했다. 만약 이것이 불충분하고 그가 다시 분노 반응으로 되돌아갔다면, 그것을 시각화하고 더 구체적인 대처 사고를 연습함으로써 그 장면을 연습했다.

샘의 분노 위계

등급	장면	대처 사고
1	아내가 전화를 받으러 일어나지 않는다. 하던 일을 멈추고 내가 받아야 한다.	'의무감'을 잊어버려라. 그것들은 나를 화나게 할 뿐이다. 마음 편히 하는 게 낫다. 심호흡을 하라. 일어나고 싶지 않으면 자동응답기가 받게 하자.
2	우리 사이에 대화가 없다고 아내가 불평한다.	아무도 옳거나 틀리지 않다. 우리는 단지 욕구가 다를 뿐이다. 분노로 이걸 바꿀 수는 없다. 나는 내가 할 수 있는 최선을 다하고 있다.

3	아내가 늦었으니 더 빨리 차를 몰라고 한다.	평온 유지–공격 중지. 마음 편히 먹는 게 낫다. 심호흡을 하라. 그녀는 늦어서 당황스러울 뿐이고, 그게 다야.
4	학과장이 임시 건물 안의 교실을 내게 배정했다.	나는 이것에 대처할 수 있어. 실제 방은 괜찮아. 사람들은 내가 원하는 게 아니라 그들이 원하는 걸 해.
5	아내가 내 스케줄은 생각도 하지 않고 임박해서 모임을 얘기한다.	평온 유지–공격 중지. 내 입장을 분명히 말한다. 임박해서 그것에 대해 들으면 가지 않겠어. 나는 마음에 들지 않지만, 그녀는 최선을 다하고 있어.
6	학과장이 민원을 듣고 나에게 학생의 학점을 올려 주도록 압력을 가한다.	숨을 쉬고 침착하라. '의무감'을 잊어버려라. 우리는 다른 욕구가 있을 뿐이야. 그도 위로부터의 압박을 받고 있어. 그는 곤경에 처해 있어.
7	그들은 나에게 영어를 거의 못 하는 두 명의 학생을 배정한다. 이것은 무엇인가?	심호흡하고 평온 유지. 나는 이것에 대처할 수 있어. 그들을 개인교습 받도록 보내자. 그 저주받을 '의무감'은 잊어 버려.
8	아내는 내게 하는 말을 싫어해서 등을 돌리고 사무실에 숨어 있다.	호흡하고 이완하라. 그녀는 할 수 있는 최선을 다하고 있어. 이것은 언제나처럼 사라질 거야. 너무 심각하게 받아들이지 마.
9	아내가 나에게 삿대질을 하며 "당신이 망쳤어!"라고 말한다.	호흡하고 이완하라. 분노로 이걸 바꿀 수는 없어. 그건 더 악화시킬 거야. 그녀에게 나중에 차분해지면 얘기하자고 전해 줘.
10	한 학생이 내 수업이 '불필요한 수사학'으로 가득하다고 말한다.	후회할 말은 하지 말라. 분노로 이걸 바꿀 수는 없어. 호흡하고, 이완하고, 이성적으로 대답하라.

유의 사항

스트레스 접종을 실천하는 데 어려움을 겪는다면, 그것들은 불완전한 이완, 시각화의 어려움, 또는 깊이 스며든 행동 패턴 등 세 가지 공통적인 문제 영역 중의 하나일 가능성이 높다.

불완전한 이완

세션을 시작할 때 긴장을 풀 수 없다면, 잔잔한 여름날 부드러운 잔디밭에 누워 천천히 떠가는 구름을 바라보는 상상하라. 또는 넓고 느린 강물에 나뭇잎이 떠다니는 모습을 상상해 보라. 각 구름이나 나뭇잎은 근육 긴장을 덜어 준다. 또한, 이완 루틴을 오디오로 녹음하여 각 세션 또는 장면의 시작 부분에서 재생할 수도 있다.

시각화의 어려움

만일 당신의 시각화 장면이 단조롭고, 비현실적이고, 실생활 장면에서 느낄 괴로움을 일으킬 것 같지 않다고 알게 된다면, 당신은 아마 명확하게 시각화하기에 어려움을 겪고 있는 것이다. 당신의 상상력을 강화하기 위하여 당신의 모든 감각을 더욱 선명하게 하도록 당신의 오감(五感)에 모든 질문을 하라.

- **시각**: 그 장면 안에 무슨 색들이 있나? 벽, 풍경, 자동차, 가구, 사람들의 옷은 무슨 색인가? 빛이 밝은가, 어두운가? 테이블 위의 책, 애완동물, 의자, 양탄자 등 어떤 세부 사항이 있는가? 벽 위에는 무슨 그림들이 있는가? 표지판에서 어떤 글자를 읽을 수 있는가?
- **청각**: 목소리의 톤은 어떤가? 비행기, 교통, 개 짖는 소리, 또는 음악과 같은 배경 소음들이 있는가? 나무들 사이로 바람이 있는가? 자신의 목소리를 들을 수 있는가?
- **촉각**: 손을 내밀어 사물들을 느껴 보는 상상을 하라. 그것들은 거칠거나 매끄러운가, 단단한가 부드러운가, 둥근가 아니면 납작한가? 날씨는 어떤가? 당신은 더운가 아니면 추운가? 가려운가, 땀이 나는가, 재채기를 해야 하는가? 당신은 무엇을 입고 있나? 그 옷이 당신의 피부에 어떻게 느껴지는가?

- **후각**: 저녁 식사 냄새를 맡을 수 있는가? 꽃은? 담배 냄새? 하수 오물? 향수 또는 애프터셰이브? 화학 물질? 썩은 냄새? 솔 향기?
- **미각**: 음식을 먹고 있는가 아니면 마시고 있는가? 단맛인가, 신맛인가, 짠맛인가 또는 쓴맛인가?

또한, 장면 중 하나의 실제 설정으로 이동하여 이미지와 인상을 수집하고 세부 사항을 기억하는 연습을 하는 데 도움이 된다. 설정을 관찰한 다음 눈을 감고 그 장면을 보려고 애써 보라. 그리고 나서 눈을 뜨고 당신이 놓쳤던 것을 주목해 보라. 눈을 감고 다시 시도해 보라. 그 장면을 자신에게 소리 내어 설명해 보거나, 다른 사람이 있는 경우 자신에게 속삭여 보라. 눈을 뜨고 이번에는 무엇을 빠뜨렸고 당신이 마음속에서 무엇이 변했는지 보라. 눈을 감고, 소리, 재질, 냄새, 온도 등을 추가하면서 그 장면을 다시 설명해 보라. 당신이 그 장면을 생생하게 느낄 수 있을 때까지 이것을 계속하라.

깊이 뿌리 내린 행동 패턴

만일 당신이 계속하여 익숙한 일련의 반응이 수반되는 분노를 유발하는 상황(예를 들어 배우자와 금전적인 문제, 자녀와의 숙제 문제)과 함께 반복적으로 어려움을 겪는다면 우리는 19장 '내현적 모델링'을 읽을 것을 권장한다. 이는 새로운 행동 패턴을 개발하고 연습하기 위한 훌륭한 기술이다.

제18장
자기 자비

자기 자비는 수치심에 근거한 우울증과 당신의 가치에 대한 반복적인 부정적인 사고를 극복하는 강력한 도구이다. 그것은 폴 길버트(Paul Gilbert)의 자비 중심 치료(CFT) (Gilbert 2009)와 크리스틴 네프(Kristen Neff)의 자비 명상(Neff 2011)을 포함하여 몇 가지 효과적인 치료 과정의 핵심에 있다.

자기 자비는 세 가지 핵심 요소를 포함한다.

1. 저항(회피와 억누르기) 또는 판단(고통이 있다고 자책하거나 공격하는 것) 없이 고통을 받아들이는 것.
2. 고통이 인간 조건의 일부라는 것을 아는 것, 모든 인류와 공통적으로 가지고 있는 것. 고통은 단점이나 결점이라기보다는 우리 모두를 하나로 묶어 주는 것이다. 우리는 모두 어려운 감정, 이루지 못한 희망과 욕망, 그리고 수많은 형태의 육체적 고통에 직면한다. 우리는 우리가 이러한 투쟁에 혼자가 아니라는 것을 이해하는 법을 배울 수 있다. 우리는 모두 함께 투쟁하고 있다.
3. 우리를 포함하여 고통받는 모든 사람이 평화와 안녕을 찾도록 의도한다. 이것은 모든 고통으로부터의 완화를 의미하지는 않는다. 대신, 인간의 끝없는 도전을 직면하여 수용과 행복을 찾을 수 있음을 의미한다.

- 자신을 위한 자비는 중요하며, 다음과 같은 이유들로 정신건강에 중요하고 기초가 된다.
- 그것은 우울증을 유발하는 판단적이고 자기 혐오적인 생각들을 무력화하고 부드럽게 한다.
- 우리의 고통으로 혼자 느끼기보다는 우리를 인간 공동체의 일부로 느끼도록 만드는 것으로 변형시킨다.
- 옳고 그름에 대한 감각은 무력화하는 힘을 잃고, 우리는 우리의 가치관에 따라 행동하고 우리에

게 중요한 일을 하는 것이 더 자유로워진다. 우리는 우리의 감정과 불완전함을 우리의 상처의 증거로 받아들이기보다 그대로 받아들이는 법을 배운다.

학습 효과

매일 자기 자비를 실천하면 우울증, 수치심, 그리고 반복적인 부정적인 생각들을 유의하고 효과적으로 감소시키는 것으로 밝혀졌다(Gilbert 2009, McKay, Greenberg, 그리고 Fanning 2019; Neff 2011).

학습 시간

자기 자비 명상은 하루 두 번 실천하고 그리고 자기 자비 주문은 부정적인, 자기 판단적인 생각에 대한 반응으로 온종일 사용될 것이 권장된다. 규칙적인 자기 자비 연습은 4~6주가 지나면 수치를 토대로 하는 우울증과 반복적인 부정적인 생각에 의미 있게 영향을 줄 수 있다.

학습 지침

다음 4단계로 자기 자비를 향해 일할 수 있다:

1. 자신의 고통을 받아들인다.
2. 다른 사람들로부터의 자비를 느끼고 받아들인다.
3. 자기 자비 명상을 수행한다.
4. 자기 자비 주문을 사용한다.

1단계: 자신의 고통을 받아들인다.

자기 자비의 가장 큰 장애는 우리 존재의 불가피한 부분인 신체적, 정서적 고통을 인지하거나 느끼기를 꺼리는 것이다. 고통을 받는 당신 자신을 용서하고 모든 인류와 공통된 연결 고리를 구축하려면 고통을 실제적이며 당신에게 속한 것으로 경험해야 한다. 그리고 당신의 삶과 다른 이들의 삶에서 판단 없이 고통의 불가피하다는 것을 받아들여야 한다.

수용이 당신의 경험을 통제하거나 이해하려고 노력하지 않고 단순히 어떤 감각이나 감정을 관찰할 수 있게 해 준다. 수용은 당신이 어떻게 느끼는지와 싸우려고 애쓰기를 멈출 수 있기 때문에 고통을 줄여 준다. 그다음의 수용 명상은 호흡에 초점을 맞춰 시작되며, 그다음 몸 전체의 감각에 대한 자각, 생각을 자각하고 놓아 버리며, 일어나는 모든 감정의 수용을 현재 순간으로 전환한다. 그 목표는 그것이 얼마나 불편할지라도 모든 경험을 부드럽게 하는 것이다. 그것을 통제하거나 밀어내려고 하지 말고 그냥 그것을 위한 공간을 만들라. 당신은 또한 감정이나 감정을 판단하거나 거부하지 않고 친절하게 받아들이려고 노력할 것이다. 그리고 마지막으로, 당신은 그것을 변화시키거나 바꾸지 않고 당신의 몸과 당신의 삶에 존재하는 것을 받아들이게 될 것이다.

수용 명상은 5분 미만으로 매일 한 번 같은 시간에 해야 한다. 이완할 편안한 장소를 찾아서, 앉거나 누워서 눈을 감아라. 당신은 다음 대본을 당신의 휴대전화에 녹음할 수도 있다.

당신의 횡경막과 복부의 움직임을 주목하면서 호흡에 주의를 기울이라. 당신이 숨을 쉴 때, 배가 풍선처럼 팽창하고 수축하도록 하라. 들숨에 "안으로," 날숨에는 "밖으로"라고 자신에게 말하면서 호흡을 주목하라. 생각이 떠오를 때 단순하게 그 생각을 주목하고 당신의 호흡, 즉 중심으로 주의를 돌린다.

2~3분 동안 또는 약 10~15번의 호흡 동안 호흡에 집중하라. (휴식)

준비가 됐을 때, 당신의 몸 어디에서 스트레스나 어려운 감정이 나타나는지를 주목하라. 당신은 몸 안에서 긴장, 고통, 가려움 또는 몸에서 이상한 느낌을 느낄지도 모른다. 그것을 판단하지 않고 주목하고, 거기에 잠시 집중하라. (휴식)

다음으로, 당신 몸 안의 스트레스나 어려운 감정을 부드럽게 하라. 근육을 그 주위로 이완하도록 하라. 그것을 통제하거나 밀어 버리려고 애쓰지 말고 그냥 느낌과 감정을 주목하라. 당신의 몸은 감정의 가장자리 주변에서 부드러워져 그것을 위한 공간을 만들 수 있다. 놓아라… 놓아라… 감정의 가장자리에 긴장감을 놓아라. (휴식)

당신이 관찰하는 동안 감정으로부터 너무 많은 불편을 겪는다면, 그냥 당신의 경험을 주목하고, 당신의 호흡의 오름과 내림으로 돌아가도록 최선을 다한다. 멈추면서 호흡을 이용하라. 당신의 감정을 판단하

지 않고 그것에 의해 산만해지지 않도록 최선을 다하라. (휴식)

마찬가지로, 만일 어려운 생각이 떠오르면 그것을 알아차리고 떠나보내도록 최선을 다하라. 다시 멈추면서 당신 호흡의 오름과 내림으로 돌아가라. 자신이나 생각을 판단하지 않도록 최선을 다하라. (휴식)

이제 그 느낌이나 감정을 자연스럽게 멈추라. 덮기 위해 손을 움직여 그 부분을 쥐어라. 그 느낌으로 숨을 들이마쉬라. 그 스트레스나 어려운 감정에 대해 친절한 배려로 숨을 쉬라. 이곳을 돌봐야 할 곳이라고 생각하고, 소중하고 당신의 사랑이 필요한 곳이라고 생각하라. (휴식)

다시 어려운 생각이 떠오르거나 당신의 마음이 방황하면 그것을 주목하고 수용하라. 그런 다음 떠나보내라. (휴식)

마지막으로, 이 느낌이나 감정을 그대로 두어라. 저항하지 말고 그대로 두어라. 그것이 떠나거나 머물도록 하라. 변하거나 그렇지 않거나 그대로 두어라. 그대로 두거나 이동하도록 하라. 그것을 있는 그대로의 모습으로, 그것을 위한 공간을 만들고, 그것을 붙잡고, 당신의 몸과 삶에 그것의 존재를 받아들이도록 하라. (휴식)

부드럽게… 부드럽게… 부드럽게… 당신이 가질 수 있는 고통을 친절하게 참으면서 이 말을 스스로에게 되풀이하라. 그것이 머물거나, 떠나거나, 또는 변화하도록 허용한다. (휴식)

당신이 계속하면서 어려운 생각이 떠오르도록 내버려 두라. 단지 그것들을 알아차리고 놓아두기만 하면 된다. (휴식)

당신이 계속하는 동안, 당신은 그 감정이 당신의 몸 안에서 움직이거나 심지어 다른 감정으로 변화한다는 것을 발견할지도 모른다. 부드럽게-유지하고-그대로 두기 기법을 계속 사용하면 당신의 경험을 유지하려고 노력하라. (휴식)

마지막으로, 당신의 호흡의 오름과 내림을 단순하게 주목하면서 당신의 호흡에 주의를 돌려라. 숨을 들이쉬고 내쉬라. 다음으로, 준비가 되면 천천히 눈을 뜨라.

(이 수용 명상은 크리스토퍼 게르머와 크리스틴 네프의 https://selfcompassion.org/category/exercises/#guided-meditations “매개-매개 허용” 명상에서 영감을 받았다.)

2단계: 자비와 친절을 느끼고 받아들인다.

자신을 향한 자비로운 태도를 개발하기 위한 핵심 전략은 자비와 친절이 당신에게 전달될 때를 알아차리는 것이다. 당신이 인식하는 각각의 친절한 행동은 당신 자신의 가치관을 만들어 낸다. 자신이 인도하는 모든 친절과 관대함에 주의를 기울이는 것은 서로를 돌보는 모든 사람에 대한 감사와 소속감을 느끼게 된다. 만일 당신이 다른 이들로부터의 친절을 받을 자격이 있다면, 당신은 자신에게서 자비를 받을 자격이 있다고 느끼는 법을 배울 수 있다.

매일 아침, 온종일 친절한 행동을 관찰하기로 약속한다. 이러한 자비의 순간들은 칭찬을 받는 것, 누군가가 당신의 안부를 묻는 것, 누군가의 시간과 노력에 대한 선물을 받는 것, 누군가 당신이 괴로워하거나 기분이 나쁠 때 알아차리는 것, 또는 심지어 누군가 당신을 위해 문을 잡아 주는 것이나 늘어선 차선에 당신을 위해 공간을 만들어 주는 것 등이 포함될 수 있다. 또한, 매일 자신을 위해 한 가지 친절한 일을 하기로 결심하라. 아름다운 것을 알아차리는 것을 멈추고, 피곤하면 쉬고, 자신에게 작은 선물 또는 즐거움을 주고, 감사한 순간을 위해 여지를 만드는 것 등.

매일 저녁, 자비 인식 일지에 하루 동안 경험한 친절을 기록하라. 다음 형식을 사용하여 선택한 일지에 복사하거나 또는 이 책의 웹사이트(http://www.newharbinger.com/45489)에서 이 양식의 사본을 다운로드하여 인쇄할 수 있다. 일지에는 자신에 대한 친절한 행동을 포함하는 것을 기억하라. 그날의 모든 대화나 상호작용을 다시 생각해 보라. 그리고 당신이 받은 친절이나 자비를 적으면서 당신이 기억하는 대로 감사, 안도, 감탄, 사랑, 만족, 소속, 좋은 사람이 되는 느낌 등 당신이 겪은 감정을 기록하라.

당신의 자비 인식 일지를 최소 4주간 기록하라. 그러나 최대 결과를 얻기 위해 그리고 당신의 자비의 경험에서 영구적인 변화를 얻으려면 6개월 동안 일지를 기록할 것을 권장한다.

자비 인식 일지

__________________________째 주

일자	사건	감정

사례

수치심에 기반한 우울증과 자기 공격적인 사고로 분투했던 조세핀(Josephine)은 자신의 자비 인식 일지에 기록을 남겼다.

조세핀의 자비 인식 일지

13주 중 6째 주

일자	사건	감정
월	출근길에 공원을 걸음.	평화로움
월	제인은 휴가 후에 "만나서 반가워."라고 인사함.	받아들여짐
월	빌이 내 책상에 커피를 가져다줌.	보살핌
월	짐이 저녁 식사 후 걸으며 팔로 감싸줌.	만족함
화	새로 산 빨간 신을 신음.	매력적임
화	짐이 나를 코미디 클럽에 데려감.	흥미로움
화	언니가 전화로 사랑한다고 말함.	감사함
수	잊어버림.	
목	빌이 내 디자인 작업에 "잘했어"라고 말함.	내 자신에 대해 좋은 느낌
목	점심 식사 후 호흡 집중 명상을 함.	평화로움
목	누군가 내게 미소를 지으며 문을 잡아 줌.	감사함
목	엄마가 전화하여 잘 지내는지 물어봄.	사랑받음
금	짐이 아침 식사를 만들어 줌.	감사함
금	무언가 떨어뜨렸고, 제인이 나를 위해 집어 줌.	주목받음
금	점심 식사 후 책을 보며 휴식을 취함.	만족함
금	친구가 내게 "반짝반짝 빛나" 보인다고 말해 줌.	매력적임
토	삼나무 길을 산책함.	행복함/평화로움
토	짐이 나를 태국식 저녁 식사에 데려감.	행복함/사랑받음
토	캐롤이 "안녕"이라고 문자 보냄.	사랑받음
일	아픔을 느낄 때, 짐이 머리를 쓰다듬어 줌.	돌보아짐
일	짐이 치킨 수프를 만들어 줌.	돌보아짐
일	언니가 효과 좋은 감기약을 가져다 줌.	감사함

3단계: 자기 자비 명상을 수행한다.

자기 자비 명상을 배우고 그것을 매일 두 번 연습하면 고통받는 모든 다른 사람들과 연대감을 형성하는 데 도움이 된다.

다음의 자기 자비 명상은 니프와 거머(2018)에 의해 개발되었다. 개방성을 창출하는 방법으로 호흡 인식(수용 아래에 설명됨)을 기반으로 하는 자기 자비 명상에는 네 가지 주제가 있다.

1. **평화롭게 되기**-경험에 저항하기 위해 분투하기보다는 수용하는 것을 의미.
2. **안전하게 되기**-현재의 안전함 속으로 휴식을 취하는 것을 의미. 지금 여기에 있는 것, 그리고 다음 순간에 고통이 없기를 바라는 것.
3. **건강하게 되기**-몸에 있는 모든 좋은 감정을 수용하는 것을 의미.
4. **행복하고 고통 없이 지내는 것**-자기 판단의 정신적인 영역에서 분투하기보다는 삶과 관계되는 것을 의미.

이 명상은 호흡에 집중하는 것으로 시작하여, 자신의 행복을 위하여 자비에 대한 열린 마음과 믿음의 상태를 만들어 낸다. 이 명상은 4분도 걸리지 않으며, 아침과 저녁, 정해진 시간에 하루 두 번씩 해야 한다. 당신이 그것을 할 때는 편안한 장소에서 앉거나 누워서 휴식을 취하라.

당신은 휴대전화에 다음 대본을 녹음할 수 있다.

눈을 감고 당신의 횡경막과 배의 움직임을 주목하여 당신의 호흡에 주의를 기울이라. 호흡을 하면서, 당신의 배가 풍선처럼 팽창하고 수축하도록 하라. 들숨에 "안으로", 날숨에 "밖으로"라고 자신에게 말함으로써 당신의 호흡을 주목하라. 생각이 떠오를 때 단순히 그 생각을 주목하고, 당신의 중심인 호흡으로 집중하라.

2~3분간 또는 10~15번의 호흡 동안 호흡에 집중하라. (휴식)

이제 당신의 몸 안에서 인식을 확장하고, 지금 이 순간 감각의 세계를 주목하라. (휴식) 당신은 이 몸 안에 산다. 손을 가슴에 얹고, 손의 따뜻함과 부드러운 압력을 느껴보라. (휴식) 당신이 그 의식을 가진 동안 마음속으로 다음 구절을 반복하며, 잠시 멈추고 각 의도에 대해 숙고하라.

내가 평화롭기를.

내가 안전하기를.

내가 건강하기를.

내가 행복하고 고통에서 벗어나기를.

마지막으로, 두세 번의 천천히 호흡을 하며, 조용히 쉬면서 당신이 방금 집중한 선의와 자비를 음미하라.

4단계: 자기 자비 주문을 사용한다.

당신이 반복적인 부정적인 생각(자기 공격과 자기 판단)에 사로잡혔을 때, 당신의 전통적인 반응은 종종 자신에게 더 많은 것을 주입시키는 것이었다. 하나의 부정적인 판단은 당신이 패배감과 우울함을 느낄 때까지 또 다른 판단을 얻게 하는 것이었다. 자기 자비는 당신에게 오랜 공격에 새로운 반응을 제공한다.

자기 자비의 만트라 또는 주문은 긍정적인 의도를 사용하여 오래된 부정적인 판단을 대체하기 위해 마음을 다시 프로그래밍하는 방법이다. 그것은 당신이 자기 공격적인 생각을 할 때마다 내부적으로 반복하는 긍정적인 진술이다. 그것은 그 생각을 반박하는 것이 아니라, 대신 당신에게 평화와 행복을 위한 당신의 자비를 일깨워 준다. 크리스틴 네프(Kristen Neff, 2011)는 다음과 같은 자기 자비 주문을 개발했다. 이것은 고통의 순간이다. 고통은 삶의 부분이다. 이 순간에 나 자신에게 친절하기를 바란다. 내게 필요한 자비를 베풀어 주기를.

그녀의 자기 자비 주문은 세 가지 요소를 가지고 있다.

- 나는 고통받고 있다.
- 고통은 피할 수 없고, 모든 삶의 일부이다.
- 나는 나 자신에 대해 자비를 가지고 있다.

당신은 이 세 가지 요소를 사용하여 당신만의 자비 주문을 만들 수 있다. 이는 당신이 어떤 종류의 고통과 싸울 때에도 기억될 수 있고 사용될 수 있지만, 특히 반복적인 부정적인 생각과 싸울 때 그렇다. 여기 몇 가지 예가 있다.

- 고통스러운 자기 판단과 고군분투하는 존(John)은 다음과 같은 주문을 개발했다: 나는 내 생각으로 고통받는다. 지금 당장은 나 자신에게 친절하고, 내가 필요한 평안을 얻을 수 있기를 바란다. 존(John)은 그의 주문을 기록했고, 천천히 그리고 그의 마음이 판단을 따라갈 때마다 의도를 가지고 그것을 말했다.
- 오랜 실수를 회상하면서 레베카(Rebecca)는 다음과 같은 주문을 만들었다. 나는 내 실수로 고통받는다. 지금 바로 나는 심호흡을 하고 나 자신에게 친절할 거야. 나는 비난이 아니라 자비를 받아야 마땅해. 결국 그녀는 그 주문을 마지막 문장으로 줄였다: 나는 비난이 아니라 자비를 가질 자격이 있어. 그녀는 그 주문을 그녀의 아파트 곳곳에 붙이고, 그것을 온종일 속으로 말했다.
- 로리(Laurie)는 결혼에 대해 많이 걱정했고 외로움에 시달렸다. 그녀의 주문은 다음과 같았다. 나는 걱정과 슬픔으로 고통받고 있다. 지금 이 순간, 나는 자신에 대한 자비가 있고, 평화를 원한다. 로리는 또한 그녀의 주문을 "내가 자비를 갖기를. 내가 평화를 가질 수 있기를"로 줄였다. 그리고 그다음으로 그녀는 그녀의 호흡에 집중했다. 로리는 자신을 위로하는 말을 할 수 있도록 매시간 전화벨을 울리게 했다.

존, 레베카, 로리는 모두 그들의 자비 주문으로 향상된 행복을 경험했다. 레베카가 말했듯이, 가장 좋았던 부분은 "내 내면의 비난을 중단하는 것"이었다.

유의 사항

앞에서 언급했듯이, 당신이 자신의 고통을 인식하지 못하면, 자신을 향한 공감이나 자비를 느낄 수 없다. 만일 실제로 자기 자비를 느끼기가 어렵다면, 먼저 수용 명상에 집중하는 것이 좋다. 일단 어려운 감정과 생각을 더 인식하면 자기 자비가 더 쉬워질 수도 있다.

자기 혐오적인 목소리가 자비를 흐리게 하고 당신을 친절을 받을 자격이 없다고 느끼게 만들기 때문에 이를 알아차리는 순간, 자비 주문으로 자기 혐오적인 생각을 중단시키는 것이 중요하다. 이 판단적인 생각들이 괴롭히도록 두지 말라. 이전 공격적 생각이 시작될 때마다 친절하고자 하는 강한 의도로 부정적인 생각의 고리를 끊어라.

만일 당신이 자기 자비에 어려움을 갖는다면, 그것은 당신의 고통이 중요하지 않다는 믿음 때문일 수 있다. 만일 이것이 당신에게 사실이라면, 당신의 자기 자비 일지에 추가적인 시간과 노력을 기울여라. 다른 사람들로부터의 당신을 향한 친절함을 알게 되면, 그것은 당신 자신의 가치, 즉 당신이 고통받는 모든 사람과 마찬가지로 지지와 자비를 받을 자격이 있다는 느낌을 키우는 데 도움이 된다. 더욱이 자신을 위해 더 친절한 일들을 하고 그것들을 당신의 일지에 기록하라. 각 자기 자비 행동은 상처 입은 자신의 가치 없는 부분에 직접 메시지를 보낸다. 그리고 그 메시지는 당신은 사랑받을 가치가 있다는 것이다.

제19장

내현적 모델링

내현적(covert) 모델링은 새로운 패턴을 배우고 그것으로 대체함으로써 기존의 부정적인 생각과 행동을 바꾸는 효과적인 방법이다. 당신은 아마 만족스럽지 않고 바꾸고 싶은 수많은 행동 패턴을 생각할 수 있을 것이다. 직장에서, 개인 간의 관계에서, 또한 학교에서 당신의 수행을 개선하고 싶어 할 수도 있다. 당신은 아이들과 같이 놀아 주는 대신 TV 앞에 앉아 있는 것과 같은 당신이 좋아하지 않는 어떤 일상에 빠져 있을 수도 있다. 아마도 당신은 계속하여 긴 하루 일과를 마치고 피곤한 상태로 집으로 돌아와 배우자와 논쟁에 빠지게 되는 자신을 발견할 수도 있다. 또는 아마도 당신은 인척들을 방문할 때마다 피곤하고 소통도 안 되는 것을 느낄 수도 있다. 시험 치르기, 의사에게 가기, 밀폐되거나 혼잡한 방에 있는 것, 혼자 있기, 새로운 상황을 다루는 것, 다른 사람들 앞에서 말하기 등 이러한 상황들은 너무 큰 불안을 야기하여 전적으로 피하고 싶을 수도 있다.

마찬가지로, 당신은 기존의 행동에 변화를 필요로 하지 않을 수도 있는, 당신의 레퍼토리에 더하고 싶은 새로운 행동 패턴들도 있을 것이다. 새로운 직업을 구하는 것에서, 급여 인상을 요구하는 것에서 또는 이혼 후 다시 데이트를 하는 것 등에서 당신에게 도움이 될 자기주장 기술을 배우고 싶을 수도 있다. 내현적 모델링 또한 새로운 행동 패턴을 배우는 데에 유용할 수 있다.

새로운 행동을 수행하는 것을 배우는 가장 효과적인 방법 중 하나는 누군가 그것을 성공적으로 행하는 것을 관찰하고 따르는 것이다. 야심이 있는 음악가는 TV나 연주회에서 그가 가장 좋아하는 예술가를 지켜본 다음, 그들의 행동을 따라함으로써 무대 위에서의 수행을 배울 수 있다. 사교 기능 훈련에서는 수줍은 개인들이 종종 대화를 시작하고 유지하는 사람들의 비디오 테이프를 보고, 그다음으로 거기 녹화된 모델들을 모방한다.

불행하게도 좋은 모델들은 당신이 필요로 할 때 항상 쉽게 구해지는 것이 아니다. 하지만 1971년 심리학자 조셉 카우텔라(Joseph Cautela)는 사람들이 기대하는 행동을 성공적으로 수행하는 모습을 상상함으로 새로운 행동 절차를 학습할 수 있음을 발견했다. 그는 그의 기법을 내현적 모델링이라고 칭했다. 내현적 모델링은 당신이 기대하는 행동을 완성하기 위해 필요한 단계들을 알아내고, 다듬고, 마음속으로 연습하도록 해 준다.

일단 당신이 특정 순서를 행하는 자신을 상상하기에 자신감을 느끼면, 실생활에서 더 효과적으로 수행할 수 있다.

고전적인 내현적 모델링 방식에서 당신은 먼저 기대 행동을 하는, 당신과는 매우 다른 누군가를 상상해야 한다. 다음으로 당신과 비슷한 사람을 상상하고, 그리고 마지막으로 행동하는 당신을 시각화한다. 실제 연습에서는, 대부분 사람은 다른 사람들과 비슷한 사람들을 생략하고, 바로 새로운 행동을 하는 자신을 상상한다.

조셉 카우텔라는 이 모델을 통해 첫 번째 시도에서 완벽하게 성공하기보다는 분투하여 결국 어려움을 극복하는 것이 중요하다고 강조했다. 이 조언은 시간의 시험을 견뎌냈다. 더 최근에는 인지 치료사들이 오래된, 성공하지 못한 행동과 관련한 부정적인 자동적 사고 분석을 더하고, 새로운 행동과 함께하는 새로운 더욱 긍정적인 사고를 만들어냄으로써 그 기술을 다듬었다.

학습 효과

내현적 모델링은 어떤 기존의 행동 순서를 개선하거나 새로운 행동 순서를 학습하기 위해서도 사용될 수 있다. 그것은 공포증과 수행 불안과 관계된 회피 행동을 줄이고 자기주장 행동을 증가시키는 데에 도움이 된다. 내현적 모델링은 나쁜 습관, 개인 간의 갈등 또는 분노를 줄이는 데 사용될 수 있다.

만일 당신이 분명하고 상세한 이미지를 만들 수 없다면, 내현적 모델링은 아마도 당신에게 큰 도움이 되지 않을 것이다. 그러나 선명한 시각적 심상이 절대적으로 필수적인 것은 아니다. 만일 당신이 강력한 신체적 혹은 청각적 인상을 형성할 수 있다면, 당신은 이 기법을 성공적으로 이용할 수 있다.

한 연구는 정해진 행위 리허설-실제로 두려운 상황을 겪는 것-이 회피 행동을 줄이는 데에 내현적 모델링보다 더 효과적이라고 했다(Thase와 Moss 1976). 하지만 회피 행동을 항상 실생활의 리허설로 해볼 수 없으므로 내현적 모델이 유용한 대안이 될 것이다.

학습 시간

15분 세션을 4회 실행한 후에 결과를 확인할 수 있다. 개인적인 선호는 당신이 얼마나 빨리 새로운 행동 순서를 실생활에서 시작하는지 결정할 것이다.

학습 지침

내현적 모델링은 8단계의 과정이다.

1. 시각화 기술을 개발한다.
2. 문제 행동을 작성한다.
3. 기대 행동을 작성한다.
4. 맥락을 상상한다.
5. 기대 행동을 실행한다고 상상한다.
6. 기대 행동을 역할극으로 한라.
7. 자기암시 문구를 준비한다.
8. 실생활에서 기대 행동을 실행한다.

이 세션 전체를 통하여 우리는 그 과정 설명을 돕기 위하여 이혼한 엄마인 키라(Kira)의 예를 이용해 왔다. 그녀는 전 남편인 제리(Jerry)를 향한 많은 분노와 원한을 경험하지만, 그들 개인 간의 갈등을 다루는 방법을 찾고 7세된 아들 대니(Danny)의 양육에 관한 문제들에 대해 함께할 수 있는 더 나은 방법들을 함께 찾을 필요가 있음을 깨닫는다.

1단계: 시각화 기술을 개발한다.

약 15분간 편안하고 조용한 곳에 앉는다. 눈을 감고 긴장이 있는지 당신의 몸을 스캔하고, 다음으로 5장에 나오는 당신이 가장 좋아하는 연습을 이용하여 이완하라. 당신의 몸에서 긴장을 해소한 후, 호흡에 집중하며, 또한 자신이 점점 더 이완하도록 허용하면서 심호흡을 하라.

눈을 감은 채로, 당신이 앉아 있는 방이 어떻게 보이는지를 기억해 보라. 방 안의 주 가구들이 무엇인가? 그것들이 어떻게 배치되어 있는가? 색상, 재질, 형태는 어떤가? 벽, 천장, 바닥은 어떤가? 장식들은 어떤가? 테이블과 책상 위에는 무엇이 있는가?

방을 상상한 후, 눈을 뜨고 얼마나 많은 세부 사항을 기억했는지를 보라. 그 방에 대한 당신의 심상으로 만족할 때까지 이 연습을 반복하라. 당신의 시각화 능력을 더 나아지도록 연습하기 위해 다양한 설정에서 이 연습을 시도해 보고 싶을 것이다.

그런 다음, 마음의 눈으로 바깥 자연의 한 장소를 상상하라. 부드럽고 따뜻한 산들바람 속에서 부스럭거리는 나뭇잎 소리를 들어 보라. 나무의 거칠고 얼룩덜룩한 껍질과 그들의 빛나는 녹색의 잎들을 주목하라. 당신 아래의 땅을 느껴 보고 그 색과 감촉을 느껴 보라. 가까운 곳에서 흐르는 물소리와 가지에서 가지로 훨훨 나는 새소리를 들어 보라. 이 자연의 장소를 채우는 다양한 냄새를 맡아 보라. 나무 사이로 유쾌하게 따뜻한 태양을 느껴 보라. 당신의 눈, 귀, 코 그리고 피부가 그 장소에 대한 가능한 한 많은 세부적인 것들을 말해 주는 것을 상상하도록 하라. 다음으로 오랜 친구가 나무 사이를 지나 당신에게 걸어오며 인사하는 것을 상상해 보라. 그 사람이 어떻게 보이는가? 그 사람에 뭐라고 말해야 하는가? 친구의 목소리가 무엇처럼 들리는가? 당신은 무엇을 말해야 하는가?

일단 당신이 광경, 소리, 냄새, 느낌 등을 이용하여 장면들을 상상하는 것에 어느 정도의 수월함을 발달시켰다면, 당신은 2단계로 옮겨갈 준비가 된 것이다. 당신의 이미지들이 영화처럼 분명할 필요는 없지만, 연습을 통해 최대한 생생해야 한다.

2단계: 문제 행동을 작성한다.

개별 단계의 순서로 당신의 문제 행동과 사고를 작성하라. 당신이 전적으로 새로운 행동을 배우고 있다면, 이 단계를 생략하고 3단계로 옮겨가라. 키라(Kira)는 전 남편 제리(Jerry)가 일요일 밤에 아들을 집으로 데려왔을 때 그녀가 주로 했던 비판적이고 방어적인 말부터 시작하기로 했다. 키라가 설명한 자신의 습관적인 행동 순서는 다음과 같다.

A. 나는 창밖을 보다가 저녁 6시를 가르키는 시계를 보고, "나는 그가 늦을 거라는 걸 알아. 그는 너무 생각이 없어."라고 생각한다.

B. 30분 늦은 7시 30분에 그들이 차를 타고 들어온다. 나는 끓어오르며 생각한다. "대니(Danny)는 늦을 거고 신경이 곤두설 거야. 나는 결코 그를 제시간에 목욕하고 잠자리에 들게 하지 않을 거야."

C. 나는 그들이 접근하기 전에 문을 열고 "늦었네요."라고 말한다.

D. 제리가 어떤 변명으로든 늦은 이유를 설명한다.

E. 나는 대니에게 손짓해 들어가게 하고, 제리와 우리의 방문 일정에 대해 논쟁하며 현관에 서 있다. 나는 그가 얼마나 무책임하고 개의치 않는 사람인지 생각한다.

F. 그가 거의 항상 아이 부양에 늦기 때문에 나는 제리에게 돈을 요청해야 한다. 나는 그가 화가 날 거라고 가정한다.

G. 그는 마지못해 내게 돈을 주고는 투덜거리며 가 버린다. 나는 들어가며 생각한다, "이건 끔찍해. 나는 그를 증오해." 나는 화가 나서 그렇게 행동한다.

H. 대니는 안에 있고 겁먹고 슬퍼 보인다.

I. 나는 그 앞에서 말다툼한 것에 죄책감을 느낀다. 나는 "난 나쁜 엄마야. 난 내 삶을 살아갈 수 없어."라고 생각한다.

3단계: 기대 행동을 작성한다.

다음으로, 같은 상황에서의 당신이 기대하는 새로운 행동을 작성하라. 같은 수의 단계를 사용하거나 유사한 지점들로 나눌 필요는 없다. 그러다 보면 자꾸 더 많이 나누어지게 될 뿐이다. 다음은 키라가 생각해낸 것이 있다. 그녀의 행동이 다르면서도 원래 반응이 많이 남아 있음을 주목하라. 예를 들면, 제리는 여전히 늦게 도착했고, 그녀는 제리가 당연히 제공해야 할 돈을 여전히 요구한다.

A. 나는 세탁을 하고, 잡초를 제거하고, 서류 작업을 하는 등 바쁘기에 시계를 보며 기다리지만은 않을 거야. 나는 "그들이 도착할 시간에 도착할 거야. 중요한 건 차분한 상태를 유지하는 거야." 라고 생각한다.

B. 7:30에 그들이 차로 도착하고, 나는 "나는 정말 아들이 보고 싶었어. 그 애가 아빠와 좋은 시간을 보냈기를 바라."라고 생각한다.

C. 나는 하던 일을 계속하고, 그들이 문에 도착하기를 기다린다. 나는 문을 열고 아들은 크게 안아준다. 그리고 말한다. "이봐요. 남자분들, 주말 잘 보냈나요?"

D. 그들이 들어와서 주말에 대해 내게 말하는 동안 나는 미소를 짓는다. 나는 제리가 늦은 것에 아직 약간 화가 나 있지만, 이렇게 생각한다. "계속 웃음을 보여. 아들이 불안한 마음을 갖지 않도록."

E. 나는 아들에게 가방을 풀고 목욕 준비를 하라고 말한다.

F. 나는 제리에게 그가 내게 주어야 할 돈을 요청하기 전에 아들이 방을 떠날 때까지 기다린다. 나는 자신에게 차분하라고 혼잣말을 하고 그냥 분명히 평온하게 말한다.

G. 만일 우리에게 심각한 갈등이 일어나려고 하면, 내가 제리에게 내일 전화하겠다고 말하고, 작별 인사를 한다.

H. 제리가 떠날 때 나는 가서 대니의 일을 돕는다. 나는 그가 뭘 먹었는지, 토요일 밤 얼마나 늦게까지 자지 않고 있었는지 등을 물어보려는 충동을 억제한다. 나는 그가 주말 동안 정말 즐거웠던 것이 무엇인지 알아보려고 노력한다.

4단계: 맥락을 상상한다.

문제 행위가 일어난 맥락을 상상하는 연습을 하라. 이 분명한 이미지를 두 번, 매번 15분씩 두 번 유지하라. 여기 키라가 일요일 저녁 제리와 대니가 도착하는 것을 설명하기에 떠올렸던 것들이 있다:

나는 깊어 가는 황혼에 벽에 걸린 시계와 창문 밖의 경치를 상상한다. 나는 점점 더 서늘해짐을 느끼고 이웃의 개 짖는 소리를 듣고, 배경에서 스테레오가 부드럽게 돌아가는 소리를 듣는다.

5단계: 기대 행동을 실행한다고 상상한다.

스스로 기대하는 행동과 사고의 순서를 행하는 것을 상상하라. 처음에는 어렵게, 그다음엔 성공적으로 행하는 것을 상상하라. 성공적인 순서를 최소한 두 번 시각화하라. 한 가지 선택은 기대 순서를 음성 녹음하되, 각 단계에 휴지기를 두어 자신이 새로운 행위를 하는 것을 시각화하는 일시 중지 시간을 가진다. 다음으로 눈을 감고 들을 수 있고, 당신이 실제로 그것을 하는 능력에 자신감을 느끼는 만큼 자주 기대 순서를 시각화한다. 다음은 키라가 녹음한 내용이다.

나는 잘라낸 반바지와 티셔츠를 입고, 종이들을 분류하며 주방 테이블에 앉아 있다. (일시 중지) 나는 제리와 대니가 현관에 있음을 듣는다. (일시 중지) 그들이 노크를 하고 나는 문을 열려고 달려간다. (일시 중지) 나는 대니를 안고 웃으며 그들을 맞이하고, 그들은 주말에 대해 열성적으로 내게 말한다. (일시 중지) 대니가 방을 나갈 때, 제리가 내게 주어야 할 돈을 요청한다. (일시 중지) 그가 변명을 하고 나는 냉정함을 잃기 시작한다. (일시 중지) 나는 자신에게 말한다. "우리는 결국 이걸 해결할 거야. 괜찮을 거야." (일시 중지) 나는 진정하고 나서 오늘 밤은 신경 쓸 겨를이 없으니 대니가 학교에 가 있을 때 전화하겠다고 말한다.

6단계: 기대 행동을 역할극으로 한다.

다음 두 단계는 선택적이다. 만일 당신이 실생활에서 희망 행동을 시도해 볼 준비가 됐다면, 8단계로 옮겨가라. 그러나 만일 더 많은 준비의 필요성을 느낀다면 다음 두 단계는 당신의 자신감을 증대시키고 성공 기회를 향상시키기에 도움을 줄 것이다.

당신의 기대 행동을 역할극 하는 데에는 몇 가지 방법이 있다. 당신은 거울 앞에서 리허설할 수 있다. 당신은 의자에 앉아 당신이 말하고자 하는 것을 말하고, 다음으로 다른 의자로 옮겨 앉아 다른 사람이 말할 것을 말하고, 다시 응답하기 위해 당신의 의자로 다시 옮겨 앉는 것을 반복하여 대화 양쪽을 다 해 볼 수 있다.

또 다른 방법은 상대 역할을 맡아줄 친구들과 그 장면을 리허설하는 것으로, 그 장면을 가능한 한 실제적으로 만든다. 마지막으로, 당신이 말하고 싶은 것이 자신감 있는 말투가 되기까지 큰소리로 녹음하고 재생하여 듣는 것을 반복하는 것이다.

키라가 여전히 분노 조절이 불확실하다고 느꼈기 때문에 그녀는 거울 앞에서 주요 진술을 하는 것을 연습하는 역할극을 하기로 했다. 여기 키라가 생각했던 진술들이 있다:

- 안녕! 주말 어땠어?
- 내가 차를 준비하는 동안 두 사람 작별 인사를 하는 게 어때요?
- 얘야, 가방 풀고 목욕 준비하렴.
- 제리, 10월 아동 부양비는 금요일까지였어요.
- 난 당신이 대니를 7시까지는 데려와야 한다고 말해야겠네요. 한 주간 학교에 잘 적응하려면 그는 편히 쉬고, 목욕을 하고, 제 시간에 잠자리에 드는 일정한 생활을 해야 해요.
- 지금은 얘기하기 좋은 때가 아니에요. 내일 정오쯤 전화할게요.

7단계; 자기암시 문구를 준비한다.

당신의 기대 행동을 연습한 후에도, 당신은 당신의 기대 행동을 실생활에 옮기지 못하게 되는 얼마간의 비관적인 생각을 가질 수도 있다. 만일 그렇다면, 당신을 이완시키고 계획을 따르도록 상기시키는 데 사용할 수 있는 두어 가지의 다목적 자기암시 문구를 작성하라. 이완을 위한 문구는 "침착해", "그냥 천천히 숨을 쉬어", "냉정을 유지해", "난 이완하고 집중할 수 있어" 등과 같다. 당신의 계획을 고수하도록 도움을 줄 문구는 "한 번에 한 단계씩 해", "나는 이것을 준비해 왔어", "그냥 계획을 따라", "난 이걸 할 수 있어" 등이다.

8단계: 실생활에서 기대 행동을 실행한다.

여기 당신의 모든 고된 작업이 보상받는 곳이 있다. 이제 당신은 실생활에서 기대하는 새로운 행위를 할 준비가 됐다. 당신은 상세한 계획이 있고 딱 무엇을 해야 할지를 안다. 만일 모든 것이 당신이 원하는 대로 정확히 되지 않거나 당신의 옛 습관으로 다시 빠져든다면, 오랜 습관을 바꾸는 것은 시간이 걸린다는 것을 기억하라. 당신의 계획을 고수한 것을 스스로 격려하고, 연습을 계속하고, 편안한 시간을 가지면 상상 속에서나 실생활에서의 지속적인 연습이 당신의 성공을 향상시킬 것임을 확신하게 될 것이다.

키라는 그동안 이전 단계의 모든 것을 해냈고 그래서 다음 일요일에 그녀의 새로운 행동을 충족할 수 있었다. 그녀는 일들이 얼마나 잘됐는지에 기뻐했다. 비록 제리가 대니에게 군것질을 많이 먹이고 녹초가 된 채로 45분 늦게 집으로 데려왔지만, 그녀는 냉정을 잃지 않았다. 그녀는 대니가 부드럽게 지금 상황에 맞추는 것이 집중했다. 그녀는 대니가 들을 수 있는 데에서 비판적인 말을 참았고, 그다음에도 그녀는 침착함을 유지했으며, 상한 감정이나 분노 없이 일을 처리했다.

소리를 지르는 싸움이 될 수도 있었던 것이 상대적으로 조용한 협상으로 끝났고, 그녀는 이후에 거의 혼란스럽지도 않았다. 그녀는 아들과 멋진 저녁을 보냈고, 아들은 정시에 잠자리에 들었다.

사례

내현적 모델링은 무한한 형태를 취할 수 있다. 그 과정에 대한 당신의 이해를 마무리 짓도록 돕기 위해, 우리는 그것이 효과가 있는 것을 알 수 있게 도움을 줄 두 가지 사례를 더 제공한다.

프랭크와 그의 딸

프랭크(Frank)와 그의 열두 살짜리 딸 샤론(Sharon)은 그녀의 수학 숙제에 대해 논쟁을 하기 전까지는 좋은 관계였다. 프랭크는 이 문제 행동을 바꾸기 위해 내현적 모델링을 이용하기로 결심했다.

1단계: 프랭크는 그의 마음속에 심상 만들기를 연습했다. 그는 이완을 주는 평온한 풍경을 선택했다.

2단계: 프랭크는 그의 문제 행동과 생각을 일련의 순서로 기술했고, 딸의 행동에 대한 설명도 포함했다.

A. 샤론이 방에서 노는 동안 나는 TV를 보고 있다.

B. 9시 30분에 딸은 수학 문제로 도움을 청한다.

C. 나는 "물론이지"라고 말하고 책상에 같이 앉는다.

D. 나는 그 문제를 이해하기 위하여 전체 장을 읽어야 한다.

E. 첫 번째 문제를 풀기 전에 10시(그녀의 취침 시간)가 지났고, 풀어야 할 4개의 비슷하게 어려운 문제들이 있다.

F. 나는 "이래선 안 되겠어."라고 생각한다.

G. 나는 성급하게 느끼기 시작하고 딸에게 왜 더 일찍 시작하지 않았는지를 묻는다. 그리고 딸은 내가 어쨌든 돕고 싶지 않은 거라고 말한다.

H. 나는 "딸은 무책임해. 모든 걸 내게 뒤집어씌우고."라고 생각한다.

I. 내 목소리가 커지기 시작하고, 딸이 울기 시작한다.

J. 딸의 울음 소리가 심각해지고, 나는 혼자서 다른 4 문제를 풀어 보겠다고 딸에게 말한다.

K. 딸은 내가 문제를 풀려고 애쓰는 동안 30분간 기다리고 있고, 나는 결국 딸에게 빨리 자라고 다그친다.

3단계: 프랭크는 그가 기대하는 새로운 행동을 다음과 같이 작성했다.

A. 나는 9시 후로는 딸이 숙제 도움을 요청할 수 없다는 규칙을 세운다.

B. 딸에게 10시 이후로는 도움을 주지 않을 것이라고 말하고, 만일 숙제가 10시까지 마쳐지지 않으면 딸은 숙제를 완성하지 못한 채 학교를 가야 할 거라고 말해 준다.

C. 나는 딸이 숙제를 어떻게 하고 있는지 보기 위해 저녁 시간에 틈틈이 확인한다.

D. 내가 딸이 공정하지 못하고 무책임하다고 생각했을 때, 딸은 겨우 열두 살이고, 내가 할 일은 딸의 저녁 시간을 규모 있게 하고 필요한 제한을 세워 주는 것임을 상기한다.

E. 나는 9시 45분까지 딸을 도와주고, 그다음 내게 부담이 되어 하나의 문제만 더하겠다고 말한다. 나는 또한 딸에게 다시는 밤 늦게까지 함께 공부하고 싶지는 않다는 농담도 한다.

F. 내가 스스로 목소리가 커진 것을 감지하면, 나는 심호흡을 하고 내 목소리를 낮춘다. 흥분을 가라앉히기 위해서 주스를 마시고 주방에서 진정한다.

G. 만일 딸이 울면 안아 주고, 침대에 눕혀 주고, 딸에게 취침 시간 이후에는 숙제를 하지 않기로 한 것을 상기시킨다.

4단계: 프랭크는 딸의 방 책상에서의 맥락을 상상했다. 그는 이 설정을 두 번, 그리고 각각 15초 동안 분명히 시각화했다.

5단계: 프랭크는 딸이 잠자리에 든 후, 거실의 소파에 앉아서 기대 행위를 하는 것을 상상하기로 했다. 그는 상상을 시작하기 전 이완하는 것을 으레 행했다. 그는 세 번의 느린 호흡을 했고, 이완하면서 그의 몸 밖으로 빠져나오는 긴장을 주목하라고 자신에게 말했다. 그는 마음속에서 기대 행위를 순서대로 반복하면서 일상의 문제들을 애써 감당해야만 성취를 얻을 수 있음을 체감하였다.

6단계: 4일 동안 하루에 15분 정도씩 5단계를 연습한 후, 프랭크는 기대 행동의 역할극을 하기로 했다. 그는 아내에게 딸의 역할을 해달라고 부탁했다.

7단계: 프랭크는 그가 딸에게 말을 할 때 세 가지의 자기암시 문구를 사용하기로 했다. 이완을 위하여, 그는 "숨쉬고 이완하자"라고 했다. 그의 계획을 고수하는 것을 돕기 위하여 그는 "단순하게, 그리고 분별 있게 유지하자" 그리고 "부드러운 목소리를 내자"고 했다.

8단계: 프랭크는 심상을 토대로 한 연습, 역할극, 그리고 자기암시 문구에 의해 강화된 자신감을 가지고 실생활에서 새로운 행위를 순서대로 수행했다. 그와 딸은 가끔 괴롭기도 했으나, 시간이 지남에 따라 딸은 더 일찍 끝내는 법을 배웠고, 프랭크는 그의 냉정함을 유지했다.

산드라와 직장 상사

산드라(Sandra)는 같은 직급의 다른 부서 동료가 급여 인상을 요구하여 상당한 급여 인상을 받기 전까지는 급여 인상을 요구한 적이 없었다. 급여 인상을 요구하는 것이 산드라에게는 완전히 새로운 행동이었으므로 그녀는 2단계를 건너뛰었다. 그녀의 기대 행위를 작성하는 것은 최소한 관련 갈등 두 가지와 그녀의 상사가 반응할 몇 가지의 다른 방식들이 있었기 때문에 긴 스크립트가 만들어졌다. 몇 번의 수정 끝에 그녀는 다음과 같이 정했다.

A. 직원 휴게실에서 상사에게 다가간다.

B. 나는 그의 주의를 끄는 데 어려움을 겪지만, 결국 해낸다.

C. 나는 그에게 급여 인상을 논의하기 위해 이틀 정도 후에 그의 시간 중 15분을 요청한다.

D. 그는 비서와 상의하라며 뒤로 미루려고 한다. 나는 거듭 요청하고 마침내 만날 시간을 약속하도록 해야 한다.

E. 나는 스스로에게 "포기해서는 안 돼."라고 말한다.

F. 약속 시간에, 나는 그의 사무실로 걸어 들어가 인사한다.

G. 나는 그가 손님용 파란 의자에 앉는다.

H. 우리는 날씨와 사무실이 얼마나 바빴는지 등에 관한 사소한 얘기를 한다.

I. 나는 10%의 인상을 요구하려고 여기 왔음을 설명한다.

J. 나는 나의 좋은 수행 기록을 그리고 급여 인상 없이 오래 일해 왔음을 언급한다.

K. 그는 불쾌한 표정을 보이고, 부서가 잘하고 있지 않으며, 우리 모두가 덜 가지고 살기를 배워야 한다고 응답한다.

L. 나는 "나는 이걸 받아야 마땅해. 포기하지 않아."라고 생각한다.

M. 나는 급여 인상을 해 주는 것이 다른 사람을 뽑아 내 일을 인계하는 것보다 비용면에서 더 효율적임을 강조한다.

N. 그는 계속 부정적이다.

O. 나는 심호흡을 하고 자신에게 강하고 차분하기를, 그리고 내가 급여 인상을 받는 것이 마땅하다고 상기시킨다.

P. 나는 내가 당연히 받을 급여를 받을 수 없다면 새 직장을 찾아야겠다고 말한다.

Q. 그는 5%의 인상을 제안한다.

R. 나는 내 주장을 고수하고 나 자신과 그에게 내가 유능하며 경험이 있음을 상기시킨다.

S. 그는 내가 바뀌지 않을 것을 알고 난 후 결국 동의한다.

T. 나는 그에게 감사하고, 인상이 언제 실행되는지를 분명히 묻고, 기분 좋게 그의 사무실을 나선다.

산드라는 자신이 그 광경과 소리를 각각 분명히 상상할 수 있을 때까지 직원 휴게실과 그녀의 상사 사무실을 시각화하기를 연습했다. 그다음으로 그녀는 요구를 하고 10%의 인상을 받는 것의 모든 단계들을 겪는 자신을 시각화했다. 그녀의 상상을 4번 연습한 다음, 마음속에 행동 순서를 굳건하게 가졌음을 느꼈다.

산드라는 남편이 직장 상사 역할을 하도록 하면서 그 장면을 역할극으로 했다. 그녀의 남편은 말을 걸기에 특별히 어려운 상사 역할을 분명히 했다. 그녀는 급여 인상 요청을 여전히 아주 소심하게 생각했기 때문에 몇 가지 자기암시 문구를 생각해 냈다. 그녀는 자기암시 문구를 색인 카드에 적어서 사무실 책상 서랍에 보관했다. 지난 며칠에 걸쳐, 그녀는 급여 인상을 요청하는 것에 관한 부정적인 생각을 이겨내기 위해 그것을 자주 참고했다.

이 모든 준비와 자기암시 문구로 무장한 산드라는 상사에게 다가설 준비가 됐음을 느꼈다. 다음에 로비에서 상사를 보았을 때 그녀는 면담을 요청했다. 그런 다음 산드라는 자신의 입장을 전달했다. 그녀의 상대는 상대하기 어려운 협상가였지만, 결국 8% 인상을 결정했다.

제20장

내현적 민감화

파괴적인 습관은 고통스러운 감정의 가장 큰 원인 중 하나이다. 이것은 당신의 나쁜 점들–당장, 그 순간에는 기분이 좋아질 행동을 하게 만들지만, 나중에 비싼 값으로 대가를 치르게 되는 것들이다. 사실, 이것이 파괴적인 습관의 특징이다. 장기간의 손실과 짝을 이룬 단기간의 성취이다. 예를 들면, 3시간 짜리 마티니 점심이 있다. 그것은 긴장을 풀고 느슨해지며 사교를 행하는 멋진 방법이다. 불행히도 3시간 마티니 점심은 시간을 허비하고 오후 내내 비능률적이 될 수 있다. 알코올로 인한 피로와 씨름하는 동안 당신이 놓쳤던 일을 따라잡기 위해 애쓰면서 결과적으로 더 많은 스트레스로 고생한다. 마찬가지로 만일 당신이 밤마다 초콜릿 무스를 포함하여 폭식을 한다면, 수 개월 안에 당신은 서서히 뚱보로 진화하는 것을 관찰하는 슬픔을 겪을 것이다. 또는 당신이 쇼핑을 좋아하는 습관에 자주 골몰한다면, 당신은 결국 계속 증가하는 신용카드 총액과 재정 부담을 마주해야 할 것이다.

내현적 민감화는 파괴적인 습관 치유를 위해 심리학자인 조셉 카우텔라(Joseph Cautela, 1967)에 의해 개발되고 대중화되었다. 그것은 기본적인 치료가 당신의 마음 안에서 일어나기에 내현적(來現的)이라고 한다. 내현적 민감화 이론에 따르면, 강한 습관이 되는 행동들은 많은 양의 쾌감에 지속적으로 강화되어 그렇게 되는 것이다. 따라서 그 습관을 없애는 한 가지 방법은 그 행위를 매우 불쾌하게 상상되는 자극으로 연계를 시작하는 것이다. 그 결과 당신의 오랜 습관은 더 이상 즐거움의 이미지를 끌어내지 못하고, 대신 정신적으로 불건전하고 불쾌한 것과 연상된다. 이 연상은 당신의 습관과 연결된 유쾌한 이미지들을 메스꺼움, 육체적 부상, 사회적 배척, 또는 다른 고통스러운 경험 등과 같은 불쾌한 자극 이미지와 짝을 지음으로써 형성된다. 내현적 민감화는 해당 습관의 매력을 전부가 아닐지라도 대부분 없애는 데 도움을 준다.

일단 이전 유쾌한 습관이 당신에게 고통스럽게 되면, 당신은 더 적절한 것을 행하는 것을 상상함으로써 불쾌함을 벗어날 수 있다. 예를 들어, 당신이 밤에 과식하는 이미지를 메스꺼움과 연결한다면, 그것을 더 가볍고 건강에 좋은 음식을 즐기는 이미지로 대체할 수 있고, 그 이미지를 활력, 웰빙 그리고 이완의 느낌과 짝지을 수 있다.

학습 효과

내현적 민감화는 나쁜 습관의 치유에 상당한 성공을 거두었다. 그것은 가학적 환상, 어린이에 대한 이상 성욕, 노출증과 같은 성적 일탈을 치유하는 데에 효과적이다. 그것은 또한 도벽, 손톱 물어뜯기, 강박적인 도박·거짓말·쇼핑 등을 감소시키는 데에도 이용되어 왔다. 그것은 마리화나와 같은 비중독성 약품의 사용을 줄이는 데에도 도움이 되어 왔다.

내현적 민감화는 알코올, 비만, 그리고 흡연 문제를 위한 혼합적인 결과에도 사용되어 왔다. 그것이 그 자체로 알코올 중독에 효과가 있는 것은 아니지만, 특정 시기와 특정 환경에서의 알코올 탐닉 습관을 치유하는 데에 이용되어 왔다. 앞서 언급한 좋아하는 술집에서 마티니 점심을 먹는 것은 내현적 민감화로 인해 매력을 잃을 수 있다. 비록 이 접근법이 비만에 대한 최종적인 해답은 아니지만, 내현적 민감화는 특정 음식이나 특정 식사 환경에 의해 악화된 체중 문제를 치유하는 데에도 이용될 수 있다. 전체적으로 보면, 연구 증거들은 흡연에는 특별히 효과가 없음을 나타낸다.

간단히 말하면, 내현적 민감화는 습관이 특정 물질, 배경, 또는 상황에 한정되어 있을 때 효과적이다. 그것은 흡연이나 강박적인 식사 또는 음주와 같은 일반적인 습관에는 그다지 효과적이지 않다. 그 이유는 '민감화'라는 말 안에 놓여 있는 것으로 보인다. 당신은 불쾌한 무엇에 민감해지고, 그것은 특정 배경과 상황에서의 당신의 습관과 관련된다. 특정 음식, 음료, 또는 배경의 민감화는 일반화되는 것 같지 않다. 강박적인 식사, 음주, 흡연과 관련한 모든 음식, 모든 음료, 또는 모든 상황에 민감해지는 것은 거의 불가능하며, 왜 그 기법이 널리 퍼져 있는 습관들에는 덜 효과적인지 설명하는 것도 불가능하다.

학습 시간

내현적 민감화의 첫 번째 단계는 5장의 점진적 근육 이완과 그다음으로 단기 근육 이완을 배우는 것이다. 당신은 일주일 이내에 점진적 근육 이완을 숙달할 수 있다. 그다음 2주 이내로 내현적 민감화 과정의 효과를 보기 시작할 것이다.

학습 지침

나쁜 습관에 대해 내현적 민감화를 사용하는 것에는 7단계 과정이 있다.

1. 점진적 근육 이완을 배운다.
2. 파괴적인 습관을 분석한다.
3. 습관을 즐기는 장면의 체계를 만든다.
4. 혐오 장면을 만든다.
5. 유쾌한 장면과 혐오 장면을 결합한다.
6. 혐오 장면을 바꾼다.
7. 실생활에서 내현적 민감화를 연습한다.

1단계: 점진적 근육 이완을 배운다.

내현적 민감화의 첫 번째 단계는 이완하기이다. 5장에서 설명한 점진적 근육 이완은 근육 긴장을 없애는 가장 빠르고 가장 효과적인 방법이다. 그 기법을 15분 내에 수행할 수 있을 때까지 점진적 근육 이완을 하루 두 번씩 연습하고, 그다음은 또한 5장의 단기 근육 이완을 연습하라. 일단 단기 과정을 숙달하면, 2분 안으로 온몸의 근육을 충분히 이완할 수 있을 것이다.

2단계: 파괴적인 습관을 분석한다.

다음으로, 당신이 나쁜 습관에 연루된 특정 사항들에 대해 생각하는 시간을 가진다. 당신이 그 습관에 빠질 때는 일반적으로 어떤 환경에 있는가? 누가 당신과 함께 있는가? 당신은 그 상황을 어떻게 설정하는가? 당신이 그 예전 습관을 시작하기 위해 준비할 때 가장 먼저 하는 것은 무엇인가?

너무 뚱뚱해져서 발판 위에 오르기가 어려워진 페인트공 마르코스(Marcos)는 자신이 배불리 먹는 경향이 있는 상황을 분석했다. 그는 일주일에 한 번 쇼핑했고, 보통 그날 저녁에 TV를 보며 아이스박스를 끝없이 뒤졌다. 그는 계피 빵, 아이스크림과 자신이 가장 좋아하는 간식인 과일 파이를 다 먹을 때까지 계속 먹었다. 그는 또 그의 집에서 한 블록 떨어진 이탈리안 레스토랑과 근처 맥도널드에서도 식사를 했다. 그는 자신의 폭식 습관을 분석했는데, 그가 폭식하는 모습을 친구들이 지켜보는 것이 부끄럽기 때문에 항상 혼자였다는 것을 깨달았다. 그는 대개 점심을 걸렀고 그래서 먹기 전에 끔찍하게 배가 고팠다는 것도 주목했다. 그가 폭식하기 전에 가장 먼저 한 일은 아이스박스 안에 들어 있는 모든 맛있는 음식들을 떠올리거나 가장 배부른 식사를 찾으면서 흥분된 기분으로 메뉴를 읽는 것이었다.

3단계: 습관을 즐기는 장면 체계를 만든다.

당신이 파괴적인 습관을 즐기는 5에서 10가지의 장면에 대한 짧은 목록을 만든다. 그것들을 최저에서 최고로 유쾌한 순으로 등급을 정하고, 1에서 10까지의 척도에서 쾌감 등급을 매긴다. 만일 당신의 파괴적인 행동이 과식이라면, 당신은 그것들이 소비되는 배경을 포함하기를 늘 항상 분명히 하면서 몇 가지 당신이 가장 좋아하는 음식들에 당신의 체계를 기초해야 한다. 아래에는, 복사하여 당신의 유쾌한 체계를 위해 사용할 빈 양식이 있다. 그러나 우선, 당신의 체계를 형성할 다른 방식에 대한 아이디어를 얻기 위해 다음 사례들을 검토하라. 다음은 마르코스가 생각해 낸 쾌감 단계인데 매우 간단하다.

쾌감 1-10	장면
1	퇴근하며 성대한 자녁에 대해 생각하기
3	가장 좋아하는 간식 쇼핑하기
5	집에서 TV 보며 과일 파이를 간식으로 먹기
6	집에서 TV 보며 아이스크림을 간식으로 먹기
8	집에서 TV 보며 계피 빵을 간식으로 먹기
10	아주 배가 고플 때 가장 좋아하는 이탈리안 레스토랑에서 성대하고 향긋한 식사 하기

당신의 단계는 강박적인 구매자에 의해 만들어진 이 단계처럼 파괴적인 습관에 대한 기대 또는 준비를 중심으로 돌아가는 장면들을 포함할 수도 있다.

쾌감 1-10	장면
1	월급을 입금하며 가장 좋아하는 백화점에 대해 생각하고, 옷 선반과 진열대를 상상하기
2	사야 할 물건들에 대한 아이디어를 위해 우편 주문 카탈로그 탐색하기
4	저녁 준비하며 새 옷들에 대해 공상하기
5	큰 백화점 주변을 걷기
6	입어볼 옷 고르기
7	감정에 끌려 선물 자랑하기
9	새 스테레오나 TV 같은 정말 흥미진진한 무언가를 구매하기
10	써봤던 혹은 써보기 위한 구매 상품을 집으로 가져오기

쾌감 단계를 만드는 또 다른 방법은 상황의 다양한 요소에 집중하는 것이다. 예를 들면, 한 교사가 마지막 수업을 마치고 귀가한 후 마리화나를 많이 피우고 있는 자신을 발견했다. 여기 그의 위계가 있는데, 그가 마리화나를 준비하고 피울 때 행하는 일상적인 위계들로 구성된다.

쾌감 1-10	장면
1	책장에서 은닉 상자, 종이, 성냥을 준비한다.
3	안락의자에 앉아 준비를 위해 신문을 펼친다.
5	음악을 듣기 위해 이어폰을 하고 마리화나를 만다.
7	불을 붙이고 첫 모금을 들이마신다.
8	마리화나를 피우고, 몽롱해지고, 다시 불을 붙인다.
9	돌이 된 느낌을 경험한다.
10	몽롱해지고 모든 걸 잊어버린다.

이제 당신 차례이다. 당신의 쾌감 단계를 개발하고, 그것을 완전히 기록하라. 사례들 안의 항목들은 축약된 것이지만, 훨씬 더 자세하게 기록해야 한다. 당신의 위치, 누구와 함께 있는지, 무엇을 하고 있는지, 무슨 생각을 하는지, 그리고 당신의 몸 안에서 무슨 일이 일어나고 있는지를 포함해야 한다. 여기 강박적인 도박자의 상세한 항목이 있다:

카드가 딜러에 의해 배분되고, 나는 카드를 하나씩 집어든다. 흥분되고 신경이 날카롭다. 나는 잭(Jack)의 집 안의 그린 펠트 테이블보가 있는 주방 테이블에 있다. 몇 명의 낯선 사람들이 있지만 대부분 같은 사람들이다. 다섯 번째 카드가 돌고, 우리는 첫 베팅을 할 준비가 됐다. 나는 딜러의 왼쪽에 있고, 1달러를 건다.

당신이 더 많은 세부 사항을 가지면 가질수록, 그 장면을 상상하기가 더 쉬울 것이다. 당신이 단계 간의 항목의 정신적인 이미지를 떠올리기가 어렵다면, 다양한 감각 인상으로 그것에 양념을 더하라. 당신이 본 것 외에도, 그것이 무슨 냄새가 나는지, 무엇을 듣는지, 당신이 따뜻하거나 춥지는 않은지 등등을 상상하라.

당신의 단계를 만들 때, 당신의 첫 항목 쾌감 등급이 1이나 2 이상이 되도록 분명히 하라. 다시 말해, 시작하는 단계로는 겨우 유쾌한 무언가를 선택하고, 그다음으로 가장 강렬하게 유쾌한 당신의 습관에는 10까지 올라가는 식으로 작업하라. 두 지점 이상을 분리하지 않도록 하라.

쾌감 1-10	장면

4단계: 혐오 장면을 만든다.

혐오 장면을 만들기 위해서는 생각하기 매우 싫거나 두려운 무언가를 떠올려야 할 것이다. 다음의 목록에서 선택하라. 우선 그 항목을 단순하게 상상할 때 당신이 경험하는 혐오나 두려움의 정도에 대해 각각 등급을 매기는 것이 도움이 될 것이다.

- 열린 상처
- 기어가는 벌레들
- 죽은 사람들
- 타오르는 불
- 치아를 드릴로 가는 것
- 메스꺼움이나 토하는 것
- 천둥
- 여러 사람 앞에서 토하는 것
- 높은 곳에서 내려다보기
- 심장마비를 겪는 것
- 떨어지는 것
- 신체적인 부상
- 주사를 맞거나 피를 뽑는 것
- 기절하는 것
- 광대한 열린 공간
- 바보같이 보이는 것
- 빈틈없는 비좁은 공간
- 뱀
- 죽은 동물들
- 거미
- 친구들에 의한 거부 또는 배척
- 피
- 낯선 사람들에 의한 거부 또는 배척
- 극심한 비난

메스꺼움은 내현적 민감화를 위해 가장 흔하게 이용되는 혐오 항목이다. 사회적 배척과 거부 또한 널리 사용되어 왔다. 그 항목은 그것에 대해 생각하는 것이 강한 신체적 감각을 일으킬 정도로 충분히 혐오스러운 것이어야 한다. 실제로 혐오를 느끼는 것이나 신체적으로 두려움을 느끼는 것이 이 과정의 성공에 중요하다. 예를 들면, 메스껍다는 생각은 당신이 실제로 메스꺼움을 느끼기 시작할 때까지 당신을 정말 메스껍게 했던 어떤 것에 대한 아주 구체적인 기억이 수반되어야 한다.

5단계: 유쾌한 장면과 혐오스러운 장면을 결합한다.

일단 당신이 혐오스러운 항목과 기억, 또는 그와 관련한 장면을 분명히 상상하거나 경험할 수 있다면, 당신은 그것을 당신의 쾌감 체계의 항목들과 그것을 짝 맞추기를 시작할 수 있다. 여기 페인트공 마르코스가 어떻게 그의 단계에서 5번째 항목에서 작업을 했는지에 대한 예가 있다. (계피 빵을 간식으로 먹기)

그는 그가 가장 좋아하는 의자에 앉아 근육 내의 모든 긴장을 없애기 위해 단기 근육 이완을 이용하는 것으로 시작했다. 그가 이완을 느꼈을 때, 그는 결합 장면을 상상하기 시작했다.

> 나는 편안하다. TV가 켜져 있고, 파란 불빛이 있다. 나는 내 의자에 털썩 주저앉아 있고 무언가 소량의 먹을 것을 구할 것을 생각한다. 나는 주방으로 들어가 다섯 조각의 계피 빵에 버터를 바른다. 맛있어 보인다. 첫 번째 조각을 입으로 가져가자마자 역겹게 느끼기 시작한다. 내가 상한 게를 먹었을 때와 같다. 갑자기 속이 메스꺼움을 느끼고, 한 입 베어 물지만 앞서 먹었던 것들이 올라오고 다 토해낸다. 나는 빵을 쓰레기통에 버리고 창문을 연다. 한결 나아진다. 내가 신선한 공기를 들이마시는 동안 메스꺼움이 사라진다.

여기 당신의 쾌감 체계의 각 항목을 혐오 장면과 짝을 짓는 방법에 대한 세세한 지시 사항이 있다.

1. 당신의 그것에 대한 즐거움을 포함한 단계에서의 특정 항목의 상세한 기술로 시작하라.
2. 혐오스러운 항목을 생생하고 자세하게 소개하여, 방금 당신이 즐기던 것에서 어떤 쾌감도 느끼지 않도록 하라.
3. 당신이 하던 것을 멈추자마자 자신이 더 기분 좋게 느끼는 것을 상상하라.

단계의 각 항목에 대해 3단계의 이러한 유형을 작성하라. 이것을 쾌감 단계의 또 하나의 사본에 하거나, 또는 더 많은 공간이 필요하다면 별도의 종이에 할 수 있다. 혐오 장면은 가능한 한 정말 싫은 것이어야 하고 세부적인 내용으로 가득하여 쾌감의 어떤 경험이라도 완전히 뿌리 뽑을 정도여야 한다. 당신이 이전의 유쾌한 습관에 들어가기를 멈추자마자 그 혐오 항목이 없어짐을 분명히 하라. 당신 자신에게 안도, 위안, 이완의 느낌을 즉시 갖도록 해주어라.

혐오 장면을 포함한 당신의 위계 안에 모든 항목을 다시 작성하면, 내현적 민감화 연습을 시작할 수 있다. 그것을 마음속에 명확하게 가질 때까지 당신의 위계 안의 첫 번째 항목을 낭독하라. 눈을 감고 점진적 근육 이완이나 단기 근육 이완을 이용하여 이완하라. 이완은 당신에게 더 분명한 이미지를 형성하도록 도움을 준다. 긴장이 당신의 몸에서 빠져나갈 때 첫 번째 항목을 상상하고, 유쾌한 측면으로 시작하라. 당신이 보는 것, 냄새 맡는 것, 듣는 것을 주목하라. 당신이 하고 있는 모든 것을 주목하라. 다음으로 혐오 경험으로 바로 들어가 그것을 당신이 불편하고 혐오스럽게 느낄 때까지 그것과 함께 하라. 당신이 습관 행동을 멈추자마자 더 기분 좋은 느낌을 상상해야 함을 기억하라.

이 과정을 이용하여, 위계 안의 각 항목을 세 번에서 다섯 번 시각화하기를 연습하되, 하루에 하나 또는 두 가지 항목만 하도록 하라. 대략 일주일 후에 당신은 전체 위계를 완성할 수 있다.

6단계: 혐오 장면을 바꾼다.

이제 당신은 당신의 파괴적인 습관에 참여하지 않음으로써 토하는 것, 배척당하는 것 또는 당신이 혐오로 선택한 무엇이든 피하도록 그 장면을 바꿀 것이다. 불쾌한 첫 징후에서는 음식을 내려놓고, 일어나서 그 바를 나가고, 카드 게임을 그만두는 등의 행동을 하고, 자신이 더 나아짐을 느끼기 시작함을 상상하라. 다음은 마르코스(Marcos)가 이 변화를 반영하여 그의 단계 다섯 번째 항목을 다시 작성한 것이다.

> 나는 이완되어 있는 상태이다. TV가 켜져 있다. 파란 불빛이 있다. 나는 의자에 털썩 앉아 무언가 먹을 것을 구할 것을 생각한다. 주방으로 들어가 계피 빵 다섯 개에 버터를 바른다. 한 조각을 입으로 가져가기 시작하지만, 역겨운 느낌이 들고 빵을 즉시 내려놓는다. 나는 즉시 안도감을 느끼고 다시 이완한다.

당신의 위계를 다시 겪어 보고 모든 항목을 다시 작성하여 그것을 경험하기보다는 혐오 항목을 피하도록 하라. 당신의 위계로 작업했던 처음에 한 것과 같이 다음으로 넘어가기 전 각 항목을 세 번에서 다섯 번 연습하고, 하루에 하나 또는 두 항목만 하도록 하라.

7단계: 실생활에서 내현적 민감화를 연습한다.

일단 당신이 상상 장면으로 내현적 민감화를 숙달하고 나면, 유혹의 대상이나 상황이 있지만 습관에 빠지는 욕망이 낮은 경우에 그 과정을 연습하라. 파괴적인 습관을 통제하는 것에 대해 더 자신감이 생기면, 당신은 더 강한 유혹에서도 내현적 민감화를 시도할 수 있다. 예를 들어, 당신이 슈크림 빵에 대한 식탐을 조절하기를 해왔다면, 배가 그리 고프지 않을 때 제과점 창문을 지나가며 그곳을 들여다보면서 내현적 민감화를 연습할 수 있을 것이다. 나중에 당신이 자신에 대해 더 확신하게 됐을 때, 아침 식사 전에 그 제과점으로 내려가 그 과정을 반복할 수 있다.

유의 사항

만일 당신이 혐오스러운 자극에 대한 신체 반응을 시각화하거나 느끼기에 어려움을 겪는다면, 실제로 썩은 고기나 부패한 달걀, 또는 암모니아 냄새를 맡음으로써 실생활에서 자신에게 혐오스러운 자극을 줄 수 있다. 당신은 또한 숨을 참거나, 팔 굽혀 펴기를 하거나 또는 귀에 거슬리고 불쾌한 소리를 낼 수도 있다.

당신이 내현적 민감화를 연습하는 동안 항상 메스꺼움이나 혐오 자극을 파괴적인 습관에 들어가기 시작하는 순간과 일치하도록 항상 시간을 맞추라. 파괴적인 습관을 포기하면 바로 그 혐오 자극을 중단한다.

내현적 민감화의 효과는 추가 세션으로 강화될 수도 있다. 만일 당신이 다시 파괴적인 습관에 들어갈 충동을 느끼기 시작한다거나 약한 충동이 더 강해지거나 잦아진다면, 당신의 위계를 다시 겪어 보고, 혐오 장면들에 다시 민감화시키도록 한다.

제21장
문제 해결하기

해결되지 않은 문제들은 고질적인 정서적 고통을 남긴다. 당신의 평소 대응 전략이 실패하면, 무력감이 증가하여 새로운 해결을 위한 탐색을 더 어렵게 만든다. 안도의 가능성은 멀어지는 것 같고, 문제는 해결 불가능하게 보이기 시작하며, 불안이나 절망은 타격을 줄 정도의 수준으로 증가한다.

1972년, 심리학자인 토마스 주릴라(Thomas D'Zurilla)와 마빈 골드프리드(Marvin Goldfried)는 "문제란 효과적인 반응이 나타나지 않는 것"이라고 설명하였다. 예를 들어, 한 사람이 아침에 그의 신발 한 짝을 찾을 수 없다는 사실 자체는 문제가 아니다. 하지만 주로 신발이 있었던 침대 밑을 제대로 확인하지 않았다면 그것은 문제가 된다. 만일 그가 싱크대 안이나 의약품 캐비닛, 그리고 쓰레기통에서 신발을 찾는다면 그는 또 하나의 문제를 만들어 내는 것이다-그의 반응은 잃어 버린 신발을 찾기에 효과적이지 않다. 이 장에서 우리는 당신이 어떤 유형의 문제이든 그에 대한 효과적인 해결책을 만들어내기에 도움을 줄 문제 해결 전략을 설명할 것이다.

학습 효과

문제 해결은 미루기와 관련된 불안, 결정을 내리지 못하는 결정장애 등을 줄이는 데에 효과적이다. 이것은 해결책이 발견되지 않은 고질적인 문제와 관련한 무력감이나 분노를 경감시키는 데 유용하다. 이것은 불안, 우울증, 나쁜 습관, 미루기, 비활동성, 그리고 개인 간의 갈등의 치료의 일환으로도 도움이 된다.

문제 해결은 공포증이나 전반적인 부유 불안 상황의 치료에는 권장되지 않는다.

학습 시간

문제 해결 기법은 학습하는 당일에 실행할 수 있다. 몇 주간의 연습이면 자동적으로 각 단계들을 적용할 수 있게 된다.

학습 지침

이 장에서 설명하는 문제 해결 전략은 7단계의 과정이다.

1. 문제를 진술한다.
2. 목표를 개략적으로 설명한다.
3. 대안을 열거한다.
4. 유망한 전략의 가능성한 결과를 평가한다.
5. 전략 구현 절차를 확인한다.
6. 해결 방법을 시도한다.
7. 결과를 평가한다.

1단계: 문제를 진술한다.

문제 해결의 첫 단계는 당신의 삶에서 문제 상황을 알아내는 것이다. 사람들은 보통 재정, 업무, 사교적 관계, 그리고 가족생활 등과 같은 영역에서 문제들을 경험한다. 다음 페이지의 체크리스트는 당신이 가장 덜 효과적으로 기능하고 가장 많은 문제를 갖는 영역을 알아내는 데 도움을 줄 것이다. 이는 당신이 문제 해결 기능을 개발함에 따라 집중하게 될 영역이다.

아래에 나열된 각 상황이 끝난 후, 그것이 얼마나 당신의 삶을 방해하는지 가장 잘 설명하는 상자에 표시하라.

- 없음: 당신에게 적용되지 않거나 방해되지 않음.
- 조금: 약하게 당신의 삶에 영향을 끼치고 에너지의 작은 낭비가 됨.
- 보통: 당신의 삶에 유의미한 영향을 끼침.
- 중요: 당신의 매일매일의 존재를 혼란스럽게 하고 당신의 행복감에 강한 부정적인 영향을 끼침.

만일 당신이 주어진 상황이 당신에게 얼마나 중요한지 결정하기가 곤란하다면, 그 상황 안에서의 자신을 상상하라. 그것을 실체처럼 만들도록 많은 광경과 소리와 행동을 포함하라. 그 상황에서 당신은 분노하는가, 침울한가, 걱정스러운가, 또는 혼란스러운가? 이것들은 적색 깃발 감정이며, 당신이 아마도 문제 상황-그 상황에 반응하는 방식에 관한 무언가가 당신에게 효과가 없음- 안에 있음을 나타낸다.

문제 체크리스트

	방해			
건강	**없음**	**조금**	**보통**	**중요**
수면 곤란				
체중 문제				
신체적으로 피로하거나 황폐한 느낌				
위장 문제				
고질적인 신체 문제				
아침에 일어나기 어려움				
조악한 식사와 영양				
재정				
수입과 지출 맞추기에 어려움				
기본 필수품 자금 부족				
부채 금액 증가				
예상치 못한 지출				
취미와 여가를 위한 돈이 너무 적음				
안정적인 소득원 없음				
부양가족이 너무 많음				
생활 상황				
나쁜 이웃				
직장이나 학교에서 원거리				
협소함				
불쾌한 조건				
수리가 필요한 것들				
지주와의 나쁜 관계				
직장				
반복적인 지루한 업무				
사장 또는 관리자와의 좋지 않은 관계				
바쁘면서 스트레스를 받고 있음				
다른 직업이나 경력을 원함				

	위계	조금	보통	중요
교육이나 경험이 더 필요함				
실직의 두려움				
동료들과 잘 지내지 못함				
실직				
불쾌한 조건				
직장에서 더 많은 자유 필요				
심리적 상황				
특정한 나쁜 습관이 있음				
종교적 문제				
권위 문제				
경쟁적인 목표나 수요				
멀거나 성취할 수 없는 목표에 대한 강박관념				
동기 부족				
가끔 매우 우울하게 느낌				
특정한 때 혼란스럽게 느낌				
목표 성취로부터 차단된 느낌				
많이 화가 남				
걱정스러움				
레크리에이션				
충분히 재미를 갖지 못함				
스포츠나 게임에 맞지 않음				
여가 시간이 너무 적음				
미술 또는 자기 표현을 즐길 기회가 거의 없음				
자연을 즐길 기회가 거의 없음				
여행하고 싶음				
휴가가 필요함				
재미있게 할 것이 떠오르지 않음				
사회적 관계				
소심 또는 수줍음				
친구가 많지 않음				

	위계	조금	보통	중요
로맨틱한 만남이 너무 부족함				
외롭게 느낌				
특정한 사람들과 잘 지내지 못함				
연애에 실패했거나 정리하는 중임				
소외감				
사랑과 애정 결핍				
비판에 취약함				
사람들에게 더 친밀함을 원함				
다른 사람들에게 이해받지 못함				
대화를 잘하는 방법 모름				
맞는 파트너를 찾지 못함				
가족				
가족들에게 거부당한 느낌				
가정에서 배우자와의 불화				
아이와 잘 지내지 못함				
고통스러운 가족 상황에 갇힌 느낌				
불안정과 배우자를 잃을 두려움				
가족 구성원들에게 마음을 열거나 정직할 수 없음				
배우자 이외의 다른 누군가와 성적 접촉 욕망				
부모님과의 갈등				
배우자와의 관심사 차이				
친척들의 간섭				
결혼 또는 관계의 결별				
학교에서 문제가 있는 아이들				
아픈 가족 구성원				
집에서의 과도한 언쟁				
배우자를 향한 분노와 원한				
가족 구성원의 습관에 대한 짜증				
가족 구성원에 대한 걱정				

기타 사항

만일 위에 언급되지 않은 특정 상황들이 당신의 삶에 보통 또는 사소한 방식으로 방해가 된다면, 그것들을 이곳에 기록하라.

____

____

____

____

____

____

____

____

____

____

____

이제 체크리스트를 검토하고 어느 일반적인 범주가 당신의 삶에 가장 큰 방해를 초래했는지를 알아보라. 그 영역으로부터 보통 또는 중요 수준의 방해를 일으킨 상황 중 하나를 선택하라.

다음의 문제 분석 워크시트를 복사하고, 책 안의 버전은 빈칸으로 남겨 나중에 다른 문제에 사용할 수 있도록 하라. 당신이 선택한 상황을 분석하기 위해 그 연습지를 이용하라. 각 빈칸에 최소한 한 단어라고 기록하려고 하라. 만일 공간이 더 필요하면, 별지를 이용하라.

그 상황을 누가, 무엇, 어디서, 언제, 어떻게, 그리고 왜 측면에서 기술하는 것이 당신의 문제를 더 잘 이해하는 데 도움이 될 것이다. 그것은 또한 당신이 다른 상황에서는 고려하지 못할 수도 있는 많은 상세한 것들을 밝혀내는 데에도 도움이 될 것이다. 여유를 가져라. 당신의 행위, 느낌, 그리고 당신이 원하는 것의 세부 사항을 기술하는 것은 이 정보가 차후의 해결책을 만들어 낼 실마리를 제공해 주기 때문에 또한 중요하다. (빈 양식 다음은 반항기 있는 열두 살짜리 아들의 엄마인 제인의 사례이다.)

문제 분석 워크시트

상황 (문제의 체크리스트에서, 또는 자신의 말로 간단히 설명): ______________________________

____

____

다른 누가 관련되어 있는가? ______________________________

____

무슨 일이 일어났나? (당신을 괴롭히는 무엇이 행해졌고, 행해지지 않았나?) ______________________________

____

____

그 일이 어디서 일어났나? ______________________________

____

언제 그 일이 일어났나? (하루 중 어느 시간에? 얼마나 자주? 얼마나 오래 지속됐는가?) ______________________________

____

그것이 어떻게 발생했는가? (그것이 무슨 규칙을 따르는 것 같은가? 어떤 분위기가 연루되어 있는가?) ______________________________

____

왜 그것이 일어났는가? (그 당시에는 당신이나 다른 사람들이 그 문제에 대한 어떤 원인을 제공하는가?) ______________________________

____

당신은 무엇을 하는가? (그 문제 상황에 대한 당신의 실제 반응은 무엇인가?) ______________________________

____

____

당신은 어떻게 느끼는가? (분노? 우울? 걱정? 혼란?) ______________________________

____

당신은 무엇을 원하는가? (당신은 어떤 것을 바꾸고 싶은가?) ______________________________

____

____

제인의 문제 분석 워크시트

상황(문제의 체크리스트에서 또는 자신의 말로 간단히 설명): 아들과 잘 지내고 있지 못함

다른 누가 관련되어 있는가? 열두 살짜리 아들 짐(Jim)

무슨 일이 일어났나? (당신을 괴롭게 하는 무엇이 행해졌고 무엇이 행해지지 않았나?) 그는 쓰레기 밖에 내다 놓기, 정원에 물 주기 또는 식탁 준비하기 등의 집안일을 하지 않으려 한다.

그 일이 어디서 일어났나? 집에서, 특히 TV 앞의 거실에서

언제 그일이 일어났나? (하루 중 어느 시간에? 얼마나 자주? 얼마나 오래 지속됐는가?) 오후와 저녁, 약 두 시간 동안, 거의 매일

어떻게 그것이 발생했는가? (그것이 어떤 규칙을 따르는 것 같은가? 어떤 분위기가 연루되어 있는가?) 내가 그에게 집안일을 생각나게 할수록 그는 더 우울해진다. 내가 더 화를 내는 동안 그는 그냥 앉아 있다가, 내가 TV를 볼 수 없다고 위협하면 성을 내며 집안일을 한다.

왜 그것이 일어났는가? (그 당시에는 당신이나 다른 사람들이 그 문제에 대한 어떤 원인을 제공하는가?) 그는 한 단계를 지나가고 있다. 내가 너무 많은 것을 기대한다. 그는 내가 어떻게 느끼는지 개의치 않는다.

당신을 무엇을 하는가? (그 문제 상황에 대한 실제 반응은 무엇인가?) 나는 침묵 속에 고민하고, 다음으로 생각나도록 해주고, 다음으로 잔소리하고, 다음으로 소리지르고 위협한다.

당신은 어떻게 느끼는가? (분노? 우울? 걱정? 혼란?) 짐에게 화가 나고, 그가 나를 신경 쓰지 않는 것 같이 느끼고, 스트레스받고 혼란스럽다.

당신은 무엇을 원하는가? (당신은 어떤 것을 바꾸고 싶은가?) 나는 아들이 내 말을 따르기를 원한다.

2단계: 목표를 개략적으로 설명한다.

문제 분석 워크시트를 완성하고 나면, 변화를 위한 하나 또는 그 이상의 목표를 설정할 때이다. 그 문제에 대한 당신의 반응을 검토하라: 당신이 하는 것, 당신이 느끼는 것, 그리고 당신이 원하는 것. 이 진술들은 구체적인 목표를 개발하기에 특히 도움이 된다. 당신이 분석한 문제를 집중적으로 다루기 위해 다음 빈칸에 셋 정도의 목표를 기록하라.

목표 A: ______________________

목표 B: ______________________

목표 C: ______________________

제인(Jane)은 짐(Jim)을 복종하도록 하기에 얼마나 많은 비효율적인 방법들을 사용했었는지, 그리고 또한 그것들이 효과가 없음에도 그 방법들을 어떻게 계속 사용해 왔는지에 충격을 받았다. 그러나 그 문제는 짐(Jim)의 저항보다 심각했다. 제인은 아들과의 상호작용 동안 그녀가 얼마나 화가 나고 스트레스를 받았는지에 대해 걱정스러웠다. 그녀는 진정할 필요가 있었다. 그리고 그녀는 혼란의 많은 부분이 짐이 그녀를 신경쓰지 않는다는 점진적인 생각에서 생겼음을 인식했다. 이 느낌 또한 바꿀 필요가 있었다. 제인은 그녀의 근심을 집중적으로 다루기 위해 다음 세 가지 목표를 설정하기로 결정했다.

목표 A: 짐이 협력하도록 효과적인 전략을 개발한다.

목표 B: 마음이 더 평온해진다.

목표 C: 짐에게 더 많은 배려를 느낀다.

3단계: 대안 목록을 만든다.

이 문제 해결 단계에서, 당신은 목표들을 성취하기에 도움이 될 전략들을 만들기 위해 브레인스토밍을 한다. 창의적 사고에 대한 여러 권의 책을 저술한 알렉스 오스본(Alex Osborn)은 1963년에 오랜 시간 검증된 브레인스토밍 기법의 개요를 설명했다. 그것은 4가지 기본 규칙을 갖는다.

- 비판은 배제된다. 이는 그것이 좋거나 나쁨을 판단하지 않고 새로운 아이디어나 가능한 해결책을 기록하는 것을 의미한다. 평가는 이후의 의사 결정 단계로 귀속된다.
- 자유분방한 접근은 허용된다. 당신의 생각이 이상할수록, 그리고 거칠수록 더 좋다. 이 규칙이 당신을 틀에 박힌 상태에서 벗어나도록 도와줄 수 있다. 당신은 어느 순간 문제에 대한 당신의 오랜, 제한된 견해로부터 벗어나 전적으로 다른 시각으로 그것을 보게 된다.
- 양이 최고다. 당신이 많은 아이디어를 내면 낼수록 당신이 몇 가지의 훌륭한 것들을 찾을 가능성이 더 커진다. 각 아이디어에 너무 많이 생각하지 말고 그냥 그것들을 하나씩 기록하라. 당신이 좋고 긴 목록을 가질 때까지 멈추지 말라.
- 항목들을 결합하고 개량하라. 몇몇 아이디어들이 어떻게 결합되거나 개선될 수 있는지 보려면 당신의 목록으로 되돌아가 보라. 때로 두 가지의 좋은 아이디어들이 하나의 훨씬 더 좋은 아이디어로 결합될 수 있다.

브레인스토밍은 당신의 목표 성취를 위한 일반적인 전략들로 제한되어야 한다. 구체적 행위의의 기본을 알아내기 전에 여러분은 좋은 전반적인 전략에 대해 결정할 필요가 있다. 여러분은 5단계에서의 당신의 전략을 이행할 방법의 세부 사항을 만들어 낼 것이다.

다음 양식을 사용하여 각 목표를 달성하기 위한 10가지 대안 전략의 목록을 작성한다. 대안 전략 탐색을 너무 빨리 포기하지 않는 것이 중요하다. 당신의 10번째 아이디어가 최고의 것일 수도 있다. 그리고 10번째로 제한을 두지 말라. 만일 당신이 더 많은 전략들을 떠올린다면, 별개의 종이에 열거하라. (제일의 예가 빈 양식 다음에 이어진다.)

대안 전략 목록

목표 A: ____________________

1. ____________________
2. ____________________
3. ____________________
4. ____________________
5. ____________________
6. ____________________
7. ____________________
8. ____________________
9. ____________________
10. ____________________

목표 B: ____________________

1. ____________________
2. ____________________
3. ____________________
4. ____________________
5. ____________________
6. ____________________
7. ____________________
8. ____________________
9. ____________________
10. ____________________

목표 C: ______________________________

1. ______________________________
2. ______________________________
3. ______________________________
4. ______________________________
5. ______________________________
6. ______________________________
7. ______________________________
8. ______________________________
9. ______________________________
10. ______________________________

대안 전략 목록

목표 A: 짐이 협력할 수 있도록 효과적인 전략을 개발한다.

1. 짐이 집안일 마칠 때까지는 TV를 보지 않는다.
2. 짐에게 많은 용돈을 주되 집안일에 결부한다.
3. 짐의 컴퓨터를 날려 버린다.
4. 그의 방을 그가 원하는 대로 두게 한다. 집안일을 공동적인 영역으로 제한한다.
5. 학교 가기 전 아침에 집안일에 대한 기대를 설명한다.
6. 집안일 목록을 만든다.
7. 마친 집안일에 대해 매주 보상을 한다 (비디오 게임에 대한 인정?)
8. 특정 시간까지 집안일을 끝내지 않으면 그날 하루 동안 짐의 휴대전화를 압수한다.
9. 짐이 집안일을 하지 않으면, 자신의 점심을 스스로 차리게 한다.
10. 컴퓨터 특권은 집안일을 마치는 것에 달려 있다.

목표 B: 마음이 더 평온해진다.

1. 무슨 일이 있건 소리지르지 않는다.
2. 혼란스럽거나 화가 날 때마다 쉰다.
3. TV를 폭파한다-소음이 나를 미치도록 몰아간다.
4. 남편에게 훈육을 담당하도록 한다.
5. 일주일 휴가를 내어 산으로 간다.
6. 안마를 받는다.
7. 이완 과정을 갖는다.
8. 아이들이 잠자리에 든 동안 남편과 서로 안마해 준다.
9. 발륨(항불안제)을 복용한다.
10. 수영을 다시 시작한다.

목표 C: 짐에게 더 많은 배려를 느낀다.

1. 짐이 무엇을 하건 안 하건, 그에게 소리지르기를 멈춘다.
2. 그에게 질책하기보다 이야기를 한다.
3. 남편에게 훈육을 하게 한다.
4. 자진해서 하루에 두세 번 짐을 포옹한다.
5. 그가 실제로 집안일을 할 때 포옹으로 보상한다.
6. 짐을 많이 칭찬한다.
7. 최소한 하루 한 번은 학교가 어떤지 묻고 잘 지내는지 확인한다.
8. 그가 순종하지 않으면, 그와 잠깐 시간을 함께하고 문제는 없는지 알아낸다.
9. 매일 짐에게 집안일을 시키는 것보다 그와 좋은 느낌을 공유하는 것이 더 중요함을 기억한다. 잊지 않기 위해 표식을 거울에 붙여 둔다.
10. 그에게 내 어려움을 설명하고 도움을 요청한다.

궁극적으로, 제인은 자신의 아이디어 몇 가지를 결합하기로 결정했다. 예를 들어, 제인은 목표 A에서 세 가지 항목을 결합했다: 짐이 집안일을 할 때까지 컴퓨터, 휴대전화, TV 금지. 그리고 목표 C에서는 그녀의 어려움을 설명하고 도움을 청하는 것과 함께 하루 한 번은 잘 지내는지 확인하기를 결합했다..

4단계: 유망한 전략의 가능한 결과를 평가한다.

지금쯤이면 당신은 그것을 성취하기 위한 10가지 가능한 전략이 있는 각각의 몇 가지 목표를 가지고 있음이 분명하다. 다음 단계는 가장 유망한 전략을 선택하여 그것들을 실행하는 것의 결과를 숙고하는 것이다. 어떤 사람들에게는 이 결과를 측정하는 과정이 전략을 생각하자마자 자동적으로 일어난다. 다른 이들은 더 천천히 결과를 숙고한다. 어느 것이 당신의 경우이든, 이 단계를 완전하고도 의식적으로 하는 것이 도움이 될 것이다.

결과를 더 신중하게 평가하는 연습을 하기 위해 다음의 결과 평가하기 양식을 이용하라. 사본을 만들고 이 책의 양식은 나중에 다시 사용할 수 있도록 빈칸으로 남겨 두라. 시작하기 위해, 당신에게 가장 매력적인 목표를 고르라. 예를 들면, 제인은 이것이 아마 자신의 문제의 근본이었다고 깨닫기 시작했기 때문에 아들에게 돌봄을 받는 느낌을 선택했다. 그 목표를 위해 떠올렸던 전략 목록으로 돌아가고, 분명히 나쁜 아이디어는 배제하라. 가능한 곳에서는 몇 가지 전략들을 하나로 결합하라. 당신의 아이디어를 대표하는 세 가지 전략으로 목록을 줄이려고 노력하라.

이 세 가지 전략을 워크시트 공간에 열거하라. 각 전략 아래에는 당신이 생각할 수 있는 긍정적 부정적 결과들을 나열하라. 그 전략을 실행하는 것은 당신이 느끼고, 필요로 하고, 원하는 것에 어떻게 영향을 줄 것인가? 그것이 상대에게 어떻게 영향을 줄 것인가? 그것이 상대의 반응을 어떻게 바꿔 줄 것인가? 그것이 당신의 생활에서 당장, 다음 달, 혹은 내년에 어떻게 영향을 줄 것인가? 각각의 가능한 전략에 대해서 긍정적 부정적인 결과를 모두 떠 올리도록 적당한 시간을 가지라.

당신이 주요 결과 열거를 마치면, 각각을 검토해 보고 그것이 일어날 가능성이 얼마나 있는지 자문해 보라. 결과가 일어날 가능성이 아주 낮은 항목은 제외시킨다. 너무 비관적이거나 너무 낙관적인 결과를 말한다.

이제 남은 결과들을 다음과 같이 평가하라.

- 만일 결과가 주로 나에게라면 2점을 부여한다.
- 결과가 주로 상대에게 영향을 준다면 1점을 부여한다.
- 결과가 주로 장기적이라면 2점을 부여한다.
- 결과가 주로 단기적이라면 1점을 부여한다.

결과는 나에게 장기적이거나(전체 4점) 상대에게 장기적인 영향을 주거나(전체 3점) 있는 등이 될 것이다.

긍정적인 결과가 부정적인 결과보다 더 가치가 있는지 아닌지를 알려면 각 전략의 점수를 총합하라. 그런 다음 긍정적인 결과가 부정적인 결과보다 더 높은 전략을 선택하라. (제인의 사례가 빈 양식 다음에 이어진다.)

결과 평가하기

전략:			
궁정적 결과	점수	부정적 결과	점수
합:		합:	

전략:			
궁정적 결과	점수	부정적 결과	점수
합:		합:	

전략:			
궁정적 결과	점수	부정적 결과	점수
합:		합:	

제인의 목표 C에 대한 결과 평가하기

전략: 남편에게 훈육을 하게 한다.			
긍정적 결과	점수	부정적 결과	점수
나는 더 이완할 것이다.	3	남편이 아마도 꺼릴 것이다.	2
더 많은 시간을 가질 것이다.	2		
아들과 더 나은 관계가 될 것이다.	3		
합:	8	합:	2

전략: 하루 한 번 잘 지내는지 확인하고, 내 어려움을 짐에게 설명하고 도움을 청한다.			
긍정적 결과	점수	부정적 결과	점수
우리는 서로를 더 잘 이해하고 더 가깝게 느낄 것이다.	4	짐은 계속 집안일을 하려 하지 않을 것이다.	3
짐이 그렇게 압박을 느끼지는 않을 것이다.	2	짐에게 말하는 것이 그에게 부담을 주거나 죄책감이 들게 할 것이다.	3
더 많은 시간을 가질 것이다.	2		
합계:	8	합계:	6

전략: 무슨 일이 있더라도 소리 지르기를 멈춘다.			
긍정적 결과	점수	부정적 결과	점수
더 조용해질 것이다.	3	짐은 여전히 집안일을 하지 않을 것이다.	2
짐의 감정을 상하게 하지 않을 것이다.	2	좌절감이 생길 것이다.	4
합계:	5	합계:	6

5단계: 전략 구현 절차를 확인한다.

이제 당신은 당신의 전략을 실행하기 위해 취해야 할 절차들에 대해 결정해야 할 필요가 있다. 제인이 결과를 평가했을 때, 남편에게 훈육을 담당하도록 한 그녀의 전략은 단연 최고의 선택으로 보였고, 그래서 그녀는 실행에 옮길 다음의 4 절차를 떠올렸다:

1. 화요일에 짐이 잠자리에 든 이후 남편과 그 주제를 논의한다.
2. 짐이 집안일을 잘하고 있는지를 남편과 논의하기 위해 매일 퇴근 후 5분의 시간을 갖는다.
3. 남편이 매일 저녁 짐과 함께 시간을 보내며 짐이 집안일을 얼마나 잘하고 있는지 보게 한다.
4. 남편을 위해 특별 디저트를 굽거나 등을 주물러 주는 등등의 시간을 갖는다.

당신은 구체적인 행위 절차를 생각하기에 어려움을 겪을 수도 있다. 만일 그렇다면, 대안 전략 목록을 만들 때처럼 브레인스토밍을 시도해 보라. 다음으로 대안 목록 중에서 유망한 전략을 선택하는 방법을 다시 활용하여 구체적인 행위 절차들의 가능한 결과를 탐색해 보라.

6단계: 해결 방법을 시도한다.

당신이 해결책을 시도해 보는 것은 실제로 행해야 하기 때문에 가장 어려운 단계이지만, 성취의 큰 만족을 가질 수도 있는 것이다. 당신은 변함 없던 상황에 새로운 반응을 선택한 것이다. 이제 당신의 결심을 행동으로 옮길 때이다.

7단계: 결과를 평가한다.

일단 새로운 반응을 시도했으면, 그 결과를 관찰하라. 당신이 예측한 대로 일들이 일어나고 있는가? 새로운 반응이 당신이 목표에 도달하기에 도움을 주는 것을 의미하는 그 결과에 만족하는가? 즉 새로운 반응이 목표 도달에 도움을 주었나? 그렇지 않다면, 당신의 대안 전략 목록으로 돌아가라. 목록으로부터 다른 전략들을 선택하거나 새로운 아이디어를 생각할 수도 있다. 새로운 전략을 선택하면 4단계부터 7단계까지를 반복하라.

사례

43세의 플라스틱 회사의 생산 매니저인 앨은 그의 직업에 점점 만족하지 못하게 되었다. 그는 똑같은 포장 부품 생산을 반복적으로 감독하는 것에 싫증이 났다. 6개월 전, 회사는 새로운 컴퓨터 디자인 소프트웨어로 전환하였고, 앨은 그것에 매료되었다. 그는 컴퓨터 디자인 강좌를 위해 학교로 돌아가려고 직장 근무 시간을 줄이려는 계획을 세웠다.

앨의 상사는 그의 계획을 비관적으로 보았고, 그들은 그 문제에 대해 여러 차례 대립했다. 앨은 분개했고 생산 라인에서의 그의 의무에 부주의하게 되었고, 이로 인해 상사와 더 많은 갈등을 불러일으켰다. 여기 앨이 문제 해결 전략을 적용한 방법이 있다.

1단계: 문제를 진술한다. 앨(Al)이 그의 문제를 기술한 방식은 다음과 같다. 나의 일은 지루하다. 나는 학교에 진학해서 내 경력을 바꾸고 싶다. 나는 상사와 관계가 좋지 않다. 학교에 출석하기 위해 휴가를 내고 싶은데, 상사는 허락하지 않을 것이다. 앨(Al)은 다음으로, 자신의 상황의 누가, 무엇을, 어디서, 언제, 어떻게, 왜 등을 상세히 설명하며 문제 분석 워크시트를 완성했다.

- 내가 한 것: 상사에게 휴가를 요청한 후 거절당하고, 불평하고, 기분이 언짢아지고 세세한 것을 잊어버려서 거짓으로 꾸며대게 된다.
- 내가 느끼는 것: 화가 나고, 좌절하고, 상사에게 모욕을 당한다.
- 내가 원하는 것: 내가 하는 일에 덜 지루해하는 것.

2단계: 목표를 개략적으로 설명한다. 그의 문제 분석 워크시트를 주의 깊게 본 다음, 앨은 상사와 개선된 관계를 갖는 것, 그의 일을 조금 더 즐기는 것, 컴퓨터 디자인을 더 배우는 것 등 세 가지 목표를 개발했다.

3단계: 대안을 열거한다. 이 목표들을 성취하기 위해 앨이 생각했던 대안 전략 몇 가지가 여기 있다.

- 상사와 개선된 관계 갖기
  - 슬림 DVD 케이스 새로운 라인 설비에 참여하기
  - 불평하거나 싸움하지 않기
  - 퇴직하고, 학교에 진학하고, 온라인 사기로 자신을 지원한다.

- ■ 일을 조금 더 즐기기
  - 동료들과 더 개인적인 관계 발달시키기
  - 직장 안에서 은퇴식이나 생일 축하 자리에 참석하기
- ■ 컴퓨터 디자인 더 배우기
  - 직장에서 소프트웨어를 실행해 보고 관련된 모든 것을 배우기
  - 야간 강좌 수강하기
  - 수업을 위해 일주일에 하루 오전 시간을 상사와 협의하기

4단계: 유망한 전략의 가능한 결과를 평가한다. 앨은 완전한 퇴직과 같은 몇 가지의 명백히 나쁜 대안들은 배제했다. 남아 있는 선택들에 대해서는 그는 장기간의 결과 vs 단기간의 결과, 자신을 위한 결과 vs 상대들을 위한 결과의 측면에서 그 결과들을 고려하였다. 이것은 그의 최상의 선택이 새로운 생산 라인, 불평 그만두기, 그리고 동료들과의 관계 집중 등에 있음을 보여 주었다. 그의 의도는 그가 얼마간의 시간을 내는 협상을 할 수 있는 정도까지 상사와 관계를 개선하는 것이었다.

5단계: 전략 구현 절차를 확인한다. 이 모든 전략이 습관적인 행동 방식을 바꾸는 것과 관련되어 있지만, 앨은 그것들을 적용하기에 약간의 부담을 느꼈다. 그래서 그는 매일 따를 수 있는 구체적인 절차들을 개발하기 위해 더 많은 브레인스토밍을 행했다.

6단계: 해결 방법을 시도한다. 앨은 그의 계획을 실행에 옮겼고, 그의 새로운 접근을 5주간 꾸준히 시행하였다.

7단계: 결과를 평가한다. 앨은 상사와 관계가 실제로 개선되었음을 알고 만족했다. 그가 바빴고 상사와 다투지 않았기 때문에 그의 일을 더 즐기게 되었다. 결국 상사는 앨이 계속적인 직업 선택을 탐구하도록 화요일 아침 두어 시간을 뺄 수 있는 2주간의 시험을 허락했다. 상사는 앨이 여전히 고객들을 잘 응대하고 다른 업무 책임을 수행하는 것을 보고 앨이 지역 전문대학에서 컴퓨터 디자인 수업을 들을 수 있도록 근무를 단축하는 것에 동의했다.

유의 사항

어떤 사람들은 문제 해결에 관계되는 복잡한 단계들에 압도감을 느낀다. 그들의 "내가 정말 그 모든 걸 해야 해?"라고 반응한다. 그에 대한 답은 "해야 한다"이며, 우선은 그렇고, 특히 당신이 얼마간 문제 상황에 빠져 있다면 더욱 그렇다. 당신의 오래된, 습관적인 해결책은 효과가 없었다. 당신의 목표를 알아내고 성취하기 위해 그 기법의 각 단계를 따를 필요가 있다. 나중에 그 과정을 당신의 스타일에 맞춤형으로 고칠 수 있고, 많은 부분은 자동적으로 될 것이다.

제22장

습관 되돌리기 훈련

피부 뜯기, 머리카락 뽑기, 눈 깜빡이기, 목청 가다듬기, 투렛 증후군의 언어 폭발과 같은 틱(tic)장애는 아주 어린 사람들에게 흔히 나타난다. 6~7세에서 발현하여 사춘기 초기에 절정에 이르고, 이후 감소하지만 이른 성인기에 반드시 사라지는 것은 아니다. 이 괴로운 행동은 사람들이 '나쁜 습관'이라고 정상적으로 생각하는 것을 훨씬 더 넘어선다.

틱장애는 유전적, 신경학적 기반을 가지고 있어 이를 앓고 있는 사람들에게 자동적이고 비자발적이며 무의식적인 느낌을 준다. 사람들은 종종 "나는 어쩔 수가 없어", "그냥 그런 일이 일어나" 또는 "난 대부분 내가 그걸 하고 있다는 걸 깨닫지도 못해"와 같은 말을 한다. 생리학적 이해에 따라 틱장애는 주로 약물치료를 하지만 결과는 제각각이다. 약이 원치 않는 행동들을 완전히 없애지는 못하며, 부작용 때문에 충분한 용량을 못 쓰거나 약물 치료를 중단할 수도 있다.

다행히도 틱은 자의적인 통제의 대상이 되고, 빈도와 고통은 환경과 상황에 따라 다양하다. 습관 되돌리기 훈련은 틱 감각과 행동에 대한 인식을 고양시키고, 대안 행동을 개발하게 해주고, 다양한 실생활 상황에서 그 대안들을 연습하도록 촉진하여 틱장애 개선에 기여한다(Woods 2007).

학습 효과

1990년대 후반부터 점증하는 연구기관들이 습관 되돌리기 훈련이 투렛증후군, 발모벽(머리카락 뽑기), 그리고 찰과 장애(병적 피부 뜯기)와 관련된 괴로운 습관 행위의 빈도와 강도를 낮추는 것에 효과적임을 보여 왔다. 습관 되돌리기 훈련은 틱장애의 내재된 신경학적 원인을 목표로 하는 정신 약물과 종종 함께 사용된다.

학습 시간

단일 틱 행동은 단 1~2시간의 훈련으로 그 심각성과 빈도를 줄일 수 있다. 여러 행동을 포함하는 복합 틱은 일반적으로 각각 1시간 동안 3~10회의 훈련 세션을 필요로 한다. 시간이 지남에 따라 스트레스 많은 상황에서는 세션을 복습하기 위해 이 장으로 돌아와야 할 필요가 있을 것이다.

학습 지침

순서대로 행해져야 할 습관 되돌리기 훈련에는 다섯 단계가 있다.

1. 문제 습관을 기술한다.
2. 이완을 연습한다.
3. 경합하는 반응을 개발한다.
4. 동기를 부여한다.
5. 새로운 기술을 일반화하는 연습을 한다.

1단계: 문제 습관을 기술한다.

우선 당신은 틱이 얼마나 자주 일어나는지, 그에 앞선 느낌이나 충동, 그리고 틱 행동이 유발될 가능성이 있는 상황 등 바꾸고 싶은 습관적인 틱 행동을 완전히 알 필요가 있다. 긴급함의 예민한 전조 느낌으로부터 틱 행동 자체와, 그다음 긴장의 저하에 이르기까지, 틱이 어떻게 일어나는지를 제대로 모르고 있을 때가 많다.

전신 거울 앞에서 10분 동안 자신을 관찰하는 것으로 시작하라. (당신이 계속하여 볼 수 있는 비디오를 만들 수도 있다.) 때로 친구나 가족 구성원이 당신을 관찰한 것을 더해 주는 것도 도움이 된다. 어떤 이들은 빈번한 틱을 추적하기 위해 손목형 카운터 또는 '클리커'를 사용하는 것이 도움이 된다는 것을 알게 되었다.

20세 데니스(Denise)는 자동차 부서 기록 담당 직원이었다. 그녀는 8세 때부터 목청 가다듬기, 눈 깜빡이기, 혀 내밀기, 그리고 목을 좌우로 홱 돌리는 것을 포함한 투렛증후군으로 고생해 왔다.

그녀는 손에 작은 카운터를 들고 전신 거울 앞에 섰다. 10분 동안 그녀는 목청을 가다듬을 때마다 카운터를 클릭했는데 30번에 이르렀다. 이는 분당 세 번의 목청 가다듬기를 한 것이었다. 데니스는 언니와 식료품 쇼핑을 하는 동안 자신을 관찰해 달라고 부탁하였다. 공개 장소에서 관찰하니, 데니스는 목청을 더 자주, 분당 열 번에 이르도록 가다듬었다. 직장에서 데니스는 동료에게 전체 2주가 넘는 여러 기간에 자신을 관찰해 주도록 요청하며 거기서 자신의 틱 행동을 포착할 수 있었다.

어떤 관찰을 선택하든, 당신의 틱 행동 관찰을 아래의 습관 기록 양식에 작성하라. 빈 양식 다음에 데니스의 사례 양식이 있다.

습관 기록 양식

틱 행동	빈도	충동	유발 상황

데니스의 습관 기록 양식

틱 행동	빈도	충동	유발 상황
목청 가다듬기	스트레스에 따라 분당 3~10회	목이 간질간질하고, 복부로부터 올라오는 무언가로 질식하거나 트림할 것 같은 느낌	직장에서 상사가 질문하거나 생소한 사람에게 전화해야 할 때 더 심함.
뺨을 당기고 찡그린 얼굴을 아래로 한 채 강하고 빠르게 눈을 깜빡거림	분당 8회까지	너무 밝거나 연기가 있듯이 무언가 잘못된 느낌	내가 집중할 때나 무언가를 알아내려고 할 때
혀를 내밀고, 입을 크게 벌리고, 목 힘줄을 꽉 조임.	스트레스 받을때 분당 1~2회	긴장감이 표출될 필요가 있다거나 폭발할 것 같은 느낌	선생님, 의사, 권위자들 주변에서
고개를 오른쪽으로 빠르게 홱 돌리고, 다시 가운데로 천천히 되돌림.	분당 2~4회	재채기를 할 것 같은 기분인데, 목에서 느껴짐.	직장에서 무언가를 설명하려고 할 때나 좌절을 느낄 때

틱 행동의 인식을 높이는 이 연습은 명상 기능의 특별한 적용이다. 명상 기법에 대한 더 많은 지침은 9장의 '마음챙김'을 참고하라.

2단계: 이완을 연습한다.

틱은 스트레스 상황에서 더 빈번하며, 그런 때에는 근육이 '투쟁 도피' 반응으로 긴장한다. 그래서 의식적으로 자신을 이완하는 방법을 배우는 것이 의미가 있다. 다양한 이완에 대한 충분한 설명을 위해 5장

'이완'을 보라. 당신이 주목할 수 있을 정도로 근육 긴장이 줄어들 때까지 복식 호흡과 점진적 근육 이완을 연습하라.

3단계: 경합하는 반응을 개발한다.

경합하는 반응은 당신이 작업하고자 하는 틱 또는 충동 행동 대신에 당신이 행할 대안 행동이다. 가장 흔한 경합 반응은 대략 틱 움직임과 관련한 근육과 반대가 되는 근육들을 같은 크기로 긴장시키는 것을 포함한다. '같은 크기의 긴장'이란 큰 움직임 없이 근육을 긴장시키는 것을 의미한다. 예를 들면, 팔꿈치를 바깥으로 펄럭이는 대신 당신은 안쪽으로 팔꿈치를 몸에 붙여 누르되 가볍지만 틱이 일어나는 것을 멈출 정도로 충분히 단단히 누르는 것이다.

이상적으로 경합 반응은 다음과 같이 할 수 있어야 한다.

- 틱 충동이 줄어들 때까지 1분간 지속한다.
- 사회적 상황에서 남의 눈에 띄지 않게 행한다.
- 일상 활동을 계속하면서 행한다.

다음은 다른 사람들에게 효과가 있었던 경합 반응 목록이다.

대체할 틱 행동	경합 반응
머리카락 뽑기	허리 양옆으로 주먹을 불끈 쥐기
피부 뜯기	뜯고 싶은 충동을 느끼는 부분을 손바닥으로 누르기
눈 깜빡이기, 결눈질하기, 코를 씰룩씰룩 움직이기	3~5초 걸리도록 눈을 아주 천천히 감고 뜨기 10초마다 아래쪽을 내려다보기
혀 내밀기	입술을 가볍게 같이 누르기
입술 오므리기	입술을 가볍게 같이 누르기
손 또는 손가락 틱	손을 배 위로 모으고 누르거나 허벅지 위로 손을 펴서 누르기
고개를 뒤로 홱 젖히기	턱을 아래로 약간 당기고, 목 근육을 긴장시키고, 똑바로 앞을 보기

어깨 으쓱하기	어깨를 아래쪽으로 긴장시키기
고개 흔들기	목 근육을 긴장시키고, 앞을 똑바로 보기
눈썹을 치켜올리기	눈썹을 약간 낮추고 그렇게 유지하기
어깨를 앞으로 경련하듯이 밀기	어깨를 아래로 긴장시키고 팔과 팔꿈치를 허리 쪽으로 누르고, 손을 배에서 꽉 쥐기
팔꿈치를 펄럭이기	팔꿈치를 몸에 붙이고 누르기

이 접근법은 음성 틱, 즉 자기나 타인의 말을 반복하는 것, 목청 가다듬기, 악담하기, 헛기침하기, 푸념하기, 콧방귀 끼기, 동물 소리를 내는 것 등과는 조금 다르다. 이러한 종류의 촉발에 대하여 경합 반응은 입술을 약간 벌리고 코로 천천히 숨을 들이쉬고 난 후, 입으로 천천히 숨을 내쉬는 것이다. 들숨은 날숨보다 조금 짧아야 하는데, 들숨은 5초, 날숨은 7초 정도면 된다. 이 느리고 리드미컬한 호흡은 음성 틱과 관련된 근육을 되돌리는 데에 최고로 효과적이다.

누군가에게 말을 할 때도 이 느린 호흡을 이용할 수 있다. 약 5초 동안 숨을 천천히 들이마시고, 다음으로 약 7초간 말을 하라. 다시 천천히 숨쉬기 위해 휴식하고, 그다음 얼마간 더 말하라. 그게 아주 어색하고 부자연스럽게 들리지만, 그것은 놀라울 정도로 잘 작동한다. 긴 호흡은 생각을 정리할 시간을 주고 실제로 당신을 사려 깊은 것처럼 보이게 한다. 천천히 숨을 내쉬는 것은 당신이 해야 할 말을 평온하고 신중하게 전달하도록 격려한다.

당신이 경합 반응을 선택했으며, 자연스럽고 눈에 안 띄는 방식으로 부드럽고 쉽게 할 수 있을 때까지 거울 앞에서 연습하라.

4단계: 동기를 부여한다.

이 훈련에서 당신은 손해/이익 분석으로 동기를 부여하기 위해 아래의 차트를 이용할 것이다. 당신의 강박적인 행위 각각에 대하여 당황, 체면, 오해, 사회적 배척, 그리고 놓친 기회 등으로 그것이 당신에게 초래하는 손해를 열거하라. 그다음 마지막 란에 대응 전략을 채택함으로써 얻게 될 이익을 나열하라.

틱장애 손해, 반응, 그리고 이익

틱 행동	손해	경합 반응	이익

제인은 발모벽 또는 머리뽑기장애 진단을 받은 11세 아이였다. 그녀의 틱은 두세 가닥을 단단히 쥐어 그걸 뽑아낼 때까지 머리를 비비 꼬는 것이었다. 그녀는 늘 반이나 모임의 뒷줄에 앉으려고 했고, 그래서 아무도 그녀가 강박적인 행동을 하는 것을 보지 못했다. 그럼에도 그녀의 반 친구들과 선생님들은 모두 그녀의 머리 뽑기에 대해 알고 있었다. 다른 아이들은 제인을 놀렸고, 부모님과 선생님들은 제인의 행동을 멈추게 하기 위해 많은 방법을 시도했다. 다음은 제인이 자신의 차트를 작성한 방식이다.

제인의 틱장애 손해, 반응, 그리고 이익

틱 행동	손해	경합 반응	이익
머리 뽑기	아이들이 놀릴 때 당황스러움 부모님과 선생님들이 내가 얼빠졌다고 생각 헤어라인과 목을 따라 생긴 작은 딱지와 머리 빈 곳	두 주먹을 쥐고 허리 양옆이나 무릎 위에 두기 세 번의 깊고 느린 호흡하기	덜 주목받는 행동 더 나아 보임. 내가 원하면 앞자리에 앉을 수 있음. 사람들이 나를 괴롭히기를 멈춤.

동기를 부여하는 또 다른 방법은 도와줄 사람을 확보하는 것이다. 친구와 가족에게 당신의 노력을 주목하고 당신의 성공을 칭찬하게 하라. 제인의 경우, 그녀는 엄마 아빠, 친한 친구, 선생님, 양호 선생님, 오빠, 그리고 할머니로부터 많은 지원을 받았다.

5단계: 새로운 기술을 일반화하는 연습을 한다.

틱장애를 다루는 초반에, 당신은 유발 상황에서 경합 반응을 이용해야 한다. 마틴(Martin)은 피부 뜯기로 고생하는 13세 아이였다. 그는 수업과 쉬는 시간 동안 학교에서 피부 뜯기 줄이기를 시작했다. 그가 팔뚝을 꼬집고 당기려는 충동을 느낄 때마다 그는 충동이 가라앉을 때까지 팔을 펴고 편 손으로 단단히 팔뚝을 붙잡곤 했다.

데니스는 직장에서 먼저 그녀의 투렛증후군 촉발에 관한 작업을 시작했는데, 특히 상사에게 질문을 해야 했을 때였다. 그녀는 상사의 방을 노크하기 전에 아주 천천히 눈을 감고 느리고 깊은 숨을 쉬면서 문을 열곤 했다. 이것은 그녀가 눈 깜빡임과 목청 가다듬기를 최소로 유지하게 해 주었다.

제인은 5학년 교실에서 습관 되돌리기 훈련을 처음 연습했고, 머리를 뽑으려는 충동을 느낄 때마다 손을 주먹으로 동그랗게 쥐었다.

유발 상황에서 습관적인 틱 행동을 성공적으로 줄일 수 있게 되면 다른 상황에서도 경합 반응을 사용할 수 있다. 당신의 새로운 기술은 외부에서 사용할 때 '일반화'될 것이다.

마틴은 결국 풀장에서 수영할 수 있었고, 짧은 소매 옷을 입고 여름 캠프에 참가할 수 있었다. 데니스는 금요일 저녁 볼링 행사에 동료들과 함께할 수 있었다. 제인은 성급한 판단을 내리는 고모의 주의를 끌지 않고도 가족 만남을 끝낼 수 있었다.

유의 사항

틱장애를 가진 사람들은 때로 강박장애(OCD) 또는 주의력결핍장애(ADHD)로도 고생한다. 이는 다른 증상과 다른 치료법을 갖는 명백히 다른 문제들이다. 만일 당신의 틱이 OCD나 ADHD와 결합되어 있지 않은지 의구심이 든다면, 치료 원칙을 정하는 데 도움을 줄 수 있는 전문가의 의견을 구하라.

제23장

수행이 어려울 때 극복하는 법

이 책의 각 기법은 당신이 습관적으로 반응하는 방식을 바꾸기 위해 설계되었다. 그러나 당신의 오래된 대응 방식은 오랜 시간 동안 당신과 함께해 왔다. 그것들은 익숙하며, 따라서 바꾸기가 어렵다. 이 장은 왜 오래된 습관이 분명히 당신에게 고통을 주고 있음에도 불구하고 떼어내기 어려운지 그 이유를 살펴본다.

인지 행동 치료는 전통적인 정신분석과 같은 '대화 치유'가 아니다. 이 접근법에서 변화는 분석, 대화, 반추, 또는 단순히 당신의 문제에 대해 읽는 동안 얻은 일련의 통찰에서 생기지 않는다. 그것은 당신이 무언가를 하기 때문에 일어난다. 당신은 실제로 이 책의 워크시트를 작성해야 하고, 다양한 수행을 해야 한다.

연습 세션을 건너뛰거나 건성으로 하는 자신을 발견했다면 다음 질문을 스스로에게 해보라.

- 왜 내가 이 수행을 하고 있을까?
- 그것들이 정말 내게 중요할까?
- 이 수행 대신 나는 무엇을 하고 있거나 무엇을 하고 싶을까?
- 그러한 다른 활동이 이 수행보다 내게 더 가치 있을까?
- 수행과 다른 활동을 다 할 수 있도록 내 생활을 짤 수 있을까?
- 내가 지금 이 수행을 하지 않는다면, 다음에 정확히 언제 어디서 이것들을 하게 될까?
- 내가 만일 이 수행을 성공한다면 나는 무엇을 포기하게 될까?
- 내가 만일 이 수행을 성공한다면 나는 무엇을 마주하게 될까?

일반적인 어려움

인지 행동 기법의 공통 장해 요소는 상상하는 훈련의 부족이다. 여기 당신의 상상력 강화를 위한 몇 가지 전략들이 있다.

- 시각화를 할 때 시각보다는 다른 감각들에 집중한다. 소리, 감촉, 맛, 냄새의 정신적인 감각 인상을 만든다. 예를 들면, 주방을 상상하려고 한다면, 시각적인 인상은 매우 모호할 수 있다. 그러나 당신의 상상을 음식 조리의 냄새, 차가운 탄산음료의 맛, 실내의 온도, 나무 식탁 상단의 나무 재질, 맨발 아래의 타일의 느낌 등에 집중할 수 있다.
- 상상을 연습하고 싶은 장면에 대한 상세한 설명을 기술한다.
- 시각적인 세부 묘사를 조율하는 방법으로서 상상한 장면의 그림을 그린다. 어떤 사물과 세부 묘사가 그 장면의 독특성을 부여하는지 주목한다.

또 하나의 주요한 걸림돌은 기법이나 훈련이 효과가 없을 것이라고 단순하게 생각하는 것이다. 믿기에 실패하는 것은 인지적인 문제이다. 당신은 자신에게 "나는 결코 좋아지지 않을 거야", "이건 효과가 없을 거야". "이런 류의 일은 내게 도움이 안 돼", "나는 너무 바보 같아" 또는 "누군가가 내게 요령을 알려줘야만 해" 등과 같이 절망적인 말을 되풀이하는 것이다. 이 책의 기본 신념 중 하나는 사람은 스스로에게 반복하는 것을 믿는다는 점이다. 만일 당신이 부정적인 말을 자주 한다면 당신은 그것을 사실로 만들어가는 방식으로 행동할 것이다. 이 책은 도움이 안 된다는 믿음을 극복하지 못한다면 이 책은 가치가 거의 혹은 전혀 없을 것이다. 이 문제를 해결하기 위해 특정 기간, 즉 2주든, 1주든, 최소 하루라도 집중적인 노력을 기울여야 한다. 그런 다음 당신의 문제에 어떤 변화가 일어나는지 평가해 보라. 만일 당신이 조금 진전을 이루어냈거나, 증상이 덜 고통스럽거나 덜 빈번하다면, 앞으로 계속 이 책의 지침대로 작업을 계속하라.

지루함은 인지 행동 작업의 성공을 가로막는 장애물이다. 이 기법의 많은 부분들이 지루하다. 그러나 그것들은 효과가 있다. 그것들을 실행함으로 거래가 일어난다: 몇 주간 간간이 생기는 지루함과 몇 년간 증상으로부터의 해방을 맞바꾸는 것이다. 당신이 인지 행동 연습을 할 때마다 매일 이러한 선택을 마주하게 된다.

새로움에 대한 두려움은 성공적인 치료에 대한 잘 알려진 장애물이다. 생각하는 법을 바꾸고 이어서 느끼는 법을 바꾸는 힘이 자기 안에 있다는 것을 깨달을 때 당신의 세계관은 변하게 된다. 당신은 더 이상 자신을 행운과 불운의 무력한 희생자로 보지 않을 것이다. 당신은 능동적인 창조자가 된다. 당신이 증상을 포기할 때, 당신의 삶은 바뀐다. 많은 사람이 증상 없이 새로운 삶에 적응하기보다는 익숙하지만 고통스러운 그 증상을 붙잡고 있다.

새로운 방향을 그냥 따르는 것은 물론 불안을 유발할 수 있다. 그 방향이 당신의 필요에 그다지 맞지 않을 수도 있다. 그것들은 지나치게 세밀하거나, 성가시거나 또는 엄격할 수도 있다. 그것들은 충분히 세밀하지 않을 수도 있다. 어느 쪽이든, 방향은 일반적인 윤곽을 제공할 의도라는 것을 명심하고 개별적 필요에 맞도록 그것들을 조절해야 한다.

허술한 시간 관리는 성공의 주요 장애물이다. 기법을 반 정도 배운 후 포기하는 사람들은 그들 일정이 바빠 그 기법을 사용할 시간이 없었다고 흔히 이유를 댄다. 여기서 진짜 문제는 대개 우선순위의 문제이다. 다른 것들이 단지 더 높은 우선순위를 가졌을 뿐이다.

퇴근 후 한 잔, 심부름, 오랜 통화, TV, 또는 인터넷 검색이 우선이 되었다. 당신의 하루 중 다른 중요한 부분을 수행하는 것처럼 이 책으로 작업 일정을 잡아야 한다. 당신이 친구와 약속할 때와 똑같이 시간과 장소를 기록하고 그 실행을 유지하라.

종종 간과되는 또 다른 어려움은 너무 빠르게 다가오는 성공이다. 이 경우에는 다음과 같이 생각할 수 있는 위험이 있다. "그것은 극복할 만한 일이었어. 아마도 그건 문제도 아니었을 거야. 그것에 대해서는 더 이상 걱정할 필요도 없어." 증상의 비중을 이런 식으로 축소하는 것은 좌절의 근거가 된다. 그 증상은 당신의 행동 패턴으로 점차 다시 나타날 수 있으며 미처 인식하지 못할 수도 있다. 이것을 피하기 위해서는 증상이 사라진 후에도 이 책에서 배운 기법들을 얼마간 계속 사용해야 한다. 증상이 재발하면, 즉시 그에 상응하는 장을 다시 찾아보고 그것들을 다시 시도하라.

당신의 변명은 무엇인가?

훈련을 빠뜨리면, 당신 자신에게 어떻게 정당화하는가? 전형적인 이유 중에는 "오늘은 너무 피곤해", "난 너무 바빠", "한번 빠진다고 별일 없을 거야", "너무 지루해", "난 오늘 괜찮으니까 훈련 안 해도 돼", "가족들이 내 도움이 필요해" 그리고 "이건 어쨌든 효과 없을 거야" 등이 있다.

이러한 변명은 부분적으로는 사실이다. 당신은 실제로 바쁘거나 피곤하고, 누군가 당신의 도움을 필요로 하고, 그리고 한 세션을 빠뜨리는 게 해가 되지는 않을 것이다. 그런데 서두르거나 피곤하거나 의무의 무게를 느끼는 것 때문에 이 책의 작업을 못하게 됐다는 말은 냉정히 사실이 아니다. 진정한 사실은 이를테면 "나는 피곤하다. 내가 훈련을 할 수 있었음에도 난 오늘 가족의 필요에 초점을 맞추기를 선택했다"이다.

중요한 것은 당신이 환경의 수동적인 희생자인 척하기보다는 행동을 선택한 당신의 결정에 책임을 져야 한다는 것이다. 당신의 우선순위를 정직하게 평가할 필요가 있다. 당신의 심리적인 건강이 아주 높은 우선순위가 아니라면, 아마 이 책의 기법 중 어느 것이라도 숙련할 충분한 시간을 내지 못할 것이다.

가장 흔한 변명은 좋아하는 일에 빠져서 그랬다는 것인데, 이는 종종 크게 다음과 같은 의미를 갖는다. "나는 없어서는 안 될 사람이야. 내가 없이는 일들이 산산조각 날 거야." 예를 들면, 보험회사 간부인 케이틀린(Kaitlyn)은 책임을 위임하는 데 어려움을 겪었다. 그녀는 자신만이 그 직무를 바르게 할 수 있으며 아주 작은 실수도 자신의 몰락을 가져올 수 있다고 생각했다. 그 결과 그녀의 책상은 열두 가지 정도의 반쯤 마쳐진 과업과 계획들로 높이 쌓였다. 그녀는 훈련에 들이는 어느 시간이라도 그녀를 일에서 절망적으로 뒤처지게 할 것이라는 생각 때문에 이 상황에 갇혀 있었다. 그녀의 우선순위로는 성공적인 사업가가 첫째였고, 건강한 사람은 두번 째였다. 이 생각이 그녀를 지치게 했고, 그녀가 문제를 해결하려고 노력하는 것을 막고 있었다.

당신이 하나의 기법을 숙련할 시간을 갖지 못하는 것을 정당화하기 위해 사용하는 변명은 옛 습관을 오래 유지하기 위해 수년 동안 사용해 온 변명과 매한가지일 것이다. 이러한 변명은 잘못된 전제에 근거한다.

계약하기

특정 기법을 숙련하기 위해 자신과 합의하는 것만으로는 충분하지 않다. 시간이 지나면 게으름을 피우고 오랜 습관 패턴으로 되돌아간다. 당신이 전형적이라면, 자신에 대한 헌신은 다른 사람들에 대한 헌신과 같은 힘을 갖지 않는다. 다른 어느 누구도 당신이 실패할 때 실망하거나 걱정하지 않는다. 아무도 그것에 대해 모른다.

만일 당신이 일을 시작하고 끝내지 않는 경향이 있다면, 당신을 알고 당신에 대해 관심을 갖는 누군가와 계약을 맺음으로써 이 책의 접근법으로 당신의 성공을 보장하도록 도움을 받도록 하라. 당신이 그 사람의 의견을 소중히 여기는, 당신이 실망시키고 싶지 않은 누군가를 선택하기를 분명히 하라. 다음의 계약 양식을 사용하거나 또는 동의를 공식화할 유사한 서류를 사용하라. 당신과 상대방 두 사람이 서명하고 사본을 보관하라.

만일 이 사람을 실망시키는 것에 대한 우려가 당신에게 동기를 부여하기에 충분치 않다면, 계약서에 패널티 조항을 기재하라. 예를 들어, 실행 유지를 못 하면 누군가에게 일정 금액을 기부하거나 정말 하기 싫은 무언가를 하기로 한다. 뒤뜰의 잡초를 말끔히 제거하거나 새 TV 구매를 연기하는 것일 수도 있다. 패널티 조항에 기부금이 포함된 경우, 당신이 계약을 이행하기에 실패하면 약정한 곳에 발송되도록 날인한 돈 봉투를 친구가 가지고 있게 하라.

계약 변경

나는 ____________ 문제를 이 책, 특히 ____________ 장의 기법을 사용하여 해결하기로 결정했습니다.

나는 다음 사항을 수행할 것을 위해 (증인 이름)에게 서약합니다. (　)일/주 동안 하루/주당_____ 시간 기법을 연습하겠습니다.

나는 이 기간이 끝날 때 나의 개선 사항을 평가할 것입니다.

나는 이 서약을 지키기 않을 경우 위에 언급한 사람에게 즉시 알리겠습니다.

________________________　　　____________

(서명)　　　(날짜)

나는 이 일을 진지하게 받아들일 것을 서약하며, 당신의 발전이 나에게 중요하다는 것을 상기하기 위해 (당신의 이름)과 함께 정기적으로 확인하겠습니다.

________________________　　　____________

(증인의 서명)　　　(날짜)

증상이 지속되는 경우

이 책의 기법으로 성실하게 작업하고 규칙적으로 연습을 해도 원치 않는 증상을 제거할 수 없을 경우가 있을 것이다. 이러한 일이 일어나는 데에는 오진, 잘못된 비중, 그리고 증상의 이차 이득 등과 같은 몇 가지 일반적인 이유가 있다.

오진

당신의 진짜 문제가 두려움일 때 분노에 관한 작업을 하고 있거나, 알코올이나 다른 약물을 끊는 것이 주된 목표일 때 우울증을 치료하고 있을 수도 있다. 아마도 근본적인 신체적 문제가 문제의 원인일 수 있다.

당신이 올바른 문제에 관한 작업을 하고 있는가를 판단에 도움을 얻으려면 1장을 다시 찾아보고 각 문제에 대한 설명을 주의 깊게 읽어 보라. 또는 정신건강 전문가와 상의하여 1장에 요약된 치료 프로그램이 당신에게 가장 적절한지를 결정할 수도 있다. 또한, 정밀 건강 검진을 받는 것도 고려해 보라.

잘못된 접근법

인지 행동 치료에는 신체적, 인지적, 행동적 접근법 등 3가지 방법이 있다. 신체적 접근법은 주로 5장에서 배운 이완 기법으로 점진적 근육 이완, 호흡 운동 등이 포함된다. 인지적 접근법에는 자동적 사고의 발견과 재구성, 마음챙김, 융합, 시각화 등이 포함된다. 행동 기법에는 문제 해결, 동기 부여, 공포 상황에 대한 노출이 포함된다.

당신이 주로 한 종류의 기법을 수행해 왔다면 다른 접근법을 수행한 다음, 증상을 더 잘 조절하는지 살펴보라. 예를 들어, 당신이 주로 인지적 접근법을 수행했다면 신체적 또는 행동적 기법에 좀 더 많은 시간을 들여 수행하라.

증상의 이차 이득

이상하게도 많은 사람은 그들의 증상에 집착한다. 이러한 증상은 그들의 생활에서 중요 역할을 맡고 있을 수 있다. 예를 들면, 두려움은 당신이 불쾌하다고 생각하는 사회적 의무를 덜어줄 수 있고, 같은 식으로 당신이 다른 이들을 실망시키는 것에 대한 책임을 회피할 수 있다.

당신의 증상으로부터의 그런 이차 이득을 받을지를 판단하는 간단한 방법은 당시의 증상이 언제 발현했는지, 그리고 무슨 활동(또는 해야 했을 활동)이 있었는지를 기록하는 것이다. 예를 들어, 당신은 모든 사회적 환경에서 긴장하고 있다고 생각했지만, 실제로는 사람들이 당신에게 치근덕거릴 때에만 긴장했던 것이다. 당신의 긴장은 "못 받아주겠다"라는 표현의 역할을 해왔다.

종종 이차적인 증상 이득은 특정의 일이나 상황으로 거슬러 올라간다. 언제 그 증상이 처음 시작됐는지 자문해 보라. 그것들은 스트레스가 되는 상황에의 적절한, 적응적인 반응이었을 것이다. 예를 들면, 한 젊은 교사는 승객으로 차에 탈 때마다 불안했다. 그녀는 아동기 때부터 그 증상을 겪어 왔고, 그때엔 술에 취한 아버지가 운전했었다. 그녀가 두려움에 떨며 소리를 질러야 아버지는 그녀를 빨리 집으로 데려갔다. 어릴적 그 상황에서 불안을 표출하는 것이 객관적으로 위험한 상황을 벗어나는 것에 도움을 주었다.

또 하나의 가능성은 당신의 삶에서 중요한 사람을 동일시하는 의미로 그 사람과 증상을 공유하는 것이다. 예를 들어, 당신은 우울 및 무기력과 함께 사람들은 환경의 노예라는 신념을 아버지와 공유할 수 있다. 그 결과 당신이 마주하는 어떤 새로운 도전도 실패만 예상하게 되고, 세상을 보는 시각은 점점 악화된다. 가족 중 누구와 비슷한 증상을 공유하고 있는지 자문해 본 다음, 그 사람의 신념 체계를 알아보고 자신의 것과 비교해 보라. 쉽게 발견한 타인의 티끌이 당신 자신의 들보를 알아차리는 데 도움을 줄 수 있다.

도움 구하기

만일 당신의 증상이 계속된다면, 정신건강 전문가의 의견을 구하라. 증상을 만들어 내는 오랜 패턴과 신념들은 알아내기 어려울 수 있다. 전문가는 당신의 심리적 원인을 밝혀내는 데 도움을 줄 수 있다. 그리고 당신이 특정 패턴과 신념들이 부적응적이라는 것을 알더라도 그것들이 너무 익숙하기 때문에 정확히 없애기가 어려울 수도 있다. 전문가는 당신이 치료 프로그램의 개요와 수행에 도움을 줄 수 있고, 상황이 어려울 때 지원을 제공할 수 있다.

끈기의 결실

지속하라. 포기하지 말라. 당신의 생각과 느낌을 변화시킴으로써 자신을 치유하는 당신의 능력은 엄청난 힘이다. 당신은 생각하는 것을 바꿀 수 있고, 따라서 느끼는 것을 바꿀 수 있다. 당신 마음의 구조를 변경함으로써 당신의 삶의 구조를 바꿀 수 있다. 당신은 고통을 없앨 수 있다. 알버트 슈바이처(Albert Svhwietzer)는 이렇게 말했다. "우리 의사들은 하는 게 아무것도 없습니다. 우리는 단지 내면에 있는 의사를 돕고 격려할 뿐입니다."

참고 자료

Astin, J. A. 1997. "Stress Reduction through Mindfulness Meditation: Effects of Psychological Symptomatology, Sense of Control, and Spiritual Experiences." *Psychotherapy and Psychosomatics* 66(2):97-106.

Barlow, D. H., and M. G. Craske. 1989. *Mastery of Your Anxiety and Panic.* Albany, NY: Graywind.

Beck, A. T. 1976. *Cognitive Therapy and the Emotional Disorders.* New York: International Universities Press.

Beck, A. T., G. Emery, and R. Greenberg. 1985. *Anxiety Disorders and Phobias.* New York: Basic Books.

Beck, A. T., and A. Freeman. 1990. *Cognitive Therapy of Personality Disorders.* New York: Guilford Press.

Beck, A. T., A. J. Rush, B. F. Shaw, and G. Emery. 1979. *Cognitive Therapy of Depression.* New York: Guilford Press.

Benson, H. 1975. *The Relaxation Response.* New York: Morrow.

Bourne, E. J. 1995. *The Anxiety and Phobia Workbook.* 2nd ed. Oakland, CA: New Harbinger.

Bradshaw, J. 1990. *Homecoming.* New York: Bantam.

Brown, T. A, R. M. Hertz, and D. H. Barlow. 1992. "New Developments in Cognitive-Behavioral Treatment of Anxiety Disorders." In vol. 2 of *American Psychiatric Press Review of Psychiatry,* edited by A Tasman. Washington, DC: American Psychiatric Press.

Cautela, J. 1967. "Covert Sensitization." *Psychological Reports* 20(2):459-468.

Cautela, J. 1971. "Covert Modeling." Paper presented at the fifth annual meeting of the Association for the Advancement of Behavior Therapy, Washington, DC.

Clark, D. 1989. "Anxiety States." In *Cognitive Behavior Therapy for Psychiatric Problems,* edited by K. Hawton, P. M. Salkovskis, J. Kirk, and D. Clark. Oxford: Oxford University Press.

Craske, M. G., and D. H. Barlow. 2008. "Panic Disorder and Agoraphobia." In *Clinical Handbook of Psychological Disorders: A Step-by-Step Treatment Manual,* edited by D. H. Barlow. New York: Guilford Press.

Cuijpers, P., A. van Straten, and L. Warmerdam. 2007. "Behavioral Activation Treatments of Depression: A Meta-analysis." *Clinical Psychology Review* 27(3):318-326.

Davis, M., E. R. Eschelman, and M. McKay 1995. *The Relaxation and Stress Reduction Workbook.* 4th ed. Oakland, CA: New Harbinger.

Deffenbacher, J. L., D. A. Story, R. S. Stark, J. A. Hogg, and A. D. Brandon. 1987. "Cognitive-Relaxation and Social Skills Interventions in the Treatment of General Anger." *Journal of Counseling Psychology* 34(2):171-176.

D'Zurilla, T. J., and M. R. Goldfried. 1971. "Problem Solving and Behavior Modification." *Journal of Abnormal Psychology* 78(1):107-126.

Eifert, G. H., and J. P. Forsyth. 2005. *Acceptance and Commitment Therapy for Anxiety Disorders: A Practitioner's Treatment Guide to Using Mindfulness, Acceptance, and Values-Based Behavior Change Strategies.* Oakland, CA: New Harbinger.

Eifert, G. H., M. McKay, and J. P. Forsyth. 2006. *ACT on Life Not on Anger: The New Acceptance and Commitment Therapy Guide to Problem Anger.* Oakland, CA: New Harbinger.

Ellis, A., and R. Harper. 1961. *A Guide to Rational Living.* North Hollywood, CA: Wilshire Books.

Emmelkamp, P. M. G. 1982. *Phobic and Obsessive-Compulsive Disorders: Theory, Research, and Practice.* New York: Plenum.

Foa, E., E. Hembree, and B. Olaslov Rothbaum. 2007. *Prolonged Exposure Therapy for PTSD: Emotional Processing of Traumatic Experience, Therapist Guide (Treatments That Work).* Oxford: Oxford University Press.

Freeman, A., J. Pretzer, B. Fleming, and K. Simon. 2004. *Clinical Applications of Cognitive Therapy.* New York: Plenum.

Greenberger, D., and C. Padesky. 1995. *Mind Over Mood: Change How You Feel by Changing the Way You Think.* New York: Guilford Press.

Gilbert, P. 2009. *The Compassionate Mind.* London: Constable.

Hackmann, A., D. Clark, P. M. Salkovskis, A. Well, and M. Gelder. 1992. "Making Cognitive Therapy for Panic More Efficient: Preliminary Results with a Four-Session Version of the Treatment." Paper presented at World Congress of Cognitive Therapy, Toronto.

Hayes, S. C., and Smith, S. 2007. *Get Out of Your Mind and Into Your Life: The New Acceptance and Commitment Therapy.* Oakland, CA: New Harbinger.

Hayes, S. C., K. D. Strosahl, and K. G. Wilson. 1999. *Acceptance and Commitment Therapy: An Experiential Approach to Behavior Change.* New York: Guilford Press.

Hazaleus, S., and J. L. Deffenbacher. 1986. "Relaxation and Cognitive Treatments of Anger." *Journal of Consulting and Clinical Psychology* 54(2):222-226.

Horney, K. 1939. *New Ways of Psychoanalysis.* New York: Norton.

Jacobson, E. 1929. *Progressive Relaxation.* Chicago: University of Chicago Press.

Kabat-Zinn, J. *Full Catastrophe Living.* New York: Delta, 1990.

Kabat-Zinn, J., L. Lipworth, R. Burney, and W. Sellers. 1986. "Four-Year Follow-Up of a Meditation-Based Program for the Self-Regulation of Chronic Pain: Treatment Outcomes and Compliance." *Clinical Journal of Pain* 2(3):159-173.

Kabat-Zinn, J., A. O. Massion, J. Kristeller, L. G. Peterson, K. Fletcher, L. Pbert, W. Linderking, and S. F. Santorelli. 1992. "Effectiveness of Meditation-Based Stress Reduction Program in the Treatment of Anxiety Disorders." *American Journal of Psychiatry* 149(7):936-943.

Kabat-Zinn, J., E. Wheeler, T. Light, A. Skillings, M. Scharf, T. G. Cropley, D. Hosmer, and J. Bernhard. 1998. "Influence of a Mindfulness-Based Stress Reduction Intervention on Rates of Skin Clearing in Patients with Moderate to Severe Psoriasis Undergoing Phototherapy (UVB) and Photochemotherapy (PUVA)." *Psychosomatic Medicine* 60(5):625-632.

Kaplan, K. H., D. L. Goldenberg, and M. Galvin-Nadeau. 1993. "The Impact of a Meditation-Based Stress Reduction Program on Fibromyalgia." *General Hospital Psychiatry* 15(5):284-289.

Kristeller, J. L., and C. B. Hallett. 1999. "An Exploratory Study of a Meditation-Based Intervention for Binge Eating Disorder." *Journal of Health Psychology* 4(3):357-363.

Linehan, Marsha. 1993. *Cognitive-Behavioral Treatment of Borderline Personality Disorder.* New York: Guilford Press.

Maletzky, B. 1973. "Assisted Covert Sensitization: A Preliminary Report." *Behavior Therapy* 4(1):117-119

McKay, M., M. Greenberg, M., and P. Fanning. 2019. *The ACT for Defectiveness-Based Depression Workbook.* Oakland, CA: New Harbinger Publications.

McKay, M., and P. Fanning. 1991. *Prisoners of Belief.* Oakland, CA: New Harbinger.

———. 1992. *Self-Esteem.* 2nd ed. Oakland, CA: New Harbinger.

McMullin, R. E. 1986. *Handbook of Cognitive Therapy Techniques.* New York: W. W. Norton.

Meichenbaum, D. 1977. *Cognitive Behavior Modification.* New York: Plenum.

———. 1988. "Cognitive Behavior Modification with Adults." Workshop for the First Annual Conference on Advances in the Cognitive Therapies: Helping People Change, San Francisco.

Miltenberger, R. G. 1995. "Habit Reversal: A Review of Applications and Variations." In *Journal of Behavior Therapy and Experimental Psychiatry* 26:123-131.

Neff, K. 2011. Self-Compassion: *The Proven Power of Being Kind to Yourself.* New York: Harper Collins.

Neff, K., and C. Germer. 2018. *The Mindful Self-Compassion Workbook: A Proven Way to Accept Yourself, Build Inner Strength, and Thrive.* New York: Guilford Press.

Novaco, R. 1975. *Anger Control: The Development and Evaluation of an Experimental Treatment.* Lexington, MA: D. C. Health.

O'Leary, T. A., T. A. Brown, and D. H. Barlow. 1992. "The Efficacy of Worry Control Treatment in Generalized Anxiety Disorder: A Multiple Baseline Analysis." Paper presented at the Meeting of the Association for Advancement of Behavior Therapy, Boston.

Osborn, A. F. 1963. *Applied Imagination: Principles and Procedures of Creative Problem Solving.* 3rd ed. New York: Scribner.

Ovchinikov, M. 2010. "The Relationship of Coping Profiles and Anxiety Symptoms after Self-Help ACT Treatment." Dissertation, the Wright Institute.

Rackman, S. J., M. Craske, K. Tallman, and C. Solyom. 1986. Does Escape Behavior Strengthen Agoraphobic Avoidance? A Replication. *Behavior Therapy* 17(4):366-384.

Saavedra, K. 2007. "A New Mindfulness-Based Therapy for Problematic Anger." Dissertation, the Wright Institute.

Salkovskis, P. M., and J. Kirk. 1989. "Obsessional Disorders." In *Cognitive Behavior Therapy for Psychiatric Problems,* edited by K. Hawton, P. M. Salkovskis, J. Kirk, and D. Clark. Oxford: Oxford University Press.

Speca, M., L. Carlson, E. Goodey, and M. Angen. 2000. "A Randomized, Wait-List Controlled Clinical Trial: The Effect of a Mindfulness Meditation-Based Stress Reduction Program on Mood and Symptoms of Stress in Cancer Outpatients." *Psychosomatic Medicine* 62(5):613-622.

Stampfl, T. G., and D. G. Levis. 1967. "Essentials of Implosion Therapy: A Learning-Theory-Based Psychodynamic Behavior Therapy." *Journal of Abnormal Psychology* 72(6):496-503.

Thase, M. E., and M. K. Moss. 1976. "The Relative Efficacy of Covert Modeling Procedures and Guided Participant Modeling on the Reduction of Avoidance Behavior." *Journal of Behavior Therapy and Experimental Psychiatry* 7(1):7-12.

Titchener, E. B. 1916. *A Text-Book of Psychology.* New York: Macmillan.

Wanderer, Z. 1991. *Acquiring Courage.* Oakland, CA: New Harbinger. Audio recording.

Weekes, C. 1997. *Peace from Nervous Suffering.* New York: Bantam.

Wolpe, J. 1958. *Psychotherapy by Reciprocal Inhibition.* Stanford, CA: Stanford University Press.

———. 1969. *The Practice of Behavior Therapy.* Oxford: Pergamon Press.

Woods, D. W., J. D. Piacentini, and J. T. Walkup, eds. 2007. *Treating Tourette Syndrome and Tic Disorders: A Guide for Practitioners.* New York: Guilford Press.

Young, J. 1990. *Cognitive Therapy for Personality Disorders: A Schema-Focused Approach.* Sarasota, FL: Professional Resource Exchange.

Zettle, R. D. 2007. *ACT for Depression: A Clinician's Guide to Using Acceptance and Commitment Therapy in Treating Depression.* Oakland, CA: New Harbinger.

The Cognitive Behavioral Workbook for Anger

성공을 위한 단계별 프로그램

분노를 다스리는 인지행동 워크북

WILLIAM J. KNAUS, EdD 지음
심호규 · 유은정 · 장성화 · 장창민 · 최대헌 공역

이 책은 쉽게 따라 할 수 있으며
다음과 같은 도움을 제공합니다!

분노 유발 요인을 인식하고 극복한다.
순간적인 흥분으로 발생하는 분노를 가라앉힌다.
비난의 악순환을 멈춘다.
부정적인 감정을 참는다.
상대하기 어려운 사람을 대한다.
단절된 관계를 회복한다.

값: 19,000원

The Cognitive Behavioral Workbook for Anger

자신의 분노와 삶에 책임을 지세요!

분노로 인한 문제가 있습니까? 분노가 폭발하여 직장에서 문제가 생기거나 건강이나 관계가 손상된 적이 있습니까? 분노는 누구나 흔히 느끼는 정상적인 감정입니다. 하지만 분노가 너무 강렬해서 사랑하는 사람에게 상처를 주거나 충만하고 만족스러운 삶에 방해가 된다면 심각한 변화가 생기게 됩니다. 그렇다면 고통스럽고 자기 패배적이며 위험한 분노의 덫에서 어떻게 벗어날 수 있을까요?

이 워크북은 분노에 대한 최적의 표준 치료법인 인지행동치료(CBT)와 이성적 정서행동치료(REBT)의 간단 명료한 접근법을 기반으로 구성되어 있으며, 파괴적인 분노를 완전히 극복하는 데 도움이 되는 강렬한 도구, 유용한 연습, 독특한 자기 계발 방법으로 가득 차 있습니다. 이 포괄적인 가이드북을 통해 불필요한 분노를 식별하고 피하는 기법을 개발할 수 있습니다. 분노가 일어나도 냉정을 유지하면서 더욱 유능하고 이성적인 자신을 만드세요. 이제 분노의 덫에서 벗어나 삶을 되찾을 때입니다!

"저자는 다시 한번 독자들에게 유용한 가이드를 제공했다. 이번에는 분노 관리에 관한 것이다. 이 책은 공포, 좌절, 분노가 고조되었을 때 우리가 읽어야 할 정말 중요한 책이다."

배리 루베트킨 박사, 미국행동심리학위원회 전 회장

■ **이 워크북은 다음과 같은 유용한 정보와 전략을 제공합니다.**

순간의 분노를 가라앉힌다.
자신을 통제한다.
인간 관계를 개선한다.

9 791188 768516 03180
ISBN 979-11-88768-51-6
값: 19,000원

초판 발행 40주년 기념 전면 개정판

당신의 기분과 삶을 조절하는 방법

초판 1쇄 인쇄 2022년 9월 1일
초판 1쇄 발행 2022년 9월 7일

지은이 Matthew McKay · Martha Davis · Patrick Fanning
옮긴이 장창민 · 최의헌 · 전수경 · 이숙현
편집이사 이명수
출판기획 정하경
편집부 김동서, 전상은
마케팅 박명준, 박두리 온라인마케팅 박용대
경영지원 최윤숙

펴낸곳 북스타
출판등록 2006. 9. 8 제313-2006-000198호
주소 파주시 파주출판문화도시 광인사길 161 광문각 B/D
전화 031-955-8787 팩스 031-955-3730
E-mail kwangmk7@hanmail.net
홈페이지 www.kwangmoonkag.co.kr
ISBN 979-11-88768-55-4 03180
가격 24,000원